1816
Christian Ludwig Friedrich Weizsäcker ⚭ **Sophie Rößle**
(1785–1831) Stiftsprediger — *(1796–1864)*

1860
Julius Ludwig Friedrich Weizsäcker ⚭ **Agnes Rindfleisch**
(1828–1889) Historiker — *(1835–1865)*

1895
Julius Hugo Wilhelm Weizsäcker ⚭ Julie Stölzel
(1861–1939) — *(1861–1944)*

1895
Heinrich Weizsäcker ⚭ Sophie Kästner
(1862–1945) — *(1862–1959)*

1884
Bertha Weizsäcker ⚭ Friedrich Müller
(1864–1945) — *(1852–1940)*
5 Kinder

1940
Adolf Weizsäcker ⚭ Käthe Hoss
(1896–1975) — *(1903–1997)*
2 Töchter

Luise Weizsäcker
(1898–1934)

1919
Agnes Weizsäcker ⚭ Hermann Holthusen
(1896–1990) — *(1886–1971)*
3 Söhne

Karl Hermann Wilhelm Weizsäcker
(1898–1918)

Robert Carl Ernst von Weizsäcker
*(*1921, vermisst 1942)*
Stud. chem.

Ulrike Greda von Weizsäcker
(1923–1948)

Eckhart von Weizsäcker
(1925–1945)
Leutnant

1957
Cora von Weizsäcker ⚭ **Siegfried Penselin**
(1929–2009) — *(1927–2014)* Physiker
3 Söhne, 1 Tochter

Klaus Robert von Weizsäcker
*(*1954)*
Nationalökonom

Andreas von Weizsäcker
*(*1956–2008)*
Bildhauer

Marianne Beatrice von Weizsäcker
*(*1958)*
Juristin

Fritz Eckhart von Weizsäcker
(1960–2019)
Internist

(Quelle: Ingrid Hubing-Weizsäcker)

Hans-Joachim Noack

Die Weizsäckers
Eine deutsche Familie

Hans-Joachim Noack

DIE WEIZSÄCKERS

Eine deutsche Familie

Siedler

MIX
Papier aus verantwortungsvollen Quellen
FSC® C014496

Verlagsgruppe Random House FSC® N001967

2. Auflage, 2020

Umschlaggestaltung: FAVORITBUERO, München
Umschlagabbildung: Vater Ernst von Weizsäcker mit den Kindern Richard, Heinrich, Adelheid, Carl Friedrich, um 1926 / 1927 © ullstein bild
Satz: KompetenzCenter, Mönchengladbach
Druck und Bindung: GGP Media GmbH, Pößneck
Printed in Germany
ISBN 978-3-8275-0079-3
www.siedler-verlag.de

Dieses Buch ist auch als E-Book erhältlich.

Inhalt

Vorwort

Zum ersten Mal weckte er mein Interesse, als Helmut Kohl ihn der Öffentlichkeit vorstellte. Das sei »mal wieder so ’n Fang«, lobte sich im Sommer 1969 der rheinland-pfälzische Ministerpräsident, dessen früher Ruhm darauf beruhte, dass er ein Gespür für Talente besaß. Die neueste Eroberung, die er in Mainz auf einer Pressekonferenz anpries – »ein echter Hochkaräter«, wie er ihn umschmeichelte –, hieß Richard von Weizsäcker.

In Bonn, wo damals die Große Koalition regierte, stand eine wichtige Bundestagswahl bevor, und für Kohls Entschlossenheit, dem seit anderthalb Jahrzehnten der CDU angehörenden Parteifreund in der heimischen Provinz einen sicheren Listenplatz zu verschaffen, gab es gute Gründe. Vor allem wollte der pragmatische Katholik im Schulterschluss mit dem ehemaligen Spitzenfunktionär des Deutschen Evangelischen Kirchentages sein Image als überkonfessioneller Modernisierer polieren.

Bei mir und den meisten meiner Kollegen überwogen dagegen die Bedenken. Als strammen »Achtundsechzigern« in der linksliberalen »Frankfurter Rundschau« erschien uns der Machtverlust der Union längst überfällig. So sehr uns an Weizsäcker bis dahin beeindruckt hatte, dass er beharrlich die Friedensinitiativen des Sozialdemokraten Willy Brandt unterstützte, so wenig erwarteten wir in der reformbedürftigen Wirtschafts- und Sozialpolitik von einem seinerzeit fast schon fünfzigjährigen Edelmann.

Leicht missglückt endete denn auch das erste Interview mit ihm, zu dem er mich nach seinem Einzug ins Bundesparlament im Bonner »Hotel am Tulpenfeld« empfing. Anfänglich betont konziliant, rügte er meine Bemerkung, zumindest mit seinen Entspannungsbemühungen in der »falschen Partei gelandet« zu sein, schneidend scharf als »ziemlich vorlaut« und verlor an unserem Gespräch ersichtlich die Lust.

Umso überraschender für mich, dass Weizsäcker einige Wochen danach deutlich gelassener noch einmal von sich aus auf den Vorwurf zurückkam. Meine Kritik, erklärte er mir unter Hinweis auf seine bisherige Vita, verfehle in einem wesentlichen Punkt den Kern. Da er generell »zu hundert Prozent hinter nichts und niemandem« stehe, könne er mit dem vermeintlichen Widerspruch sehr gut leben: Er habe sich für die CDU entschieden, weil sie ihm »am wenigsten fremd« sei.

Ohne sich eine gewisse Eigenständigkeit zu bewahren, mochte der Jurist und zeitweilige Geschäftsführer des Ingelheimer Pharmakonzerns C. H. Boehringer in der Politik offenbar keine Karriere starten – ein Vorsatz, von dem er sich tatsächlich kaum etwas abhandeln ließ. Wie er in der Union für seine Überzeugungen kämpfte und sie etwa Mitte der Siebziger bei der Verabschiedung ihres weitgehend erneuerten Grundsatzprogramms dazu aufforderte, die rebellierende nachwachsende Generation »endlich freizugeben«, hatte durchaus Format.

Und dann diese Nonchalance, als er immer öfter zwischen die

Fronten geriet! Je wütender sich der rechtslastige Mainstream seiner Partei von dem zunehmend eigenwilligen Querdenker distanzierte, desto mehr Gefallen fanden wir an ihm. Als später sogar der inzwischen zum Bundeskanzler aufgestiegene Helmut Kohl dem einstigen Schützling zu misstrauen begann und den »extravaganten Herrn von der Oberschicht« mit derben Sottisen überzog, wurde er fast schon zu »unserem Mann«.

Vermutlich lag das auch daran, dass uns ein anderer Weizsäcker bereits seit längerem sympathisch war. Richards älterer Bruder Carl Friedrich, als Physiker im »Dritten Reich« am letztlich gescheiterten Bau einer Atombombe beteiligt, hatte sich nach dem Kriege von Grund auf gewandelt und im Frühjahr 1957 selbst den Lockrufen Konrad Adenauers versagt. Der wollte ihn und die kundigsten seiner Kollegen dafür gewinnen, die Bundeswehr mit taktischen Nuklearwaffen auszurüsten, doch die bedrängten Kerntechniker verdammten das ganze Projekt.

Fortan galt der standhafte Professor, der sich danach verstärkt den Geisteswissenschaften zuwandte und in Hamburg zum Lehrstuhlinhaber für Philosophie avancierte, als akademischer Glücksfall. Den vornehmlich linken studentischen Kreisen imponierte nicht nur die Schonungslosigkeit im Umgang mit eigenen Fehlern, sie rühmten insbesondere seine erfrischend unprätentiöse Art, mit der es ihm in seinen Vorlesungen gelang, schwierigste Sachverhalte zu vermitteln.

Möglichst groß zu denken, aber dabei noch verstanden zu werden, gehörte auf den unterschiedlichsten Gebieten zu seinen Spezialitäten – und so lernte im Herbst 1966 auch ich ihn kennen. Einer Physiker-Jahrestagung in München war die spektakuläre Pressemeldung vorausgegangen, der ehrgeizige Theoretiker wolle dort nicht weniger als ein Menschheitsrätsel zu lösen versuchen: Er werde ein aus Quantenmechanik, Elementarteilchen-Lehre und diversen kosmologischen Erkenntnissen zu einem »geschlossenen Ganzen« verknüpftes »Weltmodell« skizzieren.

Für die Medienvertreter, die in Scharen herbeiströmten, ein Supercoup, der sich dann allerdings rasch erledigte. Im Laufe der Präsentation quälten sich nicht nur die Journalisten, in einem Wust mathematischer Gleichungen ihre Story zu finden – auch der Referent, der sich um die Nachvollziehbarkeit seiner Ausführungen redlich bemühte, verlor den Faden. Da müsse »natürlich noch weitergefragt werden«, räumte er schließlich etwas kleinlaut ein, wirkte zugleich aber erstaunlich souverän.

Bei der Suche nach der »Einheit aller Dinge« ging Weizsäcker halt gerne mal ungewöhnliche Wege – die gelegentlich leicht mokanten Kommentare störten ihn kaum. So berichteten Boulevardblätter zu Beginn der siebziger Jahre in großer Aufmachung, der für spirituelle Erlebnisse empfängliche evangelische Christ sei zu Selbsterfahrungstrips in einen indischen Aschram entschwunden – was er nach seiner Rückkehr noch publicityträchtig bekräftigte: Er habe dort, ließ er sibyllinisch durchblicken, in der Tat »so etwas wie eine Erleuchtung« gehabt.

Was mit ihm geschehen sei, könne er schwer in Worte fassen, erklärte mir der Professor freundlich bedauernd, als ich ihm bald darauf meine Neugier gestand. Aber vom Kern seiner Botschaft rückte er nie ab. Die enge Verbindung von abendländischer Reflexionskultur mit fernöstlicher Meditation – »die Fähigkeit zur inneren Anschauung«, wie er es nannte – blieb für ihn stets ein Thema.

Solche Sichtweisen schadeten seinem Ruf ja auch nicht wirklich. Sah man in ihm doch einen der letzten Universalgelehrten, der sich zudem nur selten über einen längeren Zeitraum in den akademischen Elfenbeinturm zurückzog. Wenn zu wichtigen Anlässen ein gewisses rhetorisches Niveau gefragt war – ob auf Kirchentagen oder zu weltlichen Gedenkfeiern –, klopfte man häufig bei ihm an. Der von Natur aus eher schüchterne Vordenker mutierte so zwangsläufig zur öffentlichen Figur.

Entsprach er damit nicht exakt einem Verhaltensmuster seiner Dynastie, das über Generationen hinweg erprobt wurde und bis in die Gegenwart zu beobachten ist? In seinem Streben, auch um der eigenen ambitionierten Ziele willen »der Sache des Volkes« zu dienen, hatte sich als Erster der 1785 im schwäbischen Öhringen geborene Stiftsprediger Christian Ludwig Friedrich Weizsäcker am Hofe des Fürsten von Hohenlohe einen Namen gemacht, und diesem Vorbild folgten die meisten seiner Abkömmlinge.

»Ohne Teilhabe an den Angelegenheiten des Gemeinwesens keine Chance, ins Räderwerk der Geschichte einzugreifen«, verriet mir einmal dessen Ururenkel Richard – ein für ihn ungewöhnlich pathetischer Ton.

Das klang zwar nicht überheblich, war aber offenkundig der Ausdruck eines Grundvertrauens in die eigenen wie die Qualitäten praktisch aller Weizsäckers. Kaum ein längerer Gedankenaustausch mit ihm, bei dem es der christdemokratische Abgeordnete, später Regierende Bürgermeister von Berlin und dann deutsche Bundespräsident versäumt hätte, en passant auf die Leistungsbilanz seiner Vorfahren hinzuweisen. Die brachten nicht nur hoch angesehene kirchliche Würdenträger und Naturforscher hervor, sondern stellten in Person des Großvaters Karl

Hugo auch den Regierungschef des letzten württembergischen Königs, der die Familie zudem in den erblichen Adelsstand erhob.

Lag das Erfolgsgeheimnis des einstigen Müllergeschlechts in erster Linie darin, die Versöhnung von Geist und Macht zu organisieren und dabei den privaten Nutzen nicht aus dem Blick zu verlieren? Wie in den Zeiten vor und nach der Reichsgründung die Brüder Carl Heinrich und Julius Ludwig Friedrich ihre theologische und geschichtswissenschaftliche Kompetenz mit einem beträchtlichen politischen Elan verbanden, bewährte sich nach dem Zweiten Weltkrieg das Duo Carl Friedrich und Richard. In der Bundesrepublik ein bislang einmaliger Vorgang, dass da schließlich gleich beide als Staatsoberhaupt gehandelt wurden.

Wahrscheinlich sei das »auch eine Frage der Gene«, pflegte der ältere, eher den Sozialdemokraten zugeneigte Weizsäcker bisweilen etwas kokett anzumerken, um dann in Interviews demütig dem Schicksal dafür zu danken. Und der jüngere pflichtete ihm auf seine Art bei: Erstaunlich, was man doch »aus Mehl so alles machen« könne, hörte ich ihn anlässlich eines Besuches in der schwäbischen Heimat einmal witzeln.

Aber solche ins leicht Saloppe abgleitenden Halbsätze über den Werdegang und die markantesten Wesenszüge ihrer Kaste bildeten die Ausnahme. Vielmehr beruhte das Understatement beider auf dem gediegenen Selbstwertgefühl, einer Elite anzugehören, die sich ihren Rang durch nichts als Leistung verdient hatte. Keine Frage für sie, dass der überwiegende Teil der bundesdeutschen Bürgergesellschaft das auch so empfand.

Kamen die Brüder dann aber doch einmal auf die Entwicklungsgeschichte ihrer Familie zu sprechen, wirkten selbst nebensächlich erscheinende Details meist sorgfältig ausgesucht. So zeichnete der eine wie der andere in seinen Retrospektiven etwa das Bild eines gleichermaßen überaus klugen wie temperamentvollen Großvaters und dessen »eiserner Hand im Samthandschuh«. Oder – noch eine Spur schwärmerischer – das der Mutter Marianne, geborene von Graevenitz, einer in allen Lebenslagen »starken, großartigen Frau«, die man ihrer Entschiedenheit und Durchsetzungskraft wegen »General« nannte.

Hatte die auffällig um Harmonie bemühte Außendarstellung möglicherweise auch den Zweck, einige deutlich weniger ruhmreiche Seiten zu überdecken? Denn ganz so heil, wie Richard sie in seinen 1990 publizierten Memoiren und danach Carl Friedrich in den »Briefen aus fünf Jahrzehnten« beschrieben, war ihre Welt ja nicht.

Neben dem Blutzoll, den die weitverzweigte »Öhringer Linie« mitsamt ihren zahlreichen angeheirateten jungen Männern und Frauen in zwei verheerenden Kriegen entrichten musste, lag vor allem die Vergangenheit Ernst Heinrich von Weizsäckers wie ein Schatten über der Familie. Der Spitzendiplomat Hitlers hatte Judendeportationen zugestimmt und war im April 1949 von der Militärjustiz der Alliierten als Kriegsverbrecher verurteilt worden.

In den mehr als vier Jahrzehnten, in denen ich die Karriere seines Sohnes Richard verfolgte, nahm dieser nur selten darauf Bezug, doch wenn sich das Thema einmal nicht umgehen ließ, reagierte er häufig gereizt. Über diesen »hochkomplexen Vorgang« befinden zu wollen, setze »hinreichende Kenntnisse« voraus, gab er zu bedenken, während seine eben noch entspannten Gesichtszüge vereisten.

So konnte er manchmal reden – ein Grandseigneur, der über die angenehmsten Umgangsformen verfügte, sich zugleich aber auch stets seiner Würde und seines Wertes bewusst war. Der verhielt sich schon wie ein Bundespräsident, bevor man ihn dazu gewählt hatte, wobei die nach außen hin bewahrte Konzilianz wenig über sein mitunter von Wutausbrüchen begleitetes stures Beharrungsvermögen verriet. So steckten es mir selbst Mitarbeiter aus dem Schöneberger Rathaus oder später der Bonner Villa Hammerschmidt, die ihm sonst wohlgesinnt waren.

Aber dann gab es ja immer wieder diesen Richard von Weizsäcker, der wie ausgewechselt schien. Dem machte es Spaß, sein jeweiliges Gegenüber unvermittelt nach Frau und Kind oder allerlei beruflichen Interna zu befragen und dabei ungeschminkt seine Meinung zu äußern. Er habe gehört, sprach er mich einmal am Rande einer CDU-Klausurtagung an, ich ginge zum »Spiegel«, was er angesichts der dort angeblich herrschenden rauen Sitten für »keine ganz glückliche Entscheidung« hielt.

Oder ein anderes Mal in Berlin: Da hatte mich der Bürgermeister in ein Chinarestaurant eingeladen, wo er sich nach einem harten Tag sichtlich ausgehungert über einen Gemüseeintopf hermachte, während ich, wie bei Interviews häufig, etwas angespannt in meinem Essen herumstocherte. Als ich den Teller schließlich ganz zur Seite schob, fackelte der »Regierende« nicht lange und verschlang genüsslich, indem er sich unbekümmert gleich des von mir benutzten Bestecks bediente, auch noch meine Portion.

Auf ähnliche Art seinem Bruder Carl Friedrich nahezukommen, konnte man sich kaum vorstellen. Der schwebte – vor allem seit ihm 1970 in Starnberg die Gründung eines »Max-Planck-Instituts zur Erforschung der Lebensbedingungen der wissenschaftlich-technischen Welt« ermöglicht worden war – in für unsereins und die profanen Themen des journalistischen Alltags nur schwer erreichbaren Sphären.

Immerhin erfreute er sich unter den Ökopazifisten zunehmend größerer Popularität. Seine in rascher Folge verfassten Bücher, die überwiegend von kaum noch abzuwendenden Kriegsszenarien und anderen apokalyptischen Entwicklungen handelten, wurden allesamt zu Bestsellern. Im »Garten des Menschlichen«, so einer der Titel, prognostizierte der Physiker und Philosoph aber nicht nur schlimmste Zustände in den unterschiedlichsten Bereichen, sondern nährte zugleich die Hoffnung auf einen »globalen Bewusstseinswandel«, der den Frieden vielleicht doch noch werde retten können.

Ende der siebziger Jahre hatte ihm der SPD-Chef Willy Brandt die Kandidatur zum Bundespräsidenten schmackhaft zu machen versucht – eine Offerte, die er nach kurzer Bedenkzeit ausschlug, weil sie angeblich seiner »wahren Bestimmung« entgegenstand. Diese ehrenvolle Aufgabe zum Wohle des Landes zu übernehmen, erklärte er einem kleinen Kreis Bonner Korrespondenten, erachte er nur als sinnvoll, wenn ihn alle im Parlament vertretenen Parteien dazu aufforderten. Unter den gegebenen Umständen natürlich eine wirklichkeitsferne Voraussetzung.

Aber war das überhaupt der eigentliche Grund seiner Absage? Wie hernach unter Hinweis auf beste Quellen vergnüglich kolportiert wurde, folgte Weizsäcker vielmehr dem Wunsch seiner damals neunzigjährigen Mutter. In Wirklichkeit habe ihm die militärisch-resolute Marianne von Graevenitz – der »General« –

eine Bewerbung ausgeredet. Der Carl Friedrich sei »schon berühmt genug«; deutsches Staatsoberhaupt müsse unbedingt sein Bruder werden.

Zu erkunden, was danach in Richard vorging, wäre sicher eine spannende Nachricht wert gewesen, aber der hielt sich strikt bedeckt. Schließlich liebäugelte er, den bereits 1968 zunächst Helmut Kohl und dann die ganze Union ins Rennen geschickt hatten, ja selber mit einer weiteren Berufung.

Ein klares Indiz dafür, dass damit gleich zwei aus einer Familie um das höchste Amt im Lande konkurrierten? »Ein bisschen verwundert« zeigte sich der Jüngere zumindest Ende 1982, als der politisch zunehmend interessierte Ältere nach dem Sturz des Kanzlers Helmut Schmidt beim neuen SPD-Hoffnungsträger Hans-Jochen Vogel als »Berater in Friedensfragen« anheuerte. Das sei für ihn, verriet er mir, dem in Berlin ohnehin viele in seiner CDU mit Argwohn begegneten, keine sehr hilfreiche Absprache.

Doch zu einem Zerwürfnis führte das nicht. Selbst wenn es Carl Friedrich, wie er in einem Jahrzehnte später veröffentlichten Briefwechsel dokumentierte, in diesem Fall wenig ausmachte, dem Bruder »in die Quere« gekommen zu sein, zogen sie letztlich stets am selben Strang. Was der eine tat oder unterließ, fand meist die ungeteilte Zustimmung des anderen.

Und das galt besonders für ihr Verhältnis zum Vater. Sosehr sich die Söhne nach dem Ruin des »Dritten Reiches« bemühten, die noch weitgehend reflexionsunwilligen Deutschen von der Notwendigkeit eines klaren Blicks auf die dunkle Vergangenheit zu überzeugen, so allzeit verteidigungsbereit warfen sie sich für ihn in die Bresche. In die Barbareien »tragisch verstrickt« ge-

Zwei streitbare Geister, die sich zuweilen »in die Quere« kommen, aber ihre wichtigsten gesellschaftspolitischen Ziele ein Leben lang im Schulterschluss verfolgen: Friedensforscher Carl Friedrich von Weizsäcker im Februar 1989 mit dem zum Bundespräsidenten aufgestiegenen Bruder Richard.

wesen zu sein – doch auch das bloß in bester Absicht –, war das Äußerste, was sie seinen Kritikern zugestehen mochten.

Ihm letztlich lautere Motive zu unterstellen, verlangte schon die reparaturbedürftige Familienehre, aber vermutlich ging es beiden um mehr: Je geringer das Versagen des Vaters, desto schmerzloser für sie der Übergang von der Diktatur zur Demokratie, den sie ja unbedingt mitgestalten wollten. Denn nach dem Schuldspruch dem Bonner Staat gekränkt den Rücken zu kehren, erklärte mir Richard von Weizsäcker noch als Pensionär, sei nie in Erwägung gezogen worden. Stattdessen habe man in der nun »werdenden Bürgergesellschaft« seinen Platz zu finden versucht.

So bekannte sich Carl Friedrich von Weizsäcker fortan dazu, dass vor allem die Wissenschaft die Verantwortung für die politischen Folgen ihrer Arbeit trage, während sich der Bruder fast schon mit einem Paukenschlag in den öffentlichen Diskurs einschaltete. Im Hamburger Wochenblatt »Die Zeit« skizzierte er bereits 1962, was erst anderthalb Jahre danach von Willy Brandt als »Wandel durch Annäherung« propagiert wurde.

Wer sich aber an die Aufgabe wagen möchte, schwierigste Veränderungsprozesse zu befördern, muss wichtige Ämter bekleiden, und auch insoweit folgte der Jurist zielstrebig dem Weg seiner Ahnen. Wie sich einst der Urgroßvater Carl Heinrich von den theologischen an die Gefilde der weltlichen Macht herangetastet hatte, erprobte sich jetzt in seiner evangelischen Glaubensgemeinschaft der gelehrige Nachfahr zunächst einmal als Kirchentagspräsident.

In ihren Reihen galt er als die Verbindlichkeit und Noblesse in Person, doch konnte sich Weizsäcker auch von Grund auf verwandeln – wie ich es an jenem Abend des Chinarestaurant-Besuchs erlebte. Da hatte er angeboten, mich mit dem Wagen ins Hotel zu bringen, und als ich ihn, auf dem Weg dorthin, eher beiläufig nach der Wahl des 1984 neu zu bestimmenden Staatsoberhaupts und der Meinung des Kanzlers dazu fragte, verlor der vorher bestens gelaunte Bürgermeister die Contenance. Ohne auf den Kern meiner Bemerkung einzugehen, wies er seinen Fahrer an, in einer Seitenstraße den Motor abzustellen, und zog dann, zunehmend außer Fassung, über »diesen durchgeknallten, sogenannten Parteifreund« her.

Von da an gab es für mich kaum Zweifel, dass ihn nichts stärker gefangen nahm, als doch noch zum Bundespräsidenten zu avancieren, ein Traum, der sich in einem zähen Kleinkrieg gegen Helmut Kohl schließlich ja auch erfüllte.

Es war im Weizsäcker-Clan die Glanzzeit des »kleinen Bruders«, den die Mehrheit seiner Landsleute bald ohne Einschränkung verehrte. Dabei hielt er eigentlich nur eine einzige wirklich bedeutende Rede – nämlich jene am 8. Mai 1985, dem vierzigsten Jahrestag der Kapitulation des NS-Regimes und für ihn ein »Tag der Befreiung«, die seinen Mythos begründete. In gerade mal knapp fünfundvierzig Minuten hatte der Präsident, wie etwa Egon Bahr die enorme Resonanz auf den Punkt brachte, »eine innere politisch-seelische Aussöhnung Deutschlands mit sich selbst herbeigeführt«.

Mit seinem eindringlichen Appell, bei der Rückschau auf die Zeit der nationalsozialistischen Zwangsherrschaft »der Wahrheit, so gut wir es können, ins Auge zu sehen«, traf er offenkundig einen Ton, der in fast allen Bevölkerungsschichten seinen Widerhall fand – und das zumal in meinen Kreisen. Jedenfalls zählten wir Weizsäcker spätestens von da an in der konservativ-liberal regierten Bundesrepublik zu den wenigen Lichtgestalten.

Vermutlich ging es den meisten Deutschen aber nicht nur um die anspruchsvolle politische Substanz seiner Rede. Wohl noch mehr wurde ihm honoriert, dass er in seinem ganzen Erscheinungsbild den Erwartungen entsprach, die sie in einer ästhetisch eher genügsamen Demokratie mit einem Staatsoberhaupt verbanden. (Ob mir nicht auch aufgefallen sei, »wie schön« er bei dieser Performance ausgesehen habe, fragte mich seine Frau Marianne, als wir in Berlin über die Aura und Anziehungskraft ihres im Januar 2015 verstorbenen Mannes sprachen.)

So verschoben sich nach seiner Präsidentschaftskür in der Weizsäcker-Dynastie die Gewichte. Bis zu seines Bruders unaufhaltsamem Aufstieg hatte der von Kindesbeinen an als »Genie« bewunderte Carl Friedrich im Mittelpunkt gestanden und trat nun Schritt für Schritt in den Hintergrund.

Dem stets freundlichen, nur häufig von einer gewissen intellektuellen Ungeduld getriebenen Gelehrten journalistisch verwertbare Details zu entlocken, war immer schwierig – und naturgemäß noch komplizierter, wenn dabei die großen Linien seiner Arbeit berührt wurden. Was sollte man jemanden auch fragen, der sich im fortgeschrittenen Alter vornehmlich mit den Phänomenen und philosophischen Schlussfolgerungen der Quantentheorie befasste, um am Beispiel des unvorstellbar Kleinen und Allerkleinsten den »letzten Wahrheiten« auf die Spur kommen?

Besser lief es da schon bei Gesprächen über »die Bombe« – ein Dilemma, das ihn nie ganz losließ. Hatte er, der engste Mitarbeiter des berühmten Entdeckers der »Unschärferelation«, Werner Heisenberg, nach der ersten Kernspaltung eine militärische Verwendung der neuen Energiequelle tatsächlich absichtsvoll in die Länge gezogen oder ihr dann doch eher Vorschub geleistet? Für Klarheit sorgte er dabei freilich zeit seines Lebens nicht.

Welche Umstände letztlich auch verhindert hätten, »das teuflische Ding zu bauen – wir haben es nicht getan«, gab er mir auf Nachfrage zu bedenken und schrieb den glücklichen Ausgang entrückt der »Gnade Gottes« zu.

Mit Bescheidenheit Sympathiepunkte zu sammeln, gehörte für die meisten Mitglieder seiner Familie offenkundig zum Repertoire, aber manchmal genügte schon der Hinweis auf den eigenen Status. Er habe doch »in der Sache nicht eigentlich neue Einsichten« vorgetragen, staunte Richard von Weizsäcker etwa über das unverhoffte Echo auf seine Rede zum 8. Mai, um den Grund dafür dann leicht süffisant seiner »Amtsträgerschaft« zuzuschreiben: »Also gut, es kommt wohl drauf an, wer so was sagt.«

Und tatsächlich: Was den Kern seiner Botschaft anbelangte, hatten sich andere Politiker vor ihm ähnlich geäußert, nur selten eben in dieser Funktion und so formvollendet wie er. Wie man als Staatsoberhaupt rhetorisch besondere Wirkung erziele, habe der Onkel häufig sogar »daheim beim Mittagessen« geprobt, erzählte mir später einer seiner Neffen, während es dem neidlosen Bruder Carl Friedrich vom ersten Tag an bewusst war: »Zum Präsidenten geboren«.

Der Physiker und Philosoph zog es nun vor, den großen Auftritt zu meiden. In seinem Ferienhaus auf der Tiroler Alm wendete er sich verstärkt den wissenschaftlichen Projekten zu – doch die Weizsäckers blieben ja auch so im Gespräch. Neben dem Sohn Carl Christian, einem politisch liberalen und bald renommierten Professor für Volkswirtschaftslehre, war es vor allem der Zweitgeborene Ernst Ulrich, der sich als weltweit geachteter Biologe und SPD-Bundestagsabgeordneter profilierte.

Dem Gemeinwesen zu dienen, habe man eben »als Auftrag« empfunden, bestätigte mir dessen Schwester Elisabeth. Die in Berlin lebende, mit Konrad Raiser, einem langjährigen Generalsekretär des Ökumenischen Rates der Kirchen, verheiratete Geschichtswissenschaftlerin wurde nach dem Tod ihres Vaters und dann des Onkels Richard zu einer Art Kristallisationsfigur in der Dynastie – und ist es bis heute geblieben.

Starke Frauen, die ihre Erfüllung vorzugsweise in der Erziehung der Kinder suchten, gab es in einer nach ihrer Schilderung mit »deutlich elitärem Bewusstsein« ausgestatteten Männerdomäne schon immer. So hatte bereits Anfang des 19. Jahrhunderts die früh verwitwete Sophie Rössle dem König von Württemberg eine Ausnahmeverfügung zum Studium ihrer beiden Söhne abgetrotzt, und die meisten Ehepartnerinnen der nachfolgenden Generationen versteckten sich ebenfalls nicht. Bei kaum einem anderen Menschen holte sich etwa der Staatssekretär Ernst von Weizsäcker häufiger Rat als bei seiner Mutter Viktoria von Meibom, während keine Zweite ihrer Familie so resolut vorstand wie die ihm angetraute Marianne von Graevenitz. Und in ähnlicher Weise konsequent wussten sich Carl Friedrichs Gundalena Wille und Richards Marianne von Kretschmann zu behaupten.

An deren Stelle tritt jetzt nach dem Urteil vieler Nachgeborener die »Tante Elisabeth«. Über die aufopferungsvolle Pflege des inneren Zusammenhalts ihrer Familie hinaus liegt der mittlerweile fast achtzigjährigen Historikerin insbesondere das öffentliche Erscheinungsbild der Weizsäckers am Herzen.

Das bezieht seine Strahlkraft natürlich nach wie vor aus dem Wirken ihrer prominentesten Vertreter, die die zweite Hälfte des 20. Jahrhunderts wie nur wenige andere prägten. Und kaum jemand stellte an die deutsche Nachkriegsgesellschaft mitsamt ihren Repräsentanten so hohe Ansprüche! Während den Vordenker Carl Friedrich nach der Wiedervereinigung des Landes und dem Untergang der Sowjetunion das »Verblassen der Werte«

erschreckte, das er in der westlichen Welt nach deren Triumph über den »Ostblock« zu erkennen glaubte, tadelte der Bundespräsident ungewöhnlich schroff, dass der Politik leider die »Herausforderung durch den Geist« fehle.

Übertrieben, wenn sich damals der Eindruck aufdrängte, beide fühlten sich gleichsam arbeitsteilig dazu berufen, als oberste Moral- und Sittenwächter verfassungsrechtlich garantierte Normen vor dem Zerfall zu bewahren? So bildeten sie in der Entwicklungsgeschichte ihrer Familie, in der sich zuvor schon mit Carl Heinrich und Julius Ludwig Friedrich wie danach Ernst und Viktor Brüderpaare wechselseitig zu Höchstleistungen angespornt hatten, das auffälligste Gespann.

In seiner »dritten Amtszeit« traf ich Richard von Weizsäcker nur noch sporadisch, erlebte dann aber wieder aus nächster Nähe, zu welchem Durchsetzungsvermögen er notfalls fähig war. Da bestand der Elder Statesman im Sommer 1997 darauf, ihm seine in den zehn Jahren als Präsident erlassenen und auch später nicht mehr aufgenommenen Beitragszahlungen an die CDU weiterhin zu ersparen – eine mit seiner fortdauernden Überparteilichkeit begründete sogenannte ruhende Mitgliedschaft, die der Vorsitzende Helmut Kohl kurzerhand beendete. Doch die überwältigende Mehrheit der Christdemokraten legte sich quer und mochte das ehemalige Staatsoberhaupt nicht so schnöde verstoßen.

Dem mittlerweile greisen Carl Friedrich von Weizsäcker begegnete ich ein letztes Mal im Frühherbst 2002 zufällig. Im Hamburger Universitätsviertel, wo ich seit längerem wohnte, sah ich ihn mit unsicheren Trippelschritten die Straße hin- und hergehen und sich dabei immer wieder über einen Stadtplan beugen, um zwischendurch angestrengt die Häuserfassaden abzusuchen. Ich bot ihm meine Hilfe an, die er seltsam harsch zurückwies.

Doch gleich danach legte er mir unvermittelt den Arm um die Schulter. Zum Wichtigsten, was er sich schuldig sei und ihm leider niemand abnehmen könne, bat er nun im liebenswürdigsten Tonfall um Verständnis, gehöre für ihn »der Kampf gegen den täglichen Verlust an Orientierung«.

Wie sehr ihn damals schon Anzeichen von Alzheimer beschwerten, erfuhr ich erst Jahre später.

Erstes Kapitel

»Nicht Objekt, sondern Subjekt sein«: Der Aufstieg des Müllergeschlechts

An einem Wochenende im Sommer 1991 lädt der Physiker und Philosoph Carl Friedrich von Weizsäcker gute Freunde ein. Auf der «Halde«, zwischen den Obstbäumen eines nahe Lindau am Bodensee gelegenen Wiesengrundstücks, will man tüchtig feiern, zunächst soll aber das kulturelle Vergnügen zu seinem Recht kommen. Den Höhepunkt bildet die »Entführung aus dem Serail«, ein Singspiel Mozarts, das von den zahlreichen Enkeln, Nichten und Neffen eigens einstudiert worden ist. Doch plötzlich fällt einer der wichtigsten Akteure aus.

Ohne den »Osmin« besetzen zu können, keine vernünftige Darbietung – stünde da nicht glücklicherweise ein kundiger Zuschauer bereit. Spontan rettet Carl Friedrichs Bruder Richard die Show, indem er sich eine orientalisch gemusterte Decke über die Schultern wirft und das silbergraue Haar unter eine grellbunte Kopfbedeckung stopft. Für die zum Teil geschickt improvisierten Passagen benötigt der Bundespräsident, der aus dem Stegreif gerne klassische Literaturtexte rezitiert, weder einen Souffleur noch andere Hilfsmittel.

So beschreibt es danach in einem Artikel die Publizistin

Marion Gräfin Dönhoff, die zu den Gästen zählt, und zeigt sich schwer beeindruckt. Dass die aus ursprünglich handwerklicher Tätigkeit in die oberste Bildungsschicht des Landes aufgestiegenen Weizsäckers über ungewöhnliche Talente verfügten, schwärmt sie, sei ihr seit langem bewusst gewesen. Aber welche Begabungen »in einem ganz allgemeinen Sinne« in ihnen schlummerten, habe sie so richtig erst auf jenem Fest begriffen.

Dem damals im siebten Jahr amtierenden deutschen Staatsoberhaupt sind solche Elogen umso willkommener, als sie das intellektuelle Niveau seiner Familie bezeugen. Wie sehr die Dynastie der Politiker, Naturforscher und Theologen ihr Renommee aus einem enormen Fundus an Wissen und Können schöpft, soll sich im Volk ruhig herumsprechen.

Wer zur Elite einer Gesellschaft gehört, muss sich Einblicke in sein Privatleben gefallen lassen, was die Weizsäckers ja auch beherzigen. In regelmäßigen Abständen betreiben sie ihre Traditionspflege als öffentliches Ereignis. Wie zwei Jahre zuvor am Bodensee, versammeln sich so etwa im Mai 1993 im schwäbischen Öhringen rund 120 aus dem In- und Ausland angereiste Nachfahren eines um 1650 in die Region zwischen Neckar und Tauber eingewanderten Müllergesellen, um sich dort ihrer Ursprünge zu erinnern.

Das in vierzehn Zweige aufgegliederte und in der Bandbreite seiner Fähigkeiten wahrscheinlich bedeutsamste deutsche Geschlecht der vergangenen zwei Jahrhunderte feiert sich, und die Prominenz der ehemaligen Residenzstadt gibt ihm die Ehre. Man ist gerne mit von der Partie, als die Initiatoren des Treffens ihre Ahnengalerie an die Wände des Rathaussaals heften. Die hängt dort in Form einer aus DIN-A4-Blättern zusammen-

Traditionspflege als öffentliches Ereignis. Wie hier im Mai 1993 auf dem Marktplatz im schwäbischen Öhringen, kommen die Weizsäckers aus aller Welt regelmäßig zu einem Familientag zusammen. Im Vordergrund: Links neben dem Bundespräsidenten die Ehefrau Marianne und Schwester Adelheid.

geklebten Papierschlange von zwölfeinhalb Metern Länge – und während der Laudator Carl Friedrich von Weizsäcker den vom württembergischen König Wilhelm I. anno 1861 bereits mit dem persönlichen Adelsprädikat dekorierten Urgroßvater Carl Heinrich in einem Festvortrag würdigt, pflanzt der Bundespräsident im historischen Hofgarten einen Baum, der auf seinen Namen getauft ist.

Mit fortschreitendem Alter würden ihm die als »typisch fränkisch-hohenlohisch apostrophierten Eigenschaften immer vertrauter«, verrät er der Lokalpresse, um sich dann als »Schwabe im Exil« einzuschmeicheln. Freilich ist der Sohn eines Spitzendiplomaten, der schon von Berufs wegen oft unterwegs war und häufig den Wohnsitz wechselte, im April 1920 eher zufällig in Stuttgart geboren. Was man gemeinhin unter »Heimat« verstehe, fügt er versonnen hinzu, habe es angesichts der ständigen Ortswechsel in seiner Vita leider nie gegeben.

Bedauert er das wirklich so sehr? Deutlich mehr, als sich unvermittelt an einen festen Stammsitz gebunden zu fühlen, interessiert sich Weizsäcker seit eh und je für die stolze Entwicklungsgeschichte seines Clans. Der ist in sechs Generationen zu einem dichten Beziehungsgeflecht zusammengewachsen und, wie der Autor hochemotional in seinen kurz vor der Jahrtausendwende veröffentlichten Memoiren bestätigt, gewissermaßen sein Ein und Alles. In nahezu jeder Hinsicht, schreibt er da, sei für ihn nichts auch nur annähernd so prägend gewesen wie sein »aus der Familie kommendes und in sie eingebettetes Leben«.

Die Geschichte der Weizsäckers – in der Rückschau ihres bekanntesten Vertreters eine große Erzählung, die von Ehrgeiz und Kompetenz sowie einem kaum zu überbietenden langen Atem handelt. Das beweist schon im Jahr 1768 sein Ahnherr Gottlieb Jacob, der dem Knochenjob in der Mühle entsagt, um sich beim Fürsten von Hohenlohe als Koch zu verdingen, und an sein Erfolgsprinzip, das zumeist auf unerschütterlichem Selbstbewusstsein basiert, halten sich alle Nachfahren: Dem Öhringer Stiftsprediger Christian Ludwig Friedrich folgen im 19. Jahrhundert die Professoren Julius Ludwig Friedrich und Carl Heinrich, der als Kirchenhistoriker und Geheimer Rat dem württembergischen König unmittelbar zuarbeitet, während es der Jurist Karl Hugo 1906 sogar zum Regierungschef im Ländle bringt.

Dabei ist bemerkenswert, dass sich damals wie später die mehrheitlich konservativ-liberalen Aufsteiger keineswegs nur mit Monarchen bestens arrangieren. Unter dem Diktat der Nationalsozialisten macht danach der von Adolf Hitler zum Staatssekretär ins Außenministerium berufene Ernst Heinrich von Weizsäcker ebenso von sich reden, wie in der Bonner Republik seine Söhne Carl Friedrich und Richard zu den Wegbereitern einer freiheitlich-demokratischen Grundordnung werden.

»Nicht Objekt, sondern Subjekt sein zu wollen«, erklärt in seiner Autobiographie der Alt-Bundespräsident, habe vorausgesetzt, nach Kräften auf die »Angelegenheiten des Gemeinwesens« einzuwirken – eine Devise, an der sich vor allem die Staatsdiener unter den Weizsäckers strikt orientieren. Mit ihrem immensen Geschick, der »öffentlichen Sache« gerecht zu werden und dabei die eigene nicht aus dem Blick zu verlieren, sind sie den weniger disziplinierten Konkurrenten oft überlegen.

Dass sie so seit den Zeiten, in denen noch Napoleon den deutschen Südwesten beherrscht, erst in ihrem Sprengel und danach in Tübingen, Stuttgart und Berlin »oi Obergescheitle oms andere« produzieren, wie es der Landeshistoriker Gerhard Raff ausdrückt, kommentieren die Nachfahren eines Müllers aufreizend lakonisch. »Irgendwann«, sagt in einem Interview der Wissenschaftler Carl Friedrich, habe das in seiner Sippe mit der mutmaßlich vererbten Begabung »mal angefangen«, und danach sei halt munter »weitergemacht« worden.

Tatsächlich scheint es zu ihrem Selbstbild zu gehören, bei allem Eifer stets das Flair von Leichtigkeit zu verströmen. Wie entscheidend gelungenes Leben für sie von Werten wie Stehvermögen und fortwährender Leistungsbereitschaft abhängt, gibt die Familie häufig dadurch zu erkennen, dass sie sich an den Taten der jeweils vorangegangenen Generation misst, um die möglichst noch zu übertreffen.

Man betont die Vorzüge einer Erziehung, in der neben der körperlichen und geistigen Fitness Ehrfurcht und Dankbarkeit eine maßgebliche Rolle spielen. »Irgendwelche Probleme« mit dem »vielleicht ein bisschen zu weichen Vater« habe es weder in seiner Kindheit und Jugend noch später gegeben, resümiert Carl Friedrich, und sein Bruder Richard denkt genauso. An der von »ausgeprägten ethischen Grundsätzen und warmen Empfindungen« geleiteten Rechtschaffenheit seines Vaters hegt er auch nach dessen Verurteilung nicht den geringsten Zweifel.

Und diese Eigenschaften gründen auf Tradition. Unvergessen bleibt so noch nach mehr als zwei Jahrhunderten zum Beispiel die Fürsorglichkeit des fürstlichen »Mundkochs« Gottlieb Jacob, der die am Tisch des Regenten reichlich anfallenden Speisereste einsammelt, um zu Hause hungrige Mäuler zu stopfen – oder die Entschlusskraft seiner Schwiegertochter Sophie Rössle, der Frau des früh verstorbenen ersten Geistlichen Christian Ludwig Friedrich: Mit mehreren Bittschriften kämpft die Tochter eines Hofrates beim Stuttgarter König um eine Sondergenehmigung, damit ihre beiden chronisch kränkelnden Halbwaisen das Studium der Theologie aufnehmen können.

Ohne ihre Courage wäre die »Öhringer Linie« vermutlich schon um 1830 aller Chancen beraubt worden. Dem lebenslang von rätselhaften Lähmungserscheinungen geplagten Carl Heinrich hilft dann allerdings sein Gespür für den tiefgreifenden Wandel des Zeitgeistes – eine Qualität, die ihm in Tübingen zunächst den Lehrstuhl für Kirchen- und Dogmengeschichte einträgt und danach das Kanzleramt der damals schon einflussreichen Universität, das mit einem Sitz im »Oberhaus« des württembergischen Landtages verbunden ist.

Im aufblühenden Bürgertum des 19. Jahrhunderts setzen er und sein sechs Jahre jüngerer Bruder, der auf einem Auge erblindete Julius Ludwig Friedrich, zielstrebig neue Maßstäbe. Zu Beginn ihrer Laufbahn zumeist der Seelsorge verhaftet, tun sich beide bald auch darüber hinaus hervor. Zu Hilfe kommt ihnen eine Wesensart, die in schwierigen Konfliktlagen auf Verständigung und Interessenausgleich bedacht ist.

Wie geschickt Carl Heinrich zu agieren vermag, zeigt er in Tübingen bereits als Stipendiat. In einer Art Glaubenskrieg stehen dort erzkonservativen »Supranaturalisten«, die die Bibel bis auf Punkt und Komma als Gottes Wort verteidigen, »liberale Rationalisten« mit ihrer Forderung nach historischer Auslegung der heiligen Texte gegenüber, während sich zwischen diesen beiden Flügeln die sogenannten Vermittlungstheologen sammeln.

Dabei stecken hinter den vermeintlich sakrosankten Postulaten oft ganz handfeste Motive: Rivalitäten im Kampf um Lehrstühle und Professorentitel – für den wachen Geist aus Öhringen eine prägende Erfahrung. Obschon ihm in den ersten Jahren seines Aufstiegs die Fraktion der Modernisierer am meisten zusagt, schlägt er sich aus Sorge um die konfessionelle Einheit der evangelisch-theologischen Fakultät geschmeidig auf die Seite derer, die den Konflikt beharrlich zu entschärfen suchen.

Die in den Revolutionswirren von 1848/49 ohnehin erheblich verunsicherte Monarchie bewertet sein Engagement – Zufall oder Berechnung? – als willkommene Befriedungsaktion und belohnt ihn fürstlich. Fortan gilt der Gelehrte als Mann der

Krone, die ihn mit Orden und Ehren überhäuft. Und das bleibt er bis zu seinem Tode – auch wenn er sich unter anderem für den Ausbau einiger in der Verfassung noch höchst unzureichend verankerter Bürgerrechte, insbesondere die Unabhängigkeit der Wissenschaften, einsetzt.

Religion, in dezenter Form gelebter lutherischer Protestantismus, als Mittel zur Teilhabe an weltlicher Macht. Wie in der Bonner Nachkriegsrepublik der Urenkel Richard die politische Karriere als Präsident des Evangelischen Kirchentages vorbereitet oder Carl Friedrich seinen »christlichen Pazifismus« propagiert, verhalten sich ein gutes Jahrhundert zuvor die Ahnen Carl Heinrich und Julius Ludwig Friedrich. Ihre Kompetenz in Fragen der Theologie ist nicht zuletzt die Brücke zu staatlicher und gesellschaftlicher Einflussnahme.

Hatten beide im damals noch rückständigen Königreich Württemberg ursprünglich mit der revolutionären Freiheitsbewegung sympathisiert, stehen sie nach der Reichsgründung von 1871 loyal zu einer neuen Ordnung, die in Berlin geprägt wird. Statt darunter zu leiden, dass Ende der vierziger Jahre der erste Versuch, in Deutschland eine Demokratie zu installieren, niedergeknüppelt worden ist, erweisen sich die schwäbischen Professoren als glühende Anhänger Bismarcks, die in Zeitungsartikeln die Einheit der Nation unter Führung Preußens beschwören.

Als es schließlich zum Waffengang mit dem »Erbfeind« Frankreich kommt, ereifert sich ein weiterer Weizsäcker der nachfolgenden Generation. Carl Heinrichs Sohn Karl Hugo, zu Beginn des Krieges gerade mal siebzehn, meldet sich freiwillig an die Front – für den späteren Stuttgarter Regierungschef, wie er sich noch als alter Mann gerne erinnert, »das Glück« seiner Jugend. Enttäuscht zeigt er sich lediglich darüber, dass er etwas zu spät einberufen wird, um noch an der mörderischen Schlacht von Sedan teilnehmen zu können.

Ein »Aufschrei der Seele« sei selbst in Fällen schmerzlichster persönlicher Verluste nirgendwo überliefert, wundert sich das Nachrichtenmagazin »Der Spiegel« und zitiert, wie im Herbst 1914 Karl Hugos Sohn Ernst Heinrich den frühen Tod seines Bruders Carl Viktor verklärt: Der habe sein »lebenswertes Leben«, schreibt er in einem Feldpostbrief an die Eltern, »für eine große Sache heldenhaft beschlossen«.

Die Liste der Opfer, die insbesondere die »Öhringer Linie« in zwei verheerenden Kriegen erst der Monarchie und danach dem nationalsozialistischen Zwangsregime zu erbringen hat, ist lang. Doch ihre vielfältigen Talente dem Volk vorzuenthalten oder gar den Rückzug in eine biedermeierliche Innerlichkeit anzutreten, kommt für sie zu keinem Zeitpunkt in Betracht.

Wie sich der kleinwüchsige, ziemlich korpulente und für den Soldatenberuf kaum geeignete Karl Hugo später darüber freut, seine Begabung wenigstens als Zivilist »dem Staat gewidmet« zu haben, scheinen es vor und nach ihm nahezu alle in seiner Familie zu empfinden. Ob sie den Beamtenstatus anstreben oder ihre Fähigkeiten auf anderen gesellschaftlich relevanten Feldern zur Entfaltung bringen: Nichts spornt sie offenbar mehr an, als zum Wohle der Allgemeinheit für unentbehrlich gehalten zu werden.

Die Weizsäckers, eine Dynastie hochqualifizierter Diener, die sich einzuordnen und den herrschenden Verhältnissen anzuverwandeln versteht – und das möglichst nahe den Zentren der Macht. Sich deshalb aber mit Zweckmäßigkeitsdenken zufriedenzugeben, verbietet ihnen allein schon ihr Selbstwertgefühl. Und so bereitwillig sie sich der Obrigkeit zur Verfügung stellen, so sehr vertrauen sie, wie im »Dritten Reich« etwa der Kernphysiker Carl Friedrich, ihrer eigenen Kompetenz. Der scheint vorübergehend tatsächlich zu glauben, mit dem Bau einer Atombombe den Diktator Adolf Hitler lenken zu können.

Der junge Müller, in dem das Geschlecht seinen Stammvater sieht, heißt Niclaus Wadsacker und lebt zunächst in der pfälzischen Gemeinde Waldmohr. Über seine Wurzeln weiß man nur wenig. Noch knapp vor Beginn des Dreißigjährigen Krieges ist er mit seinen Eltern vermutlich aus dem elsässischen Cleebourg eingewandert, um mit sechsunddreißig nach Friedensschluss im schwäbisch-fränkischen Hohenloher Land Fuß fassen zu können.

Die erste urkundliche Erwähnung früher Ahnen datiert vom 12. Mai 1282. Da verkauft in der oberbayrischen Stadt Weilheim ein gewisser Ulrich Watsacher seinen bis heute erhalten gebliebenen Gutshof – wahrscheinlich ein weitläufiger Verwandter eines Ritters namens Peter Wazach, der acht Jahre darauf 300 Kilometer westwärts ebenfalls in Grundstücksgeschäfte einsteigt.

Die möglicherweise bereits gutbetuchten Watsacher und Wazach wie die auffällig vielen Waytseckers, Wadsackherers oder Waetsacks zeugen vom regen Austausch zwischen den südlichen Provinzen links und rechts des Rheins. Nach den Recherchen württembergischer Familien- und Sprachforscher gehören wohl alle »irgendwie zusammen«.

Was immer der eine oder andere damals erreicht haben mag – Niclaus Wadsacker jedenfalls ist ein ziemlich armer Schlucker, als er sich mit seiner Mutter und drei Geschwistern aus seiner verwüsteten Pfalz verabschiedet, doch er hat Glück. Obgleich die neue Heimat unter den Folgen des blutigen Krieges ebenso leidet wie die alte, gelingt es ihm, in der nahe Öhringen gelegenen »Bernhardtsmühle« Arbeit zu finden. Der von seiner Art beeindruckte Hausherr überschreibt dem fleißigen Gesellen bald sogar die Hälfte seines Betriebes und vertraut ihm die einzige Tochter an.

Und die ungewöhnliche Transaktion erweist sich als zukunftsträchtig. Was Wadsacker auf den Weg bringt, führen die Generationen nach ihm über mehr als ein Jahrhundert so erfolgreich fort, dass sie aus der Rendite den Erwerb einer zweiten Mühle bestreiten können. Aber dann nutzt Gottlieb Jacob, der Urenkel des Stammvaters, eine Chance zum Absprung.

Er wird Koch und empfiehlt sich dem Fürsten Ludwig Friedrich Carl zu Hohenlohe-Öhringen, wodurch die Weizsäckers zum ersten Mal mit der herrschenden Schicht des Landes auf Tuchfühlung stehen. An dieser einträglichen Verbindung halten sie im Laufe der Zeit in immer einflussreicheren Positionen fest, bis sie am Ende selbst zur Elite gehören.

Im Zentralarchiv der benachbarten Stadt Neuenstein verwahrte Dokumente lassen den Schluss zu, dass Seine Durchlaucht die Künste des Küchenmeisters zu schätzen weiß. Nach seinem Tod zahlt er der Witwe ein großzügiges einmaliges »Gnadengehalt« und finanziert darüber hinaus aus der Staatskasse das Theologiestudium ihres Sohnes Christian Ludwig Friedrich.

Als Sechzehnjähriger schreibt der sich im Mai 1803 zunächst an der Universität Göttingen ein und übernimmt anschließend in bewegten, noch von Napoleon bestimmten Zeiten des Umbruchs unterschiedliche kirchliche Funktionen. Mit vierundvierzig wird er in seiner Heimatstadt zum Stiftsprediger von Sankt Peter und Paul berufen, ein Amt, dessen Bedeutung seit dem Mittelalter vor allem daraus erwächst, dass es bei Hofe für geistlichen Beistand sorgt. Wie sich der Vater um das leibliche Wohl seiner Herrschaft gekümmert hat, ist der Sohn für die Seelsorge zuständig und der Obrigkeit damit so nahe wie kaum ein anderer.

Erfüllt sich bereits in seiner Person, was die profiliertesten Repräsentanten der nachfolgenden Generationen gleichsam als eine Art »Erfolgsprinzip« pflegen? Über eine in angesehenen akademischen Berufen – und hier vor allem auf dem Felde der Geisteswissenschaften – erworbene Autorität politische Karrieren zu begründen, gelingt in Deutschland keiner Familie besser.

Doch im Fall des tüchtigen Christian Ludwig Friedrich währt der Höhenflug nur knapp zwei Jahre. Dann stirbt er an Tuberkulose, und die Entwicklung der »Öhringer Linie« hängt von anderen maßgeblichen Faktoren ab. Als Tochter eines fürstlich-hohenlohischen Hofrates verfügt die Witwe Sophie Rössle glücklicherweise über Verbindungen, die nicht zum ersten Mal eine weitere Fähigkeit der Weizsäckers bezeugen: Auch im Knüpfen reißfester Netzwerke sind sie unerreicht.

Wie im 17. Jahrhundert der Ahnherr Niclaus Wadsacker die »Bernhardtsmühle« vermutlich nur über den Trauschein in Besitz nehmen konnte, befördern die Nachfahren ihr Fortkommen bis in die Gegenwart hinein durch eine überaus kluge Heiratspolitik. Obwohl sie selbst erst 1916 knapp vor dem Ende der Monarchie den erblichen Adelstitel erwirbt, achtet die Familie streng auf standesgemäße Ehen. Insbesondere die Männer legen Wert darauf, dass ihre Partnerinnen – etwa die Damen derer von Meibom, Graevenitz oder Kretschmann – der Aristokratie entstammen. »Die Liebe«, lästert in einem Essay der Historiker Thomas Lau, »klopfte stets an der richtigen Haustür an«.

Noch kurz vor dem Zweiten Weltkrieg genügt nicht einmal der international gerühmte Physik-Nobelpreisträger Werner Heisenberg den hohen Ansprüchen. Als er bei Ernst Heinrich von Weizsäcker um die Hand seiner Tochter Adelheid anhält, gibt der Staatssekretär ihm rüde einen Korb. Der begüterte Botho-Ernst Graf zu Eulenburg aus Ostpreußen passt dem schwäbischen Diplomaten besser ins Konzept.

Zu einem ausgeprägten Sinn für Standesunterschiede gesellt sich schon bei den frühen Weizsäckers eine gewisse Freiheit im Denken. Nach den Schilderungen von Zeitzeugen stellen weder der Stiftsprediger noch seine Söhne Carl Heinrich und Julius Ludwig Friedrich übermäßige Frömmigkeit zur Schau. Der in ihrem Landstrich herrschenden pietistischen Bewegung begegnen beide mit dem klaren Bekenntnis zu einer im buchstäblichen Sinne des Wortes weltoffenen Kirche.

Ihrer labilen Gesundheit wegen ist die Witwe Sophie Rössle mit ihnen nach Tübingen gezogen, wo sich der ältere, 1822 geborene Sohn im damals schon berühmten Stift kostenlos fortbilden darf. Im Herbst 1840 immatrikuliert er sich an der evangelisch-theologischen Fakultät der württembergischen Landesuniversität, einer Kaderschmiede für künftige kirchliche Amtsträger.

Kommilitonen beschreiben Carl Heinrich als einen abwägenden jungen Mann von ausgleichendem Naturell, der, wo andere ihren eigenen Standpunkt durchzupauken trachten, nach Kompromissen sucht. Zu eindeutiger politischer Parteinahme – wenn auch nur vorübergehend – lässt er sich erst hinreißen, als die Monarchie in Stuttgart auf die zunehmenden revolutionären Umtriebe mit harten Repressalien reagiert.

Zwar hat er zu Beginn seiner Studentenzeit einen Revers unterzeichnet, der ihm alle Aktivitäten zur »Auflehnung gegen obrigkeitliche Maßregeln« verwehrt, doch stellt sich Weizsäcker in der »Nationalstaatsfrage« entschieden hinter die Einheitsdeutschen. In einer in Tübingen aus der Taufe gehobenen »Königsgesellschaft« – dem konspirativen »Roigel«, der sich als Ableger der verbotenen Burschenschaft »Arminia« versteht – engagiert er sich für »Ehre und Freiheit des Vaterlandes«.

Aber in Wahrheit hält er sich auch dort zurück. Dem Abschlussexamen, das Carl Heinrich an Ostern 1845 mit durchweg guten bis sehr guten Noten besteht, schadet der kleine Seitensprung jedenfalls kaum. In Anerkennung seiner in den religiösen Auseinandersetzungen stets mit Augenmaß vertretenen Position schickt ihn das Stuttgarter Konsistorium als Vikar nach Urach, wo er sich in der Praxis bewährt und im Alter von fünfundzwanzig Jahren nebenbei die Promotion zum Dr. phil. vorbereitet.

Beruflich neigt er dabei mehr dem Gebiet der wissenschaftlichen Theologie zu als jenem der Seelsorge, weshalb er im Sommer 1847 ein Gesuch an den König von Württemberg richtet: Um bei »der Schwachheit der eigenen Kräfte« seinen Fähigkeiten entsprechend »der guten Sache des Glaubens« am besten dienen zu können, bittet er Wilhelm I., sich »derselben im akademischen Vortrage« widmen, also in Zukunft als Privatdozent arbeiten zu dürfen. Der von seiner Loyalität unterrichtete Monarch erfüllt ihm den Wunsch.

In den Wirren des Revolutionsjahrs 1848 kommt dem Hof ein Mann vom Zuschnitt Weizsäckers sehr gelegen. Dass der junge Geistliche, abgesehen von seinem Faible für ein vereinigtes Deutschland, weder an den bestehenden gesellschaftlichen Zuständen zu rütteln gedenkt noch das auf Ruhe und Ordnung basierende System ernsthaft in Frage stellen will, hat sich in der Landeshauptstadt längst herumgesprochen. Alle Umsturzversuche, die sich am Ende zu einer »Herrschaft der Massen« ausweiten könnten, sind ihm von Herzen zuwider.

Ist es da nicht verständlich, dass ihm die Demokraten nun mit offenem Misstrauen begegnen? Während vor allem in Tübingen aufgebrachte Oppositionelle immer häufiger die Staatsmacht herausfordern und diese brutal zurückschlägt, beharrt der neue Dozent darauf, seine Vorlesungsreihe über das Spannungsverhältnis zwischen Philosophie und Religion fortzusetzen, als sei nichts geschehen, und verbittet sich Wortmeldungen, die nichts mit den Vortragsthemen zu tun haben.

Und so handelt sich Weizsäcker im Winter 1847/48 einen handfesten Skandal ein. Im zunächst überfüllten Hörsaal wird er, wie sein Biograph Martin Wein schreibt, auf dem Katheder als »Duckmäuser und Knecht der Obrigkeit« niedergeschrien und dann für den Rest des Semesters boykottiert. Unter dem halben Dutzend Studenten, das ihm noch die Stange hält, befindet sich der im Jahr zuvor immatrikulierte kleine Bruder.

Während Carl Heinrich beharrlich die Werte der Vergangenheit verteidigt, macht der weniger scheue Julius Ludwig Friedrich

Als Kanzler der schon im 19. Jahrhundert berühmten Universität Tübingen ist Carl Heinrich von Weizsäcker ein Mann des Ausgleichs, der sich für die Unabhängigkeit der Wissenschaften stark macht – als Politiker dagegen ein entschiedener Verfechter der Monarchie. Die »Reichseinheit« rechtfertigt aus seiner Sicht bis zum Einsatz von »Blut und Eisen« jede Kraftanstrengung.

bereits in der Schule aus seiner Aufmüpfigkeit keinen Hehl. Einmal wandert er nach seiner Teilnahme an einer verbotenen Demonstration sogar in den Karzer und schlägt sich als Sprecher eines rasch anwachsenden »Volksvereins« auf die Seite der »Roten«.

Andererseits achtet aber auch er darauf, dass der um sich greifende Widerstand nicht aus den Fugen gerät. Versuche, die nur zu geringen Zugeständnissen bereite Monarchie mit Gewalt zu bedrängen, sind ihm schon deshalb suspekt, weil sie seinem wichtigsten Anliegen zuwiderlaufen: Der von Kindesbeinen an »glühende Patriot« will vor allem für die Einheit des Vaterlandes kämpfen.

Was dieses, sein eigentliches Ziel anbelangt, steht der Jüngere dem Älteren sehr nahe – und überhaupt: Von einigen Meinungsverschiedenheiten in politischen Fragen bleiben die persönlich engen Beziehungen unberührt. Wechselseitiges Einfühlungsvermögen und ein fester familiärer Zusammenhalt bedeuten den Weizsäckers damals wie heute weit mehr als alle weltanschaulichen Divergenzen.

Von seinen Studenten mit Nichtbeachtung bestraft, kehrt Carl Heinrich dem nervenaufreibenden Tübingen den Rücken und lässt sich als Dorfpfarrer im beschaulichen hohenlohischen Billingsbach nieder, wo er sich nächtelang in religionswissenschaftliche Theorien vergräbt. Von der noch überwiegend konservativen Landbevölkerung seiner unprätentiösen Art wegen geschätzt, findet er dort zugleich sein privates Glück und heiratet. Seine Ehefrau Sophie Auguste Christiane Dahm, die Enkelin eines vormaligen württembergischen Finanzministers, gebiert ihm drei Kinder – darunter den späteren württembergischen Regierungschef Karl Hugo.

Währenddessen erinnert man sich in Stuttgart seiner Qualitäten als »Vermittlungstheologe«. In den Schaltzentralen der Amtskirche, die im Zuge der allgemeinen Revolte drastische Reformen fürchten, hat die von ihm propagierte Beschwichtigungsstrategie naturgemäß die meisten Anhänger, und so kann sein Comeback kaum überraschen: Anfang 1851 ernennt ihn der König, den die Spannungen schwer belasten, mit gerade mal achtundzwanzig Jahren zum Hofkaplan, und in dieser Eigenschaft stärkt er nun eher den »Supranaturalisten« den Rücken, die auf eine den menschlichen Verstand übersteigende göttliche Allgegenwart setzen.

Dabei möchte er keineswegs als frömmelnder Verfechter einer mittelalterlich-naiven Bibelauslegung missverstanden werden. Wenn seine Nachfahren später von sich behaupten, im Namen einer Philosophie der Aufklärung »gleichzeitig gläubig und wissenschaftsgläubig« zu sein, gilt das auch schon für den Ahnherrn Carl Heinrich. So weit wie möglich die historischen Fundamente des Christentums zu ergründen und damit einige liebgewonnene, aber überholte Interpretationsmuster zu revidieren, erscheint ihm unerlässlich.

Der evangelisch-theologischen Fakultät der Uni Tübingen steht Weizsäcker bald als Professor für Kirchen- und Dogmengeschichte vor – für einen Mann, der sich in liberalen Zirkeln dem Verdacht ausgesetzt sieht, von der Obrigkeit in erster Linie unterstützt worden zu sein, um den Unruhe stiftenden Hegelianismus aus den Köpfen der Studenten zu vertreiben, keine leichte Aufgabe. Schließlich verleiht ihm Wilhelm I. für seine Verdienste noch das Ehrenkreuz des Württembergischen Kronenordens und erhebt ihn zudem in den persönlichen Adelsstand. Allerdings wird sich der Argwohn der Liberalen, dem er bei allen fachlichen Differenzen mit intellektueller Redlichkeit den Stachel zu nehmen versucht, im Laufe der Jahre fast vollständig verflüchtigen.

Während des Studiums zur Aufmüpfigkeit neigend, sympathisiert Carl Heinrichs Bruder, der Historiker Julius Ludwig Friedrich Weizsäcker (1828 – 1889), zunächst mit den »Roten«. Nach dem Triumph im französisch-preußischen Krieg von 1870/71, der die deutsche »Nationalstaatsfrage« löst, gilt er dann allerdings als glühender Anhänger Bismarcks.

Derweil erfüllt sich Sophie Rössles einstige Hoffnung, ihre Söhne zu geachteten Seelsorgern reifen zu sehen, auch bei ihrem Jüngsten nicht. Wie vorher Carl, bemüht sich Julius gleich nach Abschluss des Studiums darum, seinen Horizont zu erweitern. Im

Winter 1851 lernt er als Gasthörer in Berlin den Begründer der modernen Geschichtswissenschaften, Leopold von Ranke, kennen – eine für sein künftiges Leben richtungweisende Begegnung. Der erzkonservative Historiker und Intimus des preußischen Königs Friedrich Wilhelm IV. bestärkt ihn in einer nationalen Gesinnung: Wer seinem Vaterland wirklich helfen will, weiß der begeisterte Schwabe jetzt, muss es so schnell wie möglich vereinen.

Aus dem linken Demokraten ist ein strikter Befürworter der konstitutionellen Monarchie geworden. Die vielzitierte »Machtfrage« befeuert ihn deutlich mehr, als es die Freiheitsträume der mittlerweile ins Abseits gedrängten »Achtundvierziger« je vermochten, und den Schlüssel dafür halten nach seiner Überzeugung allein die Preußen in der Hand. Wieder in Tübingen, tritt nun auch er in die »Königsgesellschaft« ein. Im Gegensatz zur offiziellen Position Württembergs, das sich mehrheitlich weiterhin den Habsburgern verbunden fühlt, strebt sie die im Volk immer dringlicher geforderte »kleine Lösung« an, also ein vereintes Deutschland ohne Österreich.

Seine persönlichen Ambitionen scheinen solche Aktivitäten zunächst nicht zu beeinträchtigen. Wo immer der Vikar auf der Kanzel steht, hält er rhetorisch wie inhaltlich eindrucksvolle Predigten. Im Sommer 1856 darf er sich über das Prädikat »Summa cum laude« für seine Dissertation freuen. Seine umfassende Ausbildung krönt er drei Jahre darauf mit der Habilitation.

Mag der Kurswechsel von einigen Selbstzweifeln begleitet sein – Julius Weizsäcker erkennt, dass ihn der Beruf des Pfarrers weniger ausfüllt als erhofft, und wendet sich nun umso engagierter historischen Themen zu. Schon in seiner Doktorarbeit hat er einen Konfliktfall aus der karolingischen Epoche untersucht, und anlässlich seiner Ernennung zum Privatdozenten bestätigt ihm der akademische Senat eine »gründliche Geschichtskunde«.

Der Enkel eines Küchenmeisters erreicht 1860 den Höhepunkt seiner akademischen Karriere. In Tübingen mit einer Lehrberechtigung ausgestattet, lässt er sich für fünf Jahre beurlauben, um in München Maximilian II., dem König von Bayern, zu Diensten zu sein. Der will sich mit der Edition der in diversen Archiven deutscher Länder verstreuten mittelalterlichen Reichstagsakten ein Denkmal setzen und hält den Wissenschaftler aus Schwaben für den geeigneten Mann. Dieser Herkulesaufgabe gewachsen zu sein, begründet bald seinen Ruf als Historiker von Rang.

In jener Zeit hat es den Anschein, als legten sich da zwei Brüder auch als Rivalen gewaltig ins Zeug. Schließlich sind die Weizsäckers bereits im 19. Jahrhundert äußerst aufstiegsorientiert und folgen einer Art unausgesprochenem kategorischen Imperativ: Handle so, dass du es stets einen Schritt weiter bringst als der tüchtigste Vertreter der vorherigen Generation.

Gemeinsam ist den Söhnen des Öhringer Stiftspredigers dagegen ihr Drang, für die Nachwelt bleibende Werte zu schaffen. Während Julius bis zur Erschöpfung nach alten Reichstagsakten fahndet, nimmt sich Carl, inzwischen Rektor der Tübinger Universität, in den Sechzigern und Siebzigern zwei ähnlich kolossale Projekte vor. Neben seinem viel beachteten Hauptwerk über die weitgehend vergessenen apostolischen Anfänge der Kirche erscheint von ihm eine akribisch aus der griechischen Urfassung verfertigte und bis in die Jahre der Weimarer Republik in immerhin zwölf Auflagen verbreitete Übersetzung des Neuen Testaments.

Alles in allem ein glückliches Leben, dem die trüben Momente indes nicht erspart bleiben. Zunächst, im Winter 1864, verliert er die geliebte Mutter, der die früh zu Halbwaisen gewordenen Brüder zumindest zum Teil ihre Karriere verdanken, und noch härter trifft es im Herbst des folgenden Jahres den jungen Julius. Da stirbt im Alter von dreißig Jahren seine Ehefrau Bertha Charlotte Agnes, die Tochter eines anhaltinischen Regierungsrates, nach einer Totgeburt im Wochenbett und hinterlässt ihm drei unmündige Kinder. Der Witwer versinkt danach häufig in Depressionen.

Seinem Interesse an Forschung und Lehre kann die private Katastrophe allerdings ebenso wenig anhaben, wie sie sein politisches Engagement kaum beeinträchtigt. Seit die »Deutschlandfrage« mit der Kür des Junkers Otto von Bismarck zum preußischen Ministerpräsidenten drängender denn je geworden ist, machen die beiden Tübinger Professoren in ihrer Heimat mobil. Notfalls müsse das ersehnte Ziel, die Einheit, eben »im Felde« erreicht werden, fordern sie ganz im Sinne Berlins.

Zwar steht Württemberg, als 1866 Preußen und Österreich im Kampf um die Führung im Deutschen Bund bei Königgrätz aufeinander losschlagen, noch treu an der Seite der Donaumonarchie, doch das ändert sich bald. Vier Jahre später, als die ostelbische Militärmacht von den Franzosen herausgefordert wird, schließt sich das Stuttgarter Partikularfürstentum dem Gegner von damals widerwillig an, und die Weizsäckers dürfen jubeln. Dass nach dem Triumph über den »Erbfeind« und der Reichsgründung vom 18. Januar 1871 das deutsche Volk nun endlich unter einem Dach vereint ist, wertet vor allem der Theologe Carl Heinrich als ein »Zeichen«. Das hält er sogar für »größer als alles Herrliche, was uns die Geschichte alter Zeiten erzählt«.

Das vereinigte Vaterland ist für ihn und seine Dynastie, wie Thomas Lau analysiert, aber »nicht nur eine Sache des Herzens«. Dank seines enormen Bedarfs an Spezialisten verheißt es auch Aufstiegschancen, wie sie sich zu Hause nie geboten hätten, und man macht davon zügig Gebrauch. Der Rektor, der seine politische Heimat nun unverhohlener denn je im nationalliberalen Lager findet, nutzt ein Angebot aus Berlin, um sein Einkommen in Tübingen fast zu verdoppeln, während der ruhelose Historiker in rascher Folge gut dotierte Lehrstühle besetzt.

Weil er seinen Aufgaben als Patriot genügen und dabei die »verlorenen und wiedergefundenen Kinder« eines Reiches, das von sich selbst berauscht ist, an das neue Niveau heranführen möchte, zieht es den Gefolgsmann Bismarcks zunächst ins eroberte Straßburg. In der Metropole des Elsass erfreut sich der Experte für mittelalterliche Geschichte ebenso hohen Ansehens wie fünf Jahre später in Göttingen und ab 1881 an der Friedrich-Wilhelm-Universität in der Hauptstadt, wird dabei aber nie mehr ganz glücklich. Zum einen zermürbt ihn die Befassung mit den Reichstagsakten, die ihn daran hindern, wie er sich einmal bitter beklagt, »etwas bedeutendes Eigenes« zu schaffen. Zum anderen kann er den Tod seiner Frau nicht verwinden, und so stirbt er 1889 vereinsamt an einem chronischen Nierenleiden.

Dem deutlich älteren Bruder steht da der Höhepunkt seiner Laufbahn noch bevor. Anfang 1890 vom König zum Universitätskanzler berufen, darf er sich nun auch als ständiges Mitglied der Abgeordnetenkammer zum Kreis jener dreiundzwanzig

In der Geschichte des ehemaligen fränkisch-hohenlohischen Müllergeschlechts schafft er als Erster den Durchbruch. Allzeit gottesfürchtig, aber frei von dogmatischer Enge und Besserwisserei, werden dem Theologen und Geheimen Rat Carl Heinrich von Weizsäcker (1822 – 1899) im Königreich Württemberg in kirchlichen wie in staatlichen Ämtern höchste Ehren zuteil.

sogenannten Privilegierten zählen, die der Exekutive gegenüber den siebzig gewählten Parlamentariern nötigenfalls Schützenhilfe leisten sollen – eine Erwartung, die er bisweilen allerdings enttäuscht. Denn der diplomatisch gewandte Protestant kann mitunter auch ein Sturkopf sein. Was er für unverzichtbar hält, wie die Freiheit von Wissenschaft und Forschung, wird von ihm selbst dann auf schwäbisch beharrliche Weise thematisiert, wenn er sich von Anfang an in der Minderheit weiß.

Doch so wichtig ihm einerseits Gewissensfragen sind, so sehr plagt den unerschütterlichen Wertkonservativen andererseits die Angst vor einer fortschreitenden Demokratisierung. Die Republikaner sind dem 1897 zum Geheimen Rat und damit engsten Vertrauten des Königs aufgestiegenen Kirchenhistoriker bis zuletzt nicht ganz geheuer. Nachdrücklich streitet er für eine durch Verfassungsrechte gemilderte Variante der Monarchie, die staatlicher Macht und Willkür schon deshalb Zügel anlegen soll, um damit dem Bildungsbürgertum, das er ja selbst verkörpert, größere Entfaltungsmöglichkeiten zu garantieren.

Als Seine Exzellenz vier Monate vor der Jahrhundertwende sanft entschläft, hinterlässt er seinen Erben über den vorzüglichen Leumund hinaus nach den Recherchen des Biographen Ulrich Völklein nahezu 300 000 Goldmark – in der heutigen Währung drei Millionen Euro und mithin ein Vermögen. Noch weit mehr aber dürfte ihn ein anderer Umstand mit tiefer Genugtuung erfüllt haben: Sein 1853 geborener Sohn Karl Hugo gehört da bereits zur juristischen Führungsreserve des Landes und ist auf dem besten Wege, den Vater zu überflügeln.

Zweites Kapitel

»Mit Leib und Seele Reaktionär«: Karl Hugo, Diener zweier Herren

In einem 1986 vom ZDF ausgestrahlten langen Gespräch bemüht sich der damals vierundsiebzigjährige Carl Friedrich von Weizsäcker den Eigenschaften und Antrieben seiner Familie nachzuspüren. »Die intellektuelle Neugierde«, erklärt er wie nebenbei, habe bei ihnen daheim gleichsam »in der Luft« gelegen. Ähnlich locker erinnert er sich dann an Erlebnisse in der Kindheit. Besonders ans Herz gewachsen sei ihm seinerzeit, zu Beginn des Ersten Weltkrieges, ein »kleiner, dicker, witziger Mann«, der den aufgeweckten Enkel gerne »Spitzbub« genannt habe: Ein »herrliches Verhältnis« habe ihn mit seinem Opa, der stets zu Späßen aufgelegt gewesen sei, verbunden. Dass der Großvater damals immerhin als Ministerpräsident für den König von Württemberg die Regierungsgeschäfte besorgt, erwähnt er nur flüchtig auf Nachfrage.

Wenn sich einer aus den nachfolgenden Generationen bereit erklärt, intimere Details aus dem Wirken der Vorfahren preiszugeben, kommt die Rede meistens auf ihn: Karl Hugo von Weizsäcker, dem man das erbliche Adelsprädikat verdankt, scheint dem Selbstbild wie kein anderer Angehöriger der Dynastie zu entsprechen – ein Paradebeispiel für gemütvolle Mitmenschlichkeit im Alltag und staatsmännische Weisheit, notfalls auch Strenge, wenn es um existentielle politische Entscheidungen geht. Das müsse man erst einmal hinkriegen, lautet die in einer Vielzahl von Anekdoten verpackte Botschaft, Macht und Moral derart zu vereinen.

Dabei hat der 1853 in Stuttgart geborene Ahnherr keinen leichten Start. Aufgrund seiner schwächlichen Konstitution bleibt ihm der Wunsch verwehrt, als Berufssoldat Karriere zu machen – und das kurz vor Ausbruch des preußisch-französischen Krieges, an dem er dann aber zumindest als Freiwilliger teilnimmt. In Begleitung des Vaters, der den Sohn in seinem deutschnationalen Eifer bestärkt, meldet sich der noch unmündige Rekrut beim »1. Kgl. Württembergischen Grenadierregiment Königin Olga« und darf schon kurz danach an die Front. Dass er dort tapfer seinen Mann steht, bis ihn ein Schuss in die Schulter außer Gefecht setzt, bestätigt ihm später der Zugführer.

Mit dem Eisernen Kreuz II. Klasse dekoriert, schließt sich der Fähnrich nun der konservativen »Deutschen Partei« an. Und weil ihn bereits als Schüler »öffentliche Angelegenheiten« mehr interessiert haben als Fragen der Theologie, wendet er sich mit elterlichem Segen bald der Jurisprudenz zu. 1879 legt er seine Doktorarbeit vor, die vom Rechtsverständnis im alten Rom handelt. Die hohe »Staatskunst« des dahingegangenen Imperiums, schreibt er als Pensionär in einem Memoirenfragment, habe ihn seit eh und je fasziniert.

Dabei nehmen schon den Studenten große Ideen ebenso gefangen wie »große Geister«. Hatte sich sein Onkel Julius vom Geschichtswissenschaftler Leopold von Ranke inspirieren lassen, sind es im Falle des Neffen die nicht minder bedeutenden Kollegen Heinrich von Treitschke und Theodor Mommsen, deren Vorlesungen in Leipzig und Berlin sein Denken beeinflussen. Dass er sich da wie dort jeweils mit einem Semester begnügt, mag in erster Linie daran liegen, dass er, noch mehr als ihn Theorien faszinieren, ein Mann der Praxis ist. Die Beamtenlaufbahn einzuschlagen, scheint ihm deshalb nur konsequent.

Und so durchläuft er im Eiltempo sämtliche Etappen, die ihn an die Schalthebel der Macht führen. Nach seiner Promotion und einem auf das Mindestmaß beschränkten Intermezzo als Assessor in Calw wird er in Stuttgart Amtsrichter und vier Jahre später Ministerialsekretär im Justizministerium. Seiner Beförderung zum Landgerichtsrat 1887 folgt 1892 die zum Ministerialrat, und als ihn der Ressortchef weitere fünf Jahre danach zu seinem Stellvertreter ernennt – eine Position, die mit dem persönlichen Adelstitel verbunden ist –, darf der Vater Carl Heinrich einen neuen Erfolg feiern: Was er selber erst mit neunundvierzig erreicht hat, schafft sein Sohn schon ein halbes Jahrzehnt früher.

Auch im privaten Bereich erfüllt er die in ihn gesetzten Erwartungen. Seit Sommer 1879 ist ihm die Tochter eines hessischen Reichgerichtsrates, Viktorie Wilhelmine Sophie Pauline von Meibom, angetraut – nach allem, was die Nachwelt darüber erfährt, eine glückliche Beziehung, die mit vier Kindern gesegnet ist. Jedenfalls werden die Eltern in der Rückschau eines ihrer Söhne, Ernst Heinrich, als jederzeit verständnisvoll und warmherzig geschildert; zugleich sei aber immer auch unstrittig gewesen, dass der Haushaltsvorstand das letzte Wort, die sogenannte Potestas, gehabt habe.

Ein Leben, das darüber hinaus von Traditionspflege und Kontinuität geprägt ist, wie Karl Hugo von Weizsäcker in seinen Aufzeichnungen festhält. Mit ihm wächst in Tübingen die nach dem Öhringer Prediger dritte Generation heran, die sich an den Wertmaßstäben ihrer jeweiligen Vorgänger orientiert, und das wird bis in die Gegenwart hinein so bleiben. »Geistigen Fortschritt« zu erlangen, um damit dem Gemeinwesen eine Stütze zu sein, notiert der Ministerpräsident i. R. in seinen »Erinnerungen«, habe er stets als »schönstes Ziel« empfunden.

Schon als Dreizehnjähriger befasst er sich mit Politik – Resultat eines Schlüsselerlebnisses vom Frühsommer 1866. Da wird das Haus seiner Eltern, die für eine geeinte Nation unter Führung Preußens streiten, plötzlich von Polizisten umstellt. Die wollen verhindern, dass die in Württemberg noch dominierenden Anhänger einer »großdeutschen Lösung« unter Einschluss Österreichs dem Theologieprofessor die Fensterscheiben einschmeißen.

Fugenlose Übereinstimmung dann auch, als der kaum dem Kindesalter entwachsene Sprössling 1870 am Krieg gegen Frankreich teilnimmt. »Mein Vater«, notiert er in seinen Erinnerungen, »gab mir ohne weiteres zu, dass er, wäre er in meiner Lage, nicht anders handeln würde«, und die Mutter habe »ihrer idealistischen Sinnesart entsprechend« seinem Drang, zu den Waffen zu greifen, ebenfalls ihren Segen gegeben. Dass einer der prominentesten Weizsäckers solche Sätze noch zu Beginn der Weimarer Republik zu Papier bringt, ist sicher bezeichnend.

Andererseits folgt der Jurist dem wilhelminischen Obrigkeitsstaat längst nicht in allen Belangen. Im Ringen um die Überwindung überkommener Herrschaftsstrukturen schlägt er sich

Stets zu Späßen aufgelegt, aber immer zugleich im Besitz der »Potestas«: Familienvater Karl Hugo von Weizsäcker mit Frau Viktorie Wilhelmine Sophie Pauline und den Kindern (von links) Carl Viktor, Paula – genannt »Ulla« – Ernst Heinrich und Viktor im Kreise der Seinen; um 1895.

immer wieder auf die Seite der Reformer. So ist vor allem das 1896 beschlossene, im Kern bis heute geltende Bürgerliche Gesetzbuch, dem er in Württemberg Anerkennung verschafft, mit seinem Namen verbunden.

Weizsäckers fachliche Qualifikation stellen denn auch selbst politische Gegner nie in Abrede, doch mit zunehmender Zeit eilt ihm zugleich der Ruf einer doppelten Loyalität voraus. Sosehr er sich darum bemüht, seinen schwäbischen Kleinstaat verfassungsrechtlich zu modernisieren, so entschieden verteidigt er die angestammten Privilegien von Königshaus und Aristokratie. Nach dem Vorbild des Vaters vertraut der Sohn eher auf eine Gewaltenteilung, bei welcher der Monarch eine von ihm abhängige Regierung aus sachkundigen, verlässlichen Beamten bestimmt.

Mit Anhörungs- und gegebenenfalls Einspruchsmöglichkeiten ausgestattete politische Mitwirkung: ja – allerdings darf die Exekutive nicht unter Kontrolle der im Landtag versammelten Parteien geraten! Deren Repräsentanten stehen bei ihm unter dem Verdacht der Selbstsucht und Inkompetenz. Mehr Demokratie wagen zu wollen, geht nach seinem Befund stets mit der Gefahr einher, sich den »Massen« zu beugen.

Ist der nationalliberale Karl Hugo von Weizsäcker am Ende sogar »mit Leib und Seele Reaktionär«? Dass er dies anlässlich eines 1895 in Frankreich stattfindenden Strafvollzugskongresses von sich behauptet, gilt als verbrieft – ein häufig zitierter Satz, der allerdings auch seiner Spottlust geschuldet sein könnte, einen seinerseits bekennenden Anarchisten zu provozieren. Dass dem ausgefuchsten Pragmatiker jede Form von Idealismus fremd gewesen sei, bestätigen dagegen selbst seine Kinder.

Jedenfalls weiß der seit 1891 in Württemberg regierende Wilhelm II., was er an seinem Juristen hat, und beruft den Achtundvierzigjährigen zum Kultminister, so die damalige Bezeichnung. Mit diesem Amt ist eine der schwierigsten Aufgaben verbunden, nämlich die Oberaufsicht sowohl über Schulen als auch Religionsgemeinschaften. Nicht nur die seit langem überfälligen Bildungsreformen soll das neue Kabinettsmitglied in Gang bringen, sondern auch den immer unverblümter in die Politik drängenden Klerus in Schach halten, beides Herausforderungen, die ihn zunächst eher abschrecken. Noch als Pensionär entsinnt er sich vergnügt eines Kommentars der prominenten Kommunistin Clara Zetkin, die in Sillenbuch bei Stuttgart lebt und ihn als glatte Fehlbesetzung kritisiert: Er habe von dem, was ihm da zugetraut werde, »keinen blauen Dunst«.

Möglicherweise hat er es damals selbst so empfunden, aber der König ermutigt ihn, indem er ihn an die Qualitäten seiner Vorfahren erinnert. Schließlich hatte schon der Vater – von dessen Neuem Testament der Kaiser so begeistert ist, dass er es gerade an Angehörige der Reichsmarine verschicken lässt – als Lehrer der Kirchengeschichte gute Beziehungen zu seinen Kollegen von der katholischen Fakultät.

Der Sohn will nun gleichfalls sein Vermittlungsgeschick unter Beweis stellen, was ihm auch gelingt. Mit dem erzkonservativen Bischof von Rottenburg findet der Lutheraner ebenso eine Gesprächsbasis, wie er in heiklen Sachfragen Bündnispartner in Kreisen der Sozialdemokraten und Liberalen gewinnt. So setzt sich der Kultminister etwa für eine einheitliche deutsche Rechtschreibung ein, fördert bis dahin kaum unterstützte Kunstakademien oder Technische und Landwirtschaftliche Hochschulen und widmet sich insbesondere besseren Ausbildungschancen für Frauen. Zwischen den Parteien, räumt er später ein, sei in der konstitutionellen Monarchie »ein gewisses Lavieren« leider unvermeidlich gewesen.

Dabei fällt sein Aufstieg in eine Phase zunehmender verfassungspolitischer Kontroversen, die sich vor allem an einer Volksschulnovelle entzünden. Weizsäcker will mit ihr den Einfluss der Kirchen begrenzen. Als die Ständekammer das Projekt blockiert, ist die öffentliche Erregung so groß, dass sich der König sogar zu einer Reform entschließt, die noch deutlich weiter geht: In dem seit fast einem Jahrhundert geltenden württembergischen Grundrechtekatalog, der dem Regenten mithilfe seines Geheimen Rates wie der nur ihm verantwortlichen Minister die letzte Entscheidungsgewalt garantiert, verschieben sich nun die Gewichte zugunsten der vom Volk gewählten Parlamentarier.

Von der »Frankfurter Zeitung« ursprünglich als »aalglatter Mann« bezeichnet, gewinnt Karl Hugo von Weizsäcker auch persönlich an Statur. Obwohl er sich nach wie vor dem Herrscherhaus verpflichtet fühlt, ist er bei öffentlichen Auftritten oder am Kabinettstisch schon von seinem Naturell her ein Bindeglied zwischen Oben und Unten. Mit der Übernahme seines Regierungsamtes hat er die Parteimitgliedschaft suspendiert, und selbst in den härtesten Wortgefechten hilft dem durchsetzungswilligen, zugleich aber auch auf angenehme Umgangsformen bedachten Nationalliberalen eine sprichwörtlich schwäbische Gemütlichkeit und Besonnenheit, die nur selten Feindschaften entstehen lässt.

Folgerichtig wird ihm im Laufe des Jahres 1906 ein erheblicher Machtzuwachs zuteil. Für einen plötzlich schwer erkrankten Kollegen rückt er zuerst als Chef ins Außenministerium auf – eine Position, die ihm zudem die Kontrolle über das Verkehrswesen verschafft, das sich in rasantem Umbruch befindet –, und im Dezember folgt dann die Krönung: Wilhelm II., der zunehmend von seinen Führungsqualitäten überzeugt ist, ernennt ihn zum Premier.

Das Geschlecht der ehemaligen Müller und Pastoren, das sich über fast drei Jahrhunderte hinweg mit größtem Beharrungsvermögen den Weg in die Funktionselite des Landes gebahnt hat, erreicht damit seine bislang höchste Stufe, und noch erstaunlicher wirkt das Echo auf diese Leistung. Zwar gibt es in der Stuttgarter Tagespresse vereinzelte Skeptiker, die »die stark zentralistischen Neigungen« des Regierungschefs bemängeln, doch die überwältigende Mehrheit hält ihn für den »richtigen Mann an der richtigen Stelle«. Nicht einmal die ansonsten konsequent oppositionellen Sozialdemokraten legen sich quer.

Auch wenn das nicht allen in seinem Umfeld behagt, lässt Karl Hugo von Weizsäcker keinen Zweifel daran aufkommen, dass er mit Rückendeckung des Königs in seiner »vaterländischen, aus dem Jahr 1870 stammenden Gesinnung« zu arbeiten gedenkt. Eine Politik, die auf die Durchsetzung von Partikularinteressen gerichtet sei oder langfristig gar separatistische Ziele verfolge, schwört er den Kammern der privilegierten Standesherren und Volksabgeordneten, liege ihm »ferne«.

Diesem Grundsatz bleibt er bis zum Ende seiner Amtszeit treu. Andererseits ist er insoweit bekennender Föderalist, als es ihm ebenso um die Identität des »Ländles« geht. Die sieht er weniger von der preußischen Vormacht bedroht als vom benachbarten Bayern, das dreimal so groß ist wie Württemberg und dem der schlaue Otto von Bismarck ohnehin eine Sonderrolle zugestanden hat. Um jedem der »deutschen Stämme« seine typischen Merkmale zu bewahren und notfalls mit Nachdruck das eigene Gewicht zur Geltung zu bringen, sucht er deshalb regelmäßig Verbündete in der Hauptstadt.

Mit gebührender Zurückhaltung nimmt er dort die manchmal zweifelhaften Komplimente seiner Gastgeber entgegen. »Die Schwaben haben doch harte Schädel«, schmeichelt ihm etwa der seit 1900 amtierende Reichskanzler Bernhard von Bülow – über die Herablassung, die da mitklingt, mokiert sich Weizsäcker noch als alter Mann. Und überhaupt: Die »heikle Berliner Luft«, in der er anlässlich einer Hoftafel erstmals Wilhelm II. begegnet – den er als viel zu lärmend empfindet –, will ihm nicht so recht behagen. »Beim Kaiser zunächst keines huldvollen Empfangs gewärtig«, erinnert er sich leicht gekränkt in seinen handschriftlichen Memoiren.

Sein Faible für ein geeintes Deutschland können solche eher ernüchternden Erfahrungen aber kaum beeinträchtigen. Er steckt sie »kühlen Sinnes« weg und findet auch wenig dabei, als er sich im Sommer 1907 den offenen Zorn des Kaisers zuzieht. Da versammelt sich in Stuttgart die erste Garde der Sozialistischen Internationale von August Bebel und Rosa Luxemburg über Jean Jaures bis hin zu Leo Trotzki und Wladimir Iljitsch Lenin zu einem Kongress – aus Sicht Wilhelms II., der den Kleinstaat im Südwesten danach höhnisch als »Königliche Republik Württemberg« an den Pranger stellt, ein veritabler Skandal.

In seiner konservativen Weltanschauung zu keiner Zeit schwankend, ist Karl Hugo von Weizsäcker andererseits ein Liberaler, der sich mit Verboten aller Art schwertut. Überdies sind ihm die Genossen zu Hause bis dahin keineswegs so negativ aufgefallen, dass er in ihnen den Klassenfeind erkennen kann, dem Preußen den Kampf angesagt hat. Mit der SPD verbindet ihn

»Eiserne Hand im Samthandschuh«: Karl Hugo von Weizsäcker (rechts neben dem württembergischen Bevollmächtigten beim Bundesrat in Berlin, Axel Varnbüler von und zu Hemmingen) – ein »dem Soldatischen zugewandter« Politiker voller Widersprüche. Dass er den monarchistischen Obrigkeitsstaat verherrlicht, hindert ihn nicht daran, notfalls auch mit der SPD zu kungeln.

sogar eine Reihe von Absprachen. Erst vier Jahre später, als in einigen Betrieben vor Ort wochenlang gestreikt wird, klagt er über ein »Anwachsen der roten Flut«.

Mehr beschäftigt ihn zu dieser Zeit das innere Ungleichgewicht, das die von Bismarck geprägte gesamtdeutsche Verfassung entwertet. Um dem preußischen Führungsanspruch zu begegnen, gibt es neben dem Reichstag, über dessen Zusammensetzung seit 1871 in allgemeinen, direkten und geheimen Wahlen entschieden wird, noch einen Bundesrat, in dem sich die Delegierten der fünfundzwanzig Einzelstaaten – der sogenannten verbündeten Regierungen – versammeln und der de jure sogar den höchsten Rang einnimmt.

Doch in der Wirklichkeit bleibt das graue Theorie. Mit jedem Jahr verliert die Länderkammer an Bedeutung, und ihre in Fragen der Außenpolitik ohnehin einflusslosen Repräsentanten beugen sich dem Druck aus der Zentrale. Allenfalls ist sie bereit, die Provinzregenten zu unterrichten – eine Entwicklung, die auch den württembergischen Premier erbost. In Freundeskreisen nennt er das föderale Gremium, dem er selbst angehört, bisweilen gar ein »totgeborenes Kind«.

Andererseits verzichtet er darauf, seine guten Berliner Kontakte zu nutzen, um die Reichsregierung vor einer schleichenden Aushöhlung der verbrieften Rechte zu warnen. So leicht es dem Juristen fällt, komplexe Sachverhalte zu analysieren – und im vertrauten Tête-à-Tête mit seinem König etwa über die offenkundigen Defizite des kaiserlichen Namensvetters zu lästern –, so sehr scheut er im Ernstfall Konflikte. Dass für ihn der Chef des Hauses Hohenzollern ein »zur Leitung eines modernen Staates persönlich wenig berufener Monarch« ist, tut seiner unbedingten Treue dem Kaiser gegenüber keinen Abbruch.

Zumal ihm das Echo ja Recht zu geben scheint. Ob in deutschen Landen oder in Berlin, wo ihm insbesondere der seit 1909

Erblicher Adelstitel zum Dank für ein Leben als »Mann der Krone«: Karl Hugo von Weizsäcker (1853 – 1926), von 1906 bis zum Ende des Deutschen Kaiserreichs königlich-württembergischer Ministerpräsident, aber auch maßgeblich an der Einführung des Bürgerlichen Gesetzbuches beteiligt.

amtierende Kanzler Theobald von Bethmann Hollweg Gehör schenkt – allerorten öffnet seine diplomatische Art Türen, aber er zahlt dafür auch einen Preis. Nicht selten flüchtet sich Weizsäcker so eloquent ins Unklare, dass er seine Ziele zwangsläufig verwässert oder sich in Widersprüche verstrickt. Welche Strategien der Anhänger eines konservativen Liberalismus im Spannungsfeld zwischen der Zentralmacht Berlin und den Verfechtern eines gestärkten Föderalismus letztlich verfolgt, bleibt deshalb häufig verborgen.

Als Privatmann ist er bescheiden und achtet peinlichst darauf, dass ihm keine Allüren nachgesagt werden. Mit Frau und Tochter Paula – seine drei Söhne Carl, Ernst Heinrich und Viktor haben sich längst abgenabelt – bewohnt er mietfrei eine Dienstwohnung in der Stuttgarter Gymnasiumstraße. Sein waches Interesse an der Welt schlägt sich in einer außergewöhnlichen Reiselust nieder, die ihn in die meisten Länder des Kontinents führt – angesichts der damals noch beschränkten Möglichkeiten ein Luxus, den er sich bei einem Jahreseinkommen von annähernd 30 000 Mark leisten kann und der sich mit seiner Bodenständigkeit durchaus verträgt.

Die ersten Jahre als Premier im beschaulichen Königtum Württemberg wird Karl Hugo von Weizsäcker später als weitgehend unbeschwert beschreiben, und das sind sie wohl auch. Vom heimischen Monarchen geschätzt und selbst im Lager der Opposition zumindest respektiert, verkörpert der sympathische Aufsteiger auf geradezu klassische Weise die Belle Epoque, die den Deutschen einen wirtschaftlich-technischen und kulturellen Boom beschert wie nie zuvor. In dieser Gesellschaft, die vor Zuversicht strotzt, einen nicht unmaßgeblichen Platz einnehmen und seine Kreise immer weiter ziehen zu dürfen, erfüllt ihn erkennbar mit Stolz.

Aber dann ändern sich die Verhältnisse. Ende der ersten Dekade des 20. Jahrhunderts häufen sich die Nachrichten über Spannungen zwischen der neuen Großmacht in Europa und den 1871 gedemütigten Franzosen. Im Gefolge der expansiven wilhelminischen Flottenpolitik verschlechtern sich alsbald auch die Beziehungen zu London. Erschwerend kommt hinzu, dass Berlin seine Bündnistreue gegenüber dem unruhigen Österreich-Ungarn mit einer gefährlichen Distanz zu Russland bezahlt. So wird die bislang halbwegs stabile kontinentale Friedensordnung schwer belastet, und die preußisch dominierte deutsche Militärführung plagen Einkreisungsängste.

Im außenpolitisch weitgehend abgemeldeten Württemberg reagiert der Ministerpräsident ambivalent. Zwar kann der Patriot Karl Hugo von Weizsäcker rückblickend darauf verweisen, dass er gegen die Kraftprotzereien in Berlin von Anfang an Position bezogen habe, aber seine Bedenken halten sich dann doch in Grenzen. Sie beziehen sich im Wesentlichen auf die Mahnung, durch einen zwangsläufig unkontrollierbaren Waffengang sei nichts zu gewinnen.

Gleichzeitig versteht er die Motive, die den Kaiser im Sommer 1914 in die Katastrophe hineintreiben. Wie in Berlin der Monarch, ist sein schwäbischer Kritiker durchaus der Meinung, das hochinnovative Vaterland sehe sich von Konkurrenten umstellt, die ihm seine militärische Kraft und ökonomische Macht neiden. Um sich in einem ihm aufgezwungenen »Verteidigungskrieg« notfalls mit aller Konsequenz behaupten zu können, billigt er deshalb sowohl die Wehrvorlage der Reichsregierung als auch einen außerordentlichen Rüstungsbeitrag und setzt in einer Rede im Landtag »mit Gottes Hilfe« voll auf Sieg.

Nein, dass die Weizsäckers, wie anno 1870, den Krieg herbeigesehnt hätten, geht aus keinem Dokument hervor, aber als pflichtbewusste Staatsbürger nehmen sie ihn, wie das Gros der Deutschen, schicksalsergeben hin. Seine Eltern, schreibt der bei der kaiserlichen Marine dienende Ernst Heinrich nach Hause, müssten »stolz sein, drei Söhne ins Feld zu schicken« – und das sind sie wohl selbst auch dann noch, als ihr Ältester, der vierunddreißigjährige Legationsrat im Auswärtigen Amt und Oberleutnant der Reserve, Carl, bereits im September 1914 in Frankreich im Kugelhagel fällt.

Dass sein Vater, von Schmerz betäubt, dennoch den wahren Kriegsgrund nie beim eigenen Land sucht, sondern höchstens an der Weisheit einiger für seine Geschicke verantwortlicher Männer zweifelt, hält er schriftlich fest. »Die Nation ist gesund«, notiert er am Vorabend des großen Infernos auf einem seiner zahlreichen Merkzettel, um sich dann allerdings in sarkastischen Kommentaren zu ergehen. Ob man sich tatsächlich einbilde, höhnt er etwa bei einem Besuch in Wilhelmshaven angesichts eines der von Wilhelm II. hochgelobten U-Boote, dass mit »diesen elenden Dingern ein Weltreich wie England umzubringen« sei!

Erst als nach den blutigen Gefechten zu Lande die von ihren Anfangserfolgen auf See benebelte Oberste Heeresleitung in Berlin immer unverhohlener dazu neigt, die Entscheidung unter Wasser zu erzwingen, wagt sich der Schwabe aus der Deckung. Die brutalen Angriffe auf Schiffe jedweder Art, wendet er ein, vergrößerten lediglich die Gefahr, dass die Vereinigten Staaten ihre Neutralität aufgäben. Dann aber wäre die Chance, vielleicht doch noch einen »Verständigungsfrieden« zu erreichen, vollends dahin. Eine Befürchtung, die sich im April 1917 schließlich bestätigt.

Drei Monate später wird der wankelmütige Reichskanzler Bethmann Hollweg auf Betreiben der führenden Militärs entlassen – und Weizsäcker, der gerade mal wieder in der Hauptstadt weilt, als Nachfolger gehandelt. Zwei Emissäre des Generals Erich Ludendorff, der mit nahezu allen Vollmachten ausgestattet ist, versuchen dem Schwaben das Amt schmackhaft zu machen, doch der winkt ab. Sosehr ihm die Offerte schmeichelt, hält er sie vermutlich für einen nicht ganz seriösen Alleingang.

Dass der württembergische Ministerpräsident, wie Thomas Lau schreibt, »um ein Haar zu einer welthistorischen Figur geworden wäre«, sich den ganz großen Sprung aber versagt habe, weil ihn die Aussichtslosigkeit der Lage Deutschlands schreckte, lässt sich füglich bezweifeln. Sein Ehrgeiz hätte dazu wohl ausgereicht, selbst in dieser Situation die im Staatsdienst letzte Stufe auf der Karriereleiter zu nehmen, doch vermisst er den Ruf des Kaisers. Von Wilhelm II. nämlich, »der allein zuständigen Seite«, bestätigt später der Sohn Ernst Heinrich, sei ein solches Ansinnen »nie an ihn herangebracht« worden.

So bleibt seiner Familie zumindest erspart, dass mit ihrem Namen das Ende einer von Selbsttäuschung und Maßlosigkeit gekennzeichneten Ära verknüpft wird. Vorwürfe, mit eigenen Versäumnissen zu dem Ruin beigetragen zu haben, macht sich Weizsäcker nicht. Im Ruhestand verweist er immerhin darauf, ihm sei das Streben nach Hegemonie schon früh suspekt gewesen. Tatsächlich nennt er es bereits in seinen »Notizen« von 1915 »unsinnig«, in Europa eine Vormachtstellung erreichen zu wollen, die die zu Bismarcks Zeiten mühsam austarierte Balance auf dem Kontinent zugunsten Deutschlands zerstört – für ihn zumindest »kein wünschenswertes Ziel«.

Zugleich übernimmt er aber auch Argumente der Bellizisten.

Mal ist er sich sicher, erst die »Pariser Revanchelust« habe »Preußisch-Berlin« den Griff zu den Waffen praktisch aufgenötigt, ein anderes Mal beschwert er sich darüber, wie sehr das »dem Neid und den Intrigen der westlichen Nachbarn« ausgelieferte junge und prosperierende Reich in die Alternativlosigkeit getrieben worden sei.

Andererseits weist er zu Recht darauf hin, dass den »Bundesfürsten« in den wichtigsten Staatsangelegenheiten nur eine Statistenrolle blieb, und erinnert zudem an eine von ihm seit jeher gepflegte Tugend: Hätte ausgerechnet einer wie er, der auf Loyalität und Common Sense stets größten Wert legte, den Strategen der Obersten Heeresleitung »in die Zügel fallen« sollen? Weil die Antwort darauf so klar ist, belässt er es bei der Frage.

Müßig auch, darüber zu spekulieren, ob ein Mann seines Zuschnitts in der Lage gewesen wäre, den Alliierten einen früheren, für Deutschland günstigeren Friedensschluss abzuverhandeln. Die Initiative Ludendorffs – wie ernst auch immer sie gewesen sein mag – kommt viel zu spät, verstärkt im Hause Weizsäcker aber das eh schon gediegene Selbstbewusstsein, nun zum engsten Kreis der deutschen Funktionselite zu gehören. Bedauerlich nur, wie Ernst Heinrich leicht dramatisch formuliert, »dass hier eine politische Potenz in der mittelstaatlichen Enge sich zu Tode lief, statt im Reichsdienst ihren angemessenen Aktionsraum zu gewinnen«.

Wahrscheinlich ist das deutlich überzogen, denn ganz so schlecht geht es dem württembergischen Ministerpräsidenten in seiner vertrauten Umgebung selbst in Kriegszeiten nicht. Während im Reich die nach der Mobilmachung weitverbreitete Euphorie längst verflogen ist, entwickelt er sich in Stuttgart zur unbestrittenen Autorität. Zwar macht er aus seiner Besorgnis über den wachsenden Einfluss von Parlament und Parteien auf die Entscheidungsprozesse der Exekutive keinen Hehl, aber das Bemühen um eine möglichst konfliktfreie, dem Interessenausgleich dienliche Lösung der Probleme wird von allen anerkannt.

Und so nimmt denn auch kaum jemand Anstoß daran, dass der König ihn im Oktober 1916 aus Anlass seines fünfundzwanzigjährigen Thronjubiläums mit der höchsten Würde beglückt: Zum Beweis seiner »persönlichen Dankbarkeit« erhebt er seinen getreuen Vermittler in den erblichen Freiherrenstand. Zwei Jahre vor dem Ende der Monarchie erreicht die »Öhringer Linie« der Weizsäckers so ihr von fünf Generationen ersehntes Ziel.

Ein Sieg der Beamtenaristokratie, die den Geehrten in seiner seit Jahrzehnten gepflegten Grundeinstellung bestätigt. Schon als Stuttgarter Amtsrichter hatte er auf eine Art stillschweigende Arbeitsteilung gesetzt, die der angestammten Obrigkeit das letzte Wort zugesteht, um im Gegenzug das Gemeinwesen gleichsam geschäftsführend von ihren, zuallererst dem Herrscherhaus verpflichteten Bürokraten verwalten zu lassen. Welcher Triumph für ihn und seine Kaste, dass der schwäbische Wilhelm II. diesem unausgesprochenen Deal zustimmt und in den heraufziehenden Stürmen seine wichtigste Stütze demonstrativ auf die Ebene des Geblütsadels hievt.

Wenig verwunderlich, dass sich der frisch gekürte Edelmann im Jahr darauf erkenntlich zeigt, als sich infolge der prekären Kriegslage der Druck auf das von ihm favorisierte System verstärkt. In Berlin kündigt der inzwischen amtierende Reichskanzler Georg Graf Hertling an, die Parteien in deutlich größerem Umfang als bisher an der Regierung beteiligen zu wollen –

eine Bereitschaft, die sich naturgemäß auch auf den kleinen Bundesstaat am Neckar auswirken muss. Doch Karl Hugo von Weizsäcker stemmt sich nun mit aller Macht dagegen. Die Riege seiner Minister – »Vertrauensmänner der Krone«, wie er sie nennt – vom kaum einzuschätzenden Votum frei gewählter Volksvertreter abhängig zu machen, kommt für ihn nicht in Frage.

So kämpft der Repräsentant einer obsoleten Ordnung, der Parlamente zuweilen als Orte »organisierter Feigheit« verspottet hat, mit dem nüchternen Realisten, der er ohne Zweifel ja auch ist. Einerseits darf er nach dem großen Epochenbruch darauf verweisen, früher als mancher seiner Kollegen erkannt zu haben, dass ein verlorener Krieg »die Throne« der unterlegenen Länder »auf das Schwerste erschüttern« werde, andererseits hindert ihn eine zumindest in der Endphase regelrecht reaktionäre Haltung, die Konsequenzen daraus zu ziehen. Da neigt er schon eher einer befristeten Militärdiktatur zu, als einem demokratisch legitimierten Regime den Vorzug zu geben.

Aber dann sieht es plötzlich doch noch nach einer Kehrtwende aus. Als sich Anfang Oktober 1918 in Berlin Hertlings Nachfolger Prinz Max von Baden darauf einlässt, sein Kabinett mit einem halben Dutzend Abgeordneten aufzupolieren, die für das Zentrum, die Fortschrittliche Volkspartei und die SPD kandidieren, und sich im heimischen Stuttgart eine ähnliche Entwicklung anbahnt, wird Weizsäcker höchst aktiv. Seine bis dahin geltenden Einwände kühn beiseite schiebend, sieht sich der Premier jetzt in der Pflicht, »alle staatserhaltenden Kräfte zusammenzufassen«. Einige Tage lang trägt er sich sogar mit dem Gedanken, in einem grundlegend veränderten Regierungssystem weiterhin an der Spitze zu stehen.

Nur ist es dazu bereits zu spät. Die in Württemberg maßgeblichen Parteien einigen sich auf die Einführung einer unumschränkten parlamentarischen Demokratie und fordern seinen Rücktritt. Ihm bleibt nichts anderes übrig, als am 7. November die Demission einzureichen. In einem Brief an Wilhelm II. bittet er im Namen seiner Mannschaft »mit dem Ausdruck des tiefsten untertänigsten Dankes« um Verständnis, dass er gezwungen sei, »die von Eurer Königlichen Majestät uns allergnädigst anvertrauten Ämter in die Hände Eurer Königlichen Majestät ... zurückzulegen und um unsere Entlassung aus dem königlichen Dienst zu bitten«.

So erstaunlich flexibel der letzte Versuch, seine Macht über die Wende hinwegzuretten, so klar fortan Weizsäckers Verhalten. »Im Interesse einer tunlichsten Sicherung der politischen Weiterentwicklung« im Lande steht er den Ereignissen, die sich in den folgenden 48 Stunden überschlagen, nach Berichten von Augenzeugen mit eindrucksvoller Gelassenheit gegenüber. Vom Monarchen, der am Abend des 9. November ebenfalls abdankt, »schweren Herzens« in den Ruhestand versetzt, erlebt er, wie sich in Württemberg die Revolution vergleichsweise gesittet vollzieht. Der neue Ministerpräsident der Republik, ein Sozialdemokrat, bietet ihm sogar an, seine Dienstwohnung erst nach einigen Tagen zu räumen.

Danach zieht er mit Frau und Tochter zunächst zu einer Schwester nach Tübingen, um sich aber bald wieder in Stuttgart einzufinden. Mit Kommentaren über die nun tonangebenden Politiker, die ihm ja nach zwölf Jahren im höchsten Amt größtenteils persönlich bekannt sind, hält sich der Privatier zurück. Obwohl er bis zu seinem Tode keinen noch so plausiblen Grund für die Abschaffung der Monarchie akzeptieren mag, beschwört er befreundete, am demokratischen Regelwerk zweifelnde Staatsdiener, ihren Job weiter zu versehen. »Wenn die Beamten ihre Posten verlassen«, lautet sein Credo, »stürzt alles zusammen – und was dann?«

Ein Versagen der deutschen Funktionseliten, denen anzugehören ihm von Jugend auf nach Vorväterart jeder Einsatz wert gewesen ist, kann er jedenfalls nicht erkennen. Was soll er sich vorwerfen, wenn in Berlin ein aus dem Ruder gelaufener Imperator in unseliger Allianz mit hoffnungslos überforderten Generälen am Ende jedes Maß verlor – und darüber hinaus nach dem militärischen Debakel die von Bismarck initiierten innerstaatlichen Errungenschaften jetzt ebenfalls nichts mehr gelten? Umso herzlicher bleibt Weizsäcker bis zu dessen Ableben im Oktober 1921 seinem württembergischen Wilhelm verbunden.

Alles in allem eine um Abwägung bemühte Rückschau auf »ein im Ganzen sehr glückliches Stück deutscher Geschichte«, das er in seinen Memoiren zu verewigen versucht. Mit der Arbeit daran beginnt der schreibfaule Jurist, der ansonsten redegewandt seiner Spottlust freien Lauf lässt, weniger aus eigenem Antrieb als auf Drängen der Familie. Vor der Nachwelt Rechenschaft abzulegen, langweilt ihn eher, und so stellt er das Vorhaben rasch wieder ein. Erst nach seinem Tod wird sich der Sohn Ernst Heinrich über das Manuskript und die reichlich vorhandenen Zettelkästen hermachen, um die Fragmente auf seine Weise zu ergänzen.

In seinen letzten sieben Jahre sucht der königliche Ministerpräsident a. D. gern die Gesellschaft früherer Kombattanten und trifft sich als Mann, der »doch von Natur, Temperament und Geschichtsauffassung entschieden zum Soldaten hinneigte« – wie ihm sein Sohn hinterherschreibt –, vor allem mit Offizieren der neuen Reichswehr. Die Bekämpfung des alten »Obrigkeitsstaates« nimmt Karl Hugo von Weizsäcker in Zeitungsartikeln unter Pseudonym aufs Korn und amüsiert sich über den Eifer der November-Revolutionäre, von denen er angeblich auf »die schwarze Liste der zu Erschießenden« gesetzt worden sei. Für einen wie ihn, höhnt er im Kreise Gleichgesinnter, eine »besondere Auszeichnung«.

Natürlich hofft er – schon aus Sorge um die Seinen –, dass die Weimarer Republik nicht im Chaos versinkt. Nachdem Carl, der älteste, den Krieg mit dem Leben bezahlt hat und die nachgeborene Tochter Paula noch zu Hause wohnt, richtet sich sein Augenmerk auf die beiden ihm verbliebenen Söhne. Zu seiner Freude erwirbt sich der eine, Ernst Heinrich, in Den Haag als Diplomat erste Meriten, während der andere, Viktor, als habilitierter Neurologe in Heidelberg der Wissenschaft dient. Um den Fortbestand der Weizsäckers als deutsche Musterfamilie steht es also Mitte der zwanziger Jahre allen Schwierigkeiten zum Trotz nicht schlecht.

Friedlich darf sich der Patriarch, der als Ruheständler immer öfter in seiner evangelischen Kirche Halt sucht, daher von der Welt verabschieden. Im Alter von knapp dreiundsiebzig erleidet er Ende Januar 1926 einen Schlaganfall, an dem er wenige Tage danach verstirbt. An seiner Grabstätte auf dem Pragfriedhof in Stuttgart versammeln sich Honoratioren des alten Regimes ebenso wie politische und militärische Repräsentanten des neuen. »Seinem geistigen Zauber konnte sich keiner entziehen, der das Glück hatte, ihm näherzutreten«, sagt am Sarg ein noch von ihm bestellter Pastor. Weitere Trauerreden gibt es auf seinen ausdrücklichen Wunsch hin nicht.

Drittes Kapitel

»Zeit für eine andere Garnitur«: Der Epochenbruch

Auf den Zusammenbruch der alten Ordnung reagiert der unversehrt aus dem Ersten Weltkrieg heimgekehrte Ernst Heinrich von Weizsäcker betont pragmatisch. Obgleich er im Gegensatz zu seinem Bruder Viktor, der das Ende der wilhelminischen Ära demonstrativ begrüßt, den Übergang zur Demokratie mit Misstrauen verfolgt, sind ihm alle sentimentalen Anflüge suspekt. In der ungeliebten Weimarer Republik als Diplomat erfolgreich, geht der zu Zeiten des »Dritten Reiches« zum Staatssekretär im Auswärtigen Amt beförderte Freiherr als die letztlich umstrittenste Figur in die Annalen seiner Familie ein.

Schon früher darauf bedacht, sich mit den jeweils herrschenden Verhältnissen zumindest insoweit zu arrangieren, dass sie seiner Karriere nicht schaden, hält der Seeoffizier, der ab November 1918 auf dem Trockenen sitzt, Ausschau nach neuen Ufern. Im sogenannten Wilhelmstraßen-Prozess wird ihn drei Jahrzehnte später ein über die Nazi-Bürokratie zu Gericht sitzendes alliiertes Tribunal zu den klassischen Vertretern einer auf Anpassung und stillschweigende Hinnahme offenkundigen Unrechts gedrillten Beamten-Elite zählen.

Bereits seine Jugend, räumt der 1949 zunächst zu sieben Jahren Haft verurteilte Chefdiplomat Adolf Hitlers in seinen »Erinnerungen« ein, sei »fast zu glatt« dahingeflossen – ein Eingeständnis früh eingeübter Autoritätsgläubigkeit, die vor allem dem von ihm angehimmelten Vater gilt. Wie dieser schon bald »dem Soldatischen zugewandt«, beugt Ernst Heinrich sich gerne dem »heiter-überlegenen Verstand« des Patriarchen, und der erhebt keine Einwände, als es den Sohn nach dem Abitur zum Militär zieht. Zwar gibt Karl Hugo von Weizsäcker zu bedenken, dass es im Ernstfall »der Infanterist« sei, der über »Deutschlands Schicksal« entscheide – weshalb er zu einer Laufbahn beim Heer rät –, aber der abenteuerlustige Sprössling favorisiert die Marine. Vierzehn Jahre lang befährt er, nachdem er mit achtzehn die Ausbildung zum Seekadetten angetreten hat, alle Meere, um sich danach bei der von Kaiser Wilhelm gepäppelten Kriegsflotte Stufe für Stufe in Führungsstäbe hochzuarbeiten.

Für eine »schwäbische Landratte«, wie er sich bisweilen selbstironisch nennt, und inmitten schneidiger preußischer Offiziere des süddeutschen Zungenschlages wegen oft belächelt, keine selbstverständliche Leistung, aber ihm wird ja geholfen. Immer wieder ersucht er brieflich den in beruflichen Wettbewerbssituationen erfahrenen Vater oder die lebenskluge Mutter um Ratschläge für ein möglichst erfolgversprechendes Verhalten an Bord.

Angesichts rascher Beförderungen, die ihn bis 1909 vom Fähnrich zum Leutnant, Oberleutnant und schließlich Kapitänleutnant aufsteigen lassen, entwickelt er aber auch selbst ein stabiles Ego. Je mehr die anfängliche Unsicherheit verfliegt, desto ungeduldiger erwartet der junge Weizsäcker die prompte Anerkennung seiner Fähigkeiten. Bleibt die aus, kann es passieren, dass er sich bei Vater und Mutter weitschweifig-arrogant über angeblich minderbemittelte Vorgesetzte beklagt.

Für das wachsende Selbstbewusstsein sorgen insbesondere einige Begegnungen mit dem Kaiser. So beglückwünscht ihn Wilhelm II. bereits zur Zeit seiner Ausbildung in Kiel, nachdem er in einem zu seinem Segelschulschiff gehörenden Ruderboot ein Rennen gewonnen hat, und fast schon regelmäßig sieht er ihn in den Jahren vor Kriegsbeginn bei dessen Visiten auf dem feinen Flottenflaggschiff »Deutschland«. Da ist er als Offizier für das Zeremoniell, die Unterbringung und die Verpflegung des »Allerhöchsten Herrn« verantwortlich und sitzt mit ihm gelegentlich sogar am selben Tisch.

In seiner Privatkorrespondenz erscheinen solche Ereignisse zunächst in eher positivem Licht. Er schildert den Monarchen als einen Mann von »lebendigem Geist«, der »angenehm zu plaudern« verstehe und sich zumal vor abwertenden Urteilen über Menschen hüte. Im vertrauten Umgang sei Wilhelm II. regelrecht sympathisch; nur vor Fremden verfalle die Majestät in die oft kritisierte, von weit ausholenden Gebärden und unnatürlichem Gelächter begleitete »Herrscherpositur«.

Dass Weizsäcker seinen Oberbefehlshaber in dieser Phase eines zusehends brüchigen Friedens mit unverhohlener Zuneigung porträtiert, liegt in erster Linie an den Erwartungen, die er seit langem mit ihm verbindet. Wenngleich er zumindest einen Krieg gegen die Engländer, deren Kampfkraft ihm ersichtlich imponiert, nicht gerade herbeisehnt, teilt er von Anfang an die Vision des Kaisers: Auch er verortet die Zukunft des Reiches »auf dem Wasser«, wobei er die unter Umständen militärische Konfrontation zwangsläufig in Kauf nimmt.

Aber dann verändert sich Weizsäckers Tonlage. Wilhelm II. fehle, wie er immer öfter bemängelt, der verlässliche Kompass, und sosehr er ihn nach wie vor als einen Politiker von »bestem Wollen und lauterem Charakter« empfindet, so enttäuscht sieht er ihn nun in den Fängen schlechter Berater. Von eifersüchtigen Souffleuren aus dem Reichsmarineamt, Admiralstab und Flottenkommando, analysiert er, werde der ohnehin leicht zu beeinflussende Herrscher zu gefährlich ausuferndem Imponiergehabe ermuntert und verliere dann leider den Überblick.

Mitunter wirken seine Bewertungen, die er verblüffend sorglos in die allgemeine Post gibt, ein bisschen großspurig, doch der vielseitig interessierte Offizier verfügt auch mehr und mehr über ein solides Fachwissen. Seit 1906 mit der vor allem von Alfred von Tirpitz beförderten Torpedo-Technik befasst, beschert ihm seine Zugehörigkeit zu den unterschiedlichsten Waffengattungen die jeweils aktuellsten Erkenntnisse. Immerhin ist er bereits 1909 als erster Flaggleutnant auf die »Deutschland« beordert worden, und im Herbst 1912 verschafft Admiral Georg Alexander von Müller ihm den Eintritt ins Berliner Marinekabinett.

In dieser Verbindungsstelle zwischen Wilhelm II. und seinen einflussreichsten Kommandeuren auf See bekommt er jetzt »alles zu lesen«, berichtet er erfreut nach Stuttgart. Auch gesellschaftlich bringt der attraktive Job ihn weit nach vorne, er verkehrt jetzt in illustren Hauptstadt-Kreisen. Im Mai 1913 ist er sogar zur letzten glamourösen Adelsparty der Preußen geladen, der Hochzeit der Prinzessin Viktoria Luise mit Ernst August Cumberland Herzog von Braunschweig und Lüneburg.

Doch die schönen Tage, die der nun allenthalben beachtete Schwabe mit seiner 1911 geehelichten Frau Marianne, einer

Tochter des württembergischen Generalmajors Fritz von Graevenitz, und dem einjährigen Sohn Carl Friedrich in Berlin verlebt, sind da schon gezählt. Nicht mal achtzehn Monate bleiben dem Paar, dann zwingt sie der Beginn des Krieges, die Hauptstadt wieder zu verlassen.

Am 1. August 1914 ruft der Kaiser sein Volk zu den Waffen, und die im Nachhinein von Weizsäcker hartnäckig verteidigte Behauptung, seine ganze Energie habe sich bis zur letzten Minute auf die Sicherung des Friedens gerichtet, lässt sich kaum aufrechterhalten. Noch bevor der erste Schuss gefallen ist, belehrt er etwa den Vater am 30. Juli schriftlich darüber, welche Konsequenz ihm nach dem Attentat von Sarajevo dringend geboten scheint: Wenn es die Lage erfordere, müsse von deutscher Seite aus eben für eine »gute Parole« gesorgt werden, und dann »sobald wie möglich losschlagen«!

Bereits vier Tage später stimmt er vollends in die Jubelchöre ein, in denen sich jetzt die große Mehrheit seiner Landsleute ergeht. Von Wilhelmshaven aus, wo er sich sofort bei der Flotte gemeldet und eine Stabsstelle im III. Geschwader des Vizeadmirals Karl Schaumann für sich reserviert hat, um die allgemein erwartete Schlacht gegen England nicht zu verpassen, beschwört er abermals seine Eltern: Es werde sie doch wohl mit Stolz erfüllen, in der Stunde der Abrechnung »gleich drei Söhne« ins Feld schicken zu dürfen.

Im Marinekabinett mit den von der militärischen Führung vorgezeichneten Abläufen hinreichend vertraut, hat der Kapitänleutnant an einem raschen Sieg zunächst keine Zweifel. Die im Rekordtempo aufgerüstete kaiserliche Seestreitmacht, glaubt auch er, werde die noch auf allen Weltmeeren gebundene und deshalb in mittel- und nordeuropäischen Gewässern erheblich geschwächte britische Grand Fleet schlagen können – sofern es ihr gelänge, sie in die Nähe der deutschen Küsten zu lotsen.

Womöglich hätte der Krieg, wenn diese List geglückt wäre, einen anderen Verlauf genommen, aber die Engländer gehen nicht in die Falle. Sie verzichten auf eine Blockade des Gegners und versuchen stattdessen, ihn aus den eigenen Stützpunkten zu locken, was nun wiederum die Kommandeure des Reiches über nahezu zwei Jahre hinweg praktisch zur Untätigkeit verurteilt. Mit ihrem Zögern, rügt Weizsäcker, bringe der Admiralstab das im Felde tapfere Vaterland um »Ehre und Reputation« – was ihn umso mehr ergrimmt, als bei ihm zur anfänglichen Euphorie längst »der Hass« hinzugekommen ist. Schließlich hat sein Bruder Carl den Vorstoß nach Frankreich bereits im September 1914 mit dem Leben bezahlt.

Aber dann darf er an Bord des Flaggschiffs »Friedrich der Große« doch noch an dem von ihm sehnlichst erhofften Kräftemessen teilnehmen. Im Mai 1916 stoßen die beiden Flotten am Skagerrak nordwestlich von Jütland aufeinander – für ihn unter dem Oberbefehl des Vizeadmirals Reinhard Scheer das endlich zu bestehende »Examen«, an dem er sich kurzfristig auch erfreut. Dass der Feind deutlich höhere Verluste an Menschen und Tonnage zu beklagen hat als die kaiserliche Marine, verbucht er auf das Konto einer gütigen »Vorsehung«.

In Wahrheit geraten die Deutschen, die die Verteidigungslinien der Briten nicht zu durchbrechen vermögen, strategisch noch mehr in die Defensive als zuvor. Das militärische »Unentschieden« in dieser materiell aufwändigsten Seeschlacht aller Zeiten stärkt in Berlin die Position derer, die ihr Heil unter Wasser suchen wollen. So gewinnt der bereits im Februar 1915 gestartete, nach der skandalösen Versenkung des englischen Passagierdampfers »Lusitania« aber eingeschränkte U-Boot-Krieg wieder an Bedeutung.

Hatte Weizsäcker den mit fast 1200 Opfern grässlichsten Exzess noch ausdrücklich verteidigt, übernimmt er nun Schritt für Schritt die eher kritische Sichtweise des Vaters. Der warnt davor, der blindwütige Torpedo-Beschuss von allem, was sich auf dem Meer bewegt, könnte den Kriegseintritt der Amerikaner provozieren – was Anfang 1917 ja auch geschieht. Der im Jahr darauf zum Korvettenkapitän beförderte Sohn stellt danach seine martialischen Parolen jedenfalls weitgehend ein.

Kriegsheld, wie von ihm heimlich erträumt, wird er jetzt nicht mehr, dafür rückt er in den letzten Monaten des wilhelminischen Reiches als Admiralstabsoffizier noch in die neu eingerichtete Seekriegsleitung auf, die er ab September beim Oberkommando des Heeres im belgischen Hauptquartier in Spa vertritt. Dort zieht er am Abend des 9. November nach der Kapitulation »niedergedrückt« Bilanz.

Aus diesem schmählichen Ende, schreibt Ernst von Weizsäcker als »ersten Gedanken« in ein neues Notizbuch, werde unvermeidlich die nächste, in ihren Folgen unabsehbare Konfrontation erwachsen, die dann sicher »unsere Kinder« bestehen müssten. Dass er sich seines »blauen Marinetuchs« zu entledigen hat, bevor er im überfüllten Sonderzug des Generalfeldmarschalls Paul von Hindenburg nach Deutschland zurückkehren kann, schmerzt ihn gewaltig. Zugleich reift in jener Nacht sein Entschluss: Er möchte der düsteren Zukunft mit der größtmöglichen Realitätsbezogenheit begegnen.

Am Ende der bis in die letzten Stunden hinein mörderischen Kampfhandlungen haben die Weizsäckers drei Tote zu beklagen. Neben Carl sind im Sommer 1918 die beiden Brüder der Schwiegertochter Marianne von Graevenitz im Felde geblieben, während Viktor, der dritte Sohn des gestürzten württembergischen Regierungschefs, noch kurz vor dem Waffenstillstand in Gefangenschaft gerät. Der vorwiegend in Polen und Frankreich eingesetzte Sanitätsarzt kommt erst zweieinhalb Monate später wieder frei.

Bei aller Trauer über den Verlust geliebter Angehöriger scheinen dem 1886 geborenen jüngsten Spross des Clans die Wirren des Epochenbruchs noch die wenigsten Schwierigkeiten zu bereiten. Schließlich hatte er die Kriegsbegeisterung, die daheim zumindest anfänglich zu beobachten war, nie geteilt, sondern dem absehbaren Desaster »die volle Qualität des Wahnsinns« attestiert, und so bringt ihn nun auch die Niederlage nicht aus der Fassung. Was die Patrioten unter den seinen als tiefe Kränkung empfinden, verknüpft sich für ihn mit der Hoffnung auf eine bessere Zeit.

Nach den Recherchen des Biographen Martin Wein schlägt bereits der Heranwachsende Viktor von Weizsäcker in mancherlei Hinsicht eigene Wege ein. Der im persönlichen Umgang scheue, in Fragen der Weltanschauung und Gesellschaftsordnung aber unbeirrbare Einzelgänger, der sich schon im Gymnasium an großen Denkern wie Kant oder Leibniz abarbeitet, legt sich gerne mit Autoritäten an. Vor allem der liberal-konservative Vater ist ihm zu sehr der monarchistischen Vergangenheit verhaftet. Er selbst fühlt sich, nachdem er in Berlin dem legendären SPD-Vorsitzenden August Bebel im Reichstag zugehört hat, eher »rot eingefärbt«.

Doch statt sich in einer Partei, womöglich gar im Lager der Linken zu engagieren, hält er sich letztlich ebenso zurück, wie er den Eltern schon vor dem Krieg in seiner Berufswahl gefolgt ist: Seinen ursprünglichen Plan, Philosophie zu studieren – eine ihrer Ansicht nach brotlose Kunst –, hat er zugunsten der Medizin aufgegeben und das Studium in Tübingen, Freiburg und Heidelberg mit der familienüblichen Zielstrebigkeit noch zu Friedenszeiten mit dem Doktortitel »Summa cum laude« abgeschlossen. Danach nutzt er selbst an der Front jede sich bietende Gelegenheit, seine Habilitation voranzutreiben.

Wie er rückblickend in autobiographischen Essays nicht ohne Stolz vermerkt, erschließt sich dem akribischen Forscher da womöglich als Erstem die Bedeutung der Blutsenkung – eine folgenschwere Entdeckung, deren sorgfältige wissenschaftliche Auswertung ihm wahrscheinlich Ruhm und Reichtum hätte einbringen können, doch dafür fehlt ihm offenkundig der Sinn. Weit mehr als die seit Beginn seiner Ausbildung aufblühende und allgemein gefeierte »mechanistische Medizin« interessiert den Internisten von Anfang an der »ganzheitliche Ansatz«, den er mit Leidenschaft verficht.

Während sich das Gros der Kollegen immer leistungsstärkerer Mikroskope und ausgeklügelterer Apparate bedient, um die gesundheitlichen Probleme ihrer Patienten in Labors und Operationssälen zu beheben, sieht Weizsäcker darin bloß Stückwerk. Obschon er als »gläubiger Physiologe der Muskelmaschine« jahrelang selbst die Einwirkung der Elektrizität auf die Nerven verfolgt, sind ihm Detailkenntnisse rein körperlicher Funktionen, so wichtig sie auch sein mögen, zu wenig. Stattdessen sucht er nach einem umfassend »neuen« Krankheitsbegriff, der insbesondere die Psyche einbezieht.

Eine im Inneren rumorende hartnäckige Stimme habe ihm befohlen, dem »lebendigen Menschen« zu dienen, wird der Freiherr im Nachhinein leicht salbungsvoll erklären, und dieser, seiner »eigentlichen Berufung« folgend, sagt er einer im Diagnostischen wie Therapeutischen herrschenden Selbstgenügsamkeit den Kampf an. Die orientiert sich in seinen Augen vorwiegend an messbaren Ergebnissen, während sie die leidende Seele kaum zur Kenntnis nimmt. Richtig verstandene ärztliche Intervention dürfe hingegen den Patienten nicht nur als Objekt behandeln, sondern müsse allem voran seine »Personalität« respektieren.

Auffällig ist dabei, mit welcher Inbrunst sich auch der spätere Neurologe und überzeugte Protestant lutherischer Provenienz mit solchen Forderungen auf ein im Kern metaphysisches Weltbild stützt, wie es in seiner Familie seit Generationen verankert ist. Ein über das andere Mal attackiert er die »Entgeistigung und Entgottung« der modernen Heilkunde, um sich ebenso unverblümt für eine »christliche Medizin« einzusetzen. Ohne ein Minimum »religiösen Denkens« ist für ihn ein entscheidender Durchbruch auf seinem Fachgebiet kaum denkbar.

Was ein bisschen nach Frömmelei klingt, ist wohl eher seiner Nähe zur Philosophie geschuldet. Während des Studiums überlegt er ernsthaft, auf die »Königsdisziplin« der Wissenschaften umzusatteln, und einige Semester lang scheint er sich tatsächlich auch auf sie zu kaprizieren. In Heidelberg befasst sich Weizsäcker in Seminaren des Neukantianers Wilhelm Windelband mit Dialektik und Logik und lehnt sich danach immer stärker an Martin Heidegger an, mag das spekulative Forschen dann aber doch nicht zu seinem Metier machen.

Eine gewisse Neigung zum Esoterischen bleibt ihm allerdings zeit seines Lebens erhalten. »Im Nebenamt Mystiker«, wie er einräumt, lässt er sich von der Kritik an seinen gelegentlich provokanten Thesen schon deshalb nicht irritieren, weil er ja auf eine lupenrein klassische Schulung verweisen kann. Die verdankt er namhaften Professoren, vor allem dem Sinnesphysiologen Johannes von Kries sowie dem Kliniker Ludolf von Krehl. Und steht er auch mit oft belächelten Postulaten immer wieder, bis zum Ende seiner Karriere, im Mittelpunkt heftiger Kontroversen, so gilt er doch bis in die Gegenwart hinein als Vorreiter der deutschen Psychosomatik.

Er selber bezeichnet sich lieber als »Medizinischen Anthropologen«, das treffe den holistischen Anspruch der von ihm vertretenen Richtung präziser. Um organischen Defekten beizukommen, ist seiner Auffassung nach deren konsequente »Einbettung in die Lebensgeschichte« des Betroffenen maßgeblicher als die Analyse von Röntgenbildern oder Laborbefunden – und ähnlich verhält es sich, worauf er noch energischer pocht, beim schwierigen Arzt-Patienten-Verhältnis: Zu helfen sei einem Menschen nur dann, wenn es gelinge, »das Subjektive, Innerliche der Person oder des Geistes« zu erfassen.

Darüber hinaus legt auch er, wie in den unterschiedlichsten Bereichen die meisten Weizsäckers, Wert auf den politischen Aspekt seiner Tätigkeit. Wer Krankheit als einen fragilen körperlich-seelischen Zustand definiert, in dem sich nicht selten bloß oberflächlich bearbeitete soziale Konflikte spiegeln, darf sich nach seiner Meinung nicht der Erkenntnis verschließen, »dass die psychischen Verläufe im Individuum von denen in ihrer Gesellschaft und ihrer Kultur, vom geschichtlichen Prozess abhängen«. Einseitige naturwissenschaftliche Erklärungen, dessen ist er sich zunehmend sicher, greifen zu kurz.

So gesellt sich zu seinem Verständnis von Medizin ein zu Beginn des 20. Jahrhunderts noch kaum verbreiteter Wirklichkeitssinn, der zwangsläufig den Blick auf die Umwelt schärft. Von den im Wesentlichen technischen Glanzleistungen der Belle Epoque, die in Deutschland mit immer neuen und zumal den militärischen Sektor befeuernden Innovationen aufwartet, lässt sich offenbar schon der Teenager weit weniger beeindrucken als andere. Ganz im Gegenteil: Die Gefahr eines großen Krieges ins Kalkül ziehend, erfüllt er mit dem Ziel, für den Fall einer Mobilmachung als Truppenarzt vorgemerkt zu werden, bereits zu Beginn des Studiums vorsorglich seine Wehrpflicht.

Und so geschieht es dann ja auch. Ab August 1914 bewährt sich der Sanitätsoffizier Viktor von Weizsäcker zunächst an der Westfront und danach, bis zum Sieg über Russland, im Osten – nach dem Bekunden einiger Vorgesetzter ein jederzeit verlässlicher Soldat, dem man seiner Tapferkeit wegen bald das Eiserne Kreuz II. Klasse verleiht. Er selbst empfindet sich dabei als »eher einspänniger und für sich gehender Kamerad«. Noch Jahrzehnte später bedauert er seinen Hang zur Introvertiertheit. Sich »mit den Mannschaften oder einfachen Leuten, wie man sich damals ausdrückte, zu verschmelzen«, sei ihm leider nicht gegeben gewesen; er habe »nie in einer Kaserne geschlafen«.

Umso stärker fasziniert ihn angesichts der ersten blutigen

Schlachten in Lothringen eine Art Schlüsselerlebnis. »Erschüttert und begeistert« nimmt er in den Schützengräben die »übernatürliche Einswerdung des Volkes« wahr – dieses im Chaos allerorten zu beobachtende »Verschwinden der sozialen und menschlichen Unterschiede«; in seiner Erinnerung ein ebenso »überwältigender Vorgang, wie eine zugleich metaphysische und körperliche Realität«.

Lassen sich solche Gefühle noch einigermaßen zum Ausdruck bringen, sucht der sensible Arzt mühsam nach Worten für das, was ihm dann im März 1915 in Polen, in einem verwaisten Haus auf einem Strohlager ausruhend, widerfährt. Dort streift sein Blick eine an der Wand hängende Patronentasche, die sich auf seltsame Weise verwandelt. Sie sei »er geworden und er sie«, beschreibt er in der Rückschau diesen rätselhaften Moment des »Ineinanderfließens von Subjekt und Objekt oder auch Geist und Materie«, der von da an seinen beruflichen Werdegang bestimmen wird.

Eine »Erleuchtung«, die aber wohl kaum etwas mit dem Krieg zu tun hat. Im Gegensatz zu den meisten Mitgliedern seines Clans, die zwischen 1870 und 1939 für die »deutsche Sache« ins Feld ziehen, hinterlassen die Folgen bei Viktor von Weizsäcker augenscheinlich die geringsten Spuren. Statt sich in Wehklagen über das Desaster zu ergehen, setzt er nach seiner Heimkehr auf eine rasche Überwindung der alten Ordnung, indem er insbesondere seine Kollegen aus der Wissenschaft ermahnt: Sie seien gut beraten, mokiert er sich in einem seiner Aufsätze, wenn sie nun nicht blindlings genau »an der Stelle des Manuskriptes oder der Experimente weitermachten, an der sie 1914 unterbrochen worden waren«.

Ihm selber scheint die Zeitenwende allerdings ebenso wenig anhaben zu können. Bereits im Wintersemester 1919/20 hält er als Privatdozent an der Uni Heidelberg seine erste Vorlesung.

Bei seinem vier Jahre älteren Bruder verläuft der Epochenbruch nicht ganz so glatt. Obwohl auch Ernst Heinrich festen Willens ist, dem »künftigen Katzenjammer« der Deutschen mit Zuversicht zu begegnen, bleibt ihm zunächst nur die Chance einer radikalen Zäsur. Entschieden lehnt der Korvettenkapitän a. D. das unrühmliche Angebot ab, die kaiserliche Hochseeflotte in englischen Gewahrsam zu überführen, und schmiedet Pläne, in einem notfalls glanzlosen Zivilberuf seine mittlerweile fünfköpfige Familie zu ernähren. Ein paar Wochen lang sieht er sich mal als Dorfschullehrer oder Journalist, in Augenblicken ausgeprägten Selbstmitleids gar als Hotelportier.

Dem bisherigen Leben am nächsten kommt für ihn schließlich der Umstieg in eine politische Funktion, und während Frau und Kinder nach Stuttgart reisen, nimmt Ernst von Weizsäcker in der unruhigen Reichshauptstadt alte Kontakte wieder auf.

Als hilfreich erweist sich dabei, dass der Name Weizsäcker im Auswärtigen Amt, wo sein gefallener Bruder Carl bis Kriegsbeginn als Legationsrat tätig war, immer noch einen hervorragenden Klang hat, und so wird er bald Marineattaché im niederländischen Den Haag. In dem von deutschen U-Boot-Kommandanten bevorzugten Zufluchtsort gelingt es ihm mit großem Geschick, ihre von den Alliierten geforderte Auslieferung in vielen Fällen zu verhindern, was ihm seine Vorgesetzten in Berlin hoch anrechnen. Schon nach einem knappen Jahr darf er sich dort probehalber im konsularischen Dienst versuchen.

Zuständig für die Erziehung der Kinder und den »inneren Zusammenhalt« der Familie – die tüchtigen Frauen der Weizsäckers. Links: Olympia Curtius mit Ehemann Viktor, rechts: Marianne von Graevenitz mit Ernst Heinrich, in der Mitte Tante »Ulla«; um 1924.

Während seine Familie abermals in die schwäbische Heimat zurückkehrt, fügt sich der überzeugte Monarchist in die drastisch veränderten Machtstrukturen ein. So suspekt ihm die nun dominierenden Demokraten sind, die auf ihre Weise dem darniederliegenden Vaterland neue Geltung verschaffen wollen, so konsequent teilt er deren Kritik am vermeintlichen Grund allen Übels. Entscheidend für den späteren Triumph Adolf Hitlers ist aus seiner Sicht der im Sommer 1919 der Reichsregierung aufgezwungene Versailler Vertrag. »Damals«, wird er sich noch nach dem Ende des Zweiten Weltkrieges unbeirrbar verteidigen, »senkten sich die Keime zum Nationalsozialismus in den deutschen Boden«, eine Einschätzung, die ihn offenkundig auch entlasten soll.

Ernst Heinrich von Weizsäcker – im Grunde seines Wesens und seiner politischen Standortbestimmung, wie er sich selbst skizziert, im Übrigen »ganz der Alte«. Nach dem Erfolgsmuster des Vaters vertraut er neben der Anpassungsfähigkeit an die jeweiligen Verhältnisse, die ihn in der Weimarer Republik wie unter der Zwangsherrschaft der Nazis in Schlüsselstellungen hievt, hauptsächlich sich selbst und dem eigenen scharfen Intellekt. »Als klarsichtiger Württemberger«, schreibt der nach dem Zusammenbruch des Kaiserreichs von preußischer Staatskunst schwer enttäuschte Sohn einmal aus Berlin, müsse man »dem Norden mit seinem kleinen Gehirn helfen«. Oder er tröstet sich zynisch mit seiner Beobachtung, dass es in Berlin wenigstens »keine Zuchthäusler an der Spitze« gebe.

»Die Zeit für eine andere Garnitur« werde kommen, ist sich der achtunddreißigjährige Ex-Offizier 1920 nach dem gescheiterten Putschversuch des Königsberger Verwaltungsbeamten Wolfgang Kapp sicher, um dann etwas später seine Eltern darüber zu informieren, was er sich selbst von der Zukunft erhofft. Eine Entwicklung, die es ihm erlaubt, in einem bald erstarkten Deutschland »noch einmal ein Wort mitzusprechen«, hält er für ziemlich wahrscheinlich, und in diesem Ehrgeiz wirft ihn 1926 auch der Tod des verehrten Vaters nicht zurück. Bisher habe er, wie er der Mutter gesteht, »doch ganz unter Papas unmittelbarem Einfluss gestanden«; nun will er sich zum ersten Mal ohne ihn »im tiefen Wasser« bewegen.

Nach seiner Grundausbildung und einem etwas eintönigen konsularischen Intermezzo in Basel bewährt sich der einstige Marinesoldat zunächst als Gesandtschaftsrat in Kopenhagen, ein Aufgabengebiet, das ihm angesichts der komplizierten Grenzprobleme einiges Fingerspitzengefühl abverlangt. Obgleich ihn ärgert, dass sich der kleine Nachbar im Norden für seine Begriffe ungebührlich aus dem Kriegsgewinn der Alliierten bedient und »ein beträchtliches Stück Schleswig annektiert« hat – weshalb er entschlossen am »Deichbau gegen ein weiteres Vordringen des Dänentums« arbeitet –, macht er als Diplomat bald ersichtliche Fortschritte.

Mit Hingabe die Interessen seines Landes im Blick zu behalten und sich nötigenfalls energisch querzulegen – so versteht Weizsäcker bereits in den ersten Jahren seine Aufgabe. Dass ihm im Laufe der Zeit gelegentlich nachgesagt wird, er übe seinen Beruf mitunter allzu unverblümt in der Manier eines operativ tätigen Politikers aus, scheint ihn in diesem Selbstverständnis eher zu bestärken. Der rechtsliberalen DVP seines obersten Dienstherrn Gustav Stresemann nahestehend, der er dennoch nie beitritt, baut er zunehmend auf das eigene Urteilsvermögen.

Und die weiteren Etappen seiner Karriere geben ihm schließlich Recht. Im Februar 1927 beordert die Reichsregierung den am Öresund unterforderten Schwaben in die Hauptstadt zurück, wo er bald das sogenannte Vorbereitende Abrüstungsreferat des Auswärtigen Amtes übernimmt und die deutsche Delegation nach Genf begleitet. Dort tagt der mit dem Versailler Vertrag aus der Taufe gehobene »Völkerbund« – eine Institution, die er allerdings kritisch betrachtet, wie er als Vortragender Legationsrat seiner Mutter verrät: Die »Atmosphäre des Lugs«, in der sich eine »internationale Schwindlerbande« da geriere, könne er nur schwer ertragen.

»Papas Einstellung zum Nutzen des alten Regimes in Staat und Familie, Kultur und Sitte«, schreibt er, werde ihm »immer begreiflicher«, und wie einst der verstorbene Vater richtet jetzt auch der Sohn alle Hoffnungen auf die stabilisierenden Fähigkeiten der Beamtenelite. Solange man dieser nicht vollends das Wasser abgrabe, notiert er in sein Tagebuch, seien ihm die Namen derer, die in den Ministerien oder an anderen Schaltstellen der Macht um politische Führung stritten, »ziemlich wurscht«.

Lässt sich das liberale Erbe, das seine traditionell der Monarchie verpflichteten Vorfahren bei aller Gefolgschaftstreue stets in Ehren hielten, stärker in Zweifel ziehen? Die auf Transparenz fixierte Demokratie, die nach seinem Urteil allzu oft billige öffentliche Effekthascherei betreibt, ist für den Diplomaten, als ihm das »Geschwätz« beim Völkerbund wieder einmal gegen den Strich geht, schlicht »der Krebsschaden«. Und aus den gleichen Gründen erscheint ihm das parlamentarische System als Ganzes äußerst fragwürdig.

Im Sommer 1931 schickt das Auswärtige Amt den zum Gesandten I. Klasse beförderten Emissär, ohne ihn ganz von seiner Genfer Tätigkeit zu entbinden, nach Norwegen, wo er trotz des strapaziösen Doppeljobs zwei der schönsten Berufsjahre verlebt. Seit seinem ersten, drei Jahrzehnte zurückliegenden Besuch als Seekadett mag er das Land und die Menschen, während er die Wucht der nationalsozialistischen Bewegung daheim, wie er später in seinen »Erinnerungen« einräumt, sträflich unterschätzt.

Hatte nicht schon der Reichspräsident Paul von Hindenburg, im Krieg und danach sein großes Vorbild, die groteske Vorstellung, Adolf Hitler könnte einmal Kanzler werden, mit einer hübschen Pointe veralbert? Einer von dessen Zuschnitt, war von dem tatsächlich so gesagt worden, tauge allenfalls zum Postminister, und da könne er ihn dann mal: »Auf den Briefmarken … hinten«.

Dass Weizsäcker in der damals noch idyllischen Welt von Oslo solche Botschaften gerne für bare Münze nimmt, mag nicht zuletzt an seiner eigenen Anschauung liegen. Solange die Nazis nur randalieren, damit aber die Regierung zu politischer Aktivität treiben, ohne sie etwa zu stürzen, lässt er die Mutter wissen, sollten sie ihm »als Folie willkommen sein«. Leider habe die patriotisch fühlende Jugend bei keiner anderen Partei gefunden, wonach sie sich sehne.

Ihm eine heimliche Sympathie für die heraufziehende Diktatur zu unterstellen, wäre trotzdem verfehlt. Wie selbstverständlich er sich in einem bald hermetisch geschlossenen Zwangssystem über Jahre hinweg eine eigenständige Rolle zutraut, gibt er sogar noch unmittelbar nach der Machtergreifung Hitlers zu Protokoll: Da erklärt der Gesandte seinen Mitarbeitern in Oslo, er gedenke Weisungen aus Berlin nur so weit auszuführen, wie er sie »im Prinzip« verantworten könne.

In Distanz zu seinem Bruder Ernst Heinrich, der in der Weimarer Republik lediglich eine Zwischenstation auf dem Weg zu neuer Weltgeltung sieht und im Übrigen am Verbleib eines von der Funktionselite gestützten »einsichtigen Fürsten« als höchster staatlicher Instanz festhält, richtet Viktor von Weizsäcker den

Blick auf eine im Wortsinne grenzüberschreitende Entwicklung. Wie sonst, wenn nicht in einer supranationalen »Gemeinschaftlichkeit im Erkennen und Handeln«, fragt er ein um das andere Mal, sollte Europa aus der Verirrung herausfinden können und sich insbesondere die nach dem »Untergang der bürgerlichen Moralität« erschütterte »deutsche Seele« aus ihrer »Tendenz zur Selbstvernichtung« befreien?

Gräben zu überwinden und einer unproduktiven Vereinzelung entgegenzuwirken, erscheint dem nach eigenem Bekunden »konservativen Revolutionär« auch in seinem Beruf dringend geboten. Ein Verständnis von Wissenschaft, in der sich Philosophie, Politik und Forschung schrittweise einander annähern, soll vor allem den Nihilismus eindämmen, der in Teilen des geschundenen Kontinents grassiert. Dabei bedient er sich fast ausnahmslos aus einem christlich geprägten Gedankengut.

Als leicht absonderlich empfinden seine säkularisierten Kollegen gleich die erste Vorlesung, in der er sich nach seiner Heimkehr anhand der alttestamentarischen Genesis den »Grundfragen der Naturphilosophie« widmet. Doch seiner Karriere als Mediziner, die sich von der labortechnischen Analyse muskulärer Phänomene zunehmend auf das damals noch neue Feld der Neurologie verlagert, schaden solche Glaubensbekenntnisse nicht. Schon nach knapp einem Jahr übernimmt Weizsäcker, der noch während des Krieges zum Privatdozenten ernannt wurde, in den Heidelberger Universitätskliniken die Leitung der Nervenabteilung.

Statt das Zusammenspiel der Organe aus der Perspektive des Physiologen zu begreifen, geht es ihm nun um Psyche und Soma – Seele und Leib – als zweckbestimmter Einheit, die nach seiner Überzeugung eine grundlegend veränderte Diagnostik verlangt. Auch angesichts des massenhaften Sterbens an der Front hält er das bis dahin praktizierte Abschlachten von Kaninchen, Mäusen oder Fröschen für moralisch ebenso verwerflich wie naturwissenschaftlich unsinnig. Er habe danach, wird er später immer wieder beteuern, kein einziges Versuchstier mehr getötet.

»Um Lebendes zu erforschen, muss man sich am Leben beteiligen«, fordert Viktor von Weizsäcker in ungezählten Fachaufsätzen – ein Appell, den er nicht nur als Arzt zur Maxime erhebt. Vital dem Wohlergehen seiner Familie zugewandt, zeugt er mit seiner mütterlicherseits altem Schweizer Adel entstammenden Frau Olympia Curtius zwischen 1921 und 1929 vier Kinder, und in der feinen Gelehrten-Hochburg Heidelberg verkehrt man bald in den besten Kreisen.

Liegt es am Eifer, mit dem er den obsoleten Theorien der Neurologie einen neuen Krankheitsbegriff verordnen will, dass ihm zu anderem kaum noch Zeit bleibt? Während seine Landsleute etwa unter den Lasten des Krisenjahres 1923 leiden, in dem die Franzosen das Ruhrgebiet besetzen und der hoffnungslos verschuldeten Weimarer Republik der ökonomische Kollaps droht, forscht der Professor zum »Funktionswandel« geschädigter Sinnesorgane und pflegt Kontakte zu seelenverwandten Geistesgrößen. Gerne empfängt er vor allem den unkonventionellen Philosophen Max Scheler, der ihm in nächtelangen Gesprächen über den »Menschen im Kosmos« Gehör schenkt.

Entscheidend ist drei Jahre später die Begegnung mit dem Meister der Psychoanalyse, Sigmund Freud. Durch nichts fühlt sich der Heidelberger Forscher nachdrücklicher in seiner Über-

Von Eltern und Geschwistern bereits in jungen Jahren als Genie bewundert: Der dreijährige Carl Friedrich von Weizsäcker im Sommer 1915 mit Tante »Ulla«, seiner Großmutter Pauline und Onkel Viktor, den er später wie keinen anderen in seinem Clan verehren wird.

zeugung bestätigt, mit seinem Ganzheitskonzept den richtigen Weg eingeschlagen zu haben, als durch Freuds Lehre von der ungeheuren Macht des Unbewussten – und die damals bereits bewunderte Koryphäe aus Wien, die er zum »Pythagoras« der Wissenschaft verklärt, gibt ihm seinerseits die Ehre. Bei einem Treffen kommen sich die beiden nahe genug, um einige Jahre lang brieflich Expertisen auszutauschen.

Dass die Mehrheit der Kollegen ihn dennoch eher als Quertreiber betrachtet, hat offenbar seinen Grund. So abwehrend die Zunft auf seine These reagiert, dem Patienten sei nur zu helfen, wenn er zum Subjekt der medizinischen Praxis avanciere, statt zum Objekt gemacht und dem technischen Instrumentarium ausgeliefert zu werden, so widerstrebend lassen sich auch die Erkrankten selbst auf den Reformer ein. Die nach einer sorgsamen biographischen Introspektion oft unvermeidlich schmerzliche Erkenntnis, ein Leiden durch eigene Mitwirkung verschuldet zu haben, muss er leider immer wieder einräumen, falle den Patienten meist außerordentlich schwer.

Aber von seinem Befund abzurücken, kommt für Viktor von Weizsäcker nie in Frage. Dass noch ein volles Jahrzehnt nach dem Ersten Weltkrieg die Zahl der Neurosen erschreckend hoch bleibt, bestärkt ihn nicht nur in seiner Auffassung, dass Körper, Geist und Seele auf das Engste miteinander verknüpft sind, sondern zeigt nach seiner Meinung auch, dass sich die massenhaft auftretende Erscheinung im Zusammenhang mit der dramatisch schlechten Beschäftigungslage zur wirtschaftlichen und sozialen Belastung auszuwachsen droht. Weil sich die Ärzte bei der Gewährung staatlicher Ersatzdienstleistungen unterschiedlichster Art ständig als Gutachter einzuschalten haben, kommt ihnen in der wuchernden Weimarer Bürokratie darüber hinaus eine Schiedsrichterrolle zu, in der sie sich bald missbraucht fühlen.

Zumindest empfindet Weizsäcker das so. In strittigen Fällen

den Grad der verbliebenen Arbeitsfähigkeit des Antragstellers beurteilen zu sollen behagt ihm umso weniger, als er in einem komplizierten Versicherungswesen vergebens nach einer präzisen Definition von Krankheit sucht. Bei vielen Patienten, argumentiert er, sei lediglich »eine allgemeine Erschlaffung, ein Versagen, ein Versumpfen der ganzen Existenz« diagnostizierbar, weshalb sie sich in irgendein Leiden flüchteten, um darauf einen Rechtsanspruch zu gründen.

Eine auf den ersten Blick recht kaltherzig anmutende Analyse, die im Kern aber auf die herrschenden Sozialsysteme abzielt. Für den Neurologen sind sie letztlich willkürlich und nicht in der Lage, alle möglichen Nöte auch nur halbwegs verlässlich zu lindern. Statt das Wohl der Menschen von einer immer weiter verzweigten »Gesetzgebungsmaschine« abhängig zu machen, die »zum Moloch« wird, verlangt er eine einheitliche Staatsbürgerversicherung, die zudem ein Recht auf Arbeit garantiert. Zur Untermauerung dieser fast schon revolutionären Position sucht er nach Bündnispartnern, etwa den Schulterschluss mit christlichen Gewerkschaften oder auch Abgeordneten der SPD.

Um 1930 sieht es so aus, als erfasse nun auch ihn jener für seine Familie typische Drang nach gesellschaftlichem Engagement. Seine Leidenschaft fällt auf, und der Staatssekretär im Reichsarbeitsministerium lädt ihn zu einem Fachvortrag ein. Im Kreise von Beamten und Vertretern des Zentralverbandes der Berufsgenossenschaften wirbt Weizsäcker mit Verweis auf die Ausbeutung ärztlicher Kompetenz für seinen Vorstoß, doch dann erlischt der Elan. Sich »kopfüber in die Politik zu stürzen«, wird er rückblickend in einem Aufsatz schreiben, sei eben nicht seine »Bestimmung« gewesen.

Oder gibt es für den Verzicht einen anderen Grund? Wie Ernst Heinrich steht Viktor der ersten deutschen Republik immer skeptischer gegenüber, und sich den Nazis anzuverwandeln, kommt beiden vermutlich schon deshalb nicht in den Sinn, weil sie jede Form von Fanatismus ablehnen. Aber zu einer gewissen Empfänglichkeit für einige ihrer Parolen bekennt man sich doch. Allem voran ist es wohl die in der Familie über Generationen hinweg kultivierte Neigung, in den für sie relevanten Fragen der jeweiligen Epochen – wie später der Nachfahr Carl Friedrich einräumen wird – »möglichst groß zu denken«.

Während dessen Vater in der Weimarer Republik sichtlich erbittert darüber ist, dass sich die Rückkehr seines Landes in die Reihen der europäischen Mächte weitaus schwieriger gestaltet als von ihm erwartet, quälen den Onkel in Heidelberg tief verwurzelte Ängste. Den baldigen Untergang der bürgerlichen Zivilgesellschaft im Blick, erscheint ihm der Siegeszug Hitlers nicht nur als folgerichtig, sondern er verbindet damit sogar einige Hoffnungen, was seine ärztlichen Bemühungen im Kampf gegen den Materialismus und Mechanismus betrifft. Begriffe wie »politische Medizin« oder »Volkserziehung«, um einer »sozialen Therapie«, die er für dringend nötig hält, den Weg zu ebnen, sind in seinen Vorlesungen bereits in der Endphase der parlamentarischen Demokratie kein Tabu mehr.

Kaum anders verhält sich sein Bruder, der Gesandte in Oslo. Zwar hat er aus seinem Befremden über den Zerfall der Monarchie und den damit einhergehenden Niedergang des »allgemeinen moralischen Niveaus« nie einen Hehl gemacht, aber nun tauchen in seiner Korrespondenz mit der Mutter auch bei ihm einige ins Positive gewendete Sätze auf. Wiewohl Ernst von Weizsäcker den rasch zum »Führer« ernannten faschistischen Reichskanzler nicht ausdrücklich begrüßt, regt die heraufziehende stürmische Zeit doch seine Phantasie an. Dass sie imstande sein könnte, die in den Weimarer Jahren vernachlässigte Disziplin seiner Landsleute zu befördern und vor allem das wirtschaftliche Elend einzudämmen, leuchtet ihm ein – und das umso mehr, als er »die Ursache für diese Gegenrevolution … zu fünfzig Prozent in der blamablen inneren Verwaltung seit 1919« verortet.

Ob man »da eigentlich mitmachen« dürfe, fragt er im Februar 1933 in einem Brief und gibt sich dann selbst die Antwort: Natürlich dürfe man, ja müsse man – feige zu »desertieren«, wird er hernach in seinen Memoiren hinzufügen, habe weit außerhalb seines auf Pflichterfüllung ausgerichteten Selbstverständnisses gelegen. Das Problem sei nur gewesen, »dem noch intakten Teil der Bürokratie« – und damit auch ihm – »den nötigen Einfluss« zu sichern. »Wie bringt man«, schreibt er der Mutter nach Stuttgart, während daheim die entfesselte SA wütet, »die richtige mesure in das neue System«?

Viertes Kapitel

»Eine Klasse für sich«: Die Diktatur zieht auf

Wann immer sich Richard von Weizsäcker an die schwierigen Umstände seiner Geburt erinnert, ist es vor allem der exklusive Ort, von dem er gerne erzählt. Er sei »ja nicht irgendwo zur Welt gekommen«, pflegt er sich dann in Anspielung auf die ihm häufig nachgesagte aristokratische Ader selbst zu stilisieren, sondern »standesgemäß in der Mansarde eines Schlosses«.

Die Räume in einem Seitenflügel der ehemaligen Stuttgarter Königsresidenz gehören noch nach der Revolution dem Großvater mütterlicherseits und früheren Militärbevollmächtigten Württembergs in Berlin, Friedrich von Graevenitz. Der stellt sie nun seiner Tochter zur Verfügung, und so kehrt die damals hochschwangere Marianne im April 1920 mit dem Schwiegersohn Ernst, der in Den Haag gerade seinen Posten verloren hat, voller Hoffnung nach Deutschland zurück.

Allerdings erreicht die Familie ihr Ziel erst in buchstäblich letzter Minute. Weil Putschisten die Reichsregierung unter Beschuss nehmen und ein von den Gewerkschaften ausgerufener Generalstreik den gesamten Verkehr blockiert, vertrauen sich die Eheleute mit ihren Kindern Carl Friedrich, Adelheid und

Zwischen 1912 und 1920 setzen Ernst von Weizsäcker (1882 – 1951) und Marianne von Graevenitz »oi Obergescheitle oms andere« in die Welt. Zum Weihnachtsfest 1921 posieren (von links) der vierjährige Heinrich, die fünfjährige Adelheid, der neunjährige Carl Friedrich und der zwanzig Monate alte Richard.

Heinrich kurzerhand einem holländischen Rheinfrachtdampfer an. Um ein Haar sei er »ein veritabler Sohn des Stromes geworden«, amüsiert sich Richard von Weizsäcker später über die sechstägige strapaziöse Tour; doch er habe dann »vernünftigerweise lange genug gewartet«.

Die manchmal abrupten Ortswechsel, die sich für die Familie daraus ergeben, dass der Vater mit dem Eintritt in den konsularischen und diplomatischen Dienst in den unterschiedlichsten Städten Europas stationiert ist, bereiten dem neugierigen Jüngsten offenbar keine Probleme. Den jeweiligen Umständen das Beste abzugewinnen, gelingt ihm dabei vor allem in Berlin, wo Ernst von Weizsäcker 1927 im Auswärtigen Amt zum Referenten für Abrüstungsfragen ernannt wird. Sechs Jahre lang besucht der Sohn dort nach der Volksschule das Wilmersdorfer Bismarck-Gymnasium, und sooft er als Erwachsener auf seine Wurzeln zu sprechen kommt, ist es diese überaus anregende preußisch-reichsdeutsche Metropole, die ihn in all ihren Stadien des stürmischen Aufbaus wie des schmerzlichen Niedergangs am stärksten beeindruckt.

Jedenfalls beginnt da für das »Lümple«, wie man ihn seiner etwas vorlauten Art wegen zuweilen nennt, die insgesamt glücklichste Phase seiner Jugend. Zwar geht der immer wieder abwesende Vater nicht nur aufgrund der nervenaufreibenden Tätigkeit beim Völkerbund, sondern wohl auch von seinem Naturell her mit Gefühlsäußerungen eher sparsam um – die nach dem Urteil Richards unvergleichlich gütige Mutter macht den kleinen Makel indessen spielend wett. Als »Herz der Familie«, hält er in seinen Memoiren fest, habe sie die Entfaltung eines jeden »mit der tiefen Kraft ihrer Liebe« begleitet, und die »selbstlose Teilnahme am Weg und Schicksal des anderen« sei ihr uneingeschränkt »zur eigenen Existenz geworden«.

Solche Elogen mögen einer Erziehung geschuldet sein, die sich im Kern noch an den eingeübten Mustern der wilhelminischen Ära orientiert, zugleich aber schon der neuen Zeit Rechnung zu tragen versucht. Rabiate Methoden oder gar körperliche Repressalien sind im Hause des feinsinnigen Politikers, der seine knapp bemessenen Mußestunden als Aquarellist verbringt, tabu, und für die stattdessen bevorzugten subtileren Verdikte entwickeln die Kinder von früh auf selbst das nötige Gespür. Immerhin habe man alles »gedurft«, was man »musste«, entsinnt sich Richard leicht spöttisch.

Nimmt man ihn beim Wort, gibt es für die Eltern auch nur selten einen Grund zu klagen. Während er allenfalls seiner Lebhaftigkeit wegen zuweilen über die Stränge schlägt, besänftigt die 1916 geborene Schwester Adelheid jeden Konflikt so klug und fürsorglich, dass sie von allen respektvoll »Vernunftquelle« genannt wird. Und über ähnliche Qualitäten verfügen aus Richards Sicht auch die beiden Brüder. Der drei Jahre ältere, zumeist introvertierte Heinrich, ein »schmaler Hüne, furchtlos und voller Ideale«, steht ihm mit seinen Eigenschaften am nächsten, und der Ende der Zwanziger fast schon erwachsene Überflieger Carl Friedrich ist ja ohnedies »eine Klasse für sich«.

Das erkennbar verunsicherte Bildungsbürgertum, das nach dem Umsturz einen nicht unbeträchtlichen Teil seiner Privilegien aus dem Kaiserreich verloren hat, neigt zumindest zu Beginn der Weimarer Republik immer stärker zur Flucht in die Innerlichkeit, was sich auch bei den Weizsäckers beobachten lässt. In deutlicher Distanz zum Lärm der Außenwelt versammeln sie sich in ihrer Berliner Etagenwohnung Fasanenstraße/Ecke Pariser Straße an den Wochenenden zu behaglichen Hausmusikabenden oder geselligen Brettspielen und lesen sich wechselseitig erbauliche Gedichte vor.

Doch bald bricht der alte Ehrgeiz durch. So wichtig ihm die Traditionspflege ist und so verhalten den vergangenen Zeiten nachgetrauert wird, so wenig möchte der zielstrebige Diplomat dauerhaft darauf verzichten, den Herausforderungen der Gegenwart mit den bewährten Erfolgsrezepten der Einmischung beizukommen. Und das gilt in Heidelberg kaum minder für den Bruder Viktor, der spätestens, seit er 1921 die Tochter eines Konsistorialpräsidenten der evangelischen Kirche Augsburgischer Konfession geheiratet hat, in der Wissenschaftshochburg am Neckar zum Establishment zählt. Mit ihm kann sich Ernst zunächst noch nicht messen, aber er holt auf.

Dazu gehört vor allem, dass er auf die gleiche geschickte Weise, die ihm im Krieg zu Kontakten auf höchster Ebene verhalf, an einem stabilen Netzwerk arbeitet. Selbst die besten Köpfe der Weimarer Republik wie Außenminister Walther Rathenau oder im Krisenjahr 1923 Reichskanzler Gustav Stresemann schenken ihm zunehmend Gehör, wenn er sich ihnen mit akribisch verfertigten Analysen zur Weltlage empfiehlt. Profundes politisches Fachwissen und ein stilsicheres Auftreten führen später in Oslo dazu, dass ihn sogar der bei der Marine ausgebildete norwegische Wahlkönig Haakon VII. jovial »Herr Kollege« nennt.

Solche Erfahrungen geben dem ohnehin stabilen Selbstwertgefühl der Weizsäckers einen zusätzlichen Auftrieb. Stehen bei ihnen auch Loyalität und die fortwährende Bereitschaft, dem Gemeinwesen ihre Kompetenz anzubieten, von jeher im Pflichtenkanon, haben sie in erster Linie eine hohe Meinung von sich. Die führt zwangsläufig zu beißender Kritik an vermeintlichen Missständen, etwa den Attacken Viktors auf die angeblich »entseelte Apparate-Medizin« oder zu jener Häme, mit der Ernst die »Nichtarrivierten, die Schreihälse und die Spitzelnaturen« seines Berufsstandes abqualifiziert.

Unterdessen kündigt sich bereits an, dass es auch in der neuen Generation, die in Heidelberg und Berlin heranwächst, nicht an

Für ihre vier Kinder eine in allen Lebenslagen »starke, großartige Frau«, die man oft als »General« tituliert: Marianne von Graevenitz (1889 – 1983) mit – von rechts – Carl Friedrich, Adelheid, Heinrich und Richard 1929 auf dem Balkon ihrer Etagenwohnung in Berlin-Wilmersdorf.

Talenten fehlt. Unter den jeweils vier Kindern macht vor allem der Diplomatensohn Carl Friedrich früh auf sich aufmerksam. Der wird später immer wieder erzählen, wie er sich schon als Zwölfjähriger sicher gewesen sei, »in der unaussprechbaren Herrlichkeit des Sternenhimmels« keine geringere Erscheinung als die »Anwesenheit Gottes« beobachten zu können – eine Art

Schlüsselerlebnis, das den stolzen Eltern Ehrfurcht einflößt und fortan sein ganzes, auf die Suche nach der »Einheit von Natur und Geist« ausgerichtetes Leben bestimmt.

Um in der Oberschicht den eigenen Status zu untermauern, beschränkt sich die Familie, nachdem ihr 1916 das Geburtsadelsprädikat verliehen worden ist, längst nicht mehr auf ein kühl kalkuliertes Ein- und Hochheiraten. Ein auf feste Freundschaften gegründetes, gesellschaftlich anerkanntes Beziehungsgeflecht ist ihr ebenso wichtig.

Folglich umgibt sich Ernst von Weizsäcker, der auf diplomatischem Parkett bereits Kontakte zu ungezählten Notabeln knüpft, etwa mit den Physik-Nobelpreisträgern Niels Bohr und Werner Heisenberg – dem er später allerdings seine Tochter Adelheid vorenthält –, und Viktor sucht die Nähe zu Persönlichkeiten wie Martin Buber, Max Scheler oder Sigmund Freud. Eine spezielle Affinität entwickelt man in Berlin darüber hinaus im Verhältnis zum Kultdichter Stefan George, der mit einer Schar ausgewählter »Jünger« von einer umfassenden Renaissance Deutschlands, einem lyrisch verbrämten »neuen Reich«, träumt.

Diese Nähe, die Richard in seinen Erinnerungen nur am Rande erwähnt, sei auf Betreiben des Publizisten und Unternehmers Robert Boehringer, der rechten Hand des »Meisters«, zustande gekommen. Der lebt zu Zeiten der konsularischen Tätigkeit seines Vaters in der Schweiz, wird im Laufe der Jahre zum Intimus der Familie und scheint davon überzeugt zu sein, dass die konservativ-liberalen Freunde politisch ähnlich denken wie er.

Zwar ist Ernst von Weizsäcker alles andere als ein Schwärmer, aber die von George und seinem Klüngel favorisierte Gesellschaftsreform unter der Regie einer geläuterten Aristokratie gefällt ihm. Schließlich unterstreicht sie seinen eigenen Befund, nach dem die parlamentarische Demokratie gründlich versagt hat und das Land ohne eine Rückbesinnung auf die ordnende Kraft der am Ende des Krieges weitgehend zerschlagenen Funktionselite kaum gesunden wird.

Dass er deshalb zumindest ein Stück weit mit den Nazis sympathisiert habe, wird man ihm andererseits nicht nachsagen können, doch die von ihm anfangs unbedenklich verbreitete Empörung über den Weimarer Parteienstaat begünstigt ein ohnehin schon gefährliches Klima. Wie Hitler und Konsorten nach ihrer Machtübernahme etwa den Berliner Reichstag als »Schwatzbude der Nation« denunzieren, legt sich der Experte für Abrüstungsfragen bereits geraume Zeit vorher mit den in Genf tagenden Delegierten des Völkerbundes an. Aus seiner Sicht sind das »fast alles Scharlatane und Ignoranten«.

Und obwohl er sich redlich bemüht, von der neutralen Schweiz aus jede Konstellation, die einen neuen verheerenden Waffengang heraufbeschwören könnte, zu entschärfen, bringen ihn »nach Versailles« und der Besetzung des Rheinlandes insbesondere die Franzosen regelmäßig in Rage. Der mühsame Wiedereingliederungsprozess, der die Deutschen lediglich in die Weltgemeinschaft zurückführen soll, ist ihm zu wenig – im Zentrum seines Engagements steht eine mitunter selbstherrlich formulierte Sehnsucht nach nationaler Größe.

Schwer zu beurteilen, ob der politisch gut informierte Clan die sich abzeichnende NS-Zwangsherrschaft früher und möglicherweise mit größerer Besorgnis erlebt als die überwiegende Mehrheit der Landsleute. Unbezweifelbare Belege gibt es dafür jedenfalls weder in den späteren Auslassungen des Neurologen noch des Diplomaten. In Berlin – oder, als Adolf Hitler den Durchbruch erzielt, im beschaulichen Oslo – nimmt Ernst von Weizsäcker den Machtwechsel im Reich mit der gleichen verhaltenen Verwunderung zur Kenntnis und reagiert ähnlich ambivalent wie in Heidelberg sein Bruder Viktor.

Zwar erzeugt die einschneidende Zäsur bei beiden zwiespältige Gefühle, aber sie sind sich einig, dass es so wie in den zurückliegenden knapp anderthalb Jahrzehnten mit dem Land nicht hätte weitergehen können und spenden sich wechselseitig Trost. »Alles, was in der Welt passiert, hat ja nun einen gewissen Sinn und Wert«, schreibt der deutsche Gesandte vierzehn Tage nach der nationalsozialistischen Machtübernahme aus Norwegen, »hoffen wir es auch hiervon.«

Ein Wunsch, der den Nervenarzt offenbar ebenso beseelt. Stand er in der kurzen Spanne des letzten Weimarer Kabinetts unter Heinrich Brüning noch Liberalen und Pazifisten nahe, schöpft er nun zunehmend aus völkischem Gedankengut. So glaubt er, den von ihm in der Medizin leidenschaftlich bekämpften »Materialismus und Mechanismus« überwinden und einer weniger bürokratisierten »sozialen Nationalpolitik« den Weg ebnen zu können.

Dass eine wie immer geartete, womöglich äußerst repressive Kraft der zerfallenden Bürgergesellschaft die Zügel aus der Hand nehmen werde, ahnt auch ein dritter Weizsäcker. Carl Friedrich, seit 1929 Student der Physik und Mathematik, betrachtet am Abend des 30. Januar 1933 den riesigen Fackelzug zu Ehren des neuen Reichskanzlers noch mit Abscheu, doch schon drei Monate später scheint seine Skepsis zu verfliegen. »Hinter der Liturgie der Vorbeimärsche, der Faszination der Macht, den Ekstasen des Führers«, gesteht er sich im Nachhinein ein, »meinte ich eine noch unenthüllte Möglichkeit eines höheren Inhalts zu spüren.«

Wie weit sich dafür zumindest zu Beginn der NS-Ära auch andere Mitglieder der betont aufstiegsorientierten Weizsäckers empfänglich zeigen, ist weniger deutlich dokumentiert. Einem weltlichen Erlöser hinterherzulaufen, hindert sowohl die Berliner als auch die Verwandtschaft in Heidelberg allein schon ein fest verwurzelter christlicher Glaube, der ihr jedwede Form der Zustimmung zu Ausgrenzung oder gar Rassenwahn verbietet - also sieht man wohl eher weg. Trotz eines »engen täglichen Zusammenlebens« der eigenen mit der jüdischen Religion, ihrer Geschichte und Identität, gesteht der Schüler Richard als Pensionär, habe man leider »fast nichts« gewusst noch gelernt.

Befördert wird diese vermeintliche Ahnungslosigkeit durch die Fixierung auf die Familie. Je brutaler die Sturmtrupps der NSDAP oder linksextremistische Rotfrontkämpfer die Straßen der Reichshauptstadt in ein Schlachtfeld verwandeln, desto mehr gewinnt das eigene Heim an Bedeutung. Da ersetzt die Mutter ihren oft abwesenden Mann nicht nur in der Erziehung der Kinder, sondern sorgt darüber hinaus für die nötigen gesellschaftlichen Anbindungen. Zu den obligatorischen Musikabenden etwa versammeln sich illustre Gäste wie die Schriftstellerinnen Ricarda Huch oder Ina Seidel.

Während das Land zusehends verödet und der wache Richard von der Fensterbank aus Leierkastenmänner beobachtet, die durch die Hinterhöfe der Mietshäuser ziehend um milde Gaben betteln, pflegen die Weizsäckers ihre Kontakte. Carl Friedrich ist erst fünfzehn, als die Eltern in Kopenhagen den berühmten, in Dänemark lehrenden Werner Heisenberg einladen – für den Schüler mit seinen astronomischen und philosophischen Ambitionen eine prägende Begegnung. Von Stund an wird ihm der meist in sich gekehrte Physiker, der gerade mit seiner Unschärferelation eine bis in die Gegenwart gültige fundamentale Entdeckung gefeiert hat, als Mentor zur Seite stehen.

Dass in den schriftlichen Nachlässen des damals noch lebenden Karl Hugo wie seiner Söhne kontroverse Diskussionen kaum überliefert sind – und zumal der Gefahr einer heraufziehenden Diktatur relativ wenig Beachtung geschenkt wird –, mag nicht zuletzt an solchen Ereignissen liegen. Das Ziel, Schritt für Schritt in der Wissenschafts- und Geisteselite des Landes Fuß zu fassen, nimmt die Familie augenscheinlich mehr in Beschlag, als sich an politischen Fragen abzuarbeiten.

Natürlich haben sich die Weizsäckers, wie zahllose andere Deutsche, in einer Phase der Massenarbeitslosigkeit und staatlichen Notverordnungen zunehmend einzuschränken – Butter, erinnert sich Richard, gibt es bald nur noch zum Sonntagsfrühstück –, aber ansonsten kommen sie zügig voran. Obschon sich der Vater etwa über die endlosen Debatten beim Völkerbund häufig geradezu defätistisch äußert, bauen die Vorgesetzten im Auswärtigen Amt auf seine Kompetenz und schicken ihn als Experten zur Weltabrüstungskonferenz.

Mit welchen Gefühlen der Spitzenbeamte dabei den Regimewechsel in Berlin begleitet, bleibt zunächst einmal weitgehend im Vagen. Mal scheint er zuversichtlich, dass der neue nationalsozialistische Reichskanzler den Siegermächten des Ersten Weltkriegs resoluter die Stirn werde bieten können als die ewig zerstrittenen Demokraten, dann wieder prophezeit er ihm den raschen Ruin. Mehr als eine dauerhafte Ausbreitung des Nationalsozialismus fürchtet er selbst nach dem Triumph Adolf Hitlers einen Putsch der Kommunisten.

Kein Grund also für ihn, den Staatsdienst zu quittieren – es erscheint ihm, im Gegenteil, umso wichtiger, seinen Posten nicht zu verlassen. Auch bei dem ursprünglich liberaleren Bruder Viktor hat die auffällig geringe Besorgnis darüber, wie sang- und klanglos die parlamentarischen Strukturen zusammenbrechen, wohl mehr mit seinem beruflichen Höhenflug zu tun. Schließlich sind schon die letzten Jahre der Weimarer Republik für den Professor die persönlich einträglichsten gewesen. In der Neurologischen Abteilung der Heidelberger Medizinischen Klinik hat da der von Freud geschätzte Arzt seine »Gestaltkreislehre« entwickelt, eine komplexe »Theorie der Einheit von Wahrnehmen und Bewegen«, die fortan seinen Ruf begründet.

So mischen die beiden Weizsäckers nach ihren Karrieren im Kaiserreich und in der ersten deutschen Demokratie wieder kräftig mit. Bald tritt auch Carl Friedrich hinzu. Unter der Obhut seines Duzfreundes Werner Heisenberg studiert er von 1929 bis 1933 in Berlin, Göttingen und Leipzig Physik, Astronomie und Mathematik, wobei ihn die anfangs noch höchst umstrittene Quantenmechanik besonders fasziniert. Die spektakuläre Theorie, die die bis dahin bekannten Eigenschaften und Gesetzmäßigkeiten der Materie um wundersame Phänomene erweitert, schlägt ihn nicht zuletzt deshalb in seinen Bann, weil er sich damit in seinen eigenen Annahmen bestätigt fühlt.

Lehrmeister und Musterschüler 1934 in Leipzig: Zu keinem anderen Wissenschaftler unterhält der Physik-Nobelpreisträger Werner Heisenberg (links) engere Beziehungen als zu seinem phantasievollen Mitarbeiter Carl Friedrich von Weizsäcker.

Gut möglich, dass dem jungen Wissenschaftler auf seiner Suche nach einer »Weltformel« das vergleichsweise glanzlose irdische Geschehen zum Ende der Weimarer Epoche immer weniger behagt hat. Jedenfalls lässt er sich des vermeintlich »höheren Inhalts« wegen eine Zeitlang von den Parolen der Nazis durchaus beeindrucken, schreckt vor einer Parteimitgliedschaft aber zurück. Ihnen allzu nahe gekommen zu sein, nennt er später seinen »wohl größten politischen Irrtum«.

Im Wesentlichen verhalten sich die Weizsäckers, als Hitler im Januar 1933 die Macht an sich reißt, wie zahllose andere Deutsche. Weder erscheint es ihnen angezeigt, gegen das zusehends populäre Regime Stellung zu beziehen, noch erweisen sie ihm

Reverenz. Mit ihrem in mehr als anderthalb Jahrhunderten verfeinerten Gespür für Herrschaftssysteme bemüht sich die Dynastie der Staatsdiener um eine geschickte Balance, in der ihr die bildungsbürgerliche Distanz zur NS-Ideologie nicht als Obstruktion ausgelegt werden kann.

Ein beliebtes Stilmittel ist dabei ein leise anklingender Sarkasmus, wie ihn zum Beispiel Ernst in seiner Korrespondenz mit der Mutter pflegt. Das Reich gelte jetzt ja als »rabiat« und die neue Führungsschicht dürfe man »nicht noch reizen«, schreibt er im März aus Oslo nach Hause und stichelt dann über einige Monate hinweg munter weiter. Unverblümt, wie einst als Seekadett, warnt er davor, dass der Briefverkehr mittlerweile unter der Zensur von Leuten stehe, die »in dubio keinen Sinn für Humor haben«, ein Merkmal, das ihn beschäftigt: Als souverän werde »die Revolution« gewiss erst empfunden, »wenn sie Witze über sich selbst erträgt«.

Bei aller Sehnsucht nach einem Vaterland, das seine im Krieg verlorene Bedeutung zurückgewinnt, sind ihm die plump-lärmigen Nationalsozialisten im Vergleich zu den Regierungen, die er noch aus eigenem Erleben kennt, schlicht zu beschränkt. Mit diesem Mangel an Intelligenz, folgert er zuversichtlich, werde sich schwerlich ein funktionierendes Staatswesen von Dauer errichten lassen.

In Hitler und seiner Gefolgschaft eine vorübergehende Erscheinung zu sehen, hindert die in Anpassung erprobte Familie freilich nicht daran, Vorsichtsmaßnahmen zu ergreifen. Um möglichst ungestört an seiner Idee von einer Medizin arbeiten zu können, die das »Allesumfassende und Ganzheitliche« in den höchsten Rang erhebt – im Ansatz eine Art Analogie zur Volksgemeinschaft –, beugt sich etwa Viktor Weizsäcker früh dem bald üblichen Procedere. Obwohl er noch im April 1933 über Exzesse klagt und öffentlich ein antisemitisches Pogrom verurteilt, fördert er in seiner Heidelberger Fakultät schon bald nur mehr Assistenten, die das entsprechende Parteibuch besitzen.

Mag das noch ein Opportunismus sein, der dem wachsenden Druck in den gleichgeschalteten Universitäten Rechnung trägt, überschreitet sein vorauseilender Gehorsam bereits im Mai die Grenzen des Anstands. Im Rahmen der landesweiten, vom Nationalsozialistischen Deutschen Studentenbund organisierten Bücherverbrennung hat er keine Bedenken, ein Werk seines berühmten Kollegen und Gönners Sigmund Freud – »Die Zukunft einer Illusion« – in die Flammen zu werfen. Der jüdische Gelehrte, rechtfertigt er sich in der Rückschau, habe darin die Religion als »Menschheitsneurose« verunglimpft.

Bald darauf wird der NS-Staat seine gesundheitspolitischen Vorstellungen vollends pervertieren. Hatte der medizinische Anthropologe schon die Einführung der Zwangssterilisation zur Verhütung von erbkrankem Nachwuchs begrüßt, setzt er sich im Sommersemester vor Studenten dafür ein, an einer »sozialen Therapie« mitzuwirken, um die Entwicklung der »neu entstehenden Welt« zu fördern. Dabei ist für ihn selbst der berüchtigte Begriff der »Vernichtung unwerten Lebens« kein Tabu. Gerade der Arzt sei schließlich »verantwortlich beteiligt an der Aufopferung des Individuums für die Gesamtheit«.

Was den einstmals dem Christentum und der Aufklärung anhängenden Humanisten zu solchen Entgleisungen treibt, bleibt sein Geheimnis. Versucht er zu kompensieren, wie wenig es ihm in der Weimarer Republik gelang, selbst bei seinen Kollegen ein

Bewusstsein für die gesellschaftlichen Bezüge von Krankheit zu schaffen? Einer überzeugenden Antwort weicht er später auch in seinen autobiographisch gefärbten wissenschaftlichen Essays aus und verweist stattdessen darauf, dass er immerhin der im Nationalsozialismus propagierten Volksgemeinschaft rasch wieder abgeschworen habe.

In Wahrheit hält sich der Professor da eher bedeckt. Nachdem er mit einigen unvorsichtig forschen Bemerkungen bei einflussreichen Parteifunktionären Anstoß erregt hat und deshalb seinen Traum, zum Direktor der Medizinischen Klinik ernannt zu werden, begraben muss, zieht er sich immer mehr auf seine »Gestaltkreislehre« zurück. Eine Reaktion, wie er es nach dem Krieg formulieren wird, die der »Unentschiedenheit« seiner »inneren Seelenlage« entspricht.

Von zuweilen weitschweifigen kryptischen Kommentaren begleitet, teilt diese ambivalente Gemütsverfassung mitsamt der sich daraus ergebenden politischen Einschätzung der Situation auch der Bruder. Was er von den Nationalsozialisten und insbesondere dem »Führer« halten soll, dessen »Warmherzigkeit gegenüber dem sozialen Elend« er im Frühjahr 1933 ausdrücklich hervorhebt, scheint der Osloer Gesandte zumindest zu Beginn der NS-Zeit noch nicht genau zu wissen. Die Ankündigung Hitlers, das von Massenarbeitslosigkeit heimgesuchte Deutschland gründlich aufmöbeln zu wollen, erfüllt ihn ebenso mit froher Erwartung wie die Aussicht darauf, dass Hitler der kommunistischen Gefahr entgegentreten wird. Zu denken geben ihm eigentlich nur die durchgehend schlechten Manieren der neuen Machthaber.

So bewegt er sich mit den Seinen ein bisschen wie in vermintem Gelände. Weder taugen die Weizsäckers zu Widerstandshelden, noch möchten sie auch vor sich selbst als Mitläufer dastehen – also suchen sie nach einem dritten Weg. Dabei hilft ihnen das in Generationen erprobte Vertrauen in die eigenen Fähigkeiten, mit dem sich bereits die Väter und Vorväter der jeweiligen Obrigkeit empfahlen.

Und das gilt zuallererst für den rührigen Diplomaten. Wohl ist er sich selbst noch nach der Lektüre von Hitlers »Mein Kampf« sicher, der Autor sei »kein Reaktionär«, doch entgehen ihm auch die zahllosen erschreckenden Passagen dieses Pamphlets nicht. Was folgt daraus für ihn, den ausgeprägten Patrioten? Immerhin so viel, wie er nach dem Ermächtigungsgesetz erklärt, dass man »die Rechten« zum Nutzen der Nation unbedingt »stützen« müsse, indem man ihnen »alle Hilfe und Erfahrung angedeihen« lässt.

Die Frage, welche Schuld er damit in den zwölf Jahren des NS-Terrors auf sich lädt, wird später heftig umstritten sein. Steige man nur tief genug in seine Vita ein, sei ihm wenig vorzuwerfen, argumentiert etwa der amerikanische Historiker Leonidas Edwin Hill als Herausgeber umfänglicher »Weizsäcker-Papiere«, einer in zwei Bänden veröffentlichten Sammlung privater Dokumente, die ihm 1965 die Witwe Marianne zur Verfügung stellt. In einer vorher von ihm verfassten Dissertation über den Staatssekretär im Außenamt des »Dritten Reiches« habe er bedenkenlos aus den bis dahin verfügbaren, leider völlig unzureichenden Quellen geschöpft. Und korrigiert nun seinen früheren Befund.

Was ihn offenkundig stark beeindruckt, ist die für ihn glaubwürdige Bereitschaft des Spitzenbeamten, der Sache Deutschlands und seiner Rückkehr in die Phalanx der tonangebenden Nationen am besten dadurch zu dienen, dass er einen weiteren Krieg zu verhindern versucht habe. Um dieser größten aller denkbaren Herausforderungen und im direkten Vergleich zu jeder anderen Notwendigkeit »höheren Verpflichtung« zu genügen, nimmt Ernst von Weizsäcker, wie Hill es sieht, vor der Nachwelt nicht nur eine Schädigung seines persönlichen Rufes in Kauf – er paktiert im vollen Bewusstsein unvermeidlicher moralischer Verstrickung sogar »mit dem Teufel«.

Ein vermeintlicher Opfergang, der bereits in der jungen Bonner Republik selbst das liberale Staatsoberhaupt Theodor Heuss dazu drängt, die Freilassung des inzwischen zu sieben Jahren Haft verurteilten ehemaligen Diplomaten zu verlangen. Aber die Kontroverse hält noch Jahrzehnte an. Im Herbst 2010 kommt eine Historikerkommission, die das Wirken des AA und seiner Führungskräfte unter dem Hakenkreuz beleuchtet, zu einem grundlegend anderen Ergebnis. In einem Interview weist einer ihrer Sprecher, der Geschichtswissenschaftler Norbert Frei, die von Weizsäcker und seinen Mitstreitern vorgebrachten vermeintlichen Entlastungsargumente kurzerhand als »Legende« zurück.

Opfer ist der Vater des späteren Bundespräsidenten zumindest insofern kaum, als er der Machtübernahme der Nazis nicht nur gleichsam mit einer List begegnet. Während ihn die ideologisch aufgeladene »Bewegung« tatsächlich abstößt und mitunter zu beißendem Spott verleitet, nimmt er am »Führer« durchaus auch positive Seiten wahr. Dessen erstes großes außenpolitisches Projekt, den Vertrag von Versailles zu revidieren, scheint ihm ebenso unabdingbar, wie er trotz aller Bemühungen um einen globalen Interessenausgleich den Völkerbund verächtlich macht.

Das Ziel eines dauerhaften Friedens ist nach seiner Analyse nur zu erreichen, wenn ein möglichst in den Grenzen von 1914 wiederhergestelltes und militärisch potentes Deutsches Reich auf die Weltbühne zurückkehrt – und natürlich helfen solche Überlegungen, aus denen er bereits in Norwegen und ab Herbst 1933 als Botschafter in der Schweiz keinen Hehl macht, auch seiner Karriere auf. Immerhin zeigt er sich von Hitler so angetan, dass er ihm in seinem Tagebuch eine geradezu »metaphysische Einstellung« zu den wichtigsten Fragen der Nation bescheinigt.

Wenngleich er Parteifunktionäre gelegentlich etwas von oben herab behandelt und sich in der Zusammenarbeit mit ihnen manchmal querlegt, dürfen sich seine Vorgesetzten auf ihren Gesandten verlassen. Vor allem in Bern, wo sich zahlreiche Gegner der Nationalsozialisten um Asyl bemühen, ist er dem Regime als Diplomat alter Schule überaus nützlich. Wachsende Ängste der Eidgenossen, der Nachbar im Norden könne sie systematisch unterwandern, zerstreut er nach Kräften, aber im Ernstfall führt er auch vor, wem er letztlich dient: Als es zum Beispiel darum geht, dem nach Küsnacht emigrierten Literaturnobelpreisträger Thomas Mann die Staatsbürgerschaft abzuerkennen, hat er »keine Bedenken«.

Im Übrigen fühlt sich der Chefrepräsentant des Reiches in der Schweiz auch »aus menschlichen Gründen« so wohl wie selten zuvor. Nach den Jahren häufiger Abwesenheit kann er endlich wieder seine Frau und die Kinder Adelheid, Heinrich und Richard um sich scharen und weitere Freundschaften schließen. Enge Beziehungen etwa zu dem einflussreichen Historiker Carl Jacob Burckhardt oder dem Unternehmer Robert Boehringer werden sich noch auszahlen, als er nach dem Krieg vor Gericht steht.

Unter den Begründern der Psychosomatik steht sein Name obenan: Viktor von Weizsäcker (1886 – 1957). Unermüdlich kämpft der Neurologe und, wie er sich selbst sieht, »im Nebenamt Mystiker« um einen neuen Krankheitsbegriff, der die Seele des Menschen nicht ausblendet und einer anthroposophischen Medizin den Weg ebnet.

So bemüht sich die Großfamilie, während in Deutschland die Nationalsozialisten seit September 1935 mit der Verabschiedung der Nürnberger Rassengesetze ihr wahres Gesicht zeigen, um ein möglichst gesittetes Verhalten. In Heidelberg achtet der Neurologe Viktor von Weizsäcker darauf, dass seine zunehmend beargwöhnte Heilkunde bei den zuständigen Parteigenossen nicht allzu sehr in Misskredit gerät, und am Bodensee richtet sich seine Mutter, die Witwe des vormaligen württembergischen Ministerpräsidenten, nahe Lindau fast schon vollends in einer Art Parallelwelt ein: Auf der idyllischen »Mozacher Halde« baut sie die von ihrer zwei Jahre zuvor verstorbenen Tochter Paula betriebene kleine Geflügelfarm zu einem später gerne genutzten Treffpunkt aus.

Dem herrschenden politischen System Unterstützung zu signalisieren, sich gleichzeitig aber auch Freiräume zu bewahren, gelingt ihrem Sohn Ernst dabei bis auf weiteres am besten. Gern lädt er zu Empfängen in seine feudale Berner Residenz und unternimmt ausgedehnte Bergwanderungen. In der »geistigen und moralischen Solidität der Schweiz« einen schwer einzuschätzenden Umbruch daheim überdauern zu können, scheint vorübergehend sein Ziel zu sein.

Und das umso mehr, als ihm das Gastland, wie er dankbar registriert, aus einer der »hervorragendsten Familien« bald neues Glück beschert. Mitte der dreißiger Jahre verliebt sich sein Ältester, Carl Friedrich, der als Assistent am Institut für theoretische Physik an der Uni Leipzig arbeitet, in Gundalena Wille, die Tochter eines Zürcher Oberstkorpskommandanten, und führt sie 1937 zum Traualtar.

Wie vom Vater erhofft, überwiegen in der von vielen Landsleuten gepriesenen »Revolution« auch aus seiner Sicht zunächst einmal die Chancen. Noch bevor die Weimarer Republik endgültig zusammenbricht, darf sich der junge Naturwissenschaftler mit dem Faible für mystische Phänomene bereits als Doktorand einer Reihe erstklassiger Kontakte rühmen. Als Werner Heisenbergs Musterschüler lernt er im Winter 1932 in Kopenhagen den international gerühmten Quantenmechaniker Niels Bohr kennen, der ihm rasch zugetan ist.

Seine Nähe zu Gelehrten mit großen Namen – etwa ab 1935 eine kontinuierliche, vom geliebten Onkel Viktor eingefädelte Beziehung zu Martin Heidegger – bestärkt ihn in seiner Leidenschaft für große Zeiten. Die sieht er zumindest so lange heraufdämmern, wie die neuen Machthaber dem Millionenheer der weitgehend desorientierten Deutschen die Entwicklung zu einer glorreichen Volksgemeinschaft verheißen, und die Hoffnung darauf schiebt er erst beiseite, als er Zeuge von Judenpogromen wird.

Der scheue Aristokrat, dem alle Gewaltexzesse zuwider sind, erschrickt, doch dann baut er sich – wie er später rückblickend gesteht – eine Brücke. Er ist sich darüber im Klaren, dass es ihm allein schon sein in der Bergpredigt wurzelnder Moralkodex verbietet, den nationalsozialistischen Menschenverächtern mit Sympathie zu begegnen. Dennoch fühlt er sich außerstande, dem Regime offen entgegenzutreten. Da kommt es ihm umso gelegener, vollends in eine vermeintlich wertfreie Wissenschaft abtauchen zu können.

Im »Dritten Reich« nur unzureichend Flagge gezeigt zu haben, bedauert der Philosoph und Friedensforscher Carl Friedrich von Weizsäcker nach dem Zweiten Weltkrieg aufrichtig – aber lässt sich sein Mangel an Engagement nicht auch nachvollziehen? Schließlich ist er gerade mal einundzwanzig, als die erste deutsche Republik untergeht, und steht in Leipzig unmittelbar vor der Promotion. 1936 bereits Professor, widmet er sich hauptsächlich der Wirkungsweise kleinster Teilchen. Noch im selben Jahr wechselt er ans renommierte Berliner Kaiser-Wilhelm-Institut.

Politisch erlebt er mit dem zuvor blutig niedergeschlagenen »Röhm-Putsch« wie der systematischen Verfolgung aller oppositionellen Kräfte des Landes eine zunehmend bedrückende, im Lichte seines steilen beruflichen Aufstiegs aber zugleich auch höchst verheißungsvolle Zeit. Immerhin erhält er das Angebot, in Dahlem für einen der international bedeutendsten Chemiker, Otto Hahn, tätig zu sein, und so kann er über Weihnachten 1938 ein Ereignis aus nächster Nähe verfolgen, das die Welt erschüttern wird – die Kernspaltung.

Welche Schlüsse zieht er daraus? Sofort leuchtet ihm ein, das noch unausgereifte Experiment werde Kettenreaktionen freisetzen, die wahrscheinlich den Bau von Bomben mit unvorstellbarer Sprengkraft ermöglichten. Doch will er darin für den Fall eines weiteren großen Krieges »nie eine Option« gesehen haben – was kein Geringerer als der in die Vereinigten Staaten ausgewanderte Albert Einstein im August 1939 offenkundig bezweifelt. In einem Schreiben weist er den US-Präsidenten Franklin D. Roosevelt darauf hin, »dass der Sohn des deutschen Staatssekretärs von Weizsäcker dem Kaiser-Wilhelm-Institut in Berlin zugeteilt wurde, wo gewisse amerikanische Uranarbeiten jetzt wiederholt werden«. Angesichts dieser bedrohlichen Konstellation sei die

Einrichtung eines eigenen Nuklearprogramms leider unvermeidlich – und er hat Erfolg mit seinem Plädoyer.

Solange er sein Land in der Schweiz vertritt, geht der Botschafter Ernst von Weizsäcker indessen noch von weniger dramatischen Entwicklungen aus. Bis zum Sommer 1936 ist er mit seinem Posten, der ihm keine allzu großen Zumutungen auferlegt, überaus zufrieden. Dann aber erhält er plötzlich das Angebot, auf seiner Karriereleiter die nächsthöhere Stufe zu erklimmen. Hitlers Außenminister Konstantin von Neurath überträgt ihm kommissarisch die Leitung der politischen Abteilung des Auswärtigen Amtes. Hat er eben noch die Vorzüge eines unbeschwerten Alltags unter den Eidgenossen gepriesen, so zeigt er sich jetzt »fasziniert« von der Herausforderung in Berlin.

Dass ihn Zweifel geplagt hätten, ob er dem nationalsozialistischen Staatsapparat angesichts der zunehmend aggressiven Führungsclique überhaupt noch dienen könne, ist nirgendwo belegt. »Was will man eigentlich mehr mit 54 Jahren?«, fragt er sich stattdessen in einem Brief an die Mutter. Als Ministerialdirektor steht er in der Hierarchie seines Amtes immerhin an dritter Stelle, und so nimmt er entschlossen die für ihn notwendigen Ziele ins Visier. Während in Spanien der Bürgerkrieg tobt, beflügelt ihn die Idee eines »föderativen Großdeutschland«, dessen Errichtung selbstverständlich »gewisse Grenzkorrekturen« erfordere.

Dabei beäugt man ihn in der Reichskanzlei nicht ohne Misstrauen, aber seine vielfältigen Talente sind gefragt. Im September 1937 etwa führt er Regie, als dem italienischen Duce Benito Mussolini in Berlin prunkvoll der Hof gemacht wird. Für ein Flottenabkommen mit den Briten stellt er sein Fachwissen zur

Verfügung. Der NS-Staat, heißt seine Devise, bedürfe eines »friedlichen Gesichtes, um eintretendenfalls umso überraschender handeln zu können«.

Zumindest spricht kaum etwas dafür, dass er die Aufgaben, die auf ihn warten, als Bürde empfindet. Zudem schmeichelt der Karrieresprung – samt deutlich gestiegenem Gehalt plus stattlichem Dienstwagen – seinem ohnehin ausgeprägten Ego, was sich im Übrigen auch in seinem Privatleben zeigt. Er bezieht mit seiner Familie jetzt eine repräsentative Wohnung in unmittelbarer Nähe des Kurfürstendamms, und die Kontakte zur neuen nationalsozialistischen Oberschicht reichen bis in die Spitzen der Partei.

Nach dem Krieg werden Freunde darauf verweisen, mit welcher Unerschrockenheit insbesondere Ernst von Weizsäckers Frau Marianne die damit verbundenen Gelegenheiten immer wieder genutzt habe, um sich in Einzelfällen für Verfolgte einzusetzen. Um zum Beispiel Mitglieder der »Bekennenden Kirche«, die unter Obstruktionsverdacht geraten waren, aus den Fängen der Gestapo zu befreien, sei die gottesfürchtige Protestantin weder vor Joseph Goebbels noch vor Hermann Göring oder Heinrich Himmler zurückgewichen.

Solche Beispiele für couragiertes Handeln erwähnt die Familie in ihren Erinnerungen an die Jahre der Diktatur bloß am Rande. Dass sich damals keiner den neuen Machthabern schicksalsergeben ausliefert, sondern als gläubiger Christ und den Idealen der Aufklärung verpflichteter Bildungsbürger Sitte und Moral im Rahmen des noch Möglichen hochzuhalten versucht, soll wohl mit Bedacht in den Rang der Selbstverständlichkeit erhoben werden. Sowenig der Diplomat und die Seinen von sich behaupten, heldenhaft einem Verbrecherregime entgegengetreten zu sein, so sicher sind sie sich, niemals den Anstand verloren zu haben. Warum also darüber groß reden?

Auffällig blass wirken deshalb auch die Bilder, die ihnen aus einer Zeit des permanenten Ausnahmezustands im Gedächtnis haften geblieben sind. Augenzeugenberichte über Schikanen auf offener Straße oder gar Katastrophen wie die »Reichskristallnacht«, als in Deutschland mehrere Hundert Synagogen in Flammen aufgehen, finden sich in ihren schriftlichen Nachlässen häufig nur in meist eingängigen, aber zugleich abstrakten Betrachtungen. Insbesondere für den Diplomaten Ernst von Weizsäcker sind die großen politischen Zusammenhänge entscheidend. »Geschichte, die wir miteinander besprachen«, entsinnt sich sein Sohn Carl Friedrich, sei im Kern eben immer in Kategorien der Macht formulierte »außenpolitische Geschichte« gewesen.

Ein weit größeres Gewicht besitzt da die Familie, die nach dem Wegzug aus der Schweiz wieder in Berlin Fuß fasst und zumal für die Kinder Adelheid, Heinrich und Richard prägend ist – sowohl emotional als auch mit Blick auf die Vermittlung von Wissen und Bildung. Wie der spätere Bundespräsident noch im hohen Alter bekräftigt, verschafft ihm die sorgsam abgeschottete Innenwelt »das Rüstzeug zum Leben«. Was letztlich seine Identität bestimmt habe, betont er gerne, »kam ausschließlich von zu Hause«.

In den eigenen vier Wänden gibt der in beruflichen Dingen eher verschlossene Ernst von Weizsäcker nun zunehmende politische Besorgnisse immerhin in Andeutungen zu erkennen. In seiner Funktion im Auswärtigen Amt einerseits so arbeitswütig wie nie zuvor, stellt er sich andererseits, als Adolf Hitler mit Joachim von Ribbentrop einen Fanatiker zum Außenminister ernennt, wiederholt »die Gretchenfrage«: Lässt sich unter solchen Voraussetzungen eine Tätigkeit an vorderster Front überhaupt noch verantworten?

Doch der Maxime seiner Vorfahren folgend, nach der die Beamtenelite dem Land gerade in Zeiten der Heimsuchung zu dienen habe, bleibt der Diplomat schon deshalb an Bord, weil er sich im Außenamt zum kleinen Kreis noch verbliebener kritischer Geister zählt. Darüber hinaus sind ja seine strategischen Ziele – etwa die Überwindung des polnischen Korridors zur Anbindung Danzigs an das Reich oder das Problem der Sudetendeutschen – mit den Vorstellungen der Nazi-Führung noch weitgehend kompatibel.

Ganz ähnlich scheint man das auch im Umfeld Hitlers zu beurteilen. Zwar zieht der Diktator über die vermeintlichen Amateure im Auswärtigen Dienst mit den üblichen Sottisen her, aber ohne die internationalen Kanäle der Diplomatie kommt selbst er nicht aus, und so darf Ribbentrop im März 1938 dem bisherigen politischen Leiter eine neue Offerte unterbreiten. Für ein »großes Programm«, das im Laufe einiger Jahre »nicht ohne das Schwert zu erfüllen« sein werde und zu dem zunächst einmal die notfalls militärische Annexion Österreichs gehöre, könne er bei hinreichender Übereinstimmung zum Staatssekretär aufsteigen.

Dass das klar formulierte Angebot Ernst von Weizsäcker in Gewissensnöte gestürzt hätte, ist nirgendwo dokumentiert. Um den unverhofften Aufstieg nicht zu gefährden, verzichtet er vielmehr ausdrücklich darauf, seine Differenzen mit dem Paladin des Reichskanzlers auch nur anklingen zu lassen. Es sei ihm eine Ehre, bedankt sich der vormals Kaiserliche Korvettenkapitän schneidig, er werde natürlich »als Soldat« seine Pflicht erfüllen – und hält den Hintergedanken, auf den er sich später häufig beruft, in seinem Tagebuch fest: Er habe eine »bekenntnismäßige Aussprache« mit dem offenkundig kriegslüsternen Minister als unsinnig erachtet, damals aber noch auf die »Wandelbarkeit der Ansichten von R.« spekuliert.

Was sich der Staatssekretär und somit ranghöchste Beamte von jenem Tag an einzureden versucht, ist in Wahrheit der Beginn eines frommen Selbstbetrugs. An der von ihm so bezeichneten »Lötstelle zwischen Dilettantismus und Sachverstand« geht er davon aus, den im Führungszirkel der Nazis berüchtigten Scharfmacher lenken, also im Sinne einer Politik mit Augenmaß zur Vernunft bringen zu können. Ein fataler Irrtum, der auf der Annahme beruht, Hitler und sein Gefolge schenkten einem liberal-konservativen Souffleur tatsächlich Gehör.

In welchen Strudel Ernst von Weizsäcker stattdessen mit seiner Berufung gerät, kann ihm denn auch schon knapp drei Wochen danach kaum mehr entgehen. Bis dahin noch ungebunden, lässt er sich auf Betreiben Ribbentrops das Parteibuch der NSDAP und die Insignien eines SS-Oberführers aufdrängen.

Fünftes Kapitel

»Die Giftmischerei verhindern«: Chefdiplomat unter Hitler

Eine Ahnung davon, wie sehr sich in der Schlussphase von »Weimar« die allgemeine Lage verschlechtert, beschleicht den Schüler Richard erstmals im Herbst 1930. Auf dem humanistischen Bismarck-Gymnasium in Berlin-Wilmersdorf, wo sich der Zehnjährige nach den häufigen Ortswechseln endlich beheimatet fühlen darf, beginnen die Jungen und Mädchen aus meist bildungsbürgerlichen Schichten Zeitungen zu lesen und über die zunehmend angsteinflößenden Schlagzeilen zu diskutieren. Das Resultat der Reichstagswahlen, die den Rechts- und Linksextremisten rund ein Drittel der Stimmen bescheren, wird dabei ebenso erregt kommentiert wie die sprunghaft ansteigende Zahl der Arbeitslosen.

Als Wortführer tun sich bei diesen zunächst noch eher kindlichen Debatten die jüdischen Mitschüler hervor – in der Klasse Weizsäckers nahezu jeder zweite. Die scheinen nach seinem Eindruck bereits so politisiert, dass sie in den Unterrichtspausen für die immer neuen Regierungen eifrig Kabinettslisten anfertigen, und imponieren ihm auch sonst. Noch im hohen Alter erinnert er sich gerne an eine bis zum Abitur stabile Atmosphäre »gänzlicher Unbefangenheit untereinander«.

Zugleich plagen ihn im Nachhinein Selbstzweifel. Was er »trotz dieses täglichen engen Zusammenlebens von jüdischer Religion, Geschichte und Identität schon gewusst oder wenigstens dabei gelernt« habe, fragt sich der Bundespräsident a. D. in seinen Memoiren. Und die Antwort darauf fällt ernüchternd aus: »Fast nichts.«

Will er damit zumindest andeuten, wie beschämend unzureichend der ja keineswegs erst unter den Nazis verbreitete Antisemitismus lange Zeit auch in seiner Familie reflektiert wird? Aber kann er das damals überhaupt einschätzen? Weder dürfte der Halbwüchsige die gelegentlichen verbalen Entgleisungen mitbekommen haben, die sich sein Vater bereits als Gesandter in Norwegen erlaubt, noch die stille Beharrlichkeit, mit welcher der große Bruder Carl Friedrich die vermeintlichen Volksschädlinge vor allem auf den Gebieten von Forschung und Wissenschaft in Schutz nimmt.

So bemüht sich der Elder Statesman rückblickend in Worte zu fassen, welche seltsamen Ambivalenzen in den frühen dreißiger Jahren der bald darauf entfesselten größten Menschheitskatastrophe vorausgehen. »Man spürte«, schreibt er vage über das Verhältnis zu den Juden, dass es »Unterschiede gab, aber man schloss sich gegenseitig nicht aus«. Bei ungezählten privaten Besuchen habe man etwa immer wieder darüber gesprochen, »ob es ratsam sei, später die Schwester eines Mitschülers aus dem anderen Umfeld zu heiraten«.

Dass beide Seiten dennoch viel zu wenig voneinander wissen und sich diese geringe Kenntnis mit jedem Tag, an dem das NS-Regime die Zügel fester anzieht, »unsagbar folgenschwer« auswirkt, begreift der Jüngste der Weizsäckers in vollem Umfang erst nach dem Krieg. Doch wer will ihm das verdenken? Schließlich ist er noch nicht einmal siebzehn, als er davon betroffen wird, dass Gymnasiasten ihre Reifeprüfung bereits nach der Unterprima abzulegen haben, und so drohend sich schon in jenem Frühling 1937 der Himmel über dem Deutschen Reich verfinstert, so optimistisch baut er seinem Alter gemäß auf eine helle Zukunft.

Mit guten bis sehr guten Noten aus der Schule entlassen, will er Jurist werden, zunächst aber die wichtigsten Fremdsprachen beherrschen. Ernst von Weizsäcker hat in der Schweiz einige Devisen angespart, die dem Sohn nun Aufenthalte im Ausland ermöglichen. In der englischen Elite-Universität Oxford und danach im französischen Grenoble, wo man ihn gleichermaßen willkommen heißt, entwickelt der ebenso wohlerzogene wie lebenslustige Aristokrat ein »Gespür für die Vorzüge internationaler Beziehungen« – angenehme private Kontakte zu jungen Damen späterer »Feindstaaten« inklusive.

Was in dieser letzten Vorkriegszeit die Zuversicht Richards eintrübt, ist die Sorge, daheim in Berlin von der Welt abgeschnitten zu werden, eine Befürchtung, die man in seiner Familie hinter geschlossenen Türen teilt. Allen voran der Vater, angesichts der grenzüberschreitenden Verflechtung medizinischer Forschung aber ebenso dessen Bruder Viktor und der inzwischen als Physiker schon hoch im Kurs stehende Carl Friedrich leiden zunehmend darunter, dass das Reich immer mehr in die Isolation gerät.

Doch die Weizsäckers verhalten sich vorsichtig, und das nicht nur, weil sie von einem bestimmten Augenblick an glauben, der

Diktatur aus bloßer Angst Tribut zollen zu müssen. Gleichsam arbeitsteilig stellen sie sich zugleich in den Dienst der »Bewegung«. Während Ernst immerhin bis zu seiner Ernennung zum Staatssekretär neutral bleibt, schließt sich seine Frau Marianne bereits 1931 der Nationalsozialistischen Frauenschaft und im Laufe des Jahres 1933 der NSDAP an.

Vielleicht lässt sich daran am besten verdeutlichen, was die Dynastie, die sich mit Ausnahme Viktors im Grunde am ehesten einer Art gebändigter Monarchie zugehörig fühlt, in die Arme der Nazis treibt. Dass sie vom »Tausendjährigen Reich« schlicht begeistert gewesen wäre, kann man ihr kaum anlasten, umso klarer aber tritt bei ihrem Engagement der wohl auffälligste Wesenszug der Familie zutage: Von der Weimarer Demokratie enttäuscht und auf ihre eigenen Fähigkeiten vertrauend, will sie unbedingt irgendwie mitwirken.

Und so legt sich Ernst von Weizsäcker schon ein knappes halbes Jahr nach Hitlers Machtübernahme schriftlich fest: Da die »nationalsozialistische Revolution« nun ihr Ziel erreicht habe, müsse »ein Abtausch der Revolutionäre gegen Konstrukteure« erfolgen, und dabei sieht er sich zuallererst selbst in der Pflicht. Warum sollte er sich auch einer politischen Kraft verweigern, der er nicht nur »die Aufrüttelung aus einer Schicksalsergebenheit« bescheinigt. Ebenso imponiert ihm an der Partei ihr ausgeprägter »Sinn für Haltung und Disziplin«, ein »geschärftes Auge für reinliche Geschäftsführung« und die »Anerkennung der Familienwerte«.

Von einem Erschrecken etwa über die bald darauf eingerichteten Konzentrationslager oder die systematischen »Säuberungsaktionen« in der staatlichen Verwaltung ist in den von ihm pub-

Ein Schulleben mit Klassenkameraden jüdischer Religion in »gänzlicher Unbefangenheit untereinander«: Richard von Weizsäcker (erste Reihe, vierter von links) 1934 als Untertertianer auf dem Berliner Bismarck-Gymnasium.

lizierten »Erinnerungen« allenfalls in dürren Halbsätzen die Rede. Mitunter kritischer – und indem er den jeweiligen NS-Größen sicherheitshalber Pseudonyme verpasst – äußert sich der für sarkastische Pointen empfängliche Diplomat nur in den zahllosen Briefen an die Mutter.

Im neuen Deutschland, das spätestens mit dem Tod Hindenburgs sein letztes noch halbwegs stabiles Korrektiv verliert, möchte er »selbst ein Gewichtchen der Verantwortung« tragen und bringt sich konsequent in Stellung. Hatte Weizsäcker schon als Botschafter in Bern eine Gruppe von Eidgenossen getadelt, die den Schriftsteller und Pazifisten Carl von Ossietzky für den Friedensnobelpreis vorschlugen, beweist er nun im Auswärtigen

Amt, was in ihm steckt. Er versuche dort seinen Aktionsradius nach Kräften zu erweitern, schreibt er nach Stuttgart, und dazu habe er »ein Programm«: So selbstverständlich für ihn die »Führung der Politik« allein dem »Führer« obliegt, will er die prompte »Ausführung« bei seinem von den Parteispitzen argwöhnisch beäugten Ministerium angesiedelt wissen.

Über die schwierige Lage Europas und natürlich insbesondere die Chancen und Risiken des eigenen Landes detaillierte Strategiepapiere anzufertigen, gehört dabei zu seinen Spezialitäten. Vor dem Reichsverteidigungsausschuss lobt er zum Beispiel Hitlers Entschiedenheit, binnen kurzem die von Versailles noch übriggebliebenen Hypotheken abgeschüttelt zu haben, benennt zugleich aber auch die mit einer erneuten militärischen Konfrontation einhergehenden Gefahren. Im Sinne Berlins, fügt er sibyllinisch und augenscheinlich zum Wohlgefallen des Diktators hinzu, sei ein neuer Waffengang »vorerst« nicht.

Mit dem Echo auf seine Arbeit kann Ernst von Weizsäcker zumindest Anfang 1938, im letzten Vorkriegsjahr, durchaus zufrieden sein. War er zuvor noch nach einem Zerwürfnis mit seinem Dienstherrn Konstantin von Neurath für einige Wochen in die Schweiz zurückversetzt worden, hatte ihm schon seine persönliche »Abmeldung beim Führer«, wie er in einem Gedächtnisprotokoll festhält (»Konversation und Meinungsaustausch bester Art«), die alsbaldige Kehrtwende signalisiert. Und seine Hoffnung erfüllt sich. Der Außenminister muss die disziplinarische Order nicht nur revidieren, sondern dem ungeliebten Delinquenten auch noch die Steigbügel halten. Aus dem stellvertretenden wird nun der neue Politikchef des Auswärtigen Amtes.

Im Range eines Ministerialdirektors nähert sich der fünfundfünfzigjährige Diplomat danach Schritt für Schritt dem nationalsozialistischen Braintrust an. Mit dem Segen maßgeblicher NS-Prominenter wie Martin Bormann oder Rudolf Heß darf er einstweilen sogar noch auf eine Parteimitgliedschaft verzichten und gilt trotzdem als guter Mann.

Er habe mit den Nazis lediglich gemeinsame Sache gemacht, um Schlimmeres zu verhindern, wird Weizsäcker später beteuern – ein letztlich nur schwer überprüfbares Postulat. Aber spricht der Grundton nicht doch dagegen, in dem er sich bereits im Frühsommer 1937 bei seinem ersten kniffligen Einsatz einen ziemlich befremdlichen Siegerjargon aneignet? Da presst er in Wien dem Bundeskanzler Kurt Schuschnigg die Wiederzulassung der nach der Ermordung seines Vorgängers Engelbert Dollfuß verbotenen österreichischen NSDAP ab und findet es »eigentümlich«, dass sich die Gastgeber darüber beklagen.

Womöglich plagt ihn ja ein unüberbrückbarer innerer Zwiespalt. So wenig sich seine Behauptung widerlegen lässt, er sei in allen Zusammenhängen darauf fixiert gewesen, den schon damals von manchen Hardlinern geforderten Krieg zu verhindern, so auffällig ist von Anfang an der Gleichklang mit dem »Führer«. Wie Adolf Hitler konstatiert auch er die »unzulängliche territoriale Lage« des Landes, die sich »ohne große europäische Erschütterungen« schwerlich verbessern werde.

So geht es ins Jahr 1938 – in der wechselvollen Familiengeschichte auf vielfältige Weise eines der bedeutsamsten. Etwas verunsichert davon, dass ab Februar dem eitlen Feuerkopf Joachim von Ribbentrop die Geschäfte im Auswärtigen Amt übertragen worden sind, flüchtet sich der Abteilungsleiter Ernst von

Weizsäcker zunächst einmal in Sarkasmus. Was aus ihm jetzt werde, versucht er glauben zu machen, sei ihm »mit Heiterkeit und Haltung« herzlich egal. Von einer »privatwirtschaftlichen Tätigkeit bis zum reinen Wartezustand« sei vieles denkbar, als pflichtbewusster »deutscher Beamter« werde er in Demut jedem Ruf folgen, vor allem sehr gerne auch als »Konsul in Neuseeland«.

Welche Chancen er sich in Wahrheit ausrechnet, zeigt sich schon einige Wochen danach, als der neue Außenminister ihm kurzerhand den Posten des Staatssekretärs andient und der wenig überraschte ehemalige Seekriegsoffizier »das Kreuz« auf sich nimmt. Am meisten reizt ihn dabei, in dem bis dahin von den Nazis kaum noch beachteten Auswärtigen Amt »schlummernde Kräfte zu wecken«. In Weimarer Zeiten sei die Behörde in Leerlauf verfallen; jetzt gelte es, den Motor »wieder an den Reichswagen anzukuppeln«.

Ernst von Weizsäcker im Zenit einer Karriere, die gleich stürmisch beginnt. Unter dem 13. März setzt er die Mutter in Stuttgart darüber ins Bild, wie er am Telefon oft bis tief in die Nacht in wichtige Entscheidungsprozesse involviert wird. Der Grund dafür ist der lange geplante »Anschluss« Österreichs – ein Ereignis, das er zum »bemerkenswertesten seit dem 18. Januar 1871« erklärt. Die Dragoner »nach der Prinz-Eugen-Melodie zusammen mit unseren Truppen defilieren zu sehen« oder die Kundgebung vom Balkon der Wiener Hofburg, schreibt er den Seinen in Berlin, seien Eindrücke gewesen, »die ich Euch allen gewünscht hätte«.

Bedenken, mit seinem Ministerium immer stärker in den Sog einer entfesselten Hegemonialmacht gezogen zu werden, schlagen sich jedenfalls nirgendwo nieder. Sichtlich bewegt begeht er stattdessen »in einer Art von Vermächtnisstimmung« den achtundfünfzigsten Geburtstag seines im Ersten Weltkrieg gefallenen Bruders: Im Geiste Carl Viktors will er sich jetzt für das eigene, ihm »noch bevorstehende Examen« wappnen.

Wann immer sich der Bundespräsident Richard von Weizsäcker über seine Familie unter dem Hakenkreuz äußert, hält er sich emotional betont zurück. Diskretion erhebt er gerade da zum obersten Gebot, wo der jeweilige Gesprächspartner von ihm mehr erwartet als geschliffen formulierte Belegstücke für ein selbst in prekärer politischer Lage weitgehend abgeschirmtes privates Leben. »Dieses Behütete ist es wohl«, mutmaßt sein Biograph Gunter Hofmann, »weshalb man auffallend wenig von dem Untergründigen, Nervösen, Bedrohlichen beim Zuhören oder auch beim Lesen der ›Erinnerungen‹ herausspürt.«

Redet sein Vater mit Frau und Kindern tatsächlich nur das Nötigste über das, was in der zweiten Hälfte der dreißiger Jahre an dramatischen Veränderungen vor sich geht? In einem ausgeprägt gepflegten Umgang miteinander, der nach den Aufzeichnungen seines jüngsten Sohnes zuweilen allenfalls von »lästiger Geistigkeit« überwölbt wird, scheinen Mörike oder Hölderlin daheim deutlich häufiger ein Thema gewesen zu sein als Ribbentrop oder Hitler. Von gelegentlichen Bemerkungen abgesehen, die sich mit Blick auf die vulgären Nationalsozialisten aber vorwiegend in Stilkritik erschöpfen, nimmt man den Furor der faschistischen Diktatur offenbar eher schweigend zur Kenntnis.

Ein bisschen verwunderlich ist diese Selbstgenügsamkeit in einem Kreis rhetorisch begabter Bildungsbürger schon – und das umso mehr, als sich nun mit dem knapp volljährigen Carl Friedrich das wortmächtigste Mitglied der Familie in den Vordergrund schiebt. Noch während der spätere Staatssekretär das Deutsche Reich in der Schweiz vertritt, eilt sein Erstgeborener nicht nur beruflich von einem Erfolg zum andern, er schärft auch politisch seinen Blick. Er sei dem Nazi-Rattenfänger 1933 zunächst nur deshalb auf den Leim gegangen, räumt der anthropologisch ambitionierte Wissenschaftler ein, weil ihm gefallen habe, »dass zahllose Menschen, die verzagt und verzweifelt gewesen waren, einen gemeinsamen Lebensinhalt empfanden«. Seine »chiliastische«, von »aufgeladener Gläubigkeit« begleitete Erwartung bricht dann allerdings bald in sich zusammen.

Im Spannungsfeld von kaltschnäuzig missbrauchter Macht und unterdrücktem Geist wendet sich der Physiker danach mit Hingabe seiner eigentlichen Bestimmung zu. Nach der aufsehenerregenden Entdeckung des Neutrons verfasst er ein Lehrbuch über Atomkerne und analysiert die damals noch weitgehend unbekannten Energiequellen der Gestirne. Versuche, die Lehren von Kant, Aristoteles und Platon im Lichte der aktuellen Forschungsergebnisse zu interpretieren, nehmen ihn ebenso gefangen wie die Rätsel der Quantentheorie.

Während sich über die Niederungen des Reiches dunkle Schatten legen, wandelt der hochbegabte Forscher gern im buchstäblichen Sinne des Wortes auf lichten Höhen. Bei ausgedehnten Spaziergängen in den Alpen und deutschen Mittelgebirgen öffnen ihm Gelehrte vom Range eines Niels Bohr, Werner Heisenberg oder Martin Heidegger mit ihrer »unglaublichen Kraft des Fragens« neue Horizonte, und Weizsäcker entwickelt daraus für sich, was ihn am meisten interessiert: die letztlich unauflösliche »Einheit von Natur und Person«.

Kann man ihm nach seiner Abkehr von der verführerischen Aura Hitlers eine Flucht in den weniger verlogenen Wissenschaftsbetrieb vorwerfen? Dass ihm auch später der Impuls zum Mitmachen fehlt, als sich in seinen Zirkeln oppositionelle Gruppen regen, bestätigt er selbst. Über den festen Willen, das barbarische System in einer Art »widerstrebendem Konformismus« zu überdauern, sei er leider nicht hinausgekommen – laut Weizsäcker sicher kein Grund, dafür gelobt zu werden, aber auch keiner, sich zu kasteien.

Dabei ist ihm politisches Bewusstsein ein Leben lang durchaus wichtig. Bereits als Kind phantasiert er sich in ein Traumland hinein, dem er die für seinen Geschmack beste Staatsform zuordnet, und das Resultat kann kaum überraschen: Wie die Ahnherren am Hofe des württembergischen Königs und danach der dem Kaiserreich verbundene Vater, entscheidet er sich traditionsgemäß für die konstitutionelle Monarchie.

Vermutlich liegt es an diesem über die Generationen hinweg stabilen Selbstverständnis, dass sich die Familie auch unter den Nationalsozialisten ihrer Prinzipientreue rühmt. Für nennenswerte Kontroversen scheint es schlicht an Diskussionsstoff zu mangeln, wenn man sich in Heidelberg oder Berlin – und in den letzten Vorkriegsjahren immer öfter auf der Geflügelfarm bei Lindau – zu eher fröhlichen Festen trifft. Wie sehr sich auf unterschiedlichen Feldern jeder nach Kräften bemüht, als Patriot der deutschen Sache zu dienen und dabei bis an die Grenzen des Möglichen zu gehen, ist allgemeiner Konsens.

Und das gilt im Besonderen für den leidenschaftlichen Homo

politicus Ernst von Weizsäcker. Dass der Chefdiplomat Hitlers bei keiner seiner Initiativen etwas anderes im Sinn gehabt habe, als den spätestens nach der Einverleibung Österreichs höchst bedrohten Weltfrieden zu retten, bezweifeln zumindest die Söhne nie. Das historisch kaum zu widerlegende Scheitern des Vaters können und wollen Carl Friedrich und Richard rückblickend nicht in Abrede stellen, den juristischen Schuldspruch dagegen bekämpfen sie Schulter an Schulter praktisch bis zu ihrem Tode als »schrecklichen Irrtum«.

Er sei da in eine Situation »hineingeraten«, argumentieren sie unisono, die dem wahren Sachverhalt schwerlich gerecht werde. Verbrieft ist dagegen, dass der ehemalige Seeoffizier in seinem Aufstieg zum Staatssekretär mitnichten einen Opfergang sieht, als die Reichskanzlei Anfang Februar 1938 im Auswärtigen Amt ein umfassendes Revirement einleitet. Dass Hitler seiner Berufung zugestimmt hat, beweist ihm schon die ungewöhnlich intensive Art, in der ihn Ribbentrop umschmeichelt.

In dieser Scharnierfunktion einen im Ausland anerkannten Unterhändler zu etablieren, passt dem Regime zu jener Zeit noch ins Konzept, und Ernst von Weizsäcker erfüllt ja auch prompt, was man zunächst von ihm erwartet. Gewiss weniger aus Neigung, sondern gleichsam der guten Ordnung halber tritt er nun nicht nur der NSDAP bei. Um dem neuen Vorgesetzten zu gefallen, der das angebliche Eigenleben des Auswärtigen Amtes dem Zugriff der zusehends misstrauischen Partei öffnen möchte, nimmt der Chefdiplomat bald darauf auch einen SS-Rang an. Wer ihm das unbedingt vorwerfen wolle, möge es tun, lässt er nach dem Krieg leicht gereizt verlauten.

Damals glaubt er in bester Absicht, nicht anders zu können.

Unverzichtbare Partnerschaft, »um leben zu können«. Seit 1937 ist Carl Friedrich von Weizsäcker mit der Schweizer Historikerin und Tochter eines Oberstkorpskommandanten Gundalena Wille verheiratet – eine nicht immer einfache, aber letztlich wohl glückliche Ehe.

In Schicksalsstunden Deutschlands zu handeln und dabei für Volk und Vaterland selbst persönliche Risiken mit Haltung hintanzustellen, gehört für die »Öhringer Linie« der Dynastie zu den Selbstverständlichkeiten, und diesen Maximen fühlt er sich letztlich verpflichtet. Immerhin leitet ihn bei seiner Beurteilung der internationalen Lage kein geringeres Ziel, als eine weltumspannende Katastrophe zu verhindern.

Aber empfindet er das seinerzeit tatsächlich auch so? »Die einzige Chance«, auf die entfesselte Nazi-Diktatur mäßigend Einfluss zu nehmen, insistiert der Staatssekretär später, habe für ihn »allein darin gelegen, im Amt zu verbleiben«.

Für Vorgesetzte Papiere zu formulieren, die sich in allen denkbaren Konstellationen mit Deutschlands Zukunft befassen, hat ihn bereits als jungen Mann bei der kaiserlichen Marine fasziniert – und so vergehen bis zum ersten einer Vielzahl von Memoranden, die er seinem Minister auf den Tisch legt, nur wenige Wochen. Wenn er später darauf beharrt, von Anfang an vor einer militärischen Auseinandersetzung gewarnt zu haben, gilt das vor allem für einen der frühen Texte aus seiner Feder.

Im Glauben, Ribbentrops Kriegslüsternheit besänftigen zu können, malt der Ex-Offizier im Frühsommer 1938 ein Panoramabild in vornehmlich düsteren Farben. Sollte das Reich versuchen, seinen Expansionsdrang, der sich nach der Überwältigung Österreichs nun verstärkt auf die Lösung der »Sudetenfrage« konzentriert, gewaltsam durchzusetzen, dann werde sich, verheißt er hellsichtig, eine neue britisch-französische Allianz formieren. Der würden sich vermutlich sogar die USA und Sowjetrussland hinzugesellen – ein Szenario also wie 1914/18, das »mit unserer Erschöpfung und Niederlage« enden werde.

Nun möchte allerdings auch er die Annexionspläne, die die Nazis bereits beschlossen haben, nicht grundsätzlich verdammen. Hitlers offenbar unerschütterliche Absicht, die Tschechoslowakei zu zerschlagen, bemüht er sich listig in diplomatische Aktivitäten umzuwandeln. Es sei sicher wirkungsvoll, schreibt er, darauf zu beharren, der östliche Nachbarstaat enthalte den dreieinhalb Millionen Deutschen das Selbstbestimmungsrecht vor und unterlaufe damit das legitime Streben nach einer »völkischen Gemeinschaft«. Dass die ČSR von der Landkarte verschwinden soll, findet er durchaus in Ordnung. Aber statt des Versuchs, dieses Ziel mit »mechanischem Zutun« zu erreichen, favorisiert er einen professionell betriebenen »chemischen Auflösungsprozess«.

Was immer das im Detail bedeuten mag – der Vorschlag, den er danach auch im Umgang mit Polen empfiehlt, spricht kaum für halbwegs zivilisierte Handlungsmuster. Zwar ist der Stratege, wie ihm zum Beispiel sein Biograph Ulrich Völklein bestätigt, »kein Nationalsozialist im eigentlichen Sinne«, doch solange der »Führer« noch nicht alle Grenzen sprengt, stimmt Weizsäcker mit seiner Fixierung auf eine »weitere Ausdehnung« des Reiches im Wesentlichen überein.

Aber Ribbentrop möchte noch mehr. In einem Gespräch unter vier Augen belehrt er seinen Staatssekretär über die »großen Linien« der Politik Hitlers, die sich im Kampf um den »Lebensraum« im Osten letztlich auf die Niederwerfung der Sowjetunion zubewegten, wobei zunächst die Briten auszuschalten seien. Für den seit jeher anglophilen Weizsäcker entschwindet das ganze Konzept, wie er sich rückblickend ausdrückt, »in einer Welt des Irrealen«, doch er verzichtet darauf, seine Einwände mit der nötigen Entschiedenheit vorzutragen.

»Solche wirre Romantik«, will er sich damals gesagt haben, werde sich selbst rechtzeitig ad absurdum führen – pures Wunschdenken, wie sich rasch herausstellt. Die NS-Oberen haben offenbar ohne sein Wissen längst vereinbart, ihre Interessen mit allen Mitteln zu verwirklichen, und so erweist sich das anfängliche Einvernehmen zwischen den beiden tonangebenden Herren im Auswärtigen Amt schon bald als trügerisch. Doch sosehr sie einander zu misstrauen beginnen, es kommt bemerkenswerterweise nie zum Bruch.

Worauf sich Weizsäckers Hoffnungen unter solchen Umständen stützen, erschließt sich jedenfalls nicht. Dass er auf internationalem Parkett von Herkunft und Habitus zum Aushängeschild taugt, kann ihm allein kaum genügen. Folgt man seinen Tagebuchnotizen, quält ihn nun wiederholt die Frage, ob es am Ende nicht doch besser sei, das Büro in der Berliner Wilhelmstraße zu räumen. Nach den Recherchen seines Biographen Martin Wein lässt er das im August 1938 sogar den »Führer« wissen: Im Falle eines bewaffneten Konflikts möge man ihn auf ein Kriegsschiff beordern – doch der Diktator schweigt.

Ohne das Recht, dem Reichskanzler unmittelbar vortragen zu dürfen – er trifft ihn allenfalls zwischen Tür und Angel, wenn Hitler seine spontanen Konferenzen einberuft –, ist er von der Gunst des Außenministers abhängig. Und Ribbentrop nimmt sich zunehmend die Freiheit, nach Gutdünken zu verfahren. Was ihm in den Expertisen des Chefdiplomaten zu sehr auf Kompromissbereitschaft angelegt zu sein scheint und den eigenen Vorstellungen von »großer Politik« zuwiderläuft, wird bedenkenlos gefiltert oder torpediert.

Umso erstaunlicher erscheint Weizsäckers Geduld. Wie sehr ihm diese Einengung seines Wirkungskreises zu schaffen macht, beklagt er abermals in Briefen an seine Mutter. Er fühle sich abgespannt und müsse allmählich einsehen, dass er »den Ereignissen nicht mehr den nötigen Eigenwillen entgegensetzen« könne. Was ihn dennoch »in Gang« halte, sei vor allem der Gedanke, »drei Söhne im wehrpflichtigen Alter« und mit dem zukünftigen Mann seiner Tochter, dem ostpreußischen Landadelsherrn Botho-Ernst Graf zu Eulenburg »bald einen Hauptmann als Schwiegersohn zu besitzen«. Wäre es anders, schreibt er, finge er »längst auf dem Bodensee Fische«.

Das klingt plausibel, doch sein Stimmungstief ist nur von kurzer Dauer. Immer noch im Glauben, dass Hitler »verhängnisvoll irregeführt« werde, verfasst er »in der tschechischen Sache« weitere, an die Kriegsbefürworter à la Ribbentrop oder Himmler gerichtete Strategiepapiere und gaukelt sich vor, mit seinen Argumenten durchzudringen. »Der Herr Reichsminister stimmte meinen Ausführungen zu«, freut er sich etwa im Schlussabsatz einer Analyse, in der er sich dafür einsetzt, den einstweilen zurückgestellten Marsch auf Prag mit friedlichen Mitteln zu realisieren. Das »Überraschungsmoment« eines Angriffs sei ohnehin verspielt.

Auszuharren, um das Schlimmste zu verhüten, liegt dabei nicht nur dem Staatssekretär am Herzen. Nach Auffassung etwa des Historikers Thomas Lau entspricht dieses Verhalten auch dem hinreichend erprobten Selbstverständnis seiner Familie. Zur politischen wie gesellschaftlichen Führungsschicht zu gehören – und vor allem, in ihr die »Stimme der Vernunft« zu erheben –, erfordere ein Mindestmaß an Loyalität. So hätten die meisten ihrer Mitglieder schon immer mit Vorsicht *innerhalb* des herrschenden Systems Flagge gezeigt, statt eine Heldenpose einzunehmen und sich aller Einflussmöglichkeiten zu berauben.

Nein, zu Widerständlern oder gar Märtyrern eignen sie sich weder in dieser Phase des »Dritten Reiches« noch in den Jahren danach – was in ihren Kreisen auch niemand behauptet. Zwar nehmen sie wie ungezählte andere Bundesbürger nach dem Kriege für sich in Anspruch, einigen aufgrund der Rassengesetze verfolgten Landsleuten geholfen zu haben, aber viel Aufhebens machen sie davon nicht. Im Übrigen lassen das die gelegentlichen

Ausfälle, bei denen Ernst von Weizsäcker bereits als Gesandter in Norwegen über die »Judenüberschwemmung« daheim klagt, ja auch schwerlich zu.

Blindwütiger Antisemitismus als spezifischer Kern der nationalsozialistischen »Bewegung« scheint für den Staatssekretär jedenfalls nicht das größte aller Übel zu sein. Mehr sorgt er sich um den guten Ruf Deutschlands. Um die »jetzt einsetzende zweite Etappe der neuen Revolution« in die richtigen Bahnen zu lenken, verlangt sich der Karrierediplomat nach den Erfahrungen mit seinem Chef und ähnlichen Hardlinern ab, dürfe »der Fachmann« keinesfalls das Feld räumen.

Und seine Angehörigen unterstützen ihn dabei. In einem seiner umfänglichsten Werke – »Der Garten des Menschlichen« – bekennt der Sohn Carl Friedrich, dass keiner sein gesellschaftliches Bewusstsein so geweckt habe wie der Vater. Dessen Verurteilung sei nur aus der »mit dem amerikanischen Idealismus oft verbundenen Unfähigkeit« zu erklären, »politische Wirkungsbedingungen in anderen Systemen als dem eigenen zu begreifen«. Von allen Fehlern will ihn der Autor zwar nicht freisprechen, aber die Selbstgerechtigkeit derer, die nie vergleichbare Verantwortung getragen hätten, hält er für weit überzogen.

Eine Familie im Großen und Ganzen mit sich im Reinen? Ein wenig hat es den Anschein, wenn man zu ergründen versucht, wie sie ihre Vergangenheit reflektiert. Von Versagen oder gar Schuld ist da nirgendwo die Rede, allenfalls von einer rückblickend betrachtet unglücklichen Entscheidung. Wie Enkel des Staatssekretärs Jahrzehnte später herausgehört haben wollen, ist es in Diskussionen zu Hause insbesondere die agile Großmutter, die ihrem Mann zur Unbeugsamkeit rät. Die Offizierstochter

Marianne von Graevenitz hat im Ersten Weltkrieg zwei Brüder verloren und hofft nun inständig, dass ihr solche Schicksalsschläge in Zukunft erspart bleiben.

Nur liegt der Entschluss, dem Reich und seinen Interessen unter nahezu allen Bedingungen die Treue zu halten, nicht ohnehin gleichsam im »Wesen« der Weizsäckers? Dass ihm die »Deutschlandfrage« seit seiner Kindheit auf den Nägeln brennt und er insoweit dem berühmten Vater nacheifert – wie dieser dem seinen gefolgt ist –, bestätigt der nationalkonservative Diplomat ein Leben lang nur allzu gerne, und dieses Bedürfnis pflanzt sich fort. Mit Heinrich Viktor beweist das zumindest einer seiner Söhne, der als Mitglied der judenfeindlichen, vordemokratisch-revanchistischen Bündischen Jugend schon früh seine ausgeprägt patriotische Gesinnung offenbart. Des Landes und der Eltern wegen wünscht er sich, »dass kein Krieg kommt« – aber »um festzustellen, ob ich mich bewähre«, sehnt er ihn zugleich herbei.

So steht die Familie in diesem Sommer 1938 auf dem Höhepunkt der Sudetenkrise nur dem Anschein nach vor einer inneren Zerreißprobe. Im behüteten häuslichen Umfeld sinnt der Staatssekretär über geeignete Auswege nach, doch in Wahrheit dreht er sich im Kreis. Den Abschied »irgendwie zu erzwingen«, glaubt er sich letzten Endes schon leisten zu können, wäre da nur nicht dieser verdammte innere Auftrag. »Je mehr man in die Hitler-Küche hineinroch«, ruft er sich auf seine saloppe Art schließlich zur Ordnung, »umso stärker fühlte man die Pflicht, da zu bleiben und die Giftmischerei zu verhindern.«

Adolf Hitler muss weg, heißt von da an – sofern man seinen »Erinnerungen« Glauben schenken kann – die Parole, und mit dieser Zielsetzung weiß er sich »in guter Gesellschaft«. Persönlichkeiten wie der Generalstabschef Ludwig Beck oder der Admiral Wilhelm Canaris denken genauso, weshalb sie ihn auch mehrmals ersuchen, dem Auswärtigen Dienst *nicht* den Rücken zu kehren. Das noch schwache Netzwerk erster Widerstandsgruppen aktiv zu unterstützen, ist ihm zwar zu riskant, »dem zum Abgrund rollenden Karren« aber verdeckt »in die Speichen zu fallen«, sieht Weizsäcker nun angeblich als seine Hauptaufgabe an.

So soll es ihm die Nachwelt abnehmen, nur die tut sich schwer. In ihrer 900 Seiten umfassenden Studie über das Auswärtige Amt während der NS-Diktatur und in der Bundesrepublik bestätigen ihm die Historiker lediglich, dass er sich bemüht habe, einen Krieg unter den damals obwaltenden Umständen, also in Anbetracht der offenkundigen Unterlegenheit der Reichswehr, zu verhindern. Grundsätzlich aber sei der Anhänger einer ausgeprägt autoritären Staatsform »bis 1945 mit der deutschen Gewaltpolitik eng verbunden« gewesen.

Dass er beständig darüber nachdenkt, wie die in Versailles gedemütigte Nation zu alter Größe zurückfinden könne, belegen zudem zahlreiche Selbstzeugnisse. So irritiert ihn weder die »Heimkehr« Österreichs, die er emphatisch mit der Proklamation des Kaiserreichs von 1871 vergleicht, noch plagen ihn Skrupel bei dem Plan, die von Hitler letztlich überrollte Tschechoslowakei »chemisch« zu zersetzen. Und ähnlich verhält es sich mit der vom nationalsozialistischen Regime unmittelbar darauf geforderten Rückgabe des polnischen Korridors.

Bezeichnenderweise scheint im Hause der Weizsäckers über diese einschneidenden Ereignisse kaum ein Wort gesprochen, geschweige denn gestritten zu werden. Dass dem Vaterland zusteht, was es sich nun Schritt für Schritt wieder aneignet, zieht man da offenbar ebenso wenig in Zweifel, wie sich die Familie eine möglichst friedliche Lösung der aktuellen Probleme wünscht. Mag Heinrich Viktor auch bereits seit zwei Jahren als Fahnenjunker im renommierten Potsdamer Infanterieregiment 9 dienen – bei allen Geschwistern, erinnert sich der Bruder Richard, hätten in jenem Sommer und Herbst 1938 »die privaten Interessen weit stärker als die politischen im Fokus gestanden«.

Im Übrigen gibt es in der Weizsäcker'schen Dienstvilla, die in der vornehmen Admiral-von-Schröder-Straße liegt, viel zu feiern. Nachdem schon im Januar mit dem Enkel Carl Christian als Sprössling Carl Friedrichs und seiner Frau Gundalena der erste Vertreter einer neuen Generation das Licht der Welt erblickt hat, heiratet im Juli die zweiundzwanzigjährige Adelheid ihren Verlobten Botho-Ernst Graf zu Eulenburg, aus deren Ehe zwei Töchter hervorgehen.

Ein bisschen allerdings trügt der schöne Schein. Seiner zahlreichen Memoranden wegen, in denen er unbeirrt vor den Risiken eines Krieges warnt, gilt der Diplomat bei Hitler zusehends als Miesmacher, weshalb er sich abzusichern beginnt. Akten bedenklichen Inhalts nimmt er nicht mehr mit nach Hause und ermahnt darüber hinaus seine Kinder, »Zunge und Feder stets im Zaum zu halten« – ein Rat, den er dann allerdings selber gelegentlich in den Wind schlägt. Im Zusammenhang mit der weiter ausufernden »tschechischen Frage« gehe es inzwischen so verrückt zu, notiert er aufgebracht, dass er seinen Posten vielleicht besser an den psychiatrisch geschulten Heidelberger Bruder abtreten sollte.

Doch obwohl er mit seinen Expertisen bei der nationalsozialistischen Führungsriege kaum noch Anklang findet, tritt er nicht zurück – um sich dann allerdings im August zu einer brandgefährlichen und bis hart an die Grenze zum Hochverrat gehenden Kraftanstrengung aufzuschwingen.

Allen Schikanen zum Trotz, lässt man ihm bis dahin im Umgang mit ausländischen Diplomaten erstaunlich viele Freiheiten – ein Spielraum, den er sich nun zunutze macht. Über Carl Jacob Burckhardt, den alten Freund aus Schweizer Tagen, der mittlerweile als Kommissar des Völkerbundes der Freien Stadt Danzig vorsteht, bemüht er sich um einen »*back-channel*« nach England. Ein Kurier soll die britische Regierung über den unmittelbar bevorstehenden Einmarsch der Wehrmacht in die Tschechoslowakei informieren und sie ersuchen, eine Warnung gegen den deutschen Diktator auszusprechen. In London nimmt man die Message zunächst nicht recht ernst. Etwas hellhöriger wird das Foreign Office erst, als sein Vertreter in Berlin, der Botschafter Neville Henderson, die Explosivität der Lage bestätigt.

Und Weizsäcker treibt die Konspiration sogar noch weiter. Er bedrängt Bernardo Attolico, den Repräsentanten Italiens in Berlin, seinen Chef in Rom einzuschalten und über ihn den »Führer« zu bändigen. Schließlich sei keiner dazu besser geeignet, schmeichelt er ihm, als der in NS-Kreisen damals noch geschätzte Mussolini.

Ein paar Wochen lang scheinen sich die Hoffnungen tatsächlich zu erfüllen. Am Morgen des 14. September 1938 fragt der Botschafter Großbritanniens beim deutschen Staatssekretär an, wann Hitler Zeit für seinen Premier habe, und schon am folgenden Tag

Im Schatten der Potsdamer Garnisonskirche probt das traditionsreiche preußische Infanterieregiment 9 kurz vor Kriegsausbruch den Aufmarsch. In der vor allem von Adeligen bevorzugten Truppe dient als Leutnant auch Ernst von Weizsäckers Sohn Heinrich, der bereits im darauffolgenden Jahr in Polen fällt.

öffnet sich auf dem Berghof in Berchtesgaden der Vorhang zum ersten Akt eines weltpolitischen Dramas. Neville Chamberlain ringt seinem Gastgeber die Zusage ab, über die Sudetengebiete auf einer eilends einzuberufenden Konferenz unter Beteiligung Frankreichs und Italiens zu verhandeln. Damit ist einer militärischen Okkupation der Tschechoslowakei zumindest bis zum Beginn dieses Gipfels ein Riegel vorgeschoben.

Aber Weizsäcker sieht den Frieden immer noch in großer Gefahr, und die aufreizend muntere Art, in der ihn der Reichskanzler gleich nach der Vereinbarung mit dem britischen Regierungschef von dem Ergebnis in Kenntnis setzt, bestätigt ihn in seiner

Befürchtung. Er habe den »alten trockenen Herrn in die Ecke florettiert«, amüsiert sich Hitler und beharrt im Übrigen auf seinem Standpunkt: »Dass er für die Zukunft den Krieg in seine Rechnung eingestellt hat und weiterausschauende Pläne hegt«, hält der Diplomat in einem Gedächtnisprotokoll fest, »verbarg der Führer in diesem vertraulichen Gespräch nicht.«

Also verstärkt der besorgte Berliner Spitzendiplomat seine Bemühungen. Nach einer zweiten Begegnung Hitlers mit Chamberlain in Bad Godesberg entwirft er in seinem Auftrag einen Text, in dem das NS-Regime nur mehr die »Heimkehr« der Sudetendeutschen ins Reich fordert. Zudem spielt er mithilfe Hermann Görings, dem ein bewaffneter Konflikt ebenfalls nicht ins Konzept passt, geschickt über Bande: Er schiebt dem Duce ein zweites Papier unter, das auf eine militärische Intervention verzichtet.

So endet das für den 29. und 30. September in München anberaumte Treffen der europäischen »Großen Vier« mit einem kaum noch erwarteten Abkommen: Der profilsüchtige Benito Mussolini macht sich den Kompromissvorschlag, mit dem die Tschechoslowakei nun gleichsam auf kaltem Wege einen beträchtlichen Teil ihres Landes verliert, als seine Idee zu eigen – in den Augen des »Führers« ein Akt der Feigheit, den er zähneknirschend akzeptiert. Seinen einzigen Verbündeten zu desavouieren, ist ihm denn doch zu gewagt. Für den verbleibenden Reststaat ČSR gibt er schließlich keine Sicherheitsgarantie ab.

In der Familie Weizsäcker herrscht dagegen Hochstimmung. »Wie anders ist alles in den letzten 48 Stunden geworden!«, jubelt Marianne nach der Übereinkunft in einem Brief an ihre Schwiegermutter, um ihr dann vorzuschwärmen, wie sogar sie in Aner-

Im Führerbau am Münchener Königsplatz versammeln sich im September 1938 die Staatschefs Großbritanniens, Frankreichs und Italiens mit Adolf Hitler und verhandeln über ein zunächst erfolgreich erscheinendes friedenssicherndes Abkommen, das aber bald zur Makulatur wird. Spiritus rector der Vereinbarung ist Ernst von Weizsäcker (in der zweiten Reihe, Zweiter von rechts).

kennung seiner Verdienste anonym mit einem »riesigen Blumenstrauß« beglückt worden sei. Selbst dem »tiefsten Wellental der letzten Zeit« entstiegen, habe ihr Mann für das große Aufatmen im Lande gesorgt: »Das Leben, unser nationaler Erfolg, die Buben, alles ist einem neu geschenkt.«

Der »Weidensack«, wie ihn der vorerst ausgebremste Hitler nach dem Coup zornig tituliert, auf dem Höhepunkt seiner Laufbahn. Bis auf weiteres kann er sich einer Leistung rühmen, die später allerdings in einem jahrzehntelangen Historikerstreit höchst unterschiedlich bewertet wird. Während seinen Verteidigern »München« als Chiffre für Durchhaltevermögen und Mannesmut gilt, ist der Deal für seine Kritiker nicht mehr als ein

Um einen neuen Weltkrieg zu verhindern, trifft sich Hitlers Spitzendiplomat Ernst von Weizsäcker (Zweiter von links) zu konspirativem Gedankenaustausch. Zu seinen Gesprächspartnern zählen vor allem – wie auf diesem Bild festgehalten – die Botschafter Italiens, Großbritanniens und Frankreichs, Bernado Attolico, Neville Henderson und André François-Poncet.

unappetitliches Erpressungsmanöver, bei dem sich demokratische Staaten einem brutalen Gewaltsystem beugen, und mithin auch der Offenbarungseid internationaler Diplomatie.

Jedenfalls erweist sich Weizsäckers Einschätzung, das Abkommen sei als »eines der seltenen Beispiele der neueren Geschichte« zu feiern, »wo wesentliche Territorialveränderungen im Verhandlungswege erzielt worden sind«, als vorschnell. Schon nach einigen Monaten widerruft der »Führer« die den Tschechen aufgezwungene »chemische Lösung«, die der stolze Stratege als sein »Meisterstück« gewürdigt wissen möchte.

Die Frage, ob ein Mann seines Formats diese Entwicklung hätte voraussehen müssen, bemüht sich sechs Jahrzehnte später der politisch kaum weniger beschlagene Richard von Weizsäcker zu beantworten. Damals in nächster Nähe, schildert der inzwischen pensionierte Bundespräsident, wie sich der von Kriegsangst geplagte Staatssekretär schon Wochen vor der entscheidenden Konferenz mit der prekären Lage abquält und ihm danach »eine Zentnerlast« vom Herzen fällt.

Nur in einem Zusammenhang attestiert auch er ihm eine erstaunliche Unbedarftheit. »Über den wahren Charakter der Nazis«, behauptet der Sohn in seinen Memoiren, »wusste mein Vater zu wenig, und von den unsäglichen Verbrechen, die kommen sollten, ahnte er so gut wie nichts« – um ihn dann ausgiebig für eine ebenso überraschende notorische Gutgläubigkeit zu preisen: »In seinem ganzen Weltbild fehlte es an der Vorstellungskraft, die Dämonie des Bösen zu begreifen.«

Sechstes Kapitel

»Furchtbare Klugheit«: Verstrickungen

Im Dezember 1938 machen Otto Hahn, der Leiter des Berliner Kaiser-Wilhelm-Instituts für Chemie, und sein Assistent Fritz Straßmann eine seltsame Beobachtung: In ihrem Labor in Dahlem beschießen die beiden Forscher ein Partikel Uran mit Neutronen und gewinnen anstelle des erwarteten Elements Radium physikalisch zunächst einmal unerklärliche Spuren von Barium. Dass das schwer Begreifliche auf nichts Geringeres als eine Spaltung des Atomkerns zurückzuführen ist, berechnet kurze Zeit später die österreichische Kollegin Lise Meitner, die als »reichsdeutsche Jüdin« im Sommer nach Schweden emigriert war.

Zu den ersten Wissenschaftlern, die in die sensationelle Entdeckung eingeweiht werden, gehört der junge Professor von Weizsäcker. Als Spezialist auf dem Sektor der Energieerzeugung in Fixsternen hat er sich schon zuvor einen weit über das eigene Land hinausgehenden Ruf erworben und erfreut sich nun auch der Wertschätzung Otto Hahns. Detailliert unterrichtet der neunundfünfzigjährige »Vater der Kernchemie« seinen phantasievollen Mitarbeiter über die einzelnen Erkenntnisschritte und fragt ihn uneitel sogar um Rat.

Dabei hält sich dessen Interesse an der technischen Seite der Experimente zunächst in Grenzen. Jähe Ängste beschleichen ihn erst, als sich im Januar 1939 der französische Nobelpreisträger Frédéric Joliot zu Wort meldet. Der hat inzwischen herausgefunden, dass mit jeder Zertrümmerung eines Urankerns weitere Neutronen freigesetzt werden, um dann abermals Kerne zu spalten – eine Kettenreaktion, bei der ungeahnte Kräfte entstehen würden. Die Aussicht, dieser Prozess könnte einer militärischen Nutzung zugänglich gemacht werden, gibt zu den schlimmsten Befürchtungen Anlass.

Noch am selben Tag debattiert Weizsäcker mit einem alten Freund über die möglichen Folgen. Das Risiko, dass man bald in der Lage wäre, eine Bombe zu bauen, die »ganz London« zerstören könnte, sei kaum von der Hand zu weisen, vertraut er dem Religionsphilosophen Georg Picht an. Daraus ergibt sich für ihn eine mehr als düstere Prognose. Wenn es nicht gelinge, die »Institution des Krieges« ein für alle Mal abzuschaffen, werde die Menschheit zwangsläufig ihrem Untergang entgegengehen.

Damit schätzt der Wissenschaftler die Weltlage noch deutlich pessimistischer ein als sein Vater, der professionelle Politiker. Während jener ein knappes Vierteljahr nach dem Abkommen von München nach wie vor an den Erfolg seiner Vermittlerrolle glaubt, erschrickt der Sohn über die seiner Ansicht nach unausweichlichen Konsequenzen aus dem »Zerplatzen« atomarer Kerne. Sofern die Bombe technisch möglich sei, sagt er sich, gebe es mit Sicherheit schon bald »jemanden«, der sie konstruieren und schließlich anwenden werde.

Und die stürmische Reaktion auf den Coup Otto Hahns und

Lise Meitners scheint ihn ja auch zu bestätigen. Bereits im April 1939 schwärmt der österreichische Physikochemiker Paul Harteck in einem Brief an das Reichskriegsministerium von den Vorzügen der neuen Entdeckung. »Unter geeigneten Bedingungen« könne eine »Explosion von unvorstellbarer Wirkung eintreten«, schreibt der Forscher und liefert die militärstrategischen Schlussfolgerungen gleich mit: Keine Frage für ihn, dass »dasjenige Land, welches von ihr zuerst Gebrauch macht, den anderen gegenüber ein kaum einholbares Aktivum aufzuweisen hat«.

Zwar lässt sich zu diesem Zeitpunkt das Ausmaß der Zerstörungskraft noch eher erahnen als exakt berechnen, aber das NS-Regime horcht auf. Im Heereswaffenamt versammelt der Sprengstoffspezialist Kurt Diebner prompt ein halbes Dutzend Experimentalphysiker um sich – eine Runde, aus der im September der sogenannte »Uranverein« hervorgeht. Zu seinen Mitgliedern gehören neben dem wenig begeisterten Otto Hahn auch Werner Heisenberg, der zum Chef des Unternehmens erkoren wird, und Carl Friedrich von Weizsäcker. Der Auftrag lautet konkret, die bei der Atomspaltung freigesetzten Kräfte so kontrolliert zu entfesseln, dass sie zur Entwicklung einer schnellstmöglich einsetzbaren Waffe taugen.

Die Zielvorgabe der nationalsozialistischen Machthaber ist also klar. Wie aber lässt sich die Haltung Weizsäckers erklären, der sich keineswegs nur wie gelähmt in sein Schicksal fügt? Als Jüngster im Kreis der Koryphäen, die sich offenkundig mit unterschiedlichem Temperament den enormen Schwierigkeiten etwa einer geordneten Kettenreaktion widmen, zählt er zumindest in den folgenden zweieinhalb Jahren zu den Aktivsten. In wesentlichen Bereichen sei der findige Tüftler einer Lösung der

Probleme wahrscheinlich am nächsten gekommen, bescheinigen ihm nach dem Krieg selbst amerikanische Kollegen.

Was veranlasst ausgerechnet einen wie ihn, der doch seine Bestürzung über die bahnbrechende technologische Innovation zuvor klar zu Protokoll gegeben hat, zu solchem Eifer? Dass er Otto Hahn und seinen Doktorvater Werner Heisenberg regelrecht dazu drängt, sich dem Forschungsprojekt nicht zu versagen, entspringt in erster Linie wohl einmal mehr dem für seine Familie seit eh und je typischen Leitmotiv: Wer Prozesse, die ohnedies schwerlich aufzuhalten sind, in seinem Sinne beeinflussen möchte, sollte sie tunlichst begleiten.

Dabei geht es dem ehrgeizigen Carl Friedrich von Weizsäcker vor allem um den Erwerb unabweisbarer Sachkompetenz. Auf einem für die Gesellschaft unter Umständen überlebenswichtigen Sektor Kenntnisse zu erlangen, die die eigentlichen Entscheidungsträger nicht haben – und sie so vielleicht von sich abhängig zu machen –, steht von Anfang an im Zentrum seiner Überlegungen. Er habe damals tatsächlich geglaubt, wird er noch als alter Mann in einem Interview einräumen, ins Räderwerk der großen Politik eingreifen zu können, »wenn ich jemand war, mit dem sogar einer wie Adolf Hitler sprechen musste«.

Eine Massenvernichtungswaffe als Mittel zum Zweck, dem »Führer« am Ende sogar die Bedingungen zu diktieren? Was den Physiker mit seinem Hang zur Kosmologie und Philosophie seinerzeit wirklich bewegt haben mag, bleibt letztlich im Dunkeln. Schließlich ist er in jenen Wochen zu Beginn des Polenfeldzugs, bei dem schon am zweiten Tag der Bruder Heinrich Viktor in der Tucheler Heide südwestlich von Danzig im Kugelhagel stirbt, besonders aufgewühlt. Mit seinem noch ziemlich fragilen Wissen konfuser Selbstüberschätzung ausgesetzt gewesen zu sein, hält er nach dem Ende des »Dritten Reiches« für durchaus denkbar.

Zudem erweist sich die ursprünglich optimistische Annahme, das atomare Faustpfand könne womöglich binnen kurzem zur Produktionsreife gebracht werden, bald als übereilt. Obschon es Heisenberg und seinen Mitarbeitern innerhalb weniger Monate gelingt, im eigens dazu beschlagnahmten Kaiser-Wilhelm-Institut die Struktur eines Reaktors zu entwickeln – den sie vage »Uranmaschine« nennen –, sind sie vom Bau einer Waffe noch weit entfernt. Die Laborversuche, bei denen in einer mühsamen Abfolge von *trial and error* die Fehlschläge überwiegen, machen den eher in der Theorie bewanderten Forschern zu schaffen. Darüber hinaus fehlt es ihnen an den dringend benötigten Ressourcen, vor allem dem knappen Schweren Wasser.

Ob sie auch deshalb auf der Stelle treten, weil in ihren Kreisen der nicht ganz ungefährliche Gedanke vorherrscht, das brisante Projekt zu verschleppen, lassen die meisten Wissenschaftler in den frühen Jahren der Bonner Republik offen. Präziser als andere ringt sich Carl Friedrich von Weizsäcker da zu dem Bekenntnis durch, eine stillschweigende Übereinkunft, die für Außenstehende kaum zu beurteilenden Arbeiten auf die lange Bank zu schieben, sei von ihm jedenfalls nie in Erwägung gezogen worden. Vielmehr habe er damals von »dieser Sache« unbedingt etwas verstehen wollen, um sein exklusives Wissen dann irgendwie zur »Machtteilhabe« zu nutzen.

Und er hat auch allen Grund dazu, seine Umtriebigkeit im Nachhinein zumindest ein Stück weit zu hinterfragen. Immerhin sucht er sehr viel entschlossener als später allgemein angenommen nach Wegen, in einem funktionsfähigen Reaktor ein neues spaltbares Abfallprodukt gleichsam zu »erbrüten« – eine Idee, die er vorübergehend sogar im Alleingang verfolgt. Die Chance, den radioaktiven Superknall auf diese Weise zu bewerkstelligen, sei »gegeben«, versichert er dem Heereswaffenamt brieflich und schätzt darüber hinaus in geheimen Gutachten den mutmaßlichen Forschungsstand der USA ein.

Glaubt Weizsäcker wirklich, mit solchen Angeboten dem Frieden zu dienen, oder wechselt der wendige »Überallhindenker«, wie ihn später die »Süddeutsche Zeitung« nennt, heimlich die Fronten? Und mit welcher Eindringlichkeit, wenn denn überhaupt, zieht er dabei den an der diplomatischen Front kämpfenden Vater zu Rate? Aus dem, was beide schriftlich festhalten, ergibt sich eine auch bloß halbwegs intensive Befassung mit dem heiklen Thema jedenfalls kaum. Nur einmal lässt der vorsichtige Staatssekretär den mit ihm befreundeten Physiker Manfred von Ardenne wissen, dass er über die Aktivitäten im »Uranverein« sehr wohl informiert sei, darüber aber mit niemandem und schon gar nicht dem Kriegshetzer Ribbentrop rede.

So bleibt der Nachwelt verborgen, was der politisch erfahrene Stratege von der Mission seines Sohnes hält. Schließlich hat dieser ziemlich rasch nach der Machtergreifung der Nazis den Drang verspürt, in Berlin auf dem Potsdamer Platz seine Empörung über die Verbrechen der braunen Horden »laut hinauszuschreien«, um sich nun auf nukleartechnischem Gebiet unvermittelt in der patriotischen Pflicht zu fühlen. In einem Gespräch mit der Wochenzeitung »Die Zeit« wird der inzwischen als Wortführer der Friedensbewegung hoch respektierte Philosoph ein gutes halbes Jahrhundert später seinen Ehrgeiz bedauern: Er sei »nicht sehr glücklich darüber«, die NS-Rüstungsexperten damals darauf hingewiesen zu haben, dass das von ihm erarbeitete Material zur Herstellung einer Nuklearwaffe besonders geeignet wäre.

Aber in jenem Interview, in dem sich der Forscher zugleich beschämt einer »furchtbaren Klugheit« zeiht, die ihm leider den Blick verstellt habe, beschränkt er sich immer noch bestenfalls auf die halbe Wahrheit. Erst 2005, als er an Alzheimer erkrankt ist und der Öffentlichkeit nicht mehr Rede und Antwort stehen kann, tauchen in einem Moskauer Archiv Unterlagen auf, die den ganzen Umfang seines Engagements dokumentieren. Die Papiere belegen zweifelsfrei, dass ein gewisser »Herr Dozent Dr. Carl Friedrich von Weizsäcker« bereits im Sommer 1941 in München einen Patentanspruch auf »ein Verfahren zur explosiven Erzeugung von Energie und Neutronen« angemeldet hat, das auf der Spaltung des sogenannten Elements 94 – in Zukunft unter dem Namen Plutonium bekannt – beruht. An Sprengkraft »pro Gewichtseinheit«, heißt es in einem leicht reißerisch formulierten Begleittext, übertreffe der Stoff jeden anderen um etwa den Faktor zehn Millionen.

Unabhängig davon, dass sich das Konzept aus den unterschiedlichsten Gründen noch nicht verwirklichen lässt, sondern lediglich den erfolgversprechendsten Weg aufzeigt, belegt es deutlich, wie sehr sich der Antragsteller seinerzeit in die Sache hineinkniet. Wenige seiner Kollegen streben den Bau der Bombe offensichtlich so entschieden an wie er, und sei es auch nur aus einem reichlich illusionären Motiv. Möge das in der Rückschau »vielleicht als verrückt« erscheinen, verteidigt sich der

Wissenschaftler, solange er sich noch an der Debatte zu beteiligen vermag – er habe sich, um die nationalsozialistischen Kriegsherren unter Druck zu setzen, das nötige Drohpotential aneignen wollen.

Doch was soll dann das legendäre Treffen von Kopenhagen, zu dem er im September 1941 Werner Heisenberg begleitet? Während die Panzer der Wehrmacht die Sowjetunion überrollen, reisen sie in die seit anderthalb Jahren besetzte dänische Metropole, wo ihr einstiger Mentor Niels Bohr noch immer die Stellung hält. Einer der geläufigsten Versionen zufolge möchte der Chef des deutschen »Uranvereins« den allerorten gerühmten Altmeister der Quantenmechanik dazu überreden, für ein international gültiges nukleares Moratorium seine Stimme zu erheben. Aber trifft das so auch zu?

Vor dem Hintergrund der Bestrebungen Weizsäckers, der im Hotel zurückbleibt, als sich die beiden Nobelpreisträger im abhörsicheren Faelled-Park unter vier Augen begegnen, erscheint das vermeintliche Ersuchen kaum logisch, was der von Anfang an misstrauische Hausherr offenbar ebenso sieht. Er sei den bösen Verdacht nicht losgeworden, wird er später beteuern, die vom militärischen Triumph Hitlers überzeugten Gäste aus Berlin hätten ihn zu einer Mitarbeit an ihrer bereits weit vorangeschrittenen Bombenproduktion bewegen wollen – für den dänischen Halbjuden und erklärten Nazigegner, der bald darauf über Schweden in die Vereinigten Staaten flieht, völlig indiskutabel.

Jedenfalls ist er nach dem nie ganz aufgeklärten Meeting mit dem vormals engsten Mitstreiter höchst alarmiert. Dass in den USA das zunächst eher gemächlich vorangetriebene Atomprogramm unvermittelt einen gewaltigen Aufschwung erfährt, um

1942 schließlich in das bis dahin kostspieligste Experiment der Menschheitsgeschichte, das gigantische »Manhattan-Projekt«, zu münden, hat im Wesentlichen mit dem Drängen Bohrs zu tun. Ohne ihn und seine Angst vor den Fähigkeiten der Kernphysiker in Deutschland wären den Japanern die Katastrophen von Hiroshima und Nagasaki womöglich erspart geblieben.

Ein tragischer Irrtum, weil der erschrockene Bohr dem Emissär Heisenberg »nicht lange genug zugehört« hat, »um mitzubekommen, dass wir keine Bombe mehr zu Stande bringen würden«? Auf solche und ähnlich diffuse Weise fügt nach dem Krieg auch Weizsäcker den zahlreichen widersprüchlichen Deutungsversuchen eine weitere verwirrende Variante hinzu. Denn abgesehen davon, dass er selbst ja gerade erst kurz vor dem Dialog von Kopenhagen das Reichspatentamt im Zusammenhang mit seinem ominösen Plutonium-Spaltprodukt in eindeutig anderer Absicht eingeschaltet hat: Woher will er wissen, was im Faelled-Park damals wirklich geredet worden ist?

Eine Frage, die umso berechtigter erscheint, als sich Heisenberg ebenfalls nur verschwommen äußert. Noch zweieinhalb Jahrzehnte später beharrt er darauf, man habe vom Herbst 1941 an – also in den Wochen der Erkundungstour nach Kopenhagen – »eigentlich eine freie Straße zur Atombombe« vor sich gesehen, die Schwierigkeiten, sie zu beschreiten, aber »bewusst überhöht«. Dabei seien seinem Team die nach wie vor ungelösten Probleme – insbesondere der Mangel an Uranerz oder Zyklotronen, die für die Isotopentrennung unverzichtbar sind – durchaus gelegen gekommen.

Das Gros der deutschen Forscher, soll das heißen, spielt in jener Phase auf Zeit. Da man weiß, dass Hitlers Rüstungsindustrie an einer »Wunderwaffe« sehr wohl interessiert ist, zugleich aber nach den raumgreifenden Erfolgen an nahezu allen Fronten vom raschen »Endsieg« träumt, setzt Heisenberg den Erwartungen des zuständigen Reichsministers Albert Speer vorsichtig Grenzen: Die Bombe sei sicher machbar, bekräftigt er auf einer Sitzung hinter verschlossenen Türen, aufgrund knapper Ressourcen und unzureichender Manpower nur leider nicht binnen zweier Jahre. So verliert das Projekt im Herbst 1942 seine staatliche Förderungswürdigkeit, und die Koryphäen vom Kaiser-Wilhelm-Institut arbeiten stattdessen für den Rest des Krieges einigermaßen verdrossen an ihrem vergleichsweise unspektakulären Reaktor.

Schwer zu beurteilen, ob diese Entwicklung den bis dahin auf naturwissenschaftliche Überlegenheit fixierten Weizsäcker eher befreit oder enttäuscht. Schließlich habe dem seinerzeit Dreißigjährigen, gibt der Biograph Martin Wein zu bedenken, von Kindesbeinen an »das Idealbild eines friedliebenden Weltkaisers wie Augustus oder Karl V.« vor Augen gestanden, der mit den Möglichkeiten des universell Gelehrten »einen Zugriff zur Macht zu erhalten« versucht. Was dann aber in seinem Fall dabei herumkommt, wirkt ziemlich ernüchternd.

Zumindest zieht er aus seiner nach eigenem Eingeständnis »jugendlichen Leichtfertigkeit« bemerkenswerte Schlüsse. Sie ebnet ihm nun vollends den Weg zum Philosophen und Pazifisten, der sich in bester lutherischer Tradition zunächst einmal Demut auferlegt. Wie auch immer die Nachgeborenen sein Wirken bewerten mögen, er sei bei der letztlich erfolglosen Beschäftigung mit dem atomaren Teufelszeug, bekennt er reumütig, »nur durch göttliche Gnade gerettet worden« – eben »dadurch, dass es nicht gegangen ist«.

In seinem Elternhaus spielen solche Einsichten, die ihm nach der Katastrophe des »Dritten Reiches« über Jahrzehnte hinweg zu neuer Glaubwürdigkeit verhelfen, allenfalls eine untergeordnete Rolle. So beinahe schon ehrfürchtig der Clan auf die außerordentliche Vielfalt seiner Talente abhebt, so absichtsvoll beiläufig wird seine Tätigkeit im »Uranverein« erwähnt. In seinen »Erinnerungen« etwa nennt der Bruder Richard die Behauptung, der nach dem Kriege internierte Carl Friedrich habe mit anderen Wissenschaftlern »an der Herstellung einer deutschen Atombombe gearbeitet«, lapidar einen »irrtümlichen Verdacht der Amerikaner«.

Woran liegt diese auffällige Zurückhaltung? Ist es der Familie unangenehm, dass ihr womöglich klügster Kopf mit der Produktion einer Massenvernichtungswaffe nichts Geringeres im Sinn gehabt haben will, als »den Führer zu führen«? So wirft es ihm aus Anlass seines 100. Geburtstages der Wissenschaftshistoriker Ernst Peter Fischer vor – ein extravagant-eitler Anspruch, der im Übrigen dem des Vaters ähnelt.

Wie schnell dessen vermeintliches Glanzstück, das Abkommen von München, in der Geschichtsschreibung des 20. Jahrhunderts zur Fußnote schrumpft, zeigt sich bereits im März 1939. Da hebt Hitler die seinen Plänen von Anfang an zuwiderlaufende Übereinkunft – obschon ihm mit dem Abkommen die Eingliederung der Sudetendeutschen ins Reich zugesichert wird – bedenkenlos aus den Angeln, indem er kurzerhand die »Rest-Tschechei« zerschlägt. Und die Demokratien des europäischen Westens nehmen den völkerrechtlich glatten Bruch der Vereinbarung zähneknirschend hin.

Ein halbes Jahr darauf beginnt im September der Zweite Weltkrieg. Nach Polen okkupiert die Wehrmacht in kurzer Folge Dänemark und Norwegen, die Beneluxstaaten, einen Großteil Frankreichs, Jugoslawien und Griechenland, während Ernst von Weizsäcker im Berliner Auswärtigen Amt zunehmend laue Vorbehalte zu Papier bringt. Und als er im Sommer 1940 mit seinem Sohn Carl Friedrich – wie sich aus einer dürren Notiz ergibt – tatsächlich einmal die »atomare Frage« thematisiert, hat Paris gerade die Waffenstillstandsurkunde unterzeichnet.

Glaubt man seiner Beteuerung, er habe der nationalsozialistischen Gewaltherrschaft vornehmlich des bedrohten Friedens wegen die Stange gehalten, erweist sich die Zwischenbilanz als erschreckend. Mit seinen Bemühungen, die Kriegslüsternheit zu hintertreiben, kommt er schon deshalb keinen Schritt voran, weil ihm Hitler nach wie vor sein Manöver von München ankreidet. Und Ribbentrop nutzt das aus, indem er ihn im Rausch der Siege seiner ewigen Warnungen wegen immer öfter ins Leere laufen lässt.

Überraschend ist es da jedenfalls nicht, wenn Weizsäcker seine eigene Rolle grundlegend zu überdenken beginnt. Schon am 25. Februar 1939, als die Welt für ihn noch einigermaßen in Ordnung zu sein scheint, schreibt er der Mutter, was ihn zunehmend bedrückt. »Heute wäre Papas 86. Geburtstag« – ein guter Termin, um sich mit ihm einmal gründlich über die »Toleranzgrenzen« im Leben eines Menschen zu unterhalten: Was dürfe man sich noch erlauben, ohne die Selbstachtung zu verlieren? Doch sein großes Vorbild ist seit dreizehn Jahren tot.

Aber bald danach fängt sich der Sohn wieder. Mit erstaunlichem Durchhaltevermögen übersteht er die Auseinandersetzungen mit dem cholerischen Chef im Auswärtigen Amt – und nicht nur das. Einige Wochen nach der Unterwerfung der Tschechen, die er im Rahmen seiner Möglichkeiten missbilligt hat, wird er von Hitler mit einer besonders heiklen Aufgabe betraut: Der angeblich so unsichere Kantonist soll mit den Sowjets über eine vertraglich fixierte Annäherung verhandeln.

Eine Mission, die ihm sichtlich schwerfällt. Dem beunruhigten Staatssekretär ist dieser im Wesentlichen von Stalin angeregte Plan nicht nur deshalb suspekt, weil der listige Sowjetführer zugleich die Briten und Franzosen umgarnt – ihn schreckt an dem nach seiner Einschätzung auf eine militärische Teilung Polens angelegten Tête-à-Tête zwischen Berlin und Moskau vor allem die Gefahr eines ganz großen Krieges. Warschaus Schutzmacht England, befürchtet er, werde dem Schulterschluss kaum tatenlos zusehen, was er auch akribisch in der für ihn typischen weitschweifigen Problemanalyse unterstreicht.

Doch die Einwände verhallen, und Weizsäcker, dem die bereits in der »Tschechei-Frage« vorgeschlagene »chemische Lösung« lieber wäre, fügt sich. Am 23. August beschließt man einen Nichtangriffspakt, der in geheimen Zusatzprotokollen die flächendeckende Umgestaltung der osteuropäischen Landkarte vorsieht – und noch am Vorabend des Überfalls auf Polen scheint der Diplomat über das Scheitern seiner Bemühungen so erschüttert zu sein, dass er nach eigenem Bekunden zum Äußersten bereit ist. In unmittelbarer Nähe Hitlers trägt er eine »mit zwei Kugeln geladene Pistole« in der Tasche, aber von ihr Gebrauch zu machen, fehlt ihm letztlich die Entschlossenheit. Seine »Erziehung« habe ihn leider daran gehindert, »einen Menschen zu töten«, gesteht er später seiner Schwiegertochter Gundalena.

So nimmt die Katastrophe auf andere Weise ihren Lauf. Schon am zweiten Tag der Invasion stirbt in Westpreußen, nur wenige hundert Meter vom Bruder Richard entfernt, der ebenfalls im Potsdamer Infanterieregiment kämpft, sein Sohn Heinrich Viktor – eines der ersten Kriegsopfer überhaupt. Und wieder macht die Familie, wie einst der königliche Ministerpräsident seinen gefallenen Ältesten Carl Viktor in eisernem Schweigen betrauerte, den schmerzlichen Verlust mit sich aus. Auf die eigentlich obligatorische Todesanzeige wird verzichtet.

Natürlich wirft sich der Vater vor, nicht beizeiten zurückgetreten zu sein, bleibt dann aber unbeugsam an Bord. Mit der Konsequenz »eines unter der Fahne Stehenden« lässt er sich angesichts der zügigen Gebietsgewinne von der Idee leiten, dass nach einem siegreich beendeten Waffengang umso dringlicher der diplomatische Sachverstand gefragt sein werde. Dem Reich bei den dann unvermeidlichen internationalen Gesprächen als ebenso erfahrener wie auf vernünftigen Interessenausgleich bedachter Emissär zur Seite zu stehen, hält er – zumal die Briten und Franzosen dem NS-Staat inzwischen ihrerseits den Krieg erklärt haben – für die beste Wahl. Schließlich kennt man ihn namentlich in London, wo er nach seiner optimistischen Einschätzung als einer der wenigen seriösen Deutschen gilt.

Ein weiterer Fall von Selbsttäuschung? Nach den Recherchen Weins vertieft sich Ernst von Weizsäcker in den Wochen, in denen Hitlers Kriegsmaschine Polen unterjocht, in die Vita des legendären Außenministers Napoleons, Charles Maurice de Talleyrand-Périgord, der sich bei aller Loyalität letztlich nicht dem Kaiser, sondern Frankreich verpflichtet gefühlt hatte. So wie Talleyrand nach dem Sturz des Alleinherrschers seinem Land durch geschicktes Verhandeln wieder Ansehen und Einfluss verschaffte, glaubt Weizsäcker der »Sache des Volkes« dienen zu können.

Zu der Neigung, sein »Gewichtchen« zu überschätzen, passt dann allerdings ebenso, dass sein Streben nach geschichtlicher Größe mit Beginn der vierziger Jahre zunehmend in Wankelmut umschlägt. Als zumindest latenter Sympathisant ist er bis dahin noch in Pläne eingeweiht worden, denen zufolge in den oberen Etagen der Wehrmacht nistende Widerstandsgruppen einen militärisch entzauberten »Führer« zu stürzen beabsichtigen. Seit Hitler nun aber von Sieg zu Sieg eilt, hat sich die Ausgangslage gründlich verändert.

Bleibt der Staatssekretär den Verschwörern dennoch weiter verbunden? Für eine Bereitschaft, notfalls die eigene Existenz aufs Spiel zu setzen, gibt es keine Indizien – und wie sehr er trotz seiner mitunter couragierten Rolle als Bremser dem Charisma des Diktators sogar noch nach dem polnischen Abenteuer Tribut zollt, zeigt sich Anfang Juni 1940. Da triumphiert die Wehrmacht über den sogenannten Erbfeind Frankreich, und auch Weizsäcker lässt sich mitreißen.

»Nicht jeder hat es leicht, mit vollem Herzen einen Tag wie den heutigen zu erleben«, schreibt er sichtlich beeindruckt nach Hause, um dann ungeachtet aller ursprünglich sorgfältig begründeten Vorbehalte dem »Führer« fast schon Abbitte zu leisten. Nur schade, dass der Vater nicht mehr da sei! Der würde in Anbetracht dieses historischen Ereignisses gewiss darum gebeten haben, ihm auf dem Klavier den »Finnischen Reitermarsch« vorzuspielen.

Zwar gehört es für ihn weiterhin zu den fundamentalen Lehren, dass eine solide Friedensordnung mit Panzern und Flugzeugen schwerlich sichergestellt werden kann, aber Hitlers Höhenflug verändert auch seine Perspektive. Reichte Weizsäcker in der Vorkriegszeit eine unter dem diplomatischen Druck des Stärkeren bewerkstelligte Renaissance Deutschlands in den Grenzen von 1914, geht es ihm nun bald, wie in seinem schriftlichen Nachlass zu lesen ist, um eine den Frontverläufen angepasste »Karte von Europa«. Die soll »derjenigen des 16. Jahrhunderts« ähneln, wobei ihn im Kern eigentlich allein noch die Frage beschäftigt, wie sich am besten »ein einigendes geistiges Band um das neue Großgermanien winden« lässt.

Sind das vielfach bloß unhaltbare Tiraden, von denen er später wiederholt beteuern wird, sie seien nahezu ausnahmslos aus Gründen der Camouflage so formuliert worden? Das trifft auf einige verbale Fanfarenstöße zum Ruhme des Regimes sicher zu, während die meisten wohl seine eigene Weltsicht entlarven. Vor allem nach der Eroberung Frankreichs erklärt er »das metallene Stahlband der militärischen Gewalt« zumindest mittelfristig für unverzichtbar, um dann anzudeuten, wie er sich die künftigen Beziehungen zwischen den beiden Staaten vorstellt: Während er als angehender Diplomat das Diktat von Versailles stets als Todsünde der Alliierten und Geburtshelfer der Nationalsozialisten bekämpft hat, hofft er jetzt inständig auf einen ebenso »vernichtenden Frieden« – freilich unter umgekehrten Vorzeichen.

Je schneller das Reich in diesem von »Blitzsiegen« erhellten Jahr 1940 über die Ufer tritt, desto mehr gibt sich Weizsäcker als

Revisionist zu erkennen. Als »der Rückständigste« seiner Dynastie, wie er einmal kokett anmerkt, vereinigt er einige ihrer Eigenschaften – etwa ihre großbürgerliche Nonchalance, zumindest damals aber auch noch einen Hang zu elitärem Klassenbewusstsein – in besonders ausgeprägter Form. Sein Selbstbild als »schwäbisch-preußischer Patriot« ist bis zuletzt wilhelminisch eingefärbt.

Wenig verwunderlich, wenn er sich in einem gleichgeschalteten Staatswesen einerseits als Fehlbesetzung empfindet. Die Nazis sind ihm zu grobschlächtig und eindimensional, als dass er mit dem Parteigenossen-Status, den man ihm dringend anempfohlen hat, irgendein positives Gefühl verbinden könnte, und so äußert er sich dann auch: Adolf Hitler trotz aller Bedenken immer wieder mal ausgenommen, wimmelt es in seinen Briefen und Tagebuchnotizen von abschätzigen Bemerkungen über die plumpen Chargen der NSDAP.

Aber Karriere machen will er andererseits schon. Ob im Kaiserreich oder in der Weimarer Republik und nun leider unter dem Hakenkreuz: Eingebettet in den Weizsäcker'schen Wertekanon, versteht der Spitzenbeamte seine Arbeit vom ersten Augenblick an als Herausforderung und Bewährung. »Diese Doppelbödigkeit« habe, so der Historiker Ulrich Völklein, »Anpassung nach außen und gleichzeitig innere Autarkie« verlangt – »ein Spannungszustand, der unter den besonderen Umständen des ›Dritten Reiches‹ an sich schon schwer erträglich, über einen längeren Zeitraum aber gewiss nicht folgenlos« auszuhalten gewesen sei. Also versucht Weizsäcker ihn mit der immer hohler klingenden Selbstbeschwörungsformel abzumildern, er erfülle nur seine Pflicht.

Nachvollziehbar, dass er auch leidet und erwiesenermaßen

mehrmals seinen Rücktritt anbietet, doch wie ernst diese Offerten gemeint sind, erfährt letztlich niemand. Möchte er wirklich, anstatt im Auswärtigen Amt eine Niederlage nach der anderen hinnehmen zu müssen, seinem Vaterland lieber wieder »an der Waffe« zur Verfügung stehen? Den Passagen seiner Aufzeichnungen, in denen davon die Rede ist, haftet etwas auffällig Routiniertes an, und die Fakten sprechen im Übrigen dagegen: Ungeachtet aller Anfechtungen hält die Liaison mit den Nationalsozialisten bis zum bitteren Ende.

Dass die Familie ihn jemals gedrängt hätte, den heiklen Posten abzugeben, lässt sich ebenfalls kaum behaupten. Während sich der Rat der Mutter in der eher en passant formulierten Ermahnung erschöpft, er möge sich mit dem NS-Regime nicht zu sehr einlassen, ermuntert ihn seine Frau Marianne mit sanfter Beharrlichkeit zum Durchhalten. Schon früh den Nationalsozialisten gewogen, scheint das für die Tochter des württembergischen Generals Friedrich von Graevenitz so etwas wie eine Charakterfrage zu sein.

Deutschland »zu bewahren«, sieht Hitlers ranghöchster Diplomat deshalb selbst noch nach Ausbruch des Krieges und dem Tod eines seiner Söhne als oberstes Gebot an – eine Devise, der er dann allerdings immer weniger gerecht werden kann. Da die herrschenden Verhältnisse nun einmal so sind, wie er es nicht gewollt hat, orientiert er seine Vorstellung vom »Friedensdienst« – ursprünglich seine einzige Rechtfertigung für das Verbleiben im Amt – zunehmend an militärischen Perspektiven.

Nachdem er Hitler weder in der Tschechei noch in Polen zu bändigen vermocht hat, stellt der Chefstratege im Auswärtigen

Amt umso hartnäckiger den am 23. August 1939 ausgehandelten Deal mit Moskau auf den Prüfstand. Der heimliche Hintergedanke des »Führers«, die Sowjetunion bei passender Gelegenheit trotz der Vereinbarung anzugreifen und damit in einen Zwei-Fronten-Konflikt zu geraten, ist in seinen Augen das denkbar schlimmste Szenario – weshalb er jetzt verstärkt den Versuch unternimmt, den fatalen Plan noch zu hintertreiben. Denn wer, wenn nicht er, fragt er sich in der gewohnten Selbstsicherheit, sei dazu wohl fähig.

Dabei lässt sich Weizsäcker keineswegs nur von friedensstiftenden Motiven leiten. Seine eigentliche Sorge gilt noch vor dem Frankreichfeldzug – und danach erst recht – einer anderen Großmacht: Wie soll man mit England verfahren? Mal will er London, weil ihm eine »Landerei« auf der Insel zu gefährlich ist, zu einem Pakt überreden, mal den Feind in einer gewaltigen Kraftanstrengung »ausräuchern«. Die früher von ihm geschätzten Briten hält er nun mehrheitlich für »ziemlich stumpf, fast amorph und leicht zu lenken«. Falls es irgendwie gelingen sollte, sie zu neutralisieren, wäre ein schwer zu kalkulierender Präventivkrieg gegen die zähe Sowjetunion »unnötig«.

Hohen Respekt zollt der ehemalige Korvettenkapitän dabei insbesondere der deutschen Marine, die, wie er im Winter 1940 notiert, deutlich »mehr Phantasie« entwickelt habe als die kaiserliche zu seiner aktiven Zeit. Die Wirkungsmacht der noch relativ kleinen U-Boot-Flotte etwa könne man nur »bewundern«.

Zu den umwälzenden Veränderungen im Reich und vor allem den immer stärker ausufernden antisemitischen Exzessen äußert sich Weizsäcker in seinen Tagebuchaufzeichnungen und Briefen dagegen bloß in vagen Andeutungen. Obschon er sich bereits als

Gesandter über den rasch anwachsenden Antisemitismus keinerlei Illusionen hingegeben und eine Auswanderung der Juden in alle Welt angeregt hatte – weil ihre »Zersplitterung« für Deutschland »ungefährlicher« sei, als wenn sie etwa in Palästina einen eigenen Staat gründeten –, scheint ihn das Drama als Staatssekretär nicht sonderlich zu berühren.

Umso mehr denkt der Spitzendiplomat Anfang der vierziger Jahre über Gebietsgewinne und Frontverläufe nach, wie er auch nach dem Krieg betont. Während sich sein Sohn Carl Friedrich da bekennt, er sei in den Jahren der Repression »in Wahrheit Konformist« gewesen und habe »das Faktum des Nationalsozialismus nicht bewältigt, sondern überlebt«, schmerzt den Vater vor allem das militärische Debakel. Für »gescheitert« hält er sich lediglich in seinem Bestreben, den Deutschen »eine Tragödie ersparen zu wollen«.

Vermutlich ist das auch einer der Gründe dafür, dass man ihm in den Widerstandskreisen zunehmend misstraut. Hält Weizsäcker zunächst noch enge Kontakte zu führenden Köpfen der Wehrmacht wie dem Generalstabschef Ludwig Beck und dessen Nachfolger Franz Halder, stuft man ihn spätestens nach dem Frankreich-Triumph als Unsicherheitsfaktor ein – und das wohl zu Recht. Schließlich fühlt sich das »nicht eingeschriebene Mitglied einer Gruppe«, wie er sich selber bezeichnet, tatsächlich in einem Loyalitätskonflikt: Adolf Hitler zu stoppen, darf in seinem Konzept von Umsturz auf keinen Fall darauf hinauslaufen, »dem deutschen Soldaten in den Rücken zu fallen«.

So ähnlich scheint es auch sein Jüngster, der damals neunzehnjährige Rekrut Richard, zu sehen, als der »Führer« am 1. Septem-

Außenminister Joachim von Ribbentrop erstattet Hitler im September 1939 nach seiner Rückkehr aus Moskau, wo er einen deutsch-sowjetischen Grenzvertrag geschlossen hat, in der Reichskanzlei Bericht (hinter ihm rechts Ernst von Weizsäcker).

ber 1939 den Angriff auf Polen befiehlt. »Zum Gehorsam erzogen und gezwungen«, erinnert er sich als alter Mann in einem Beitrag, den er »Geschichtsschreibung von unten« nennt, sei man wie überall in der Welt in erster Linie seiner Heimat verbunden gewesen – »und so marschierten wir, ohne Enthusiasmus, aber im Bewusstsein, die Pflicht zu tun«.

Keine Spur von Verdacht, einem von Beginn an verbrecherischen System in die Hände zu spielen? Wie vertrackt das mitunter war, bekräftigt der spätere Bundespräsident am Beispiel seines gefallenen Bruders Heinrich Viktor. Der will Historiker werden – besonders die Zeit des mittelalterlichen Staufenkaisers Friedrich II. fasziniert ihn –, steigt dann aber unversehens aus, weil er einer gerade in diesem Studienfach erdrückenden politischen Indoktrination entgehen möchte, und sucht stattdessen sein Heil in der Offizierslaufbahn.

Die Wehrmacht als Fluchtburg, um sich dem Zugriff der Nazi-Ideologie zu entziehen! So werden in der Bonner Republik viele inzwischen zu Ruhm und Ehren gelangte ehemalige Kameraden, allen voran der sozialdemokratische Bundeskanzler Helmut Schmidt, argumentieren, und das konservativ-liberale Staatsoberhaupt Richard von Weizsäcker macht da keine Ausnahme.

»Üb immer Treu und Redlichkeit«: Beseelt vom Glockenspiel der Garnisonskirche, das zu jeder Stunde vor seiner Kaserne erklingt, glaubt er, als er mit dem Potsdamer Infanterieregiment 9 die Grenzen zum östlichen Nachbarland überschreitet, zumindest insoweit auf der richtigen Seite zu kämpfen. Die aristokratisch dominierte, angeblich bester preußischer Tradition verpflichtete Eliteeinheit, der er seit dem ersten Kriegstag angehört, verkörpert für ihn ganz andere Werte als das verwahrloste NS-Regime. Dass man als Anhänger eines zum »Leitbild der Gesellschaft« tauglichen Soldatentums durch den an Hitler gebundenen Eid »unausweichlich in einen Widerspruch hineinwuchs«, erschließt sich ihm erst sehr viel später.

Natürlich überschattet der jähe Tod Heinrichs alle anderen Empfindungen, wirft die Familie aber nicht aus der Bahn. Während die deutsche Militärmaschine halb Europa überrollt und das Reich zur Jahresmitte 1941 deutlich besser dasteht als im

Sommer 1914, schöpfen die Weizsäckers wieder Mut. Einigermaßen beruhigt registriert der Staatssekretär im Auswärtigen Amt, dass sich Moskau an die von ihm eingefädelten Verträge hält – sein Einsatz scheint sich also gelohnt zu haben. Aus Heidelberg gibt es ebenfalls erfreuliche Nachrichten. Dort ist sein Bruder Viktor von Ärzten der Heeressanitätsinspektion zunächst mit der Einrichtung eines arbeitstherapeutischen Lazaretts betraut worden. Im Mai übernimmt er sogar den renommierten Lehrstuhl für Neurologie an der Universität Breslau.

Die Dynastie nun selbst in der Diktatur obenauf. »Viktor ist sehr aktiv und riet mir dazu, resignierte Betrachtungen und Handlungen zu unterlassen«, hält Ernst in einer seiner Notizen fest – ein Appell, den er in jenem Schicksalsjahr offenkundig beherzigt. Energisch plädiert der Diplomat nun dafür, beim »großen Aufräumen in Europa« alle Luft- und Seestreitkräfte zur Zerstörung Englands und der vom neuen Premier Winston Churchill gestärkten »britischen Moral« einzusetzen.

So hofft er, den Überfall auf die Sowjetunion verhindern und seinen von Anfang an doppelbödigen Nichtangriffspakt mit Moskau noch retten zu können. Doch dazu ist es schon zu spät.

Siebtes Kapitel

»Unbegreifliches Wunder«: Im Krieg

Dass Hitler das »Unternehmen Barbarossa« nicht länger hinauszögern werde, hat Ribbentrop seinem Staatssekretär bereits im Mai mitgeteilt, und am 22. Juni 1941 ist es so weit: Mehr als drei Millionen deutsche Soldaten überschreiten ohne jede Vorwarnung die Grenzen zur Sowjetunion – ein militärischer Kraftakt sondergleichen, den Ernst von Weizsäcker bis zuletzt zu verhindern versucht hat.

Mit dem Einmarsch der Wehrmacht, den die Reichspropaganda zum unvermeidlichen Präventivschlag gegen den »jüdischen Bolschewismus« erklärt, sei er »in eine Art politischer Lähmung« verfallen, hält der Diplomat in seinen »Erinnerungen« fest – was zumindest für einige Wochen der anfangs erfolgreichen Kampfhandlungen wohl auch zutrifft. Wenngleich ihm ein »Sieg im Osten« durchaus möglich erscheint, stellt er, wie er noch am Abend des ersten Kriegstages an die Mutter schreibt, seine »eigene Meinung ab heute zurück«.

Keinen Hehl macht der gründlich düpierte Stratege dagegen aus seiner Sorge um den in Polen stationierten jüngsten Sohn, der nach dem Überfall mit seinem zur 23. Infanterie-Division gehörenden Regiment in strapaziösen Nachtmärschen vom Nordosten Warschaus an die deutsch-sowjetische Demarkationslinie vorrückt. Bei Gefechten am Dnjepr wird Richard von Weizsäcker, der inzwischen für besondere Tapferkeit mit dem Eisernen Kreuz II. Klasse ausgezeichnet worden ist, im Juli verwundet und nach einem Armdurchschuss vorübergehend in die Heimat verfrachtet.

Vier Wochen danach wieder bei seiner Einheit, die nun östlich von Roslawl an der Desna liegt, trifft ihn bald die volle Härte des Krieges. Nach anfänglich glattem Geländegewinn in schwere Abwehrkämpfe verwickelt, gelingt es der Truppe erst Anfang Oktober, den Fluss zu überschreiten, um sich Ende November bei Temperaturen von fast fünfzig Grad minus in Sichtweite Moskaus einzugraben. Bis zu den Kremltürmen sind es zu diesem Zeitpunkt für den mittlerweile zum Leutnant beförderten und als Ordonnanzoffizier dem Regimentsstab zugeteilten Weizsäcker gerade mal knapp vierzig Kilometer.

Über seine Fronterlebnisse wird man von ihm später wenig hören. In der Bonner Republik mit den höchsten Weihen versehen, bedient er als Bundespräsident und danach weltweit geachteter Elder Statesman die meisten Vorstellungen, die das Bild vom größtenteils anständigen deutschen Soldaten hochhalten, lässt zugleich aber kritischen Stimmen Raum. Die »insgesamt integre Wehrmacht«, gesteht er der nachgeborenen Generation gegenüber ein, habe es sicher nie gegeben, sondern eine, indem sie die ihr auferlegte Pflicht erfüllte, im Zuge wachsender Grausamkeiten leider mehr und mehr »zum Bösen hin instrumentalisierte«.

Soll man ihm vorwerfen, dass er darüber in jenem Winter

1941/42 offenkundig noch anders denkt? Sosehr ihm sicher schon damals der Krieg zuwider ist, so enttäuscht reagiert er vor den Toren Moskaus auf einen Befehl Hitlers, der den Vormarsch seiner Speerspitze kurzerhand bremst, um sich stattdessen auf südliche Regionen zu konzentrieren – aus der Warte des Ordonnanzoffiziers ein schwer begreiflicher Fehler. Da sei in der Roten Armee doch bereits »alles im Rutschen gewesen«, berichtet er sichtlich empört bei einem Heimaturlaub seinem Vater.

So aber werden bei einer massiven sowjetischen Gegenoffensive die von jedem Nachschub abgeschnittenen und dennoch zu »fanatischem Widerstand« aufgeforderten Potsdamer »Neuner« binnen kurzem fast vollständig vernichtet und im Juni 1942 zur »Neuaufstellung« nach Belgien und Dänemark verlegt. Von dort aus zunächst vor Leningrad eingesetzt und später beim Rückzug über das Baltikum in Ostpreußen operierend, schrumpft die ehemals stolze Eliteeinheit bis April 1945 zu einem hoffnungslos versprengten Haufen.

Dass sich Weizsäcker in den sechseinhalb Jahren seines Wehrdienstes den Ruf eines auf den verschiedensten Gebieten tüchtigen Soldaten erwirbt, liegt zum einen gewiss an seinen Fähigkeiten, aber vielleicht auch an guten Kontakten. Im Führungsstab des überwiegend von Aristokraten befehligten Regiments gibt es viele Verbindungen zu seinem Elternhaus. Der Bataillonskommandeur Jonas Graf zu Eulenburg, ein Onkel seines Schwagers Botho-Ernst, gehört sogar zur Familie.

Andererseits prägt ihn von Anfang an niemand stärker als ein aus Braunschweig stammender Major namens Axel von dem Bussche, der sich im Laufe des Krieges zu einem der profiliertesten Widerstandskämpfer gegen Hitler entwickelt. Von ihm erfährt er bereits im November 1940, wie im polnischen Wlozlawek Juden, »alte und junge, gebrechliche und Frauen, die ihre wenige Habe in Tuchbündeln oder Koffern schleppten, unter dem Gejohle einer aufgebrachten Menge, teilweise mit Peitschenhieben, in ein abgesperrtes Stadtviertel getrieben« werden.

So erzählt es ein halbes Jahrhundert danach in seinem vom amtierenden Bundespräsidenten autorisierten Buch über die Wehrmacht der Bonner Journalist Mainhardt Graf von Nayhauß – eine Passage, die ihre Brisanz nicht zuletzt aus dem frühen Zeitpunkt des schockierenden Geschehens gewinnt. Schon damals habe sich keiner in seinen Kreisen über die Verbrechen in den eroberten Gebieten im Unklaren sein können, bestätigt Weizsäcker 1994, um dieses Eingeständnis in seinen kurz darauf erschienenen »Erinnerungen« noch zu vertiefen: »War das, was wir als junge Männer taten und dachten, im Einklang mit dem, was wir wussten und beurteilen konnten?« Mancher der Alten sage, so der Verfasser, er habe gar nicht gewusst, »dass er nichts wusste, weil er nicht wusste, dass es etwas zu wissen gab«. Für ihn dagegen sei die entscheidende Frage, was jeder »nach seinen konkreten Lebensbedingungen hätte wissen können und überhaupt wissen wollte«.

Während bei Axel von dem Bussche – vor allem nachdem er später in Russland sogar Zeuge von Massenerschießungen wird – der Entschluss zu einem Selbstmord-Attentat auf den »Führer« reift, ringt der zunehmend verstörte Freund um einen halbwegs stabilen inneren Halt. Reine Vorsicht oder nicht eher bezeichnend, dass er darüber auf Heimaturlauben oder gelegentlichen Frontbesuchen des Vaters dem Anschein nach kaum ein Wort verliert? Unmissverständliche Belege für einen tiefgreifenden

Schon kurz nach Beginn des Russland-Feldzuges für besondere Tapferkeit mit dem Eisernen Kreuz II. Klasse ausgezeichnet, aber bald auch bereits verwundet: Der Leutnant Richard von Weizsäcker nach einem Armdurchschuss im August 1941 auf Genesungsurlaub in der Heimat.

Gedankenaustausch, der die erschreckende Niedertracht deutscher Kriegführung zum Thema gehabt hätte, gibt es jedenfalls in keinem seiner Rückblicke.

Das Pflichtgefühl überlagert bei beiden alle anderen Erwägungen, und so wagemutig der Diplomat Ernst von Weizsäcker bis zuletzt vor den Folgen eines Angriffs auf die Sowjetunion gewarnt hat, so beharrlich ergeht er sich jetzt in strategischen Spekulationen. Beim »großen Aufräumen in Europa« den vermeintlich schwachen Russen den »Todesstoß« zu versetzen, um dann mit dem eigentlichen Feind England abzurechnen – beziehungsweise die Briten nach der Zerschlagung der kommunistischen Diktatur zum Ausgleich zu zwingen –, sieht er lange als die noch einzig vernünftige Option an.

»Sinn des Krieges«, wie er betont, könne nunmehr bloß sein, »zu einem neuen und besseren Frieden zu kommen«. Zugleich erkennt er die schwindenden Chancen, an diesem Arrangement noch selbst teilzuhaben. »So ein armseliges Auswärtiges Amt« sei da ganz machtlos, gesteht er sich desillusioniert ein und hält für sich nach anderen Verwendungsmöglichkeiten Ausschau. Während die deutschen Panzer in Richtung Moskau vorstoßen, verrät er seinem Chef Ribbentrop, wohin es ihn zieht. Mit fast sechzig für den aktiven Dienst bei der Marine zu alt, drängt es den Protestanten danach, den Botschafter Carl-Ludwig von Bergen beim Vatikan zu beerben. Er hofft, dort seinen »etwas mitgenommenen Geist und Körper« wieder auf Trab bringen zu können.

Was auf den ersten Blick als Flucht an die Peripherie erscheinen mag, ist in Wahrheit ein klug durchdachter Schritt. Im fernen Rom, einem der letzten deutschen Auslandsposten auf neutralem Boden, glaubt Weizsäcker viel ungestörter als in Berlin seine nie ganz abgerissenen Verbindungen zu konservativen Widerstandskreisen pflegen zu können. Sein häufig misstrauischer Vorgesetzter stimmt dem angestrebten »Wachwechsel« prinzipiell zu, möchte damit vorerst aber noch warten.

Abermals scheint sich das in Generationen verfestigte familiäre Verhaltensschema zu bewähren. Zugleich achtet der Diplomat penibel darauf, dass er seine Eigenwilligkeit, die er sich in den Fragen von Krieg und Frieden erlaubt, mit einer ansonsten unbezweifelbaren Loyalität ummantelt, und die NS-Führung weiß es zu schätzen. Zum Dank wird ihm im Winter 1942 sogar der Dienstgrad eines SS-Brigadeführers zuerkannt, eine Position immerhin im Generalsrang.

Während die Welt einer Katastrophe entgegentaumelt, wirken er und die Seinen nach wie vor erstaunlich unangefochten. Zwar drückt in Berlin wie in Heidelberg aufs Gemüt, dass nach dem frühen Tod Heinrich Viktors noch drei weitere Söhne im Feld stehen – eine Bürde, die wohl in erster Linie den Müttern das Leben schwer macht –, aber die Fähigkeit, trotz aller Schwierigkeiten Haltung zu bewahren, hat bei den meisten Weizsäckers schon vor den Zeiten nationalsozialistischer Heimsuchung zum unverzichtbaren Rüstzeug gehört.

Andererseits fühlt sich der Staatssekretär, der inhaltlich mehr und mehr in Erklärungsnot gerät, aber auch unter Druck. Um den eigenen Ruf wie das daraus resultierende öffentliche Ansehen seines Clans besorgt, bittet er auf einsamen Morgenspaziergängen im Berliner Tiergarten den Himmel ein über das andere Mal um »Kraft und Gnade«. Dereinst »mit gutem Gewissen vor den Heinrich zu treten« und möglichst »ohne Fleck auf dem Namen der Familie zu enden«, wird ihm immer wichtiger.

Am Ende gewinnen bei allen Stimmungsumschwüngen dann doch die von Zuversicht begleiteten Phantasien die Oberhand. Nachdem er mit seinen Warnungen vor einer zweiten großen Front nicht durchgedrungen ist, will er den Feind jetzt auch mit aller Konsequenz bekämpft sehen und macht Ribbentrop entsprechende Vorschläge. Zur gezielten »Destruktion« der Sowjetunion müsse man die Menschen in den besetzten Gebieten

»gegen Stalin aufwiegeln, dem Bauern Land und Freiheit, den Völkern in der Ukraine und in den Randstaaten Selbständigkeit in Aussicht stellen«. Der Krieg, frohlockt er im Juli 1942, als sich die 6. Armee anschickt, westlich von Stalingrad Fuß zu fassen, gehe »militärisch gut, im Osten sogar schneller als gedacht«.

Verständlich, dass der Diplomat in seinen Aufzeichnungen und Briefen mitunter Töne anschlägt, die vor allem den Zensoren gefallen sollen. Doch in der Mehrheit der Deutungsversuche und Kommentare macht er aus seinem wirklichen Empfinden keinen Hehl. Eine umfassende Friedenskonzeption für Europa kann sich der konservative Vordenker offenkundig nur unter ungeschmälerten Mitspracherechten eines unbesiegt gebliebenen Deutschen Reiches vorstellen – wobei für ihn die Frage, ob Hitler dann noch das Sagen hat, längst nachrangig ist.

Und diese Einschätzung teilen wohl die meisten Mitglieder seiner Familie. Wenngleich die Wissenschaftler Viktor und Carl Friedrich von Weizsäcker den Entscheidungsträgern im nationalsozialistischen Regime naturgemäß weniger ausgeliefert sind als der Spitzenbeamte im Auswärtigen Amt, setzen beide auf einen Fortbestand des Systems auch nach dem Krieg.

Darauf gilt es sich einzustellen und nicht bloß durchzuhalten, sondern in ideologisch behutsamer Distanz zur Nazi-Ideologie die eigene Bedeutung zu wahren. Was aber leichter gesagt ist als getan. Wie der Staatssekretär spätestens mit dem Überfall auf Russland an Einfluss verliert, schwindet auch das Gewicht seines Ältesten, als sich beim Bau der Atombombe vermeintlich unüberwindbare Schwierigkeiten ergeben. Egal, was schließlich die Ursachen dafür sind: An einen vergleichsweise unspektakulären Reaktor mag der Physiker seine Talente augenscheinlich nicht mehr verschwenden. Mit Beginn des Sommersemesters 1942 wird er als außerordentlicher Professor an die kurz zuvor gegründete »Reichsuniversität« Straßburg berufen, wobei ihm der prominente Vater mit seinen Verbindungen zum nationalsozialistischen Chefideologen Alfred Rosenberg den Weg ebnet.

Im »heimgeholten« Elsass, wo sich schon der Vorfahr Julius Ende des 19. Jahrhunderts als Historiker höchste Meriten erwarb, kann der emsige Universalgelehrte nun seinen Horizont noch beträchtlich erweitern und einigermaßen ungestört die Quantentheorie philosophisch untermauern. Von den Verheerungen des Krieges allenfalls am Rande betroffen, macht er sich so in einem seiner Hauptwerke über den »Unendlichkeitsbegriff« Gedanken.

Deutlich schwerer hat es da im Sog der entmenschlichten nationalsozialistischen Körper- und Seelenkunde sein Onkel Viktor. Am von ihm geleiteten Breslauer Neurologischen Forschungsinstitut werden ab Mai 1942 die Leichen deutscher und polnischer Jungen und Mädchen untersucht. Für die Forscher sind insbesondere das Rückenmark und die Gehirne von Interesse. Die als »schwachsinnig« geltenden Kinder – insgesamt etwa 280 – stammen größtenteils aus der Heil- und Pflegeanstalt der oberschlesischen Stadt Loben und sind mehrheitlich nach einer Behandlung mit dem Betäubungsmittel »Luminal« an Lungenentzündungen und Kreislaufzusammenbrüchen zu Tode gekommen. Dass sie Opfer eines damals gerade im großen Stil erprobten Euthanasie-Programms geworden sind, behauptet Weizsäcker später, damals nicht gewusst zu haben.

Dass der Professor dabei niemals persönlich Hand anlegt,

sondern der zuständige Neuropathologe die Obduktionen in eigener Regie durchführt, entlastet ihn später nur wenig. Seine Aussage, von dieser im NS-Jargon »Vernichtung unwerten Lebens« keine Ahnung gehabt zu haben, ist schon deshalb höchst unglaubwürdig, weil ihm die Gutachten und Krankenakten der ermordeten Patienten jederzeit zugänglich sind. Und dass er als Direktor zumindest formal die Verantwortung trägt, stellt er letztlich auch nicht in Abrede.

So nistet sich in die Geschichte der Familie ein Wort der Beschwichtigung ein, das sich in der frühen Bundesrepublik wie kaum ein anderes auszubreiten beginnt. Es heißt »Verstrickung« und steht gemeinhin für das Zusammenwirken unglückseliger Umstände, die im Kern aber keine Vorwürfe schuldhaften Verhaltens rechtfertigen. »Wir haben jeden Grund anzunehmen, dass Viktor von Weizsäcker nicht als arbeitender Forscher an der Sache beteiligt war«, fühlt sich noch 1986 selbst ein so kluger Kopf wie der Neffe Carl Friedrich dazu berufen, den von klein auf verehrten Onkel aus dem Zwielicht zu rücken.

Auf ähnliche Weise in Bedrängnis gerät in diesem Jahr, in dem das Reich in den eroberten Gebieten wie innerhalb seiner Grenzen jedes Maß verliert, auch der fast sechzigjährige Vater, der seine wachsende Besorgnis darüber nun deutlicher als je zuvor schriftlich festhält. In einem Brief an seine Frau Marianne vergleicht er sich im Mai 1942 mit einem auf dem Ozean fahrenden Seemann, der sich nach einem ruhigen Hafen sehnt, und einmal mehr geht es ihm dabei um seine Angehörigen, vor allem die Kinder und Enkel, »dass sie sich nicht zu genieren brauchen, wenn da und dort mein Name in Verbindung mit Ereignissen vorkommt, die sie kritischer ansehen werden, als unsere Zeit es tut«.

Ernst von Weizsäcker hebt so offenkundig auf Vorgänge ab, mit denen er erstmals Anfang März 1942 konfrontiert worden ist. Da ersucht der SS-Obersturmbannführer Adolf Eichmann, der im Reichssicherheitshauptamt das berüchtigte »Judenreferat« leitet, den Kollegen vom Auswärtigen Amt um eine Stellungnahme zur beabsichtigten Deportation von insgesamt 6000 Juden aus dem französischen Compiègne in das Konzentrationslager Auschwitz. Er soll auf einem geheimen »Schnellbrief« seine Zustimmung paraphieren und tut, was man von ihm erwartet. In unmaßgeblich leicht abgeschwächter Veränderung lässt er den vorgefertigten Text mit dem Vermerk »Kein Einspruch« passieren.

Später wird sich Weizsäcker unter anderem darauf berufen, er sei davon überzeugt gewesen, die aus Rache für Anschläge auf Wehrmachtsangehörige Inhaftierten befänden sich im oberschlesischen KZ in größerer Sicherheit als an ihrem Herkunftsort – vermutlich nicht mehr als eine Ausflucht. Seine Beteuerung, »viel gewusst, manches geahnt, vieles aber weder gewusst noch geahnt, noch für möglich gehalten« zu haben, klingt dabei umso schaler, als ihm die bereits im Januar 1942 auf der sogenannten Berliner Wannsee-Konferenz beschlossene »Endlösung« nicht verborgen geblieben sein kann. Dort tritt er zwar nicht selbst in Erscheinung, weil ihm der Chefkoordinator Reinhard Heydrich misstraut und stattdessen seinen Intimfeind, den Unterstaatssekretär Martin Luther, zu den Beratungen einlädt, aber er hat ja seine Verbindungen.

Dass er damals von der wahren Bedeutung des vermeintlichen Arbeitslagers Auschwitz noch keine Ahnung gehabt habe, soll auch einen wenige Wochen danach abgezeichneten zweiten

Erlass entschärfen: Mit ihm bestätigt Weizsäcker die Verschickung von 90 000 jüdischen Franzosen, Belgiern und Holländern in die Gaskammern – wie er nach Kriegsende dem amerikanischen Militärgericht weiszumachen versucht, in der irrigen Annahme, Todeskandidaten als Beschäftigte in der Rüstungsindustrie vor dem Äußersten zu beschützen.

Daran klammert er sich selbst dann noch, als sogar sein ihm eng verbundener Sohn Carl Friedrich aussagt, man sei über grässliche Massenmorde »selbstverständlich« unterrichtet gewesen – ganz zu schweigen von den frühen Fronterlebnissen Richards, die der entsetzte Soldat dem Vater auf seinen Heimaturlauben wohl kaum völlig verheimlicht haben dürfte. Das Schicksal der Juden, gesteht der ansonsten wortmächtige Chefdiplomat knapp in seinen »Erinnerungen« ein, sei für ihn in dem »größeren, allgemeinen Problem« aufgegangen, wie ein »Frieden ohne Hitler« zu erreichen wäre.

Von diesem rückt er nun umso mehr ab, je schlechter es um die Erfolgsaussichten des Reiches steht, verbreitet zugleich aber Durchhalteparolen. »Wir sind auf nichts ausgerichtet als auf den Führer, sein Wille ist der unsrige, sein Siegesbewusstsein unser Siegesbewusstsein«, tönt er noch im Mai 1942 vor Kollegen und enttäuscht damit viele, die ihm bis dahin vertraut haben. Auf so einen reagiere man besser mit Vorsicht, warnt der in Oppositionskreisen hoch geachtete Generaloberst Ludwig Beck.

Nach dem Vorbild Ernst von Weizsäckers, der dem Diktator zuweilen in der Manier eines überzeugten Anhängers huldigt, um ihn dann wieder verblüffend ungeschützt als die Wurzel allen Übels zu bezeichnen, verhält sich zum Teil auch seine Behörde. Zwar ist das Auswärtige Amt, wie die 2005 von Joschka

Fischer eingesetzte Historikerkommission nachweist, keineswegs ein Hort des Widerstands, aber einige Versuche, der Nazi-Gewaltherrschaft mit hinhaltender Obstruktion zu begegnen, gibt es schon. In losen Grüppchen, die sich von den jeweils anderen ängstlich abschotten, isolieren sich die Befürworter eines Umsturzversuches allerdings meist selbst. Zumal der Staatssekretär, der anfangs noch als »strategisches Kraftzentrum« galt, fühlt sich zunehmend allein.

Dabei liegt er mit seinen Überlegungen, wann und unter welchen Umständen das Vaterland vom Joch der Diktatur erlöst werden sollte, durchaus auf der Linie der späteren Verschwörer. Selbst Claus Schenk Graf von Stauffenberg hält es für dringend notwendig – und belehrt darüber beim Oberkommando des Heeres sogar den jungen Ordonnanzoffizier Richard von Weizsäcker –, zunächst einmal der Krieg zu gewinnen, und das ist auch für den deutschen Chefdiplomaten in jenem Sommer 1942 selbstverständlich. Schlicht unvorstellbar für ihn, den »Führer« – auf welche Weise auch immer – vom Sockel zu stoßen, während in Russland Soldaten der Wehrmacht den Bolschewismus bekämpfen.

Einen Frieden, ob mit oder ohne Hitler, zu erzwingen, beschäftigt ihn jedenfalls mehr, als ihn die »Judenfrage« bedrückt. So wenig man ihm anlasten kann, beim schlimmsten aller nationalsozialistischen Verbrechen als besonders williger Vollstrecker aufgetreten zu sein, so beklemmend wirkt, wie er sich im Nachhinein aus seiner Beteiligung daran herauszuwinden bemüht: Was den Holocaust angehe, habe es für ihn und sein Amt »kein Mitspracherecht« gegeben, und mit »einfachen Argumenten des Mitgefühls« sei nichts zu bewegen gewesen.

Gut möglich, dass es Weizsäcker auch deshalb an Empathie mangelt, weil er das ganze Ausmaß dieser Menschheitskatastrophe verkennt. Als ehedem kaiserlicher Seeoffizier ist sein Fokus stattdessen stets darauf gerichtet, wie man es anstellen müsse, dem Reich aller Schuld zum Trotz seine Weltgeltung zu erhalten – ein Denken in ausschließlich machtpolitischen Kategorien. So hat es ihn der Vater gelehrt, und auch wenn er nun danach strebt, der nationalsozialistischen Führung mit einem Wechsel an den Heiligen Stuhl ein Stück weit zu entkommen, will er sich dieser »Hercules-Aufgabe« nicht entziehen.

Eine Familie mit elitärem Selbstverständnis – und dazu noch dieses »verdammte Pflichtgefühl«! Das habe doch häufig bloß herhalten müssen, eine feige Anpassungsbereitschaft zu kaschieren, werfen in der zweiten Hälfte des 20. Jahrhunderts einige Weizsäckers der nachgeborenen Generationen ihren »Altvorderen« vor und stellen bohrende Fragen: Hat es für sie in den dunkelsten Stunden Deutschlands tatsächlich keine anderen Optionen gegeben als etwa jene, für die sich sogar ein ausgemachter Nonkonformist wie der »Onkel Viktor« entschied?

Soll man ihm wirklich abnehmen, dass er bei seiner brisanten anatomischen und neuropathologischen Forschung in Breslau zweieinhalb Jahre lang als anerkannter Anthropologe und Institutsleiter glatt übersieht, was dort passiert? Auf den Vorwurf von Kollegen, in seiner angeblichen Ahnungslosigkeit zum »Wegweiser einer nationalsozialistischen Vernichtungsmedizin« geworden zu sein, reagiert er nach dem Krieg bei ersten Verhören immerhin seltsam widersprüchlich. Natürlich sei es Mord, vermeintlich »lebensunwertes Leben« zu töten – das sei ein »Mord wie jeder andere« –, nur habe er nichts damit zu tun.

Von seinen ursprünglichen Absichten, gegen den Strom zu schwimmen, um bei der Bekämpfung psychosomatisch bedingter Krankheiten unter Einbezug aller Möglichkeiten und Mittel den »geeigneten Zugang zur Subjektivität des Patienten« zu finden, ist da noch wenig zu spüren. Vor allem seinen »ganzheitlichen Ansatz« in Form einer Annäherung von Naturwissenschaften, Philosophie und Politik wird später erst wieder der Neffe Carl Friedrich aufgreifen.

Der steht in der NS-Ära am markantesten für einen auffälligen Wesenszug der Weizsäckers – ihren bei aller Tüchtigkeit offenkundigen Hang zur Selbstüberschätzung. Wie sich der Vater auf diplomatischem Parkett für befähigt hält, dem obersten Befehlshaber des Reiches die Notwendigkeit eines Kurswechsels zu suggerieren, phantasiert sich der Sohn mit seiner Uranbombe in eine geradezu schicksalhafte Rolle hinein. Beide wollen das Vaterland retten, indem sie sich vorgaukeln, sie seien den wahrhaft Mächtigen durchaus ebenbürtig.

Der Gedanke, Adolf Hitler notfalls gewaltsam auszuschalten, beschäftigt vermutlich noch am ehesten Carl Friedrichs Bruder Richard, den während des Russlandfeldzugs zusehends das Entsetzen packt. Spätestens ab Herbst 1942 fühlt er sich an seinen Eid, den er auf den »Führer« geschworen hat, kaum noch gebunden – und abermals ist es sein Freund Axel von dem Bussche, der ihn über persönlich beobachtete Massenerschießungen im rückwärtigen Heeresgebiet der Ukraine informiert.

Wie es danach um ihn bestellt gewesen sei, illustriert der Bundespräsident a. D. bis ins hohe Alter hinein vor allem mit einer Episode, die sich an der Front zugetragen hat. Damals schießt ein Kamerad plötzlich auf ein Bild vom »Führer«. Weizsäcker tut es ihm geistesgegenwärtig nach. So bewirkt er, dass alle anderen anwesenden Soldaten ebenfalls ihre Pistole ziehen, um den Verzweiflungsakt eines Einzelnen praktisch ungeschehen zu machen. »Keiner durfte und wollte sich ausschließen.«

Ein kleines, ihm und den Beteiligten zur Ehre gereichendes Selbstzeugnis, das er erstmals zu Papier bringt, als Mitte der neunziger Jahre eine Wanderausstellung über die Verbrechen der Wehrmacht die Gemüter erregt. Es falle ihm schwer, die Bilder und Texte in sich aufzunehmen, bestätigt er indirekt den bedrückenden Wahrheitsgehalt der vom Hamburger Institut für Sozialforschung erarbeiteten Dokumentation und distanziert sich dennoch von den angeblichen Pauschalurteilen.

Es habe eben diese und jene gegeben, lautet Weizsäckers Botschaft, und dass er selbst sich damals immer stärker oppositionellen Strömungen in der Truppe annähert, bringt der Elder Statesman nun deutlicher als jemals zuvor in Umlauf. So erfahren die Landsleute, wie sich im Oktober 1943 sein Freund Bussche anlässlich einer Vorführung neuer Uniformen im Führerhauptquartier bei einem Sprengstoffanschlag opfern und Hitler, Himmler und Göring mit in den Tod reißen soll – eine Idee des Stabschefs im Allgemeinen Heeresamt, Graf Stauffenberg, der den zum Selbstmordattentat entschlossenen Offizier deshalb zunächst einmal von der Front nach Berlin beordert. Der Regimentsadjutant Oberleutnant von Weizsäcker ist zwar nicht unmittelbar involviert, stellt aber nach eigenem Bekunden die für die Fahrt zur »Wolfsschanze« benötigten Reisepapiere aus.

Ob ihm seinerzeit bewusst ist, welchem Ziel diese, wie er betont, »technisch schwierige, getarnte Verständigung« dient, lässt er offen, und der Plan zerschlägt sich ja auch. Bei einem Fliegerangriff werden die Uniformen vernichtet, und für einen weiteren Versuch kann man auf Bussche nicht mehr zählen, weil er inzwischen im Krieg ein Bein verloren hat. Es vergeht dann noch ein gutes halbes Jahr, ehe die Verschwörer vom 20. Juli 1944 endgültig scheitern.

Dass sich Richard von Weizsäcker im Kreis um Stauffenberg zumindest zu den heimlichen Befürwortern eines Anschlages auf Hitler zählt, soll auch ein anderes Detail unterstreichen. Eingeweiht von einem der Mitbeteiligten, dem im August 1944 hingerichteten Oberst Fritz-Dietlof Graf von der Schulenburg, will er sofort seine Bereitschaft erklärt haben, einer neuen militärischen Führung uneingeschränkt zur Verfügung zu stehen. Darüber hinaus verteidigt er bei einem Besuch in Straßburg die Notwendigkeit eines gewaltsamen Umsturzes. Während sich der zögernde Bruder Carl Friedrich da noch im Juni eher vor den Folgen einer neuen »Dolchstoßlegende« fürchtet, beharrt er entschieden darauf, dass »sofort gehandelt« werden müsse.

Hat der mittlerweile zum Hauptmann aufgestiegene und mit dem Eisernen Kreuz I. Klasse dekorierte Frontsoldat danach einfach Glück? Bei den Vernehmungen und Inspektionen, die auch seinem Regiment nicht erspart bleiben, werden etwa die Fernschreiben entdeckt, die Stauffenbergs Kontakte zum ersten ins Auge gefassten Attentäter belegen – doch dann geschehen, wie Weizsäcker in seinen »Erinnerungen« betont, »unbegreifliche Wunder«: Weil weitere verräterische Papiere rechtzeitig beseitigt worden sind und die Kameraden in ihren Verhören eisern schweigen, kommen »Bussche und andere« unbehelligt davon. Sich selbst erwähnt er dabei allerdings mit keinem Wort.

Was veranlasst ihn zu solcher Zurückhaltung? Hat er nur Angst, er könne sich noch im fortgeschrittenen Alter dem Verdacht unangemessener Wichtigtuerei aussetzen? Oder spielen auch gelegentlich aufbrechende Schuldgefühle des Überlebenden eine Rolle? Immerhin muss das von preußischem Elitebewusstsein durchdrungene Potsdamer Infanterieregiment 9 den misslungenen Staatsstreich mit neunzehn Todesurteilen bezahlen – der reichsweit höchste Blutzoll für einen Widerstand, zu dem der Sympathisant Weizsäcker in dieser Konsequenz sicher nicht gehört hat. Nach der Einschätzung seines Biographen Hermann Rudolph ist er wohl eher »ein stiller Teilhaber« der Revolte.

Aber zugleich einer, der die Dimension jener Schreckenstage im Sommer 1944 deprimiert in ihren wahren Ausmaßen benennt. Schließlich wollen damals ja nicht nur ein paar Männer einen Tyrannen beseitigen, sondern in den gerade mal zehn Monaten, die der Krieg danach noch andauert, sterben in Europa und darüber hinaus mehr Soldaten und Zivilisten als in den fast sechs Jahren zuvor. Sich eingestehen zu müssen, es nicht geschafft – weil vielleicht zu lange gewartet – zu haben, diese bis dahin größte Menschheitskatastrophe wenigstens zu begrenzen, erschüttert ihn am meisten.

Resignation ist in seiner Familie allerdings eine Regung, die man so gründlich wie möglich bekämpft, und das gilt vor allem für Richards Vater, der seit Juni 1943 Deutschlands Interessen im Vatikan vertritt. Obwohl er Adolf Hitler bei seiner Verabschiedung versprochen hat, auf eigene Faust »keine Händel« zu unternehmen, will er dort die wenigen seiner Regierung noch verbliebenen diplomatischen Kanäle nutzen und ein letztes Mal

Chancen zum Frieden ausloten. Zustatten kommt ihm dabei die Haltung der römischen Kurie, die sich vor einem Sieg der Bolschewisten offenkundig weit mehr fürchtet als vor der Aussicht, den Herrschaftsanspruch des Nationalsozialismus ertragen zu müssen.

Mit Pius XII., als Eugenio Pacelli einst Nuntius der katholischen Kirche in Berlin, verstehen sich der Protestant und seine Frau auf Anhieb gleich so gut, dass sie ihm bereits bei der ersten Privataudienz einige Aufsätze ihres Sohnes Carl Friedrich zum Thema »Unendlichkeit« überreichen – und der Hausherr honoriert die freundliche Geste. Seine Heiligkeit, freut sich Weizsäcker zum Jahresende in einem seiner Rundbriefe, hoffe darauf, »dass sich die Kulturmächte des Abendlandes zusammentun, um dem Ansturm von Osten zu begegnen«.

Aber da irrt er sich gründlich. Sosehr dem deutschen Botschafter bei seinen Sondierungen der »unvergleichliche Charme der durchgeistigten Persönlichkeit« seines Gastgebers gefällt – in der Sache selbst hat der Papst wenig zu bieten. Aus gut informierten Quellen darüber unterrichtet, dass sich die Anglo-Amerikaner nicht von ihrem Entschluss werden abbringen lassen, das »Dritte Reich« in der Allianz mit Sowjetrussland zur totalen Kapitulation zu zwingen, will er sich bei aller Enttäuschung darüber mit eigenen Wünschen zurückhalten.

Auf den Feldern der »allgemeinen Politik«, stellt Weizsäcker in seinen Briefen ernüchtert fest, habe er im ersten Jahr seiner Tätigkeit leider nichts ausrichten können. Dennoch habe er auch Gutes bewirkt. Als Rom nach dem Sturz Mussolinis im September 1943 von der Wehrmacht besetzt wird, verhilft er einigen Juden mit Unterstützung des Heiligen Stuhls zur Flucht und rät im Sommer 1944, ehe die Streitkräfte der Alliierten die »Ewige Stadt« übernehmen, dem halbwegs besonnenen Generalfeldmarschall Albert Kesselring erfolgreich davon ab, historisch wertvolle Bauten zu sprengen.

Was seine Zukunft anbelangt, beginnt nun die Zeit der wilden Spekulationen. Mal werden dem in Diplomatenkreisen Westeuropas immer noch einigermaßen gelittenen Botschafter Chancen eingeräumt, im zusehends chaotischen Berlin die Nachfolge Ribbentrops als Außenminister anzutreten, mal heißt es sogar, er wolle zum Feind überlaufen. Doch daran denkt er selbst in Stunden tiefer Niedergeschlagenheit nicht. Vielleicht hindert das auch den vorübergehend in Rom weilenden britischen Premier Winston Churchill daran, ein angeblich in Erwägung gezogenes Treffen mit ihm zu arrangieren.

Wäre ihm das tatsächlich angeboten worden, er hätte sich wohl – wie er im Nachhinein bestätigt – auf ein Meeting mit dem aus seiner Sicht letztlich wichtigsten Kriegsgegner allein schon deshalb eingelassen, weil ihn spätestens ab Anfang 1945 im Grunde nur noch eine Idee beseelt: Um Deutschland vor dem Untergang zu bewahren, klammert sich Weizsäcker an das Wunder einer Spaltung der alliierten Waffenbrüderschaft. Mit den Westmächten gegen die Sowjetunion zu Felde zu ziehen, hält er dabei unter den gegebenen Umständen für die bessere Lösung, aber selbst der verwegene Plan einer Aussöhnung mit Stalin ist ihm zumindest als Drohpotential nicht ganz fremd. In einem seiner Memoranden wird er die »Ostoption« als Denkmodell sogar noch nach dem Zusammenbruch verteidigen: »Die Werbung um uns muss im Gange bleiben.«

Welches Gewicht das Reichsaußenministerium seinem Statthalter im Vatikan in der Schlussphase des nationalsozialistischen Regimes noch beimisst, lässt sich nur schwer erkennen. Da Weizsäcker von der Zensur immer schärfer überwacht wird, beschränkt er sich in seiner zuvor oft verblüffend offenherzigen Kommentierung politischer Sachverhalte mehr und mehr auf die üblichen, weitgehend abgesicherten Sprachregelungen. Das gilt sowohl für das klägliche Ende des Faschismus in Italien als auch für die Invasion der Amerikaner und Briten in Nordfrankreich und insbesondere natürlich das gescheiterte Attentat auf Adolf Hitler.

Wie der Botschafter in Rom den Verzweiflungsakt der Offiziere um Stauffenberg wirklich beurteilt, bleibt deshalb zwangsläufig im Ungefähren. Dass er den von ihm lange bewunderten »Führer« im Laufe des Krieges mit anderen Augen sieht als vorher, sagt noch wenig über seine grundsätzliche Einstellung zum »20. Juli« aus. Immerhin wird er später von sich behaupten, er habe keine Zweifel an der Moralität der Entscheidung, »der Tyrannis mit Gewalt entgegenzutreten« – doch in welchem Verhältnis steht er zu den Verschwörern?

Darf man ihn im Auswärtigen Amt, wie der von der Gestapo vernommene und danach in Plötzensee hingerichtete Diplomat Adam von Trott zu Solz behauptet, wirklich zu den zentralen Figuren unter den Widerstandskämpfern zählen? Auch für Ribbentrop steht sofort fest, dass Weizsäcker »bestimmt Mitwisser« des Anschlages ist – eine Einschätzung, die umso mehr überrascht, als sein Vorgesetzter den eigentlich lebensgefährdenden Verdacht dann offenbar zu den Akten legt. »Auf die Idee, von mir telegrafisch ein Treuebekenntnis zu Hitler einzuholen«, wundert sich Ernst von Weizsäcker, sei man »im Hauptquartier damals anscheinend nicht gekommen«.

So hat er bei allem Schmerz über den Verlust zahlreicher Freunde »das befreiende Gefühl«, dass mit dem Anschlag eine Ehrenrettung der Nation versucht worden ist. Von den Alliierten in Rom inzwischen hinter die Mauern des Vatikans verbannt, setzt er sich bei Pius XII. im Februar 1945 als Emissär seines Außenministers noch einmal ausdrücklich dafür ein, den Westmächten eine Liaison mit Berlin zu empfehlen. Ansonsten, warnt er, drohe eine Bolschewisierung der NSDAP – doch der Papst, der sich seiner Grenzen im Spiel der weltlichen Mächte bewusst ist, winkt abermals ab.

Nur einige Wochen darauf überstürzen sich die Ereignisse, und das »Deutsche Reich« kapituliert, während Ernst von Weizsäcker zunächst einmal abwartet. Praktisch über Nacht ohne Amt und Würden, nimmt er nun als »privater Gast« die ungeschmälerte Großzügigkeit des Heiligen Stuhls in Anspruch. Mehrere Wochen lang beflügelt ihn sogar die Vorstellung, dass man ihm im geschlagenen Vaterland »eine politische Funktion« antragen könne – nach eigener Selbsteinschätzung eine seinem Verhalten im NS-Regime durchaus angemessene Offerte –, was sich allerdings als großer Irrtum erweist. Unter der Zusicherung freien Geleits darf er im April 1946 lediglich deutschen Boden betreten, um in Nürnberg als Zeuge im Prozess gegen den Großadmiral Erich Raeder auszusagen. Danach dauert es immerhin noch knapp anderthalb Jahre, bis ihm die für seine Heimatregion zuständige französische Militärregierung eine Rückkehr nach seinen Wünschen erlaubt.

In der Zwischenzeit übt sich der ehemalige Spitzendiplomat

in eine bei aller Bereitschaft zur Demut nicht eben unbescheidene Rolle ein: Emsig wie eh und je, arbeitet er in der Bibliothek des Vatikans die »Grundlage für eine neue Reichsverfassung« aus.

Deutlich schwerer hat es im zusehends unter Druck stehenden Deutschland der Bruder Viktor. Mag ihm 1941 auch der Ruf nach Breslau geschmeichelt haben – er vermisst dort, was ihm vorher wichtig war: Weder kann er auf dem überwiegend von anatomischen und physiologischen Experimenten dominierten Gebiet der Neurologie seinen Kampf gegen die »mechanistische Medizin« fortsetzen noch im Umgang mit Patienten der von ihm leidenschaftlich vertretenen »Ganzheitlichkeit« genügen.

Solche Probleme scheinen indessen in keiner Phase seinen Elan zu bremsen. Die Mehrfachbelastung als Ordinarius, Chef des Forschungsinstituts und Leiter eines Hirnverletzten-Lazaretts der Wehrmacht hindert ihn nicht daran, binnen eines Jahres mit »Natur und Geist« respektive »Begegnungen und Entscheidungen« Bücher zu verfassen, in denen er wissenschaftliche Erkenntnisse anhand autobiographischer Einschübe plausibel macht. Mit einem dritten Werk – »Anonyma« –, an dem er noch Anfang 1945 schreibt, kehrt der medizinische Anthropologe zu philosophischen Studien zurück.

In den Monaten, die dem Reich noch verbleiben, durchlebt Viktor von Weizsäcker eine Odyssee. Der Vormarsch der Roten Armee zwingt ihn, der sich als Oberarzt der Reserve inzwischen zum Kriegsdienst gemeldet hat, seine Zelte zunächst in Liegnitz, danach in Hirschberg und zuletzt in Bad Warmbrunn aufzuschlagen. Von dort aus erreicht er das bis dahin verschont gebliebene Dresden, wo er in der Nacht zum 14. Februar den verheerenden britischen Luftangriff überlebt. Nach einer Zwischenstation im sächsischen Schkeuditz gerät er schließlich im April als Chef eines Lazaretts in Heiligenstadt in amerikanische Gefangenschaft.

Eine zu jener Zeit ziemlich normale Geschichte – und was ihn anbelangt, eine mit überraschender Pointe. Auf Betreiben der Uni Heidelberg wird der Neurologe nicht bloß zügig auf freien Fuß gesetzt, sondern kehrt auch schon bald an seine alte Wirkungsstätte zurück. Als Professor für Allgemeine Klinische Medizin hofft er jetzt endlich miteinander in Einklang bringen zu können, wonach er sich über Jahrzehnte hinweg gesehnt hat.

Aber das ist nur eines von mehreren Kapiteln in der wechselvollen Vita des Viktor von Weizsäcker. Ein anderes erzählt davon, dass er und seine Frau Olympia Curtius beide Söhne im Felde verlieren. Während der Erstgeborene Robert bereits seit 1942 in Weißrussland als verschollen gilt, stirbt sein Bruder Eckardt vierzehn Tage vor dem Zusammenbruch des Reiches bei einem Gefecht mit US-Soldaten in Bayern. Und die Eltern ereilt dann noch eine Katastrophe: Im Herbst 1948 sucht die depressive Tochter Ulrike in Frankfurt am Main den Freitod.

Der Krieg sei eben »nichts als der grausame Zerstörer des Lebens«, wird ein halbes Jahrhundert später mit der Aura und Autorität des Staatsoberhaupts Viktors Neffe Richard von Weizsäcker klagen. Täuscht der Eindruck, oder will er sich so endgültig von dem verabschieden, was mit Blick auf Deutschland an patriotisch verbrämter Mystifizierung immer wieder auch im Weizsäcker-Clan propagiert worden ist?

Wie sehr die Familie nach der großen Menschheitskatastrophe umdenkt, beweist noch überzeugender der Bruder Carl Friedrich. Nur wenige der unter dem Hakenkreuz mit wichtigen Aufgaben betrauten Wissenschaftler hinterfragen sich und ihre Vergangenheit häufiger, um dann glaubwürdig die Perspektive zu wechseln. Die Entschiedenheit, mit der sich der vielseitig interessierte Gelehrte in den frühen Jahren der Bundesrepublik von einem Exponenten des NS-Nuklearprogramms zum Vertreter der Friedensbewegung und notorischen Gegner jeglicher Art von Wiederbewaffnung wandelt, spricht eindeutig für ihn.

Während des Krieges ist er von einer streng pazifistischen Neuorientierung noch weit entfernt. Wie erst nach seinem Tode bekannt wird, nimmt sogar sein Mentor Werner Heisenberg Anstoß an dem häufig arrogant auftretenden Musterschüler: Im Grunde, enthüllt er, vertrage er sich überhaupt nicht mit ihm. Weizsäckers ewiges Gerede davon, dass der vor allem den Angelsachsen verlorengegangene »Glauben an die heiligsten Güter« notfalls »mit Feuer und Schwert« verteidigt werden müsse, sei ihm »ganz unerträglich«.

So steht es in einem der 2011 veröffentlichten Briefe, die der Nobelpreisträger im Herbst 1943 an seine Frau Elisabeth schreibt – ein Indiz für die fortdauernd diffuse Hoffnung Weizsäckers auf etwas Neues und Großartiges, der er selbst noch im zunehmenden Bombenhagel auf Deutschland anhängt. Dem mache sogar, wundert sich sein väterlicher Freund, eine »total zerstörte Stadt« nichts aus, weil deren Bewohner dann »aus dem Erlebnis von Schuld und Strafe« die nötige Reife zu einer umfassend veränderten Weltsicht erlangen könnten.

Lassen sich solche Sätze mit seiner schon in den letzten Kriegsjahren konsequent betriebenen Hinwendung zur Philosophie erklären? Auffällig ist jedenfalls, wie prompt sich der Spezialist für Kernspaltungsprozesse aus dem Atomprojekt zurückzieht, als ihm das Heereswaffenamt die benötigte Förderungswürdigkeit entzieht. Daran hätten die Wissenschaftler um Werner Heisenberg, argumentiert der Historiker Ulrich Völklein, mit ihren bewusst pessimistischen Zeitvorstellungen entscheidenden Anteil gehabt und zudem in stillschweigender Übereinstimmung dafür gesorgt, dass die Ergebnisse der Experimente zu militärischer Nutzung bei weitem nicht ausreichten.

Doch Zweifel sind zumindest im Falle Weizsäckers angebracht. Im Kreis der selbst von Albert Speer bestaunten »sagenhaften Männer« zählt er zweifellos zu den Aktivsten, und die noch 1941 unternommenen Versuche, sich das nukleare Know-how patentieren zu lassen, machen seinen Ausstieg ein knappes Jahr danach umso schwerer erklärlich. Mit den mühsamen Arbeiten an einem Reaktor, den die Kollegen des Berliner Kaiser-Wilhelm-Instituts für Physik im September 1943 sicherheitshalber zunächst ins schwäbische Hechingen verfrachten, um daran bis zum bitteren Ende in einem Felsenkeller des Städtchens Haigerloch erfolglos weiter zu werkeln, mag er offenkundig nichts zu tun haben.

Stattdessen lehrt er bereits seit Sommer 1942 als außerordentlicher Professor an der nationalsozialistischen »Reichsuniversität« Straßburg theoretische Physik, verlagert das Schwergewicht seiner Tätigkeit dann aber Schritt für Schritt auf den Bereich der Kosmogonie – ein Konglomerat aus naturwissenschaftlicher und zugleich von Mythen durchtränkter Welterkenntnis. In Vorträgen und auf Kongressen doziert er unter anderem über die »Unendlichkeit des Raumes und der Zeit«, bis ihn die heranrückende 6. US-Armee im November 1944 mit seiner Frau zur Flucht nach Hechingen veranlasst.

Währenddessen verteidigt der Bruder das schrumpfende Vaterland in diesen Monaten, in denen sich schon früh ein eisiger Winter ankündigt, als Adjutant eines neu aufgestellten Grenadierregiments 9 in Ostpreußen. Von den Russen in der seit längerem erwarteten Großoffensive eingekesselt, zieht sich seine Einheit in die Nähe des Frischen Haffs zurück, wo sich der Hauptmann Weizsäcker im März 1945 ein letztes Mal als »leuchtendes Beispiel« bewährt. Er habe durch seinen »todesmutigen Einsatz, den er auf seine Männer übertrug«, einige für das »weitere Absetzen an der Küste« dringend erforderliche Stellungen zurückerobert und damit Tausenden erschöpfter Kameraden das Leben gerettet, bestätigt ihm noch Anfang April der Divisionskommandeur Generalmajor Gustav Adolf von Nostiz-Wallnitz – ein Nachweis persönlicher Tapferkeit, den er im »Ehrenblatt des deutschen Heeres« verewigt sehen möchte.

Der verbleibende Rest seiner Zeit im Soldatenrock verläuft dann allerdings eher ruhmlos. Bei den schweren Gefechten am Oberschenkel verwundet, erreicht er zunächst mit einem der letzten Geleitzüge die dänische Hauptstadt Kopenhagen und von dort aus seinen Ersatztruppenteil in Potsdam, wo ihm der Bataillonschef einen einwöchigen Erholungsurlaub genehmigt. Er darf seine Großmutter am Bodensee besuchen, muss aufgrund des amerikanischen Vormarsches aber einen Umweg über Prag nehmen.

Doch Richard von Weizsäcker sieht nun keinen Sinn mehr darin, der zusehends in Auflösung begriffenen Wehrmacht noch zu

Diensten zu sein, und schlägt die fest vereinbarte Rückmeldung kurzerhand in den Wind. Ein klassischer Fall von Fahnenflucht, wie ihm Militärhistoriker immer wieder mal vorwerfen? Der spätere Bundespräsident schweigt sich über den nie ganz geklärten Sachverhalt sogar noch in seiner Autobiographie aus, fühlt sich offensichtlich aber am besten von Ulrich Völklein verstanden, der die Entscheidung des jungen Hauptmanns so auf den Punkt bringt: In Anbetracht des unvermeidlichen Desasters habe er eben beschlossen, »den Krieg auf eigenes Risiko zu beenden«.

So kommen er und seine Familie, als das »Dritte Reich« in Schutt und Asche zerfällt, noch ziemlich glimpflich davon. Während der Onkel Viktor die »Stunde Null« in amerikanischer Gefangenschaft erlebt und schon bald darauf nach Heidelberg entlassen wird, wartet der Vater Ernst hinter den sicheren Mauern des Vatikans auf seine Chance. In einer ähnlich hoffnungsvollen Lage befindet sich nach eigener Einschätzung der Bruder Carl Friedrich: Seit Anfang Juli 1945 mit seinem Freund Werner Heisenberg und acht weiteren deutschen Atomwissenschaftlern im britischen Herrenhaus Farm Hall bei Cambridge interniert, glaubt er zuversichtlich an eine glückliche Heimkehr.

Derweil bemüht sich Richard von Weizsäcker, auf dem Gehöft seiner Großmutter Pauline von Meibom in Lindau zu überleben. Dort haben die aus Ostpreußen geflüchtete Schwester Adelheid sowie seine Tante Olympia Curtius aus Breslau mit jeweils zwei Mädchen eine neue Bleibe gefunden, und er ist über Wochen hinweg der einzige Mann. Erst im Sommer werden noch der fünfundsiebzigjährige Graf Siegfried zu Eulenburg und seine fast gleichaltrige Frau dazustoßen, die ihrer verwitweten Schwiegertochter in einem großen, von drei Pferden gezogenen alten Landauer bis in den äußersten Süden des Landes gefolgt sind.

In diesem »Familienrefugium für Eltern und Kinder«, wie er rückblickend erzählt, übt sich der vormalige Wehrmachtssoldat zupackend in die Aufgaben eines Kleinbauern ein. Auf der weitflächigen Halde gilt es unter anderem drei Milchkühe zu versorgen und insbesondere noch die anfangs »übergriffige« französische Besatzungsmacht abzuwehren. Doch der unerschrockene Hausherr weiß sich zu helfen. Er schützt sich und seinen »Weiberhaushalt« erfolgreich mit einem vor dem Grundstück aufgepflanzten gut sichtbaren Warnschild: »Vorsicht Typhus«.

Achtes Kapitel

»Letzte Wahrheiten«: Der Prozess

In Farm Hall deutet an diesem 6. August 1945 nichts auf besondere Vorkommnisse hin. Wie an jedem Nachmittag seit ihrer Verhaftung im April gehen die deutschen Physiker, die im Rahmen der »Operation Epsilon« von alliierten Geheimdienstspezialisten auf den idyllischen englischen Landsitz in der Grafschaft Huntingdonshire verfrachtet worden sind, ihren Beschäftigungen nach. Während etwa Walther Gerlach, im »Uranverein« der Bevollmächtigte des Reichsmarschalls, vor dem Herrenhaus Rosenstöcke pflegt, übt Werner Heisenberg auf einem Klavier Sonaten, und der schriftstellerisch ambitionierte Carl Friedrich von Weizsäcker feilt an seinen Gedichten.

Im Übrigen freuen sich die sogenannten Gäste schon früh auf das Dinner, das an jenem Abend ein kleines Festessen zu werden verspricht. Tags zuvor hatten einige von ihnen im nahen Wald nach Pilzen suchen dürfen und dabei jede Menge prächtiger Champignons gefunden, die der Koch zu Omeletts verarbeiten will.

Doch dann gerät die Welt der bisher von allen Informationskanälen abgeschnittenen Forscher plötzlich aus dem Lot. Von ihrem Chefaufseher, dem britischen Major T. H. Rittner, eigens dazu aufgefordert, sich die Nachrichten der BBC anzuhören, erfahren sie, dass die Vereinigten Staaten über der japanischen Stadt Hiroshima eine Atombombe gezündet haben – und die angelsächsischen Militärs wollen nun testen, wie die Wissenschaftler auf das bahnbrechende Ereignis reagieren. Sie werden von Anfang an rund um die Uhr abgehört.

Nach dem mehr als 200 Seiten umfassenden Transkript, das streng unter Verschluss gehalten und erst viereinhalb Jahrzehnte später freigegeben wird, werten die Internierten, was da unvorbereitet an ihre Ohren dringt, zunächst als glatten Bluff. Er glaube »kein Wort« davon, dass man in den USA in der Lage sein sollte, eine Uranbombe zu bauen, versteift sich in einer erregten nächtlichen Debatte in erster Linie der Leiter des deutschen Nuklearprogramms, Werner Heisenberg, um sich dann allerdings Schritt für Schritt von einer Wahrscheinlichkeitsrechnung umstimmen zu lassen. Bei einem gewaltigen Kostenaufwand von etwa 500 Millionen Pfund Sterling für die unabdingbare Isotopentrennung, räumt er schließlich ein, könne es wohl tatsächlich möglich gewesen sein, die entscheidende Hürde zu nehmen.

Doch sosehr die belauschten zehn Häftlinge offenkundig der professionelle Gesichtspunkt berührt, der am Ende in der ernüchternden Erkenntnis gipfelt, im Wettlauf um den Einsatz militärisch verwendbarer Kerntechnik schon der mangelnden Ressourcen wegen nie wirklich einen Vorsprung gehabt zu haben, versucht vor allem Weizsäcker zur eigenen Entlastung einen anderen Aspekt umzudeuten: Man müsse »zugeben«, wird er in den Protokollen zitiert, dass ihm und seinen Kollegen die Konstruktion einer Atombombe nur deshalb versagt geblieben sei, weil man im Grunde gar nicht daran interessiert war, »dass es gelang«.

Zwar mag sich insbesondere Otto Hahn dieser leicht durchschaubaren Ausrede nicht anschließen – Walther Gerlach nennt sie sogar »absurd« –, aber Carl Friedrich von Weizsäcker beharrt auf seiner Behauptung. »Wenn wir alle gewollt hätten, dass wir den Krieg gewinnen, wären wir auch erfolgreich gewesen«, heißt fortan sein Credo, und mehr: »Die Geschichte« werde festhalten, dass man in Hitler-Deutschland selbst bei äußerst prekären Verhältnissen die friedliche Entwicklung einer Uranmaschine vorangetrieben habe, wohingegen das demokratische Amerika keine Bedenken hatte, die grässlichste aller Massenvernichtungswaffen herzustellen.

Für ihn also kein Grund, sich zu entschuldigen, ganz im Gegenteil. Obwohl er sich in den Anfangsjahren der Bundesrepublik wie kaum ein zweiter Forscher zur politischen Verantwortung naturwissenschaftlichen Tuns bekennt, gefällt er sich zumindest noch in den Monaten seiner Gefangenschaft eher in der Pose des Anklägers. Dass er 1941 höchstpersönlich beim Münchener Reichspatentamt ein »Verfahren zur explosiven Erzeugung von Energie und Neutronen aus der Spaltung des Elements 94« angemeldet hat, übergeht er auch später mit Schweigen.

Ein Fall von Verdrängung, wenn die Elite der deutschen Physiker, nachdem sie in Hechingen von einer Spezialeinheit aus Militärs und Fachkollegen festgenommen worden ist, zunächst noch in großen Hoffnungen schwelgt? Mögen die Internierten auch darunter leiden, dass man sie an einen bis zuletzt geheimgehaltenen Ort verschleppt hat: Die noble Behandlung scheint ihre Zuversicht zu bestätigen, dass die westlichen Siegermächte ihnen ihrer Expertise wegen zwangsläufig den Hof machen.

Doch die Wirklichkeit sieht anders aus. Anhand der beschlagnahmten Unterlagen erkennen die zum Teil in den dreißiger Jahren aus dem »Dritten Reich« emigrierten amerikanischen Physiker, dass die ursprünglich befürchtete nukleare Bedrohung, die von den Deutschen hätte ausgehen können, weit geringer war als angenommen. Und die Schlussfolgerungen daraus überlassen sie dann ihren zunehmend desillusionierten »Gästen«. Die beginnen sich nun, wie der über Monate hinweg lückenlose Lauschangriff dokumentiert, in immer neuen erregten Diskussionen vor allem um ihre berufliche Zukunft zu sorgen.

Je deutlicher die Aussicht schwindet, der alliierten Atomwissenschaft wenigstens mit ihrem Reaktorprogramm dienlich sein zu können, desto mehr richtet sich der Fokus der Mitglieder des »Uranvereins« auf die Rückkehr in die Heimat. Was erwartet sie dort? Wird man ihnen nur noch gestatten, fragt sich Heisenberg, »ein armseliges bisschen Physik über die kosmische Strahlung« zu betreiben? Und selbst auf diesem Gebiet, sieht er ein, sei von den USA derart gründlich gearbeitet worden, »dass man viele Jahre bräuchte, um sie technisch einzuholen«.

Während so der Spiritus rector der deutschen Kernforscher Selbstzweifel hegt, erteilt sich der engste Vertraute geschickt Absolution. »Gekonnt« habe man die Bombe sicher schon, aber nicht wirklich gewollt, lautet seine in den unterschiedlichsten Formulierungen ausgegebene Devise, und zu dem ungeschminkten Eingeständnis, mit dem Atom-Projekt einem »träumerischen Wunsch« nach Machtteilhabe erlegen zu sein, wird er sich erst ein halbes Jahrhundert danach in einem Gespräch mit dem Wissenschaftshistoriker Dieter Hoffmann bekennen.

Anders als etwa Hahn, den nach dem Desaster von Hiroshima schwere Schuldgefühle bis hin zu Gedanken an Selbstmord plagen, findet Weizsäcker Trost in den Werken Hegels und Hölderlins sowie im Studium der Heiligen Schrift und verfasst zudem fast ein Dutzend Sonette. Im Übrigen versteift er sich in seinen zahlreichen Interviews, die er nach dem Krieg nie verweigert, auf die Behauptung, dass ihn die technischen Details einer Verfertigung von Massenvernichtungswaffen ohnedies nie wirklich interessiert hätten.

Das erleichtert ihm, als die USA und Großbritannien den Inhaftierten im Januar 1946 die Heimkehr in ihre deutschen Besatzungszonen gestatten, den Neuanfang. Mit den Nobelpreisträgern Otto Hahn, Max von Laue und Werner Heisenberg wird ihm ein Ruf nach Göttingen ermöglicht, wo er sich am Physikalischen Institut der Kaiser-Wilhelm-Gesellschaft – ab 1948 Max-Planck-Gesellschaft – ausschließlich theoretischen Fragen widmet. Von der Universität zum Honorarprofessor ernannt, hält er bereits im Sommer eine stark beachtete Vorlesung über die »Geschichte der Natur« und kann so seinem Hang zur philosophischen Durchdringung vornehmlich mathematisch berechenbarer Phänomene folgen.

Auf den ersten Blick hat es den Anschein, als würden sich die Weizsäckers nach zwölf Jahren Diktatur unter den noch weitgehend instabilen Verhältnissen der unmittelbaren Nachkriegszeit vorzugsweise »letzten Wahrheiten« und damit deutlich abgehobenen Themen zuwenden. Wie sein ihm seelenverwandter Onkel

Viktor in Heidelberg, bemüht sich der Neffe Carl Friedrich jedenfalls von der vielzitierten »Stunde Null« an, einer im Hitler-Reich systematisch beförderten »geistigen Verarmung des öffentlichen Bewusstseins« den Kampf anzusagen. Im akademischen Bereich geht es ihm dabei vor allem um eine enge Verzahnung von Forschung und Lehre sowie um die im Krieg zerschlagene Internationalität seiner Physiker-»Familie«.

Wenn er sich jetzt eher um die Quanten kümmert, während sich der Onkel wieder mit Leidenschaft seiner von der klinischen Medizin argwöhnisch beäugten anthropologischen Heilkunde verschreibt, mag das als eine Art Weltflucht erscheinen, doch der Eindruck täuscht. Denn sosehr beide darauf bedacht sind, mit unbezweifelbarer wissenschaftlicher Reputation ihr Verhalten in der nationalsozialistischen Ära in möglichst mildem Licht erscheinen zu lassen, so engagiert stellen sie sich nun der neuen Zeit.

Und das gilt auch für den Kriegsheimkehrer Richard von Weizsäcker. In Lindau allein unter sieben Frauen aus drei Generationen, übersieht er geflissentlich die von den französischen Besatzungsbehörden angeordnete Meldepflicht und lebt bis in den Herbst 1945 hinein inkognito auf der »Halde«, ehe ihn unvermittelt eine »Einberufung« zum Studium nach Göttingen ereilt. Die Zulassung hat ihm sein Freund Axel von dem Bussche verschafft – für den ohne alle Papiere reisenden und noch nicht einmal ordnungsgemäß aus der Wehrmacht verabschiedeten ehemaligen Offizier ist das eine ziemlich abenteuerliche Tour, die ihn über mehrere Zonengrenzen hinwegführt.

Doch das Ziel wird erreicht, und der fünfundzwanzigjährige Jurastudent lebt sich in der altehrwürdigen Universitätsstadt umso schneller ein, als er dort auf den Bruder Carl Friedrich trifft. Der nimmt ihn nicht nur in seine Wohnung auf, sondern greift ihm auch sonst unter die Arme. Insgesamt sei es für ihn, wird sich Richard später immer mal wieder gerne erinnern, eine überaus fruchtbare Phase der »wachsenden Symbiose zwischen Natur- und Geisteswissenschaften« geworden – »Physiker philosophierten, Theologen interessierten sich für die Quantentheorie, in der Medizin wurde über Psychosomatik debattiert«.

In dieser »Blütezeit des Studium Generale«, in der die Spezialisten nach ihrem »persönlichen Beitrag für das Allgemeine« gesucht hätten, macht sich der lernbegierige angehende Jurist mit den Grundzügen eines Common Sense vertraut, der fortan seinen Blick auf die gesellschaftlichen Zustände im Lande schärfen wird. Und wieder einmal kommen die entscheidenden Impulse dabei aus den eigenen Reihen. In seinem Fall ist es der Onkel Viktor, für den Neffen »der geistig Belangreichste der Familie«, der ihn in den ersten Nachkriegsjahren »wie den eigenen Sohn« behandelt, während der Vater im Vatikan festsitzt.

Die veränderten Verhältnisse verlangen nach neuer Orientierung – eine Kunst, in der die Familie geübt ist. Zwar weist Carl Friedrich das in der frühen Bundesrepublik verbreitete Gerücht energisch zurück, er und seine Mitstreiter hätten wesentliche Details ihrer Nuklearexperimente an die USA verraten – und zum Lohn dafür sei der Chemiker Otto Hahn noch nach Kriegsschluss mit dem Nobelpreis dekoriert worden –, aber eine andere, kaum minder unsinnige Annahme behagt ihm umso mehr: Die läuft darauf hinaus, den deutschen Kernphysikern, wie er es in Farm Hall ja selbst intoniert hat, einen klammheimlichen Widerstand gegen das NS-Regime zu attestieren.

Eine Spekulation, die ihm jetzt nützlich erscheint und von seiner Familie deshalb auch in anderen Zusammenhängen über Jahrzehnte hinweg zäh verteidigt wird. So beteiligt sich etwa Viktor von Weizsäcker an der unvermeidlichen Debatte über die im »Dritten Reich« forcierte Euthanasie, indem er die eigentliche Verantwortung dafür der ausufernden »mechanistischen Denkweise in der Medizin« zuschiebt. Dahin komme es, reiht er sich in die Riege der schärfsten Kritiker ein, wenn der Mensch als Versuchsobjekt missbraucht werde. Als die Amerikaner im Winter 1946/47 gegen zweiundzwanzig Nazi-Ärzte ein Militärgerichtsverfahren eröffnen, bleibt er jedenfalls unbehelligt.

Stattdessen macht sich der Arzt nun auch wieder für den 1933 von ihm verleugneten Sigmund Freud stark und bemüht sich in Heidelberg mit seinem Meisterschüler Alexander Mitscherlich um die Errichtung eines eigenständigen psychotherapeutischen Instituts. Und er setzt sich für die »Pathosophie« ein – so nennt er das Streben nach der »Einheit von Leib und Seele« respektive dem »Menschlichen im Menschen«, wie er es emphatisch in der letzten seiner zahlreichen Schriften formuliert.

Während der Onkel etwa für den Neffen Richard in der Familie am überzeugendsten »eine ethische Denkweise« verkörpert, lässt sich der Vater selbst noch nach dem Zusammenbruch der Nazi-Diktatur von politischem Kalkül leiten. Dass »der Deutsche« in einem »altersschwachen Europa« auch künftig eine »seiner Begabung« entsprechende Rolle einnimmt, erscheint ihm zwingend geboten, und solange er noch im vatikanischen Asyl lebt, hält er für möglich, daran selbst teilzuhaben.

Damit er beim Nürnberger Kriegsverbrecherprozess, der im

November 1945 beginnt, als Zeuge auftreten kann, sichert ihm das Internationale Militärtribunal freies Geleit zu und erlaubt ihm darüber hinaus sogar noch, einen Abstecher an den Bodensee zu organisieren. Zurück in Rom, hat er deshalb keine Bedenken, als ihm die für Lindau zuständige französische Besatzungsbehörde ähnlich generös die endgültige Heimkehr anbietet.

So scheint sich im August 1946 in der politischen Karriere des Ernst von Weizsäcker der Kreis zu schließen. Der inzwischen vierundsechzigjährige einstige Vordenker im Auswärtigen Amt wandelt sich in Demut zum »Landwirt«, hackt auf der »Halde« Holz und mäht Gras und will sich nun mit seiner ebenso zupackenden Frau Marianne vor allem der Familie widmen. An langen Winterabenden liest er bisweilen aus alten Dokumenten vor und taucht dabei tief in die Geschichte der Ahnen ein.

Doch die Zeit der Innerlichkeit endet abrupt. Im Frühjahr 1947 kursieren erste Hinweise auf seine Mitwirkung an Judendeportationen, und der anfänglich noch als »freiwilliger Zeuge« abermals nach Nürnberg gebetene Ex-Diplomat wird im Sommer unversehens verhaftet. Im sogenannten Wilhelmstraßen-Prozess gegen führende Beamte im Auswärtigen Dienst steht er bald als Schlüsselfigur vor Gericht. Wie Robert Kempner, der in den dreißiger Jahren nach Amerika geflüchtete Chefankläger aus beschlagnahmten Akten belegen zu können glaubt, soll sich Weizsäcker in mehr als siebzig Fällen unter anderem der »Verschwörung gegen den Frieden« und diverser »Verbrechen gegen die Menschlichkeit« schuldig gemacht haben.

Dabei geht es den alliierten Juristen, nachdem erst kurz zuvor das Protokoll der Berliner Wannsee-Konferenz entdeckt worden ist, um die »Judensachen« – im Zusammenhang mit dem einstigen Staatssekretär etwa um Schriftstücke, mit denen er Deportationen aus Frankreich nach Auschwitz zumindest insoweit billigte, als er die Dokumente mit dem Vermerk »Kein Einspruch« paraphierte. Darüber hinaus habe er Hitler nach dem »Anschluss« Österreichs und der Erpressung Prags bei der Zerschlagung der »Rest-Tschechei« beraten.

Mit der Eröffnung der Hauptverhandlung unter der amtlichen Verfahrensbezeichnung »United States vs. Ernst von Weizsäcker et al.« beginnt so Anfang Januar 1948 im selben Saal des Nürnberger Justizpalastes, in dem sich anderthalb Jahre zuvor die Nazi-Prominenz um Hermann Göring verteidigt hatte, eine Materialschlacht ohnegleichen. Bis zum Abschluss im Herbst führen die streitenden Parteien mithilfe von mehr als 300 Zeugen nahezu 40 000 Dokumente in die Beweisaufnahme ein, und noch ehe im April 1949 das Urteil verkündet wird, findet die gerichtliche Auseinandersetzung eine öffentliche Resonanz wie keine andere zuvor. Die Mehrheit der Deutschen, die den Prozess kommentieren, schlägt sich dabei eindeutig auf die Seite des Angeklagten.

Dass eine ungewöhnlich große Zahl seiner Landsleute am Schicksal Weizsäckers solcherart Anteil nimmt, liegt wohl nicht zuletzt an Kempner. Vom ersten Tage an bemüht sich der in Freiburg/Breisgau geborene vormalige Justitiar der preußischen Polizei, den »grauen Eminenzen der Wilhelmstraße« weit mehr Einfluss auf die Pläne der nationalsozialistischen Hierarchen nachzuweisen, als sie selbst einräumen. In Wahrheit, hält er dagegen, sei die zivile Verwaltung – »eine bestechliche, unverbesserliche Kaste« – für die europäischen Kriege der letzten fünfzig Jahre ebenso verantwortlich wie die militärische Führung.

Dem Chefankläger zufolge stehen »die feinen Herren aus dem Auswärtigen Amt mit den blutgesprenkelten weißen Westen« für ein ganzes System, ohne dessen fachliche Kompetenz die im »Dritten Reich« begangenen Gewaltverbrechen kaum möglich gewesen wären. Diesen Bürokraten mit ihrer vermeintlichen Neigung, sich unterwürfig einem zu allen Schandtaten bereiten Machtapparat auszuliefern, soll nun endlich das Handwerk gelegt werden. Dabei schmerzt den Hauptangeklagten am meisten, dass er dem dreiköpfigen, nach angelsächsischen Regeln verfahrenden Richterkollegium ob seiner Fügsamkeit geradezu als »Inbegriff des deutschen Staatsdieners« gilt.

Wahrscheinlich ist es Kempners Ehrgeiz, der Welt an seinem Beispiel das Versagen der alten Funktionseliten sowohl in der Weimarer Republik als auch danach unter dem Hakenkreuz vor Augen zu führen, der eine unerwartet heftige Reaktion nach sich zieht. An Ernst von Weizsäcker ein Exempel zu statuieren, halten selbst Vertreter der Alliierten wie der französische Diplomat André François Poncet oder der britische Außenminister Earl of Halifax für einen Fehler. In politischer Hinsicht sei der Prozess ein »schrecklicher Irrtum«, konstatiert in London sogar der große Winston Churchill.

Juristisch lässt sich der Beschuldigte in einem weitgespannten Netzwerk von Hellmut Becker, einem jungen Anwalt aus Kressbronn am Bodensee, vertreten, der als Sohn eines ehemaligen preußischen Kultusministers privat auf das Engste mit der Familie verbunden ist und in Verfahren vor Militärgerichten bereits sein Geschick unter Beweis gestellt hat. Ihm unter die Arme greifend, bewährt sich als unermüdlicher Helfer aber insbesondere auch der angehende Advokat Richard von Weizsäcker, der eigens

Staatssekretär Ernst von Weizsäcker 1947 als Hauptangeklagter im Nürnberger »Wilhelmstraßen«-Prozess gegen ehemalige Mitarbeiter des Auswärtigen Amtes. Er erklärt sich in allen Details, die ihm das alliierte Militärtribunal vorwirft, für »nicht schuldig«.

aus Göttingen nach Nürnberg umgesiedelt ist. Er habe dort, so schreibt er später in seinen Memoiren, »einen zeitgeschichtlichen Unterricht von einer prägenden Eindrücklichkeit« erhalten, wie es ihm »kein abstraktes Studium je hätte bieten können«.

In diesem laut Kempner »größten historischen Seminar, das in der Weltgeschichte jemals stattgefunden hat«, machen die Weizsäckers nach Kräften mobil. Neben mehreren früheren Berufskollegen setzen sich mit Carl J. Burckhardt und Robert Boehringer zwei einflussreiche Freunde aus der Schweiz für den Angeklagten ein, während ihm an der heimischen Front eine Reihe gewichtiger Journalisten den Rücken stärkt. Dazu zählen vor allem die prominenten Publizisten Marion Gräfin Dönhoff und Paul Sethe – und als es später um eine Reduzierung des Strafmaßes geht, aus Kreisen von Staat und Kirche so populäre Honoratioren wie der evangelische Theologe Karl Barth oder schließlich selbst der erste Präsident der Bundesrepublik, Theodor Heuss. Sie alle eint die Empörung darüber, dass der im Grunde seines Herzens integre Politiker leider das Opfer einer »tragischen Pflichtenkollision« geworden sei.

Daran glauben »aus tiefster Überzeugung« auch seine Angehörigen. In beschwörenden Briefen an Robert Kempner schildert etwa die Ehefrau Marianne detailliert die charakterlichen Stärken ihres Mannes, und der Ende der vierziger Jahre schon wieder berühmte Carl Friedrich nutzt die beachtlichen internationalen Beziehungen. Um dem Beschuldigten Gerechtigkeit widerfahren zu lassen, hält er es sogar für angemessen, den Papst um Unterstützung zu bitten.

Eine offene Frage bleibt dabei, wie sehr die Söhne verdrängen, was doch klar auf der Hand liegt. Schließlich haben beide bereits, als der Vater die Deportationsdokumente abzeichnet, eine ziemlich konkrete Vorstellung davon, mit welcher Wucht sich der nationalsozialistische Rassenwahn zu purem Vernichtungsfuror steigert, und nehmen das umso selbstverständlicher auch von ihm an. Der sei sicher über »mehr als genug« informiert gewesen, lässt sich im Nachhinein zumindest Richard zitieren.

Von dem naheliegenden Verdacht, dass er als ranghöchster Beamter im Auswärtigen Dienst wissen musste, was sich hinter dem Namen Auschwitz verbarg, spricht er ihn in den Monaten der Hauptverhandlung allerdings frei und gibt den quälenden Zweifeln erst Jahrzehnte später Raum. Ob es tatsächlich möglich sei, fragt er sich da in seinen »Erinnerungen«, den »Charakter und die Verbrechen« eines Zwangsregimes »zu verabscheuen, ja zu bekämpfen und ihm dennoch zur Verfügung zu stehen«. Wie soll er sich erklären, dass der Vater sich darauf beruft, er habe mit seinem Verharren im Amt »Schlimmeres« verhüten wollen, »da doch das undenkbar Schlimmste geschah«.

Zwar will Ernst von Weizsäcker in keiner Phase des Mammutprozesses für sich reklamieren, ein Aktivist des Widerstands gewesen zu sein, aber um dem Frieden zu dienen, habe er immerhin auf brandgefährlichem Terrain sogar »insgeheim Sabotage« betrieben. Da hätte ihm »eine Anklage von Hitlers Seite« besser zu Gesicht gestanden, teilt er dem Militärtribunal selbstbewusst mit, als sich nun gleichsam an der falschen Front für seinen Einsatz rechtfertigen zu müssen.

Vermutlich liegt es an diesem Gefühl, einer in Wahrheit unzuständigen Siegerjustiz ausgeliefert zu sein, dass der vormalige Staatssekretär unmittelbar nach seiner Festnahme eine demonstrative Gelassenheit zur Schau stellt. In der Untersuchungshaft begnügt er sich mit der Bibel, wie sie einst vom Großvater Carl Heinrich übersetzt worden ist, oder studiert die Lehren der alten Meister Augustinus und Lao-tse. Was man mit ihm im Schilde führe, schreibt er in Briefen an seine Frau, sei im Wesentlichen einem »historischen, zeitbedingten Ablauf« geschuldet und berühre in keiner Weise sein unvermindert intaktes »Ich«. Er habe »als Gefangener und Angeklagter in Nürnberg Erfahrungen gemacht«, teilt Ernst von Weizsäcker den Deutschen noch kurz vor seinem Tode mit, »die ich nicht missen möchte«.

Die Überzeugung, dass ihm eine irdische Gerichtsbarkeit letztlich kaum gerecht werden kann – und schon gar nicht diese –, bringt ihn zunächst auf die Idee, die Aussage generell zu verweigern, aber seine Anwälte raten ihm davon ab. Hitlers Chefdiplomat soll vielmehr bekräftigend in einen Chor einstimmen, der in den Medien der westlichen Besatzungszonen bald die meisten Kommentare durchdringt: Wenn dem Angeklagten denn schon etwas vorzuwerfen sei, so der Tenor, habe er in einer Art »übergesetzlichem Notstand« gehandelt.

Verstärkt wird diese Deutung durch eine politische Großwetterlage, die sich drastisch zu verändern beginnt. Während zwischen Januar und November 1948 der Wilhelmstraßen-Prozess stattfindet, kommt die anfangs überschwänglich gefeierte Kooperation der Siegermächte im Zentrum Europas jäh zum Ende. Die Sowjets sprengen den für das geteilte Deutschland zuständigen Alliierten Kontrollrat und schnüren als Antwort auf die in den sogenannten Westzonen ausgerufene Währungsreform die Enklave Berlin ab.

So bleibt der »Kalte Krieg«, der zunehmend beängstigende Schlagzeilen produziert, auch in Nürnberg nicht ohne Folgen. Die Rigidität, mit der Robert Kempner den Hauptangeklagten zumindest unterschwellig als potentiellen Todeskandidaten behandelt, weicht im Laufe der Monate einer auffälligen Milde, von der Weizsäcker schließlich profitiert. Das Militärtribunal hält in seinem Urteil, dessen Begründung im April 1949 zweieinhalb Tage in Anspruch nimmt, sieben Jahre Freiheitsentzug für angemessen – und selbst das nur mit zwei zu eins Stimmen, weil ihn einer der drei Richter von allen Vorwürfen freispricht.

Danach wird er in die Strafanstalt Landsberg am Lech verlegt, ein geschichtsträchtiger Ort, an dem schon Adolf Hitler nach

Richard von Weizsäcker im Nürnberger Prozess als Hilfsverteidiger seines Vaters. Für den angehenden Juristen ist das ein »zeitgeschichtlicher Unterricht« von einer Eindrücklichkeit, die ihm »kein abstraktes Studium je hätte bieten können«.

seinem gescheiterten Umsturzversuch vom November 1923 gebüßt hatte, und setzt die Schicksalsergebenheit konsequent fort. In Briefen nach Hause beteuert er ein um das andere Mal seine stabile Gemütsverfassung – »fast schäme ich mich, wie gelassen ich die Dinge ansehe« –, wobei ihn die Leiden anderer, im Kriegsverbrecher-Gefängnis einsitzender und zum Teil auf die Vollstreckung der Todesstrafe wartender Häftlinge weit mehr zu beschäftigen scheinen als die eigenen.

Inmitten einer »Ansammlung von Menschen, die von Haut und Haar keine Verbrecher«, sondern lediglich durch »die Umstände in bedenkliche Lagen geraten« seien, will Weizsäcker seinem Alltag hinter Mauern die bestmöglichen Seiten abgewinnen und sich vor allem »nicht verhärten«. Soll ihm das Bewachungspersonal ruhig abverlangen, was es seiner Situation für angemessen hält – der demütige Freiherr kommt der strengen Hausordnung von sich aus entgegen, indem er sich etwa als »Gehilfe beim Wäscheflicken anbietet«.

Doch will er solche Gesten nicht als Schuldeingeständnis missverstanden wissen. So erkennbar es ihm darum geht, seine Würde zu wahren, so sehr interessiert er sich dafür, was die Außenwelt von ihm denkt. Anhand von Zeitungsausschnitten, die ihm bei Besuchen in die Haftanstalt mitgebracht werden dürfen, registriert er erfreut, dass eine wachsende Zahl der Landsleute die Rolle, die ihm im »Dritten Reich« zufiel, kaum anders bewertet als er selbst. Da sitze einer hinter Gittern, bestätigt man ihm nicht allein in nationalkonservativen Kreisen, der als glühender Patriot kein Täter, sondern eher ein Vorbild gewesen sei.

Auch wenn er für sich persönlich angeblich nichts mehr erreichen will, spornen ihn die öffentlichen Bekundungen mächtig an, »den gelandeten Walfisch wieder ins Wasser zu schieben« – und die Empörung über seine Verurteilung hat schließlich Erfolg: Nachdem das Tribunal bereits im Dezember 1949 den ursprünglichen Befund, der Verurteilte habe aktiv an Adolf Hitlers Überfall auf die Tschechoslowakei mitgewirkt, korrigiert und das Strafmaß um zwei Jahre gesenkt hat, macht der amerikanische Hohe Kommissar für Deutschland, John J. McCloy, nun sogar von seinem administrativen Weisungsrecht Gebrauch: Er ordnet an, den Staatssekretär a. D. auf freien Fuß zu setzen.

Mitte Oktober 1950 darf der Publizist und Pharma-Fabrikant Robert Boehringer, der schon zuvor den größten Teil der erheblichen Prozesskosten getragen hatte, seinen Chauffeur nach Landsberg schicken, um den Freund im komfortablen Firmenwagen nach Lindau bringen zu lassen – für Ernst von Weizsäcker zumindest ein halber Triumph. Wenngleich ihm sowohl juristisch als auch moralisch weiterhin der schwere Makel anhaftet, zu Juden-Deportationen nach Auschwitz seine Zustimmung gegeben zu haben, scheint er im Kern mit sich zufrieden zu sein. Darauf lassen jedenfalls seine im Gefängnis verfassten »Erinnerungen« schließen, die inzwischen von Sohn Richard als Buch veröffentlicht worden sind.

Ungeachtet einiger später Einsichten ist es ein in manchen Passagen eher süffisant formulierter Text, der im Nachhinein selbst beim Autor ein leises Erschrecken über den zuweilen »schroffen, bissigen Ton« seiner Ausführungen wachruft. Daran will er nun künftig noch arbeiten und zum »menschlichen und internationalen Verständnis« untereinander einen größeren Beitrag leisten als bisher. Zu erreichen sei das, hält er in einem der letzten in Landsberg verfassten und an seine Enkel adressierten Aufsätze fest, »wahrscheinlich mit *einem* Wort – und nur mit ihm: mit mehr Liebe«.

Sehr viel zurückhaltender als jemals zuvor nimmt er deshalb nach seiner Freilassung zur Kenntnis, dass sich im deutschen Blätterwald verstärkt Stimmen bemerkbar machen, die sich Weizsäcker durchaus als Außenminister der noch wenig gefestigten Bonner Republik vorstellen können. An seiner Überzeugung, nach der die Zugehörigkeit zur Elite und das mit ihr einhergehende Wissen im schwierigen Geschäft der Diplomatie weiterhin eigentlich unverzichtbar sind, ändert das freilich nichts. »Auch in der Politik zu vergeben und zu vergessen«, möchte er trotz allen Streits über sein Verhalten in den Jahren des »Dritten Reiches« denn doch noch anmahnen dürfen.

Am Ende eines Mammutprozesses, der sich über 169 Verhandlungstage erstreckte, verkünden die Richter im April 1949 ihre Entscheidung. Ernst von Weizsäcker (auf der Anklagebank ganz links) wird als »klassischer Schreibtischtäter« wegen mehrerer Verbrechen gegen die Menschlichkeit zu sieben Jahren Haft verurteilt.

Im Mittelpunkt steht nach seiner Begnadigung indessen zunächst einmal die Familie. Um ihr in der ersten Nachkriegsphase jede erdenkliche Hilfe angedeihen zu lassen, ist er sich auf dem Gehöft der inzwischen mit neunzig Jahren verstorbenen Mutter zu keiner Tätigkeit zu schade. Wie vorher im Knast als »Sattler« – und nebenbei für seine Enkel daheim als Verfasser von Märchenerzählungen –, schlüpft er am Bodensee ohne Dünkel in die Kluft des Landwirts, versorgt Kühe und Kleinvieh und pflegt den Garten. Seine Memoiren und andere Aufsätze schreibt er, um der früh verwitweten Tochter Adelheid und ihren beiden Mädchen die Honorare zu überlassen.

Den in Lindau versammelten Angehörigen beim Broterwerb beizustehen, ist für ihn selbstverständlich, und ebenso liegt ihm ihr guter Ruf am Herzen. Nichts plagt ihn mehr als die Vorstellung, dass er ihnen erheblich geschadet haben könnte – in erster Linie seinem Sohn Richard, der »in Umkehrung der Hilfs- und Schutzpflicht zwischen Eltern und Kindern, alle seine Gaben und ein ganzes Lebensjahr dem alten Vater opferte«. Ebenso emphatisch dankt er aber auch den wunderbaren Frauen des Clans. »Dem Beispiel der Weiber von Weinsberg folgend«, notiert er in Anlehnung an Theodor Fontanes Heldinnen des Alltags, »würden sie auf dem Rücken uns Männer auch noch aus dem Gefängnis tragen, wenn sie es nur dürften.«

So gefällt sich Ernst von Weizsäcker im Bewusstsein eines Privilegs, das er nicht missen möchte, im gefühlvollen Schlusskapitel seiner »Erinnerungen« in der Pose des ehemaligen Marineoffiziers, der bei stürmischem Wellengang der geliebten See zujubelt und »die armen Leut' an Land« bedauert. Nach einem Schlaganfall, der ihn tagelang ins Koma versetzt, stirbt der in Wahrheit zermürbte Doyen Anfang 1951 im Alter von neunundsechzig Jahren. Zur letzten Ruhe gebettet wird er auf der Stuttgarter Solitude, wo der im Polenfeldzug gefallene Sohn Heinrich Viktor liegt.

Sein Tod trifft Richard, seinen Jüngsten, umso härter, als die tägliche juristische Abwehrschlacht im Nürnberger Kriegsverbrecherprozess zwischen den beiden Weizsäckers offenbar eine Nähe wie zu keiner Zeit davor erzeugt hat. War ihm der prominente »Papa« bis dahin trotz aller familiären Innerlichkeit häufig verschlossen erschienen – als ein chronischer Einzelgänger und für einen Diplomaten wenig wendig –, erkennt er angeblich erst jetzt sein von Gradlinigkeit und Klarheit geprägtes »wahres

Wesen«. Das sei selbst in schwierigsten Lagen, wie er ihm hinterherruft, von der »Tiefe des eigenen Gewissens« bestimmt worden.

In der Gründerphase der Bonner Republik verbirgt sich für den mittlerweile wieder nach Göttingen zurückgekehrten Studenten hinter der sensiblen Befassung mit der »menschlichen Gestalt« des Patriarchen zugleich aber auch eine Frage, die er vornehmlich an sich selbst richtet: Läge es nach den bitteren Erfahrungen in der ersten Hälfte des 20. Jahrhunderts nicht nahe, mit der Familientradition zu brechen und die »Res publica« künftig anderen im Lande zu überlassen?

Doch ernsthaft wird ein solcher Verzicht wohl nie in Erwägung gezogen. Wie vorher der Vater in Diensten der wilhelminischen Monarchie, danach der Weimarer Republik und schließlich des nationalsozialistischen Staates, stellen sich nun die Söhne spontan der demokratischen Gesellschaftsordnung zur Verfügung. Die ist von den mehrheitlich konservativen Weizsäckers bislang zwar wenig geschätzt worden und in der unmittelbaren Nachkriegszeit ja auch erst in Umrissen sichtbar, aber die einzige noch erstrebenswerte Option. An ihrer Entwicklung teilzuhaben – und das möglichst auf einem der vorderen Ränge –, setzen sich beide Brüder gleichermaßen zum Ziel.

»Was hindert uns, dass wir's noch einmal wagen, Deutschland zu bauen ... Auf, ich bin bereit!«, hatte Carl Friedrich in einem seiner blumigen Sonette schon in britischer Gefangenschaft gedichtet, und das lebt er jetzt vor. Im profanen Tagesgeschäft der Politik nach eigenem Eingeständnis bisweilen ein bisschen blauäugig, gelingt ihm auf Anhieb, wozu er am besten taugt: Detaillierter als viele andere erzählt er den Landsleuten zunächst einmal seine Geschichte. Er will sich ehrlich machen und hofft so in einem Staatswesen, das bis in die sechziger Jahre hinein seine Vergangenheit noch weitgehend unberührt lässt, Führung »im Geistigen« zu erlangen.

Da er andererseits seine Biographie nicht so einfach abzuschütteln vermag, ähneln seine Haltung und sein Auftreten, wie Thomas Lau schreibt, »in bemerkenswerter Weise dem Bild des eigenen Vaters«. Auch in seiner Gestalt, analysiert der Historiker, sei »dem Publikum die missbrauchte und missverstandene, letztlich jedoch moralisch unbefleckte Elite« entgegengetreten – die sich dann aber in einem entscheidenden Punkt als lernfähig erweist: Ungerührt auf die Gesellschaft abzuwälzen, was er als Forscher an manchmal folgenschweren Ergebnissen hervorbringt, will er sich künftig nicht mehr erlauben.

Ansonsten schließt sich Weizsäcker willig den »Zeitbewegungen« an. Einem Stand zugehörig, der überwiegend sowohl den ökonomischen Liberalismus als auch außenpolitisch die von Konrad Adenauer betriebene Anbindung an die westliche Welt unterstützt, beschränkt er sich in den Jahren des Wirtschaftswunders als Physiker in Göttingen und später Philosoph in Hamburg auf die »Selbstinterpretation als Konservativer, der Reformen will, um den stets gefährdeten Kern der Menschlichkeit zu bewahren«. Der Bonner Staat findet, sofern er denn nicht dogmatisch für sich beansprucht, im Besitz der Wahrheit zu sein, im Großen und Ganzen seine Zustimmung.

Gemessen an so viel innerer Festigkeit beschreibt sich der acht Jahre jüngere Richard, deutlich weniger sendungsbewusst als der zunehmend auf öffentliche Wirkung bedachte Bruder, noch als »Suchender«. Ihn treibt vor allem die Frage nach seiner beruflichen Zukunft um, und zumindest insoweit hat er durchaus klare Vorstellungen. Egal, wofür er sich am Ende entscheide, wichtig sei, legt ihm ein kluger Freund nahe, »möglichst keine Vorgesetzten« erdulden zu müssen – ein »ziemlich hochgestochener Rat«, wie es ihm zunächst erscheint, den er mit wachsender Lebenserfahrung aber immer mehr zu schätzen weiß.

Von da an sieht Richard von Weizsäcker, der im Sommer 1950 das Referendarexamen hinter sich bringt und danach an der Uni zum wissenschaftlichen Assistenten aufrückt, in der Selbstständigkeit jedenfalls eines der höchsten Güter. Konsequenterweise schlägt er deshalb auch die Gelegenheit aus, mit seinem während des Nürnberger Wilhelmstraßen-Prozesses erworbenen Kenntnisreichtum zur Erforschung der nationalsozialistischen Ära an das Münchener Institut für Zeitgeschichte zu wechseln. Diese ehrenvolle Aufgabe kann ihm leider nicht bieten, was er sich an Gestaltungsspielräumen erhofft.

Doch ein mit durchgehend guten bis sehr guten Bewertungen abgeschlossenes Jurastudium lässt sich ja auf vielfältige Weise nutzen – zumal wenn man bei seinen Plänen auch eine politische Karriere in Erwägung zieht. Schließlich hatte der sprachbegabte Anwalt schon als Schüler so große Reden geschwungen, dass ihn der Vater gerne als »Parlamentarier« bespöttelte. Mit Anfang dreißig darf er sich nun über das Lob des bis dahin eher skeptischen Bruders freuen, er sei »im schrecklichen Schnellkochverfahren« des Krieges bewundernswert gereift.

Weil ihm aber bewusst ist, »die wissenschaftliche Ader der Familie nicht geerbt zu haben«, entscheidet sich Richard nach reiflicher Überlegung, »auf möglichst handfeste Art im Hier und Jetzt zu wirken«. Sorgfältig macht er sich mit den Parteiprogrammen vertraut, die in der aufstrebenden Bundesrepublik den Diskurs bestimmen. Soll er sich den Christdemokraten anschließen, und stünde ihm da Konrad Adenauer näher, der den Weg einer strikten Westbindung favorisiert, oder eher dessen auf baldige Wiedervereinigung des Landes drängende Antipode Jakob Kaiser? Eine ähnliche, in den Personen Ernst Reuter und Kurt Schumacher angelegte Spannung findet er im Übrigen in der SPD vor, die dem Aristokraten ebenso imponiert, wie ihm die FDP des ersten Bonner Staatsoberhaupts Theodor Heuss gefällt.

Andererseits stört ihn an allen politischen Vereinigungen, dass dort mit größter Selbstverständlichkeit die ältere Generation wieder ihre Ansprüche anmeldet. Nachdem der eigene Vater gestorben ist und damit die Rücksichtnahme auf ihn in dieser Frage entfällt, kann er dem Misstrauen, das ihm vor allem die »Gescheiterten von Weimar« einflößen, freien Lauf lassen. Wieso, fragt er sich, seien eigentlich etwa »die Heimkehrer aus der äußeren oder inneren Emigration an der Reihe, wir jungen Kriegsteilnehmer dagegen noch lange nicht«?

Richard von Weizsäcker entzieht sich dem Dilemma, indem er sich nach einem kurzen Zwischenspiel beim Oberlandesgericht Celle unvermittelt der Privatwirtschaft zuwendet. Von 1950 bis 1953 verdingt er sich als »wissenschaftliche Hilfskraft« bei der Gelsenkirchener Mannesmann AG, einem Unternehmen, das zur Montanindustrie zählt und wie kaum ein zweites für den Aufstieg des Landes steht. In seiner Familie, die von Ökonomie leider nie viel verstanden habe, wie er zur eigenen Rechtfertigung anmerkt, ist das ein Novum.

Neuntes Kapitel

»Studium Generale«: Der Start in die Demokratie

Die Bereitschaft der bekanntesten Mitglieder der Familie, im Rückblick auf den dunkelsten Abschnitt deutscher Geschichte auch eigene Fehler nicht rundweg abzustreiten, erweist sich schon bald als klug und weitsichtig. Ihr auffälliges Bestreben, wie Thomas Lau es sieht, »alte Eliten, die der Demokratie bisher kritisch gegenübergestanden hatten, mit der neuen Verfassung zu versöhnen«, kommt zudem den in Bonn dominierenden Parteien gelegen. Denn die verfolgen ja ihrerseits das gleiche Ziel.

Dabei setzt zunächst der wortgewaltige Wissenschaftler Carl Friedrich von Weizsäcker den Ton. Hatte er in den Wirren der Weimarer Republik noch den Untergang der bürgerlichen Welt prophezeit, die er als phantasielos empfand, und sich deshalb vorübergehend dem Größenwahn völkischen Gedankenguts angenähert, lobt er nun mit Nachdruck die »Kraft der liberalen Gesellschaftsordnung«. Die wird aus seiner Sicht zum entscheidenden politischen Faktor und darüber hinaus »zur Signatur des deutschen Wirtschaftswunders«.

Und auch der Bruder lernt schnell. Sein schon immer von preußischen Idealen geprägtes Werteverständnis in den sich wandelnden Zeitgeist der frühen fünfziger Jahre zu integrieren, fällt Richard umso leichter, als die anfänglich von den Alliierten befohlene »Re-Education« ohnehin an Bedeutung verliert. Statt ihn und seine Landsleute umerziehen zu wollen, bauen die anglo-amerikanischen Siegermächte in Anbetracht der besorgniserregenden Konfrontation mit dem Sowjetblock im Zentrum Europas bald auf einen möglichst robusten westdeutschen Pufferstaat.

Um dem zu dienen, kann sich der politisch zunehmend interessierte Jüngste der Weizsäckers sogar vorstellen, in die Fußstapfen des Vaters zu treten. Wie der kaiserliche Marineoffizier nach dem Ende des Ersten Weltkrieges seine Beziehungen spielen ließ, um ins diplomatische Gewerbe der Weimarer Demokratie einzusteigen, nutzt in der Bonner Republik der Sohn das nach wie vor enge Beziehungsgeflecht der Familie. Ein von ihm nicht näher bezeichneter Ministerialdirektor des Auswärtigen Amtes fordert seine Unterlagen an, und einem positiven Bescheid scheint wenig entgegenzustehen.

Dass hier ein Bewerber willkürlich bevorzugt werden soll, lässt sich allerdings kaum behaupten. Immerhin verfügt der promovierte Rechtswissenschaftler nicht nur über zwei Staatsexamina sowie fundierte Kenntnisse in den beiden erforderlichen Fremdsprachen Englisch und Französisch, sondern erfüllt auch die seinerzeit zumindest formell wichtigste Bedingung: Die für Fragen politischer Belastung im »Dritten Reich« zuständige Spruchkammer bestätigt ihm in einem Unbedenklichkeitsvermerk, er sei von dem damals noch geltenden Entnazifizierungsgesetz »nicht betroffen«.

Folglich stellt ihm das Amt eine rasche Vorladung in Aussicht, damit er die Zulassungsprüfung hinter sich bringen kann. Doch dann verläuft die Sache im Sand. Wie ihm zugeraunt worden sei, habe man von »höchster Stelle« abgewinkt. Noch nach einem halben Jahrhundert spekuliert Weizsäcker, wer sich da quergelegt haben mochte. War es am Ende gar der damals in Personalunion regierende Kanzler und Außenminister Konrad Adenauer? Für plausibel hält er zumindest, dass ihm der Staatssekretär im Auswärtigen Amt, Walter Hallstein, seines umstrittenen Vaters wegen einen Strich durch die Rechnung machte – für ihn ein klassischer Fall von »Sippenhaft«.

Aber seinem Aufstieg wird die als »schmählich« empfundene Zurückweisung letztlich nicht schaden. Im Oktober 1950 profitiert er von der freundschaftlichen Verbindung zu einem Anwalt, den er seit seiner Tätigkeit im Nürnberger Wilhelmstraßen-Prozess kennt – ein im parallel dazu laufenden Strafverfahren gegen den Großindustriellen Alfried Krupp von Bohlen und Halbach mitwirkender Jurist und nun einflussreicher Justitiar der Firma Mannesmann, der sich des tüchtigen Kollegen entsinnt. Für die Rechtsabteilung der Consolidation Bergbau AG. in Gelsenkirchen, die mit dem Eisen- und Stahlkonzern eng verknüpft ist, braucht man eine wissenschaftliche Hilfskraft.

Und Weizsäcker sagt zu. Obschon er von Ökonomie keine Ahnung hat und das auf monatlich 175 Mark festgesetzte Gehalt nicht gerade üppig ausfällt, nutzt er umso mehr die außerhalb seiner Arbeit am Schalker Markt möglichen Spielräume. Der Job lässt ihm genügend Zeit, in Essen und Hamm die juristische Ausbildung zu vervollständigen und darüber hinaus in gewohnter Zielstrebigkeit seine Seilschaft zu pflegen. Nichts habe seinem

»Wunsch nach Unabhängigkeit und einer Erweiterung des eigenen Horizonts« mehr entsprochen, wird er sich später erinnern, als den Schritt in die für die Aufbauphase der Bundesrepublik äußerst wichtige Privatwirtschaft zu wagen.

Schon damals macht er dabei eine ausgesprochen gute Figur. »Nach britischem Vorbild«, schreibt sein Biograph Martin Wein, führt er »stets einen Schirm mit sich« und weiß auch sonst, wie man sich in einem noch überwiegend öden Trümmerland in Szene setzt. Ein leuchtend rotes DKW-Cabrio, Baujahr 1935, für das er sich seit der Währungsreform einige hundert Mark vom Munde abgespart hat, unterstreicht seine entwaffnend optimistische Grundeinstellung.

Freunde aus jenen Tagen betonen Weizsäckers Umgangsformen, vorweg eine angenehme Art der Bescheidenheit, die ihn aber nie dazu treibt, sein stabiles Ego zu verbergen oder sein Licht unter den Scheffel zu stellen. Und so wird ihm denn auch in Herzensangelegenheiten bereits als jungem Mann »ein gütiges Schicksal« zuteil. Auf einem Fest seiner Firma zu Ehren der Heiligen Barbara, der Schutzpatronin des Bergbaus, lernt er 1950 die achtzehnjährige, »überaus anmutige Abiturientin« Marianne von Kretschmann kennen – für den entschlussfreudigen Aristokraten »das Glück« seines Lebens.

Mit einundzwanzig gibt sie ihm das Jawort, und wieder fügt sich, wie praktisch zu allen Zeiten, auch dieser Bund für die Dynastie zum Besten. Denn Marianne ist ja nicht nur die Tochter eines einflussreichen Funktionärs des Benzol-Verbands, ihr Stammbaum kann sich mit dem der Familie, in die sie nun einheiratet, durchaus messen. Von einem Finanzminister, dem es gelang, Anfang des 19. Jahrhunderts am Hofe des Herzogtums Sachsen-Coburg-Saalfeld den maroden Haushalt des Prinzen und bald belgischen Königs Leopold zu sanieren, bis hin zu einem General, der im preußisch-französischen Krieg von 1870/71 höchsten militärischen Ansprüchen genügte, reicht die Liste prominenter Staatsdiener.

Was wären die Weizsäckers ohne den Glanz der jeweiligen Partner – und das gilt vor allem für die in ihren Kreis aufgenommenen fähigen Frauen. Nennenswerte Beziehungsprobleme, so hat es jedenfalls den Anschein, gibt es seit dem Wirken des Öhringer Stiftspredigers Christian Ludwig Friedrich weder bei den Söhnen Carl Heinrich und Julius noch dem Enkel Karl Hugo oder dessen Abkömmlingen Ernst und Viktor. Eine Ausnahme macht da vorübergehend lediglich Carl Friedrich, aber am Ende braucht auch er, »um leben zu können«, seine Gundalena. Und der spätere Bundespräsident gerät über die letztlich unverbrüchliche Eintracht, die seine Ehe ausgezeichnet habe, nicht minder ins Schwärmen. In seiner zehnjährigen Amtsperiode habe die ihm angetraute Marianne nicht nur im häuslichen Umfeld, sondern auch in ihrer Eigenschaft als First Lady »wesentlich dazu beigetragen, die Villa Hammerschmidt zu einem kultivierten Ort des Gesprächs zu machen«.

Das Private als Kraftquelle und Ursprung alles Guten, das man notfalls selbst dann zäh verteidigt, wenn es die Fakten kaum erlauben. So gehört es offenkundig zum Ehrenkodex, das bis zum Zusammenbruch des »Dritten Reiches« berühmteste Familienmitglied, Hitlers Staatssekretär Ernst von Weizsäcker, konsequent aus der Schusslinie zu nehmen. Mehr als in ein notorisches Unrechtssystem »tragisch verstrickt« gewesen zu sein, möchten sie ihrem zum Kriegsverbrecher abgestempelten Vater um keinen Preis anlasten.

Eine »Wunde«, wie der jüngste Sohn Richard einmal einfließen lässt, ist die Causa trotzdem – und womöglich spielt bei seiner Entscheidung, in die Politik zu gehen, zumindest unterschwellig auch das Bedürfnis nach Kompensation eine gewisse Rolle. Darüber hinaus scheint er sich von Anfang an darüber im Klaren zu sein, dass sich die Demokratie, die den Deutschen nach der Nazi-Barbarei oktroyiert wurde, nur dann stabilisieren lässt, wenn man sich aktiv an ihr beteiligt.

Doch zunächst will er sich in seinem Beruf bewähren, wobei er mit Gespür für zukunftsträchtige Entwicklungen auf den »Bereich von Kohle und Stahl« setzt. Schließlich sind die Produkte der sogenannten Montanunion, des nach dem Krieg ersten in Europa aus der Taufe gehobenen supranationalen Wirtschaftsverbundes, angesichts der Zerstörungen heiß begehrt und versprechen als Motor der Konjunktur satte Profite. Noch stärker aber motivieren den vielseitig interessierten Juristen die überfälligen »Weichenstellungen für neue gesellschaftliche Grundstrukturen«, etwa die Reform des Unternehmens- und Kartellrechts oder das Betriebsverfassungsgesetz.

Vor allem mit solchen Streitthemen wird es Weizsäcker bei Mannesmann zu tun haben – ein Konflikt zwischen Firmenleitung und Gewerkschaften, in dem er sich rückblickend in der Position des »Brückenbauers« sieht. Um zu dokumentieren, dass er in diesem Job seinen Bossen keineswegs nur nach dem Munde redet, gibt er beim Frankfurter Institut für Sozialforschung unerschrocken eine »Felduntersuchung« in Auftrag – und wie sich im Anschluss daran die stramm links orientierten Koryphäen

Max Horkheimer und Theodor Adorno mit den Industriekapitänen an Rhein und Ruhr beharken, bereitet ihm »köstliches Vergnügen«.

Viel springt bei dem Projekt zwar nicht heraus, aber der unkonventionelle ökonomische Autodidakt ist mit seiner Mission zufrieden. Die Expertise wird ihm als »hilfreiche Klärung der Atmosphäre« gutgeschrieben, und der Generalbevollmächtigte des Konzerns erteilt seinem konservativ-liberalen Angestellten, der nebenbei noch in Göttingen promoviert, schon bald darauf Prokura. Ab Mitte der Fünfziger gilt Richard von Weizsäcker, der inzwischen zum Chef der wirtschaftspolitischen Abteilung und Zuständigen für die Öffentlichkeitsarbeit berufen wird, in seinem Großunternehmen sogar als heimliche Führungsreserve.

Sicher eine verheißungsvolle Perspektive, stünde ihm da nicht unvermittelt eine noch attraktivere Offerte ins Haus. In der weitverzweigten Verwandtschaft seiner Frau sterben kurz nacheinander die Besitzer zweier in Essen und Düsseldorf ansässiger Privatbanken, Ernst von Waldthausen und sein Cousin Fritz, und die Erben suchen nach einem Nachfolger. Da der unbedingt dem Familienverband angehören soll, fällt die Wahl auf den ehrgeizigen Quereinsteiger, der danach die beiden Geldinstitute als persönlich haftender Gesellschafter managt.

Ein vierjähriges Intermezzo, das, wie er später erzählt, für ihn trotz der wirtschaftlich beachtlichen Resultate »ein Schlauch« gewesen sei, der zudem seine eigentlichen Ambitionen tangiert habe. Denn von der inzwischen ausgereiften Idee, über die beruflichen Fortschritte hinaus »einem der Allgemeinheit verpflichteten Ganzen« auf die Sprünge zu helfen, will der Aufsteiger nicht lassen. In der Anfangsphase der Bundesrepublik scheint

Auf einem Betriebsfest des Mannesmann-Konzerns findet der wissenschaftliche Mitarbeiter Richard von Weizsäcker in Marianne von Kretschmann, der Tochter eines einflussreichen Benzol-Verbandsfunktionärs, »das Glück« seines Lebens. Die spätere First Lady der Bundesrepublik – hier 1955 in Düsseldorf – gibt ihm bereits mit 21 Jahren das Jawort.

es ihm sogar am vernünftigsten zu sein, ihrer respektablen Vergangenheit wegen bei der SPD anzuheuern, aber dann gibt er 1954 der Christenunion den Zuschlag.

Dass den Söhnen des bis zuletzt der Monarchie zugeneigten einstigen Staatssekretärs Parteien »eher fremd« sind, bestätigt in

Interviews vor allem auch Carl Friedrich von Weizsäcker. So entschieden er sich nach dem Debakel der Nazi-Diktatur zu »demokratischen Ordnungsvorstellungen« bekennt – und dabei im Laufe der Jahre »mehr oder weniger links« von Richard steht –, so sehr stimmt er mit dessen Bedenken überein: In politischen Organisationen oft vorwiegend ideologisch unterfütterte Partikularinteressen vertreten zu müssen, statt dem Gemeinwohl zu dienen, ist beiden Brüdern suspekt.

Darüber hinaus plagen den Älteren, der nach seiner Gefangenschaft bereits im April 1946 in Göttingen am Neuaufbau des nun bald nach Max Planck benannten ehemaligen Kaiser-Wilhelm-Instituts für Physik mitarbeitet, leise Skrupel. Dürfe jemand wie er, fragt er sich, dem in einer immer noch festgefügten Klassengesellschaft sein bürgerliches Auskommen garantiert sei, bei der Überwindung sozialer Ungerechtigkeit überhaupt das große Wort führen?

So verschließt ihm, wie er in seinem Essayband »Der Garten des Menschlichen« formuliert, »ethische Selbstkritik den Mund«, aber der Hang zu »politischer Äußerungsfreudigkeit« setzt sich dann rasch wieder durch. Jedenfalls gilt er in einem Kreis von Forschern, dem die Nobelpreisträger Otto Hahn, Max Born und Werner Heisenberg angehören, bald als eine Art inoffizieller Sprecher, und die meisten Texte, in denen man sich vor allem mit den Folgen einer ungebändigten nukleartechnischen Wissenschaft auseinandersetzt, stammen aus seiner Feder.

Hatte er sich in Farm Hall noch darauf beschränkt, den Vereinigten Staaten die Schuld an den Schreckensszenarien von Hiroshima und Nagasaki zu geben, appelliert er jetzt an seine Kollegen in aller Welt: Wer jemals mit waffentauglichem Spaltmaterial experimentiert habe oder in Kenntnis der damit verbundenen Vernichtungskraft ungerührt damit weitermache, könne sich schwerlich aus der Verantwortung stehlen.

Und Weizsäcker selbst will als Beispiel vorangehen. Bereits in seinen ersten, nach dem Kriege veröffentlichten Statements erfahren die leicht verwunderten Landsleute, ihm sei an der »technischen Seite« der Kernenergie allein schon seines begrenzten mathematischen Talents wegen wenig gelegen gewesen, weshalb er sich nun zügig aus den alten Fesseln zu befreien versucht. Mit dem Ruf nach Göttingen lenkt er sein Augenmerk stattdessen auf die von der Quantentheorie stark beeinflusste »philosophische Physik«.

An der weitgehend unversehrt gebliebenen Georgia-Augusta-Universität, die als erste deutsche Alma Mater bereits im September 1945 wieder eröffnet wurde, muss er sich um seine Zukunft kaum Sorgen machen. Mit einem, wie er selber anmerkt, »unverdient sauberen Fragebogen« aus seiner Vergangenheit entlassen, profitiert der Atomforscher von der anfänglichen Angst der britischen Besatzungsmacht, er könne mit Seinesgleichen zu den hoch interessierten Russen überlaufen, und so wird ihm trotz grassierender Wohnungsnot schon bald eine komfortable Bleibe zugewiesen. Die ist so geräumig, dass er in ihr auch seinen Bruder Richard wie dessen Freund, den Widerstandskämpfer Axel von dem Bussche, beherbergen kann.

Unter Werner Heisenberg im Max-Planck-Institut Abteilungsleiter für theoretische Physik und an der Hochschule Honorarprofessor, darf sich der Wissenschaftler nun ganz seinen Vorlieben zuwenden. Fortan kreisen seine Gedanken meistens um die »Geschichte der Natur« – eine gewaltige interdisziplinäre Ge-

Der Berufsoffizier Axel von dem Bussche (auf Krücken gestützt) ist Richard von Weizsäckers engster Freund. Als Gefolgsmann des Grafen Stauffenberg erklärt er sich bereit, auf Hitler ein Attentat zu verüben, verliert dann aber an der Front ein Bein, und der Plan zerschlägt sich.

samtschau auf alles, was sich von den kleinsten Teilchen bis zu den Sternensystemen zwischen Himmel und Erde bewegt. In Anlehnung an die sozialpsychologischen Reflexionen des verehrten Onkels Viktor befasst er sich darüber hinaus mit nichts Geringerem als der wahren »Bestimmung des Menschen«.

Nach den Erinnerungen Richards sind es trotz aller nachkriegsbedingten Schwierigkeiten »wunderbare Jahre der Wissbegierde«. Man habe »wie ausgetrocknete Schwämme« gültige Maßstäbe für das weitere Leben zu gewinnen versucht, beschreibt er sein »Studium Generale« in der Nähe seines umschwärmten großen Bruders.

Anstelle des Vaters, der zu dieser Zeit noch in Landsberg einsitzt, gibt der mittlerweile knapp vierzigjährige Gelehrte jetzt auch sonst den Ton an. Wie die Mutter am Bodensee und deren Schwager in Heidelberg, hält Carl Friedrich von Weizsäcker in der niedersächsischen Provinzstadt die für die Familie von jeher geltenden Wertvorstellungen hoch, und was ihm ehedem als Jugendlicher in Berlin oder andernorts an Verhaltensnormen vermittelt wurde, überträgt er nun traditionsbewusst auf seine vier Kinder. Hilfreich zur Seite steht ihm dabei die in praktischen Fragen des Alltags erfahrene Ehefrau Gundalena, als Tochter des renommierten Oberstkorpskommandanten Ulrich Wille aus dem eidgenössischen Meilen eine – mit den Worten ihres Sohnes Ernst Ulrich – »in militärischem Milieu« großgewordene und deshalb nicht selten zur Strenge neigende Person. Vom Vater dagegen, bezeugen in einem 2018 von der Tochter Elisabeth verfertigten Dokumentarfilm alle Geschwister, habe man »niemals eine Ohrfeige bekommen«.

Die mit Hingabe verfolgte Forschungsarbeit und das akademische Getriebe hindern ihn jedenfalls nicht daran, dem privaten Umfeld die nötige Aufmerksamkeit zu schenken. So lädt er an den Wochenenden zusammen mit den Heisenbergs zu ausgedehnten Fahrradtouren ein oder ergötzt sich am Abend im Kreise der Seinen an zahllosen, zum Teil selbst erfundenen Karten- und Brettspielen. Als ein jederzeit zu Späßen aufgelegter

Gesprächspartner produziert er zudem aus dem Stegreif witzige Schüttelreime.

Nach dem umstrittenen Engagement in der Nazi-Ära geht es für Carl Friedrich von Weizsäcker wieder rascher bergauf, als ursprünglich von ihm befürchtet. Sein bereits in Farm Hall in ein Sonett gekleidetes Schuldbekenntnis (»Furchtbare Klugheit, die mir riet Geduld«) erleichtert es ihm, nach dem Krieg neu anzufangen, ohne sich eigens rechtfertigen zu müssen – ein in seine Vorträge beiläufig eingestreutes Mea culpa scheint der überwiegenden Zahl der Zuhörer zu genügen. Also beschließt er, wie er dem Freund Martin Heidegger verrät, für eine längere Dauer »alles öffentliche Sprechen ganz zu unterlassen«, um sich verstärkt auf seine Kernthemen, etwa die »astronomische Kosmogonie« oder die »Zeitumkehr in der Thermodynamik«, konzentrieren zu können.

Doch komplett in den akademischen Elfenbeinturm zieht er sich nicht zurück. In den frühen Jahren der Bonner Republik, in denen die düstere Vergangenheit von einer zunehmend dramatischen Gegenwart überlagert wird, ist das kaum möglich – und schon gar nicht für einen wie ihn, der ja schließlich einen Plan hat: Um des Überlebens der Menschheit willen strebt er kein geringeres Ziel an, als die »Institution des Krieges« abzuschaffen.

Dabei kommt ihm entgegen, dass mit dem Auseinanderdriften der vormaligen Siegermächte bundesdeutsche Spezialisten von seinem Zuschnitt in den anglo-amerikanischen Wissenschaftshochburgen bald wieder salonfähig sind. So empfängt ihn bereits 1950 der in den dreißiger Jahren in die Vereinigten Staaten emigrierte ungarische Kollege Edward Teller zu einem

Gedankenaustausch. Obwohl die beiden in der Frage der militärischen Nutzung der Nuklearenergie Welten trennen, bleibt Carl Friedrich von Weizsäcker dem später berüchtigten »Vater der Wasserstoffbombe« ein Leben lang eng verbunden.

Reisen in die USA, etwa 1952 ein zweimonatiger Aufenthalt in der Harvard Summer School in Cambridge/Massachusetts, gehören für ihn von da an zum festen Programm – und wie nur wenige Bundesbürger darf er sich auch darüber hinaus bester internationaler Kontakte rühmen. Als Abteilungsleiter in Heisenbergs Max-Planck-Institut wie als Universitätsprofessor, der bei öffentlichen Auftritten mit Nachdruck für die Einheit von Forschung und Lehre wirbt, zählt er in der damals noch ziemlich provinziellen Adenauer-Republik zweifellos zu der am meisten beachteten Prominenz.

Allem Anschein nach führt er ein privat und beruflich gelungenes Leben, das zu den schönsten Hoffnungen Anlass gibt. Um mit Frau und Kindern in den Alpen oder bei seiner Mutter am Bodensee frische Kräfte sammeln zu können, schlägt er bisweilen selbst prestigeträchtige Einladungen aus. Nur wenig ist dem ebenso geselligen wie bei einsamen Bergwanderungen zur Kontemplation neigenden Wissenschaftler von klein auf wichtiger als persönliche Nähe.

Dennoch gibt es auch Rückschläge. Während einer seiner Amerika-Visiten, die ihn zum Teil über längere Zeit hinweg von Tisch und Bett trennen, lernt Weizsäcker eine junge deutsche Ärztin kennen und verliebt sich Hals über Kopf. Dass die Ehe das ausgehalten habe, wird er im Nachhinein ohne Umschweife gestehen, sei allein seiner klugen Frau Gundalena zu verdanken, die ihm den Seitensprung schließlich verzeiht. Immerhin bleibt die Liaison nicht ohne Folgen: Aus ihr geht eine Tochter hervor, die 1953 zur Welt kommt und kurzerhand in den Familienverband integriert wird.

Der ebenfalls mit vier Kindern gesegnete Bruder kann sich dagegen ganz der Karriere widmen. Die »Studienzeit« in maßgeblichen Zweigen der deutschen Wirtschaft schärft seinen Blick für die Notwendigkeit funktionierender gesellschaftlicher Systeme, die nach seinem Befund nur verlässlich sind, wenn sie auf einem Interessenausgleich beruhen – und so sieht er sich auch insoweit schon früh in der Pflicht. Je mehr ihn die Suche nach einem dritten Weg zwischen Kapitalismus und Kommunismus beschäftigt, desto stärker fühlt sich der Lutheraner den Soziallehren der christlichen Kirchen verbunden, und hier vor allem dem 1947 beschlossenen »Ahlener Programm« der Katholiken.

Im Spannungsfeld zwischen Verantwortungs- und Gesinnungsethik gibt er schließlich einer Einstellung den Vorzug, die sich ein an sittlichen Zwecken orientiertes Handeln verordnet und, wie ihm immer bewusster wird, ohne politisches Engagement kaum in die Praxis umzusetzen ist. Aber zu welcher Partei soll er sich bekennen? Hatte er bei den ersten Wahlen nach dem Kriege in Göttingen noch für einen SPD-Kandidaten votiert, erscheint ihm in den Jahren seines Aufstiegs im Mannesmann-Konzern von den Sozialdemokraten über die Liberalen bis zur CDU im Prinzip jede Couleur der demokratischen Mitte akzeptabel.

Entscheidend dafür, dass Weizsäcker letztlich der Union den Zuschlag erteilt, sind für ihn deren Gründungsmotive. Aus den gemeinsamen Erfahrungen der Weimarer Republik die Lehren zu ziehen und statt der konfessionellen Gegensätze eine Sozialpartnerschaft anzustreben – kurzum, »eine wirkliche Volkspartei anzusteuern« –, wiegt für ihn am Ende schwerer, als ihn die Programme der SPD oder FDP überzeugen.

Doch der Eintritt in eine Organisation, die er vom ersten Tag an etwas provokant als von »zart links bis ziemlich weit rechts reichend« beschreibt, hat zunächst einmal keine Folgen. Sosehr er sich nun »politisch angekommen« fühlt, so auffällig hält der unkonventionelle Parteigänger in den Jahren, in denen der Kanzler Konrad Adenauer und in dessen Schlepptau der populäre Wirtschaftswunder-Mann Ludwig Erhard von Erfolg zu Erfolg eilen, zu seinem »Verein« Distanz. Weder während seiner Tätigkeit in der Montanindustrie noch danach als Privatbankier bewirbt er sich um ein Mandat bei den Christdemokraten – der Doktor der Jurisprudenz bleibt »stilles Mitglied«.

Eine Zeitlang sieht es in diesem ersten Nachkriegsjahrzehnt so aus, als begnügten sich alle Weizsäckers, um größtmögliche Unabhängigkeit bemüht, mit ihren jeweiligen Berufen. In Heidelberg flüchtet sich der Onkel Viktor in seine psychosomatische Medizin und spekuliert dort ebenso in erster Linie auf akademischen Lorbeer wie in Göttingen der Physiker-Philosoph Carl Friedrich. Derweil sammelt der wissenschaftlich weniger befähigte Richard im Unternehmensmanagement weiter Erfahrungen.

Aber das bleibt nicht so. Wie es bereits ihren Vorvätern bei allem Erwerbssinn stets darum ging, den »Dienst am Ganzen« im Blick zu behalten, werden bald auch die Nachkommen von sich reden machen.

Zehntes Kapitel

»Nicht bewahren, was zur Erstarrung neigt«: Neue Wegweiser

Trotz der anfänglichen Versuche, allein den anglo-amerikanischen Kollegen die Verantwortung für die Katastrophe von Hiroshima und Nagasaki anzulasten, befragt sich Carl Friedrich von Weizsäcker bald auch selbst. Wie erst Jahre später veröffentlichte private Aufzeichnungen belegen, spricht er sich bereits Ende August 1945 zumindest von einer Mitschuld am Inferno in Japan nicht ganz frei – ein schmerzlicher Befund, der nach seiner Ansicht für alle Forscher gilt, die mit der Kernspaltung befasst sind. »Wir haben wie Kinder mit dem Feuer gespielt«, notiert er da erschrocken und verheißt der Weltbevölkerung im Wiederholungsfall den totalen Ruin. Vermutlich würden dann »nicht 90 000, sondern neunzig Millionen Menschen« ihr Leben verlieren.

Im »Dritten Reich«, gesteht sich der Professor nun ein, hätte ein skrupelloser Gewaltherrscher vom Schlage Adolf Hitlers wohl kaum gezögert, die Bomben einzusetzen, und sei nur deshalb von dem Projekt abgerückt, weil es für seinen »Uranverein« zu ihrem Bau noch »keinen technisch gangbaren Weg« gegeben habe. Wenig Grund also, sich moralisch über den ehemaligen Kriegsgegner zu erheben. Von existentieller Bedeutung erscheint ihm aber angesichts der Tatsache, dass ab Sommer 1949 die Sowjetunion ebenfalls über atomare Sprengköpfe verfügt, eine weltumspannende Ächtung der nuklearen Rüstung.

Wie kaum ein Zweiter in seinem Spezialfach nimmt er sich dabei zunächst einmal selbst an die Kandare. Endgültig vorbei sollen für ihn die Zeiten sein, in denen die Wissenschaft über das »größte Machtmittel« verfügt, ohne sich um die gesellschaftlichen Konsequenzen ihrer Produkte zu kümmern. Über deren Anwendung ausschließlich die politischen und militärischen Autoritäten entscheiden zu lassen, will er im Lichte der verheerenden Folgen nicht länger dulden.

Da ihm im Nationalsozialismus mangels ausreichenden Knowhows und genügender Ressourcen das Ärgste glücklicherweise erspart geblieben ist, sucht sich Weizsäcker in der Bonner Republik neu zu erfinden, und das mit einigem Erfolg. Einen starken »Nachholbedarf an Vollzug des Common Sense der Aufklärung« verspürend, verschafft er sich binnen kurzem auf den unterschiedlichsten Gebieten Gehör. So wird er schon 1952 in einen Braintrust berufen, der sich mit den ersten Entwürfen einer als überfällig empfundenen Hochschulreform beschäftigt, und berät in einem »Arbeitskreis Kernphysik« die Bundesregierung.

Seiner »Selbstinterpretation« als »naturwissenschaftlich-religiöser« Konservativ-Liberaler entsprechend, hat er nach der Willkür der Nazis und den Bildern der Knechtschaft, die ihm in der östlichen Hemisphäre der Stalinismus vermittelt, an der freiheitlich-demokratischen wie ökonomischen Grundordnung in Westdeutschland nur wenig auszusetzen. Auch wenn ihm nicht alles gefällt, entspricht sie im Großen und Ganzen seinem Staats- und Gesellschaftsverständnis.

Aber dann fürchtet er Mitte der fünfziger Jahre, dass die »herrschende Politik« aus dem Ruder läuft. Mit der Rüstungsspirale, an der die Supermächte immer schneller drehen, und spätestens nach dem blutig niedergeschlagenen Arbeiteraufstand in Ost-Berlin hat sich die Hoffnung auf eine friedliche Lösung der »deutschen Frage« bis in die ferne Zukunft hinein erledigt. Zugleich soll die Welt nun von einem schon begrifflich martialischen »Gleichgewicht des Schreckens« im Lot gehalten werden.

Anstatt auf einen Abbau ihrer Arsenale hinzuwirken, stehen sich in Gestalt des Warschauer Paktes und der Nato, die 1955 um die kurz zuvor gegründete Bundeswehr verstärkt wird, zwei mit ähnlich zerstörerischem Overkill ausgestattete Militärblöcke gegenüber – und noch fataler: Zum Entsetzten Weizsäckers, der zielstrebig und ein bisschen naiv nach Möglichkeiten Ausschau hält, die »Institution des Krieges« ganz abzuschaffen, möchte im Jahr darauf der zum Verteidigungsminister ernannte Franz Josef Strauß nach französischem Vorbild seine Streitkräfte unverhohlen mit »nuklearen Komponenten« versehen.

Für die insgesamt glimpflich davongekommenen einstigen Mitwirkenden des »Uranvereins«, von denen einige in Göttingen eine neue Karriere gestartet haben, keine einfache Lage. Der Sachverstand sagt ihnen, dass ein kleines Land wie die Bundesrepublik umso leichter zur Zielscheibe sowjetischer Angriffe werden könnte – ein aus ihrer Sicht entscheidendes Gegenargument. Um aber dem Vorwurf der Illoyalität zu entgehen, verständigen sich die zum öffentlichen Protest entschlossenen Forscher zunächst einmal darauf, den Minister in privater Runde zu warnen.

Doch Strauß denkt nicht daran, ihre Einwände gelten zu lassen. In einem Redeschwall, der erst nach mehr als zweieinhalb

Stunden abebbt, staucht er die Physiker als strategisch unbedarfte Gutmenschen zusammen und belehrt sie darüber, woran er selbst tatsächlich zu glauben scheint: Die USA würden sich aus Europa zurückziehen – eine gemeinsam mit Frankreich organisierte und das russische Hegemoniestreben bändigende atomare Abwehr sei deshalb dringend nötig.

So endet die erste Etappe einer Auflehnung, wie es sie in der Bonner Nachkriegsgeschichte bis dahin nicht gegeben hat, ziemlich ruhmlos. »Wir standen nachher wie verregnete Hühner beisammen«, erinnert sich Carl Friedrich von Weizsäcker. Das Gespräch mit dem bulligen Bayern, dem ein Besuch seiner Delegation bei Konrad Adenauer folgt, bringt ihn letztlich so aus der Fassung, dass er danach für einige Tage »mit Ohrenpfeifen und Brechdurchfall« das Bett hüten muss.

Das hindert ihn aber nicht daran, erneut einen Versuch zu wagen, als der Kanzler seinem Minister den Rücken stärkt und die sogenannten taktischen Atomwaffen zu einer bloßen »Fortentwicklung der Artillerie« verniedlicht. Anstelle des erkrankten Werner Heisenberg mit der Federführung betraut, stellt er in einer im Wesentlichen von ihm stammenden »Göttinger Erklärung« unmissverständlich fest, dass sich der Regierungschef irrt. Mit den inzwischen sowohl von den USA als auch der Sowjetunion gebauten Wasserstoffbomben könne man, so die achtzehn Unterzeichner des Papiers, »die Bevölkerung der Bundesrepublik wahrscheinlich heute schon ausrotten«.

Zwar erkennen sie an, dass das Drohpotential eines militärischen Vergeltungsschlages möglicherweise ebenfalls einen gewissen Beitrag zum Frieden leiste, aber um welchen Preis! Zum freiwilligen Verzicht auf nukleare Systeme aller Art gibt es nach ihrer Einschätzung in der am 12. April 1957 veröffentlichten Analyse keine Alternative – und wie ernst es ihnen damit ist, wird im Schlusssatz dokumentiert: An der Herstellung, der Erprobung oder gar dem Einsatz von Atomwaffen in irgendeiner Weise mitzuwirken, lehnen die Kernphysiker unisono ab.

Abermals fährt Franz Josef Strauß schweres Geschütz auf und verbittet sich bei einem zweiten Treffen im Kanzleramt in Anwesenheit kommandierender Generale jedwede Obstruktion. Adenauer übernimmt derweil den eher väterlichen Part. Im Vorfeld des Bundestagswahlkampfes Zurückhaltung zu üben und vor allem nicht in die Fänge sowjetischer Propaganda zu geraten, erscheint ihm als das Mindeste, was er von den Wissenschaftlern erwarten zu können glaubt. Im Übrigen, gibt er zu bedenken, werde der kriegslüsterne Ostblock in Abrüstungsverhandlungen, die seine Regierung grundsätzlich befürworte, eine einseitige deutsche Vorausleistung kaum honorieren.

Doch so wenig der von solchen Einwänden beeindruckte Carl Friedrich von Weizsäcker an der prinzipiellen Aufrichtigkeit des Kanzlers zweifelt, so entschieden versteift er sich nun auf »Fakten«. Die dürften keinesfalls »zum Gegenstand politischen Kalküls gemacht werden«, belehrt er den Kanzler erstaunlich schroff und hält an seiner »Erklärung« fest.

In der Bonner Nachkriegsrepublik ruft dieser erste Akt zivilen Ungehorsams, zu dem sich immerhin renommierte Forscher bekennen, ein geteiltes Echo hervor. Mit Ausnahme der heftig umstrittenen Wiederbewaffnung sind den Bundesbürgern nennenswerte Unruhen bis dahin erspart geblieben, und das Gros scheint sich auch nicht danach zu sehnen. Um wie viel lieber man auf das Weiter-so setzt, zeigen die im Herbst 1957 stattfindenden Parlamentswahlen, die Konrad Adenauer zum ersten und einzigen Mal zur absoluten Mehrheit verhelfen.

Entscheidend dazu beigetragen hat nach übereinstimmender Auffassung der Meinungsforscher sein Slogan »Keine Experimente« – ein Versprechen, das vor allem der alarmierenden außenpolitischen Lage Rechnung trägt. Schließlich liegt der von den Sowjets brutal niedergewalzte Aufstand der Ungarn erst elf Monate zurück, und in Berlin stehen sich die Panzer der Supermächte in Sichtweite gegenüber.

Da schürt der Professoren-Protest zumindest bei den Deutschen, die noch obrigkeitsstaatlichem Denken verhaftet sind, Ängste – und auch der Wortführer der »Göttinger Achtzehn« fühlt sich zunächst leicht unwohl in seiner Haut. So zwingend geboten es ihm erscheint, »der Nation in einer Lebensfrage zu raten«, so gewöhnungsbedürftig ist für ihn, wie sich in der anschließenden »Kampf-dem-Atomtod-Kampagne« die rasch anwachsende Zahl seiner Anhänger zusehends der Straße bemächtigt. Ungezügelte oder sogar mit Randale einhergehende basisdemokratische Aktivitäten sind dem im Grunde eher scheuen Aristokraten selbst dann nie ganz geheuer, wenn sie einem guten Zweck dienen.

Während der Physiker so immer stärker in den Fokus der Öffentlichkeit rückt, bleibt der Jurist Richard von Weizsäcker noch im Hintergrund. Dass er sich, was die Friedensbewegung anbelangt, nicht gerade zu den Sympathisanten rechnet, gibt er zwar erst in den achtziger Jahren zu erkennen, als er im Gegensatz zu seinem Bruder den von Helmut Schmidt initiierten Nato-

Doppelbeschluss unterstützt, aber der größere Pragmatiker ist er wohl schon Ende der Fünfziger.

Wenngleich seit 1954 Mitglied der CDU, hält er sich damals auffällige politische Postulate noch vom Leibe und gibt sich damit zufrieden, in der freien Wirtschaft zu reüssieren. Dort Karriere machen zu können und auf längere Sicht ein Kandidat »für Chefetagen« zu sein, wird dem entscheidungsfreudigen ökonomischen Neuling sowohl bei Mannesmann als auch danach im Kreditwesen bestätigt.

In der Bundesrepublik Macht und Einfluss zu gewinnen, hat sich der Offizier von Weizsäcker andererseits gleich nach Kriegsende verordnet. Wie die meisten seiner Altersgenossen geht er davon aus, dass nun, da auf der vorangegangenen Generation die Hypothek der Vergangenheit lastet, die Zeit der Nachgeborenen gekommen ist. Da will er mitmischen und in der Tradition seiner Väter und Vorväter die »gesellschaftlichen Belange« nicht außer Acht lassen – ein Ziel, das er selbst bei seinem steilen Aufstieg in der Privatwirtschaft stets im Blick behält.

Doch er sieht sich getäuscht. Kein Geringerer als Konrad Adenauer weist ihn bei einer ersten persönlichen Begegnung wenig einfühlsam auf eine vermeintliche Fehleinschätzung hin, die den damals Siebenunddreißigjährigen noch Jahrzehnte später in Wallung bringt: Junge Leute, belehrt ihn der greise Patriarch, sollten lieber erst einmal ihre Ausbildung fertigmachen und Familien gründen – »in der Politik brauchen wir die jetzt nicht«.

In jenem Sommer 1957 bereits Vater zweier Söhne und als Abteilungsleiter im Bergbaukonzern auch beruflich solide verankert, fühlt sich der Freiherr vor den Kopf gestoßen. Mit welcher Selbstverständlichkeit seine auf den Schlachtfeldern massenhaft missbrauchten Schicksalsgefährten von den älteren Semestern und zumal dem »Oberkommandierenden der Weimarianer«, wie er den Bundeskanzler gegenüber seinem Biographen Gunter Hofmann spöttisch nennt, an den Rand gedrängt werden, bleibt ihm ewig im Gedächtnis.

Als ob das Arbeitsrecht, auf das er sich bis dahin spezialisiert hat, nicht politisch wäre! Für kaum etwas anderes habe er letztlich mehr »Leidenschaft und Sinn« entwickelt, als sich mit gesellschaftlichen Gestaltungsfragen auseinanderzusetzen, springt ihm auch sein Bruder Carl Friedrich bei und prophezeit ihm schon früh eine vor allem »im öffentlichen Raum« glänzende Zukunft. Ein zusätzlicher Ansporn, vermutet er, sei ihm dabei das Scheitern des Vaters gewesen.

Deshalb kann ihn selbst Adenauer nicht von seinen Plänen abbringen, aber vorerst zögert er noch. Nach der Tätigkeit für die Montanunion, die in ihrer Vielfalt über ein rein wirtschaftliches Engagement bereits deutlich hinausgeht, lockt ihn im Sommer 1958 der Ruf der Privatbanken von Waldthausen – eine vornehmlich wohl unter familiären Aspekten angenommene Herausforderung. Richard von Weizsäcker möchte es sich und den mit seiner Frau entfernt verwandten Besitzern, die ihm großzügig alle Verantwortung übertragen, beweisen und darf nach vier Jahren äußerst erfolgreich Bilanz ziehen.

Sein Verlangen nach Unabhängigkeit gibt offenkundig auch den Ausschlag dafür, dass er im Frühling 1962 abermals eine Führungsposition in der Industrie besetzt. Das Angebot kommt von dem in Ingelheim beheimateten Pharma-Riesen C. H. Boehringer Sohn, dessen chronisch herzkranker Mitinhaber und Geschäftsführer Ernst seit längerem nach einem Vertrauten sucht. Der soll ihn in seinem florierenden Unternehmen vor allem im Personal-, Rechts- und Steuerwesen entlasten und vielleicht später sogar einmal beerben – bei den schon damals mehr als 3500 Beschäftigten natürlich eine reizvolle Aufgabe.

Eingefädelt hat den Deal der Vetter Robert Boehringer, seit Anfang der dreißiger Jahre nach seiner Emigration in die Schweiz ein enger Freund der Eltern Richards und wie diese dem Kreis um den Lyriker Stefan George zugetan. Der souverän auftretende Anwalt ist ihm schon beim Nürnberger Kriegsverbrecherprozess aufgefallen und erweist sich nun auch im neuen Job als die denkbar beste Wahl. Mit dem Chef des Familienbetriebs verbindet ihn bald eine Beziehung, die die von Anfang an hohen Erwartungen noch übertrifft.

Aber dauerhaft hält es Weizsäcker selbst dort nicht. Obschon er laut Anstellungsvertrag lediglich dazu verpflichtet ist, eine Zwei-Drittel-Stelle auszufüllen und sich in eigener Regie also noch anderweitig beschäftigen darf, nimmt er nach dem Tod des Firmenpatriarchen 1966 seinen Abschied. Die Privatwirtschaft, der er anderthalb Jahrzehnte gedient hat und wertvolle Erfahrungen verdankt, lenkt ihn zu sehr von seinen eigentlichen Wunschvorstellungen ab.

Doch anstatt sich nun seiner politischen Obsession zuzuwenden, befasst sich der Jurist zunächst einmal ausgiebig mit einem kaum minder komplexen Themenbereich. Im Zentrum »geistiger Selbstfindung« steht für ihn seit Beginn der fünfziger Jahre der »Deutsche Evangelische Kirchentag«, ein Zusammenschluss, der bis in die Zeit der Unruhen des Vormärz wie der gescheiterten Revolution von 1848 zurückreicht und nach dem Zweiten

Weltkrieg eine bemerkenswerte Renaissance erlebt. Der Laienbewegung, die in den Gründerjahren der Bundesrepublik insbesondere die im geteilten Deutschland noch verbliebenen Gemeinsamkeiten pflegt, fühlt sich der Nachfahr theologischer Autoritäten letztlich enger verbunden als jeder Partei.

Die Arbeit auf diesem Feld habe ihn »angezogen und förmlich erzogen«, wird Richard von Weizsäcker später häufig ungewohnt emotional unterstreichen. Zwar legt er Wert auf die Feststellung, dass er da nie »zu übersteigerten religiösen Schwärmereien« geneigt, sondern sich »in eine Nüchternheit eingeübt« habe, die die Bibel dem Christen abverlange, um seinen Teil an Verantwortung für das öffentliche Gemeinwohl »mit Vernunft wahrnehmen zu können«. Aber sich in einer zusehends säkularisierten Gesellschaft an den Kernaussagen des Neuen Testaments und zumal der Bergpredigt zu orientieren, ist dem schwäbischen Protestanten denn doch ein Anliegen.

Kaum verwunderlich, wenn er sich in diesem Freundeskreis »verwurzelt« und ihn selbst noch als amtierendes Staatsoberhaupt regelmäßig kontaktiert. Dabei geht es ihm freilich nie darum, politische Programme »im Namen Gottes zu verkünden«. Entscheidend ist vielmehr, dass er gleichsam von der Pike auf »in einer Art politischem Vorraum« erlernt, was ihn danach bei seinem Aufstieg zum CDU-Parlamentarier, Regierenden Bürgermeister von West-Berlin und schließlich Bundespräsidenten auszeichnet.

Dass er sein Bekenntnis generell eher zurückhaltend formuliert, nutzt ihm nicht nur bei den zuweilen heftigen Kontroversen zwischen den Hauptströmungen seiner Glaubensgemeinschaft, den Lutheranern, Reformierten und Unierten – es trägt ihm, wie einst dem berühmten Urgroßvater Carl Heinrich, auch bald den Ruf eines Vermittlers ein, der über alle interfraktionellen Querelen hinaus auf die Kraft der Ökumene setzt. In einem seit Jahrhunderten gespaltenen christlichen Abendland die beiden großen Konfessionen Schritt für Schritt zu mehr Einvernehmen zu ermuntern, erscheint ihm allein schon deshalb dringend geboten, weil sie aus seiner Sicht auch am folgenschweren Niedergang »Weimars« nicht ganz unschuldig sind.

Wie sehr ihn der laizistische Aufbruch anspricht, wird ihm bereits als Besucher eines der ersten, damals noch gesamtdeutschen Kirchentage 1950 in Essen bewusst – und dann noch stärker vier Jahre darauf in Leipzig. Dass sich dort zur Zeit des Kalten Krieges, in der das sozialistische Regime der DDR ansonsten fast sämtliche Verbindungen zu den »Revanchisten« in Bonn gekappt hat, mehr als 650 000 Menschen versammeln, begeistert ihn ebenso wie ein am Ende des Treffens zu Protokoll gegebener Verzicht: Um die Aussöhnung mit Polen voranzubringen, bekennt sich Klaus von Bismarck, ein aus Pommern stammender Ex-Offizier im Potsdamer Regiment 9, zum unwiderruflichen Verlust seiner Heimat – für Richard von Weizsäcker »ein Schlüsselerlebnis«.

Die bittere Notwendigkeit, als Konsequenz aus dem Terror der Deutschen das damals noch überwiegend Verdrängte zu denken und die Gebiete jenseits von Oder und Neiße preiszugeben, hat ihm schon vorher ein anderer evangelischer Aktivist vor Augen geführt. Der ehemalige Mitarbeiter seines Vaters und im Juli 1944 in das Attentat auf Hitler verwickelte schlesische Diplomat Albrecht von Kessel setzt sich bereits seit Ende des Krieges für einen Ausgleich mit dem Osten ein.

So kommt der Impuls, um einer stabilen Nachkriegsordnung willen die Realitäten zu akzeptieren, zunächst einmal von Männern einer im NS-Staat oft allzu opportunistischen Oberschicht. Dass deren lobenswertes »zivilgesellschaftliches Engagement«, wie es Weizsäcker später immer wieder einmal bekräftigt, zugleich der Versuch ist, der alten Elite zu neuem Ansehen zu verhelfen, will er dabei nicht leugnen. Er habe »keine Scheu vor diesem halbtabuisierten Begriff«, erklärt der pensionierte Bundespräsident seinem journalistischen Gesprächspartner Jan Roß, um dann, was er damit vor allem ausdrücken will, zu präzisieren: Der Allgemeinheit zu dienen, sei genau genommen »eine Frage des Führungsnachwuchses – da sind uns andere Demokratien voraus«.

Welche Motive den Ausschlag geben, dass der ökonomisch erfolgreiche Rechtswissenschaftler in den Gründerjahren der Republik sein Herz für die protestantische Bewegung entdeckt, bleibt letztlich Spekulation. So beharrlich er mit seinem Bruder noch immer den Vater verteidigt, so überzeugend geht es ihm nun unter anderem darum, den im »Dritten Reich« drangsalierten Geistlichen der »Bekennenden Kirche«, etwa Pastoren wie Martin Niemöller, Helmut Gollwitzer oder Kurt Scharf, die Stange zu halten. Unabhängig von theologischen Debatten, die den »religiösen Autodidakten« weniger interessieren, imponiert ihm die Entschiedenheit, mit der sie in ihren deutschlandpolitischen Vorstellungen eine die Grenzen überschreitende Versöhnungsbereitschaft anmahnen.

Was es bei seiner Familie auslöst, als Weizsäcker Anfang der sechziger Jahre erste Skizzen zu Papier bringt, die sich mit der von Bonn geforderten Rückgabe der Ostgebiete ungewöhnlich kritisch auseinandersetzen, lässt sich ebenfalls nur vermuten. Immerhin haben die Schwaben, die sich mental längst im Preußischen verankert fühlen, bei einer Anerkennung des Status quo auch persönlich schmerzliche Opfer zu bringen. So trauert in Lindau Richards Schwester Adelheid, deren Mann Botho-Ernst Graf zu Eulenburg im Krieg sein Leben gelassen hat, ihrem Gutsbesitz nach, der jetzt in Polen liegt.

Doch am Ende stellt sich der Clan den Realitäten. Ob am Bodensee die unermüdliche Marianne von Graevenitz, die nach dem Tod ihrer Schwiegermutter Pauline von Meibom mit der Tochter und den beiden Enkelinnen Apollonia und Maria ihren Frauenhaushalt nebst Kleinvieh-Aufzucht managt, in Heidelberg der Neurologe Viktor oder in Göttingen der Kernphysiker Carl Friedrich – allerorten dominiert der Wille, die Herausforderungen nicht einfach klaglos hinzunehmen. Beim zweiten Versuch, im Zentrum Europas eine sattelfeste und zukunftsfähige Demokratie zu installieren, will man zu den treibenden Kräften zählen.

Man könne »nicht bewahren, was zur Erstarrung neigt«, heißt einer der Glaubenssätze Richards – ein Aufruf auch an die eigene Adresse, zumindest einige in seiner Dynastie über die Jahrhunderte hinweg hochgehaltenen Wertmaßstäbe notfalls zu revidieren. Je klarer sich sein Einstieg in die Politik abzeichnet, desto deutlicher werden ihm die Prinzipien eines parlamentarisch-repräsentativen Systems bewusst. Zu hinterfragen gilt es insbesondere die noch von seinem Vater unverhohlen zur Schau gestellte Geringschätzung der Parteien, die er immerhin lange genug geteilt hat.

Andererseits tut sich Weizsäcker selbst dann noch schwer damit, als ihm nach reiflicher Überlegung ein Eintritt in die Union am plausibelsten erscheint. Dass sie im buchstäblichen Sinne des Wortes »Volkspartei« zu werden verspricht, gefällt ihm, wohingegen ihn von Anfang an »das C im Firmenschild« stört. Aus christlichem Gedankengut einen politischen Katechismus abzuleiten und gleichsam als Alleinstellungsmerkmal »gegen demokratische Konkurrenten ins Feld zu führen, wo es doch Gläubige und Ungläubige in allen Gruppierungen gibt«, hält er zeit seines Lebens für reichlich überzogen.

Aber steht dazu nicht im Widerspruch, was er sich umgekehrt selbst abverlangt? Unter seiner zielstrebigen Mitwirkung öffnen sich ja gerade die Institutionen der Evangelischen Kirche Deutschlands (EKD) verstärkt weltlichen und – in Sonderheit was den Interessenausgleich mit den Staaten des Ostblocks betrifft – hochbrisanten politischen Themen. Es ist keineswegs übertrieben, in Weizsäcker einen der Vordenker jenes »Wandels durch Annäherung« zu sehen, mit dem dann ab 1963 die Genossen Willy Brandt und Egon Bahr Furore machen.

Für die strikt auf Westbindung fixierte Union sind solche Gedanken, die der eigenwillige Parteifreund bereits im Jahr zuvor in Umlauf bringt, natürlich eine Provokation. Spätestens seit der Zurückweisung der Stalin-Note von 1952, in der der sowjetische Diktator die Deutschen mit einem offenkundig vergifteten Neutralitätsangebot zu ködern versuchte, und dem kurz darauf beginnenden Korea-Konflikt stehen die Zeichen so sehr auf Sturm, dass der Kalte Krieg alle um Entspannung bemühten Problemlösungsmodelle überlagert.

Folglich darf Weizsäcker auch nicht erwarten, in seiner Partei alsbald den Kurs zu bestimmen, aber mit seinem in der bisherigen Berufslaufbahn noch gewachsenen Selbstwertgefühl kann er Fehlschläge verkraften. Nachdem er sich entschieden hat, in einem überwiegend konservativen Milieu für die aus seiner Warte unvermeidlichen Veränderungen zu kämpfen, geht es ihm vorerst um das Nächstliegende: Er möchte mit Geduld und Zähigkeit wenigstens »Einfluss auf die Richtung des langen Geleitzuges CDU gewinnen«.

Entmutigt die Zügel schleifen zu lassen, kommt für ihn jedenfalls zu keiner Zeit in Betracht. In einer Gesellschaft, in der sich nach dem Kriegsdebakel die Mehrheit seiner Landsleute noch am liebsten in ihren eigenen kleinen Winkel zurückzieht, will er möglichst viel »Öffentlichkeit herstellen« und »Akzente setzen«. Dem Streben nach Macht, das ihm durchaus nicht fremd ist, soll ein guter Geist vorangehen.

Wie man beides miteinander in Einklang bringt, führt in der ersten Dekade der Bundesrepublik sein Bruder zunächst noch eindrucksvoller vor. Innerhalb kürzester Zeit, und zumal nach der »Göttinger Erklärung«, wächst er zumindest bei den friedensbewegten Deutschen in die Rolle einer moralischen Instanz hinein – und die Lobeshymnen nehmen ständig zu. Es dauert nicht lange, da ist der Kernphysiker, der aus welchen Gründen auch immer am Bau einer Atombombe vorbeischrammte, um nun wie kein anderer vor ihr zu warnen, dem Hamburger Nachrichtenmagazin »Der Spiegel« sogar eine Titelgeschichte wert.

Ein Weizsäcker als politischer »Coverboy«! So erinnert sich der Bruder noch vier Jahrzehnte danach – eine bemerkenswert flapsige Wortwahl, in der fast schon ein Hauch von Neid mitzuschwingen scheint. Dass der berühmte Schwager bei allen unbestreitbaren Qualitäten »auch ein Glückskind« gewesen sei, mokiert sich nach dem Tod des späteren Staatsoberhaupts selbst dessen Witwe Marianne: Während Carl Friedrich, vom Kriegsdienst befreit, »jeden Tag darauf bestand, ein frisch gebügeltes weißes Hemd anzuziehen«, habe ihr Mann »sechs Jahre lang an der Front im Dreck gelegen«.

Alles in allem überwiegt dann aber doch der Stolz. Schließlich gewinnt der Name Weizsäcker nach dem Aufsehen erregenden Wilhelmstraßen-Prozess und einem Urteil gegen den Chefdiplomaten im »Dritten Reich«, das dessen Familie bis ins Mark traf, rasch wieder an Strahlkraft.

Und abgesehen von einigen Animositäten, ist man ja auch eine im Ernstfall durchaus verschworene Gemeinschaft, die sich vor allem nach dem Göttinger Coup zu wehren weiß. Als der erzreaktionäre Präsident des Bundesverbandes der Deutschen Industrie, Fritz Berg, die angeblich »illegitimen Interventionen überheblicher Intellektueller« verurteilt, stellt ihn Richard von Weizsäcker, damals noch bei Mannesmann unter Vertrag, furchtlos zur Rede. Bei fundamentalen politischen Entscheidungen, empört er sich, hätten die Stimmen der Forscher mit ihrer wissenschaftlich-ethischen Verantwortung zumindest ebenso viel Gewicht wie wirtschaftliche Interessen.

Die Brüder beginnen einander zu ergänzen – ein immer festerer Schulterschluss, der auch mit dem wenige Monate zuvor verstorbenen und von beiden verehrten Onkel Viktor zu tun haben mag. Dass sich der letzte noch im 19. Jahrhundert geborene Vertreter der »Öhringer Linie« stets darum bemühte, in der von ihm verfochtenen medizinischen Anthropologie die krankmachenden gesellschaftlichen Faktoren miteinzubeziehen, empfinden die Neffen im Prinzip als vorbildlich.

Hatte sich der Arzt ein Berufsleben lang immer wieder mal etwas kryptisch als »konservativer Revolutionär« oder »atheistischer Christ« bezeichnet, ist es in der nachgewachsenen Generation vor allem Carl Friedrich, der sich und seine künftige Arbeit auf ähnlich ambitionierte Art verortet. Der Ideenlehre der großen Vorbilder Platon und Kant anhängend, hofft er in seiner »philosophischen Physik« endlich die »Einheit von Geist und Materie« nachweisen zu können.

Was ihn wiederum nicht daran hindert, sich verstärkt den irdischen Problemen zuzuwenden, die sich vor allem aus den entfesselten atomaren Gewalten ergeben. Welche Verhaltensweisen angesichts der Katastrophe in Japan dem Naturwissenschaftler und Techniker auferlegt seien, fragt sich Weizsäcker kurz nach der Kampfansage von Göttingen und verschärft dabei seine Gangart noch. Er und die Kollegen stünden in der Pflicht, Leben zu fördern und nicht zu gefährden, doch erlaube ihnen »die Struktur der Welt«, diesem Imperativ gerecht zu werden? Spätestens die über Hiroshima abgeworfene Bombe habe gezeigt, wie leicht die Verfügungsmacht über diese schrecklichste aller Waffen in die Hände der Militärs gerate – vor dem Hintergrund der Ost-West-Konfrontation ein für ihn unerträglicher Zustand.

Sieht es da auf den ersten Blick nicht ein bisschen nach Resignation aus, als er noch im selben Jahr einem Ruf nach Hamburg folgt, um dort einen Lehrstuhl für Philosophie zu besetzen? Zwar bleibt er gleichzeitig Mitglied des Münchener Max-Planck-Instituts für Physik und Astrophysik, aber der Schwerpunkt seiner Arbeit liegt nun deutlich im Bereich der Geisteswissenschaften, in dem sein Denken seit längerem von religiösen Aspekten beeinflusst wird. Die Entstehung und den Lauf der Welt kann sich der undogmatische Christ, der sich zudem immer intensiver mit asiatischen Glaubensweisheiten beschäftigt, letztlich nur als Ergebnis eines göttlichen Schöpfungsplans vorstellen.

Doch sich mit vermeintlich letzten Wahrheiten zu befassen genügt dem vielseitig interessierten Gelehrten nicht. So offenherzig er sich bei seinen Vorlesungen oder auf langen Spaziergängen dem »Erschließen der Schönheit der Natur« hingibt, so wenig weicht er auch jetzt den zunehmend bedrückenden Realitäten aus. Nach zwei verheerenden Kriegen mit Millionen Toten eine am Abgrund taumelnde Menschheit sich selbst oder obskuren Potentaten zu überlassen widerstrebt ihm allein schon deshalb, weil ihm seine eigenen Irrtümer im »Dritten Reich« immer wieder Schuldgefühle einflößen.

Und dennoch gibt es da, wie er sich eingesteht, diese »bürgerlich-konservativen Instinkte« seines Standes, die ihn gleichzeitig zur Kompromissbereitschaft anhalten. Haben bereits seine Plädoyers für eine friedliche Nutzung der Kernenergie in ökopazifistischen Zirkeln Verwunderung ausgelöst, so neigt der Physiker bald auch auf militärischem Gebiet zu »mehr Wirklichkeitssinn«. Gespräche in den Vereinigten Staaten, bei denen die »Väter« der ersten nuklearen Massenvernichtungswaffen, Robert Oppenheimer und Edward Teller, auf ihren Projekten beharren, führen zumindest dazu, dass sich Weizsäcker nach seiner Heimkehr mit einer Artikelserie erneut zu Wort meldet.

Die trägt den ernüchternden Titel »Mit der Bombe leben« und versucht anstelle einer Doktrin, die auf umfassenden atomaren Vergeltungsschlägen beruht, die Theorie einer »abgestuften Abschreckung« zu entwickeln – für den Autor in Anbetracht des ungebremsten Wettrüstens eine gerade noch hinzunehmende Idee. Eine Zeitlang hat es den Anschein, als sei mit solchen Erwägungen einer der wichtigsten Vordenker der Bundesrepublik von den Amerikanern auf Linie gebracht worden. Die Enttäuschung darüber entlädt sich im linken Lager in scharfer Kritik, doch der Freiherr widersteht dem Druck.

Nachdem das Höllenfeuer nun einmal erfunden worden und von niemandem mehr aus der Welt zu schaffen ist, will er sich nicht damit begnügen, eine Beteiligung an der Produktion persönlich zu verweigern. Es geht ihm jetzt vielmehr darum, der im Laufe der fünfziger Jahre »in verwirrender Weise vereinfachten Debatte« mit Vernunft entgegenzutreten. Die Gefahr einer atomaren Katastrophe schlicht zu verdrängen, sieht er dabei als ebenso verhängnisvoll an, wie ihn die Gefühlsausbrüche der Menschen erschrecken, die immer zahlreicher auf Deutschlands Straßen gehen.

Umso entschiedener setzt sich Weizsäcker für eine von vertrauensbildenden Maßnahmen begleitete Zusammenarbeit zwischen Ost und West ein. Die verbindet er mit der Hoffnung, »Krämpfe zu lösen«, und die Mehrheit der Landsleute dankt es ihm. Binnen kurzem werden dem Guru der Friedensbewegung höchste Ehren zuteil, unter anderem der Goethe-Preis der Stadt Frankfurt, das Große Bundesverdienstkreuz mit Stern sowie die Mitgliedschaft der in Halle an der Saale ansässigen Deutschen Akademie der Naturforscher oder der Orden Pour le Mérite für Wissenschaft und Künste.

Kaum einer seiner Zeitgenossen verkörpert in den ersten anderthalb Nachkriegsjahrzehnten so wie er die Wiedergeburt einer Leistungselite, der es gelingt, dem Geist und der Moral Geltung zu verschaffen und damit zugleich Machtpositionen zurückzugewinnen. Als »ein am politischen Geschehen nicht unbeteiligter Professor der Philosophie, der als Physiker ausgebildet ist«, wie er sich seine erstaunliche Wirkung etwas kokett in einem einzigen Satz erklärt, wird der Gelehrte in der Bonner Republik wegweisend.

Dabei kommt ihm Richard immer näher. Beide sind sich darüber im Klaren, dass der Größenwahn der wilhelminischen Monarchie als Modell für ein demokratisch verfasstes Gemeinwesen ebenso wenig taugt wie die Selbstzerfleischungslust in der Weimarer Republik, ganz zu schweigen von der Barbarei der Nazis. Ihr Leitbild ist der liberale Rechtsstaat, der trotz seiner sozialen Errungenschaften nicht nur einen marktradikalen Kapitalismus energisch bekämpft, sondern auch die kommunistische Gleichmacherei ablehnt.

Ihm unter die Arme zu greifen, ohne die eigenen Interessen zu verleugnen, empfinden sie offenkundig als Bürgerpflicht. Soll sich die in der NS-Diktatur lange genug schwer gebeutelte Gesellschaft so unbehelligt und pluralistisch wie irgend möglich entwickeln – von einer sachkundigen Führungsschicht notfalls an die Hand genommen zu werden, kann ihr nach Auffassung der Weizsäckers letztlich nur nützen.

Denn dass die Familie traditionell zu denen gehört, die dem Land in schwierigen Zeiten Orientierungshilfe bieten, hat die Vergangenheit ja gezeigt. Wenngleich der Vater mit seinem Ehrgeiz kläglich scheiterte, dürfen die Söhne immer noch auf die Ahnen verweisen, die sich vor allem als Ratgeber profilierten.

Auffällig ist – und das ebenfalls nach dem Muster der Vorfahren –, welche nicht unmaßgebliche Rolle die Religion dabei spielt. Wie jene einst mit ausgefeilten Glaubensbekenntnissen an die Throne der staatlichen Obrigkeit klopften und einige ihre Eignung, der Allgemeinheit zu dienen, vorher auf Kanzeln erprobt hatten, präsentieren sich nun die Nachgeborenen. Obschon von naiver Frömmelei weit entfernt, vertreten beide dezent eine zwar undogmatische, aber letztlich dann doch im Christentum verwurzelte Ethik.

Die Gott genannte »letzte Instanz« möge, wie immer der Einzelne zu ihr stehe, »in der Welt bleiben«, wünscht sich Carl Friedrich, während Richard in erster Linie die auf Kirchentagen erhebenden deutsch-deutschen Gemeinschaftserlebnisse beflügeln. Die sind ja, bis in Berlin die Mauer errichtet wird, noch möglich, und sehr viel mehr, als »klerikalen Einfluss« zu nehmen, reizt ihn die Chance, solche Zusammenkünfte zu zukunftsträchtigen politischen Plattformen auszubauen.

So zeichnet sich bald ein neuer Karrieresprung für ihn ab. Anfang 1961 hält der Präsident der Laienbewegung, der ehedem preußische Landrat und unter den Nationalsozialisten aktive Widerständler Reinhold von Thadden-Trieglaff, altersbedingt nach einem Nachfolger Ausschau, und niemand scheint ihm dazu befähigter zu sein als der elegante Christdemokrat aus Schwaben. Er sei von dem Vorschlag, wird sich Weizsäcker noch lange Zeit wundern, schon deshalb völlig überrascht worden, weil ihm das nach seiner Meinung notwendige »pietistische Temperament« fehle.

Also schiebt er die Offerte erst einmal auf die lange Bank. Schließlich kann ihm nicht egal sein, dass er weiterhin noch als

Manager eines Großkonzerns unter Vertrag steht. In diesem bislang turbulentesten Nachkriegsjahr, in dem das Ost-Berliner SED-Regime den Westen der einstigen Reichshauptstadt von allen Verbindungen abzuschnüren versucht, startet der Bruder mit einem halben Dutzend anderer Prominenter eine Abrüstungsinitiative – und Richard von Weizsäcker steuert dazu die außenpolitischen Passagen bei.

Das Papier, das als »Tübinger Memorandum« in die Annalen der Bonner Republik eingehen wird, fordert eine tiefgreifende Zäsur. Die Bundesregierung soll, statt sich weiterhin mit atomaren Bewaffnungsplänen selbst zu fesseln, »Illusionen zerstören« und die Schmerzgrenze überwinden: Im Wesentlichen geht es den Unterzeichnern darum, den Souveränitätsanspruch auf die Gebiete jenseits der Oder-Neiße-Linie preiszugeben und die Beziehungen zu den östlichen Nachbarn Deutschlands zu normalisieren.

Doch das Echo ist verschwindend gering. Im Zeichen von Mauer und Stacheldraht derart abrupt das Steuer herumzureißen, traut sich keine der im Parlament vertretenen Parteien.

Elftes Kapitel

»Politik im besten Sinne«: Das Tandem

Deutlicher als an diesem Sonntagmorgen bei einer Matinee in Hamburg lässt sich die Wertschätzung, die man ihm nach mehr als einem halben Jahrhundert entgegenbringt, kaum noch beweisen. Auf dem Programm steht da Anfang Januar 2018 im »Abaton«-Kino ein anderthalbstündiger Dokumentarfilm der Historikerin und Linguistin Elisabeth Raiser, der vom Leben und Wirken ihres berühmten Vaters Carl Friedrich von Weizsäcker handelt, und die Vorführung lockt so viele Zuschauer an, dass die Plätze bald knapp werden.

Wie sich auf einem anschließenden Empfang zeigt, sind zahlreiche der auffällig festlich gekleideten älteren Semester ehemalige Studenten und tauschen nun munter ihre Erinnerungen an jenen augenscheinlich äußerst beliebten Professor aus, der zwischen 1957 und 1969 in der Hansestadt Lehrstuhlinhaber für Philosophie war. Zwar habe er, erzählt einer seiner ersten Doktoranden leicht verlegen, den komplexen Gedankengängen im häufig überfüllten Hörsaal mitunter kaum folgen können – beglückend sei aber stets das Gefühl gewesen, »etwas außerordentlich Bedeutsamem beizuwohnen«.

So wird ihm von seinen Schülern bestätigt, was der 2007 verstorbene Weizsäcker selbst wohl ähnlich sah. Dankbar nennt er in seinen autobiographischen Texten, die ansonsten eher zurückhaltend formuliert sind, die bewegenden Jahre in Hamburg »die schönste« Etappe seiner ereignisreichen Berufslaufbahn – umso bemerkenswerter, als es den eigentlich in Deutschlands Süden verliebten gebürtigen Kieler zunächst viel stärker nach München zog.

Dass er sich letztlich anders entscheidet, liegt an den fast unbegrenzten Freiheiten, die ihm seine Vertragspartner garantieren. Die um klingende Namen bemühte Elbmetropole macht ihm nur zu gerne den Hof, und der vom Allgemeinen Studentenausschuss enthusiastisch mit einem Fackelzug begrüßte Ordinarius nutzt die Chance. Sosehr es ihn danach drängt, »voll in die Philosophie einzusteigen«, so wenig möchte er von seinen physikalischen Ambitionen und hier insbesondere der Quantenmechanik lassen.

Die für ihn wichtigsten Forschungsfelder »möglichst zusammenzudenken«, um Geist und Materie gleichermaßen auf den Grund zu gehen, zählt seit eh und je zu Weizsäckers Spezialitäten – eine Arbeitsmethode, die er in dem von ihm gewünschten Umfang erst in Hamburg so richtig in Angriff nimmt. Während er an der Uni in die Lehren seiner großen Vorbilder Platon und Kant einführt, bleibt ihm genügend Zeit, auf der Suche nach »Wirklichkeit und Wahrheit« etwa die Fundamente mathematischer Logik oder die Kausalgesetze kritisch zu hinterfragen.

Schließlich sind es Jahre des Umbruchs, in denen er am liebsten auf Wanderungen in der benachbarten schleswig-holsteinischen Seenlandschaft über Gott und die Welt grübelt. Auf seinem Fachgebiet steht man derweil noch unter dem Eindruck der von Werner Heisenberg im Mikrokosmos entdeckten sogenannten Unschärferelation, die vor allem die Anhänger der bis dahin erfolgsgewohnten klassischen Physik ziemlich irritiert. Mit einer zumindest ebenso bahnbrechenden Erkenntnis, Albert Einsteins genialer Relativitätstheorie, scheint sie jedenfalls schwerlich in Einklang zu bringen zu sein.

Und zumal für Weizsäcker ist diese offenkundige Inkompatibilität eine echte Herausforderung. Seit seiner Jugend darauf fixiert, die »Einheit der Natur« zu beweisen, versucht er der Unvereinbarkeit eine Brücke zu bauen, indem er das heiß diskutierte Experiment seines Mentors kurzerhand zu erweitern versucht. Weil, wie es im Fachjargon heißt, »zwei komplementäre Eigenschaften eines Elementarteilchens nicht gleichzeitig beliebig genau bestimmbar sind«, fügt er in das Modell der Aufsehen erregenden Quantentheorie ein eben noch zu lokalisierendes, damals noch endgültig unteilbares Objekt ein, das von ihm selbstbewusst »Ur« getauft wird, und präsentiert das Resultat dann auf einem Kongress in München.

Es dauert nicht lange, bis sich seine groß angekündigte Überzeugung, den Durchbruch erzielt und den »Entwurf einer Weltformel« vorgelegt zu haben, als Trugschluss erweist, was ihm aber weder in Kollegenkreisen noch in der Öffentlichkeit schadet. Und auch er nimmt sein Scheitern bald bemerkenswert gelassen.

Denn Rückschläge in Demut zu akzeptieren, verlangt ihm bei allem Ehrgeiz allein schon ein Glaube ab, der ursprünglich stark vom Christentum geprägt ist. Inzwischen von jeder konfessionellen Enge befreit, spielt die Spiritualität in seiner »philosophischen Physik« eine nicht geringe Rolle – und wieder sucht er dabei im Wortsinne Grenzen zu überschreiten: Um der nach seiner Auffassung »hochnotwendigen Verbindung zwischen östlicher Weisheit und westlicher Wissenschaft« den Weg zu ebnen, unterhält er bereits ab der zweiten Hälfte der fünfziger Jahre enge Kontakte zu buddhistischen Mönchen.

Aber noch öfter macht er zu jener Zeit in politischen Zusammenhängen von sich reden. Nach dem Beschluss der »Göttinger Achtzehn«, einer von Bonn immer unverhohlener geplanten Ausstattung der Bundeswehr mit nuklearen Gefechtsfeldwaffen jedwede Unterstützung zu versagen, lässt ihn das zunehmend angstbesetzte Thema nicht mehr los. Als Mitglied der »Evangelischen Studiengemeinschaft« bekräftigt Weizsäcker 1959 seine Friedensbemühungen vor dem Hintergrund des von der Sowjetunion angedrohten Berlin-Ultimatums nun in achtzehn »Heidelberger Thesen«. Der wechselseitigen atomaren Abschreckung vermag er darin bloß insofern einen Sinn abzugewinnen, als sie imstande sein könnte, »die Logik und den Geist der Kriegsführung« vielleicht doch noch zu überwinden.

Darüber hinaus steht er in Hamburg einer von ihm und Honoratioren wie Otto Hahn oder Max Born aus der Taufe gehobenen »Vereinigung Deutscher Wissenschaftler« vor, die sich ebenfalls in gesellschaftliche Fragen einmischt und seinen öffentlichen Bekanntheitsgrad noch einmal steigert. Kaum überraschend, dass er so die Sozialdemokraten zu interessieren beginnt: Deren Vorsitzender Erich Ollenhauer umgarnt ihn heftig und will ihn überzeugen, auf einer Anti-Atom-Kundgebung gleichsam als Stargast anzutreten.

Doch Weizsäcker windet sich. Politisch vereinnahmt zu werden, möchte er nicht zuletzt seiner Mitstreiter wegen unbedingt vermeiden, weshalb er dem SPD-Chef eine für seine Verhältnisse etwas schroff wirkende Absage erteilt: Er halte für wichtig, ihn darauf hinzuweisen, lässt er den Genossen in einem seiner umfänglichen Briefe wissen, »dass zwischen uns und den Oppositionsparteien weder vor noch nach der Veröffentlichung der Göttinger Erklärung irgendeine Absprache stattgefunden hat«, und so möge es bleiben. Gehandelt hätten er und seine Freunde »aus keinem anderen Grunde, als dem unserer physikalischen Sachkenntnis«.

Für die Zukunft macht er ihm dann aber doch noch ein bisschen Hoffnung: »Natürlich« sei sein Beharren auf strikte Neutralität »immer von neuem zu überprüfen«.

Im Vergleich zu ihm, der so ein um das andere Mal in die Schlagzeilen gerät, verlaufen im Leben Richards die ersten anderthalb Nachkriegsjahrzehnte eher unspektakulär. Neben der beruflichen Karriere in der Privatwirtschaft sind sie für ihn vor allem auf das Wohlergehen seiner Familie ausgerichtet, die zwischen 1954 und 1960 eine fast schon rekordverdächtige Entwicklungsgeschichte fortschreibt: Wie in der »Öhringer Linie« einst die Großeltern, danach die Eltern und schließlich der Bruder mit seiner Frau, setzen auch er und Marianne von Kretschmann jeweils drei Söhne und eine Tochter in die Welt.

Keine Frage, dass dem zielstrebigen Juristen bereits nach seinem Einstieg bei Mannesmann alle Möglichkeiten offenstehen, in einer der Schlüsselindustrien des Landes weit voranzukommen. Doch Zweifel daran, ob das auf Dauer die richtige Entscheidung sein würde, beschleichen ihn wohl von Anfang an. So erfolgsorientiert er sich im Bergbau oder als Bankier und Führungskraft im pharmazeutischen Gewerbe engagiert, so unablässig nimmt ihn zugleich in Beschlag, was in der Bonner Republik »im Ganzen« vor sich geht.

Dabei überwiegt zunächst noch eine gehörige Portion Argwohn. Zwar weiß er zu schätzen, welches Geschenk sich die von den westlichen Siegermächten angeleiteten Bundesdeutschen mit ihrem Grundgesetz gemacht haben, doch zugleich beklagt er Lücken. Besonders missfällt ihm die im Grundgesetz nur unzureichend definierte Rolle der Parteien, die denn auch schon bald eine Dominanz ausüben, wie sie ihm nur schwer erträglich erscheint.

Ein Widerspruch, wenn sich Richard von Weizsäcker 1954 dennoch an die zusehends selbstherrlich regierende Christenunion bindet? In seinem engeren Bekanntenkreis, zu dem nahezu ausnahmslos dem linksliberalen Milieu angehörende Intellektuelle wie der Philosoph Georg Picht oder der Reformpädagoge Hartmut von Hentig zählen, wundert man sich. Dass es für ihn als Anhänger der Marktwirtschaft Ludwig Erhards, wie er rückblickend betont, insgesamt gesehen »keine ernstzunehmende Alternative« gegeben habe, kommt für die Freunde zumindest zu diesem Zeitpunkt noch einigermaßen unverhofft.

In Wahrheit neigt der Sohn eines Diplomaten, der in den unterschiedlichsten Gesellschaftssystemen gedient hat, schon früh auch zu pragmatischen Verhaltensweisen. Der Eintritt in die CDU hindert ihn nicht daran, seinem Zirkel feingeistig-libertärer Querdenker verhaftet zu bleiben – und überhaupt: Möge, wer immer das wolle, die Mitgliedschaft in einer Partei als »eine Art Heimat« empfinden – »mir selbst«, rechtfertigt sich Weiz-

Als Wissenschaftler und über die »letzten Fragen« grübelnder »Überallhindenker« ein Freund einsamer Bergwanderungen, doch in seinem Privatleben gerne auch ausgesprochen gesellig: Physiker-Philosoph Carl Friedrich von Weizsäcker in den sechziger Jahren mit Ehefrau Gundalena.

säcker, »genügte für das Gefühl, politisch zu Hause zu sein, die Lebendigkeit unserer demokratischen Verfassung«.

Im Kern eine tönende Leerformel, die gekonnt das vermutlich entscheidende Motiv überlagert. Mehr als alle anderen Optionen reizt den Freiherrn in den Gründerjahren der Bundesrepublik die mit dem Siegeszug Konrad Adenauers einhergehende reale Macht. An ihr teilzuhaben und diesen zunehmend restaurativen, sprichwörtlichen »Kanzlerwahlverein« Schritt für Schritt inhaltlich zu bereichern, spornt ihn spätestens nach dem Evangelischen Kirchentag in Leipzig an.

Denn damals, im Juli 1954, fällt es Weizsäcker nach eigenem Bekunden »wie Schuppen von den Augen«: Hatte er bis dahin die von ihm unterstützte laizistische Bewegung vorwiegend als Ausdruck einer christlichen Gemeinschaft verstanden, die sich der Welt öffnet, aber im Wesentlichen ihrem Glauben huldigt, erkennt er nun, angesichts der größten vom SED-Regime seinerzeit noch geduldeten Veranstaltung, eine weitere wichtige Dimension. Wo sich Menschen aus Ost und West, wie auf der Rosentalwiese oder zur Abschlusskundgebung im Fußballstadion, zu Hunderttausenden versammeln, ist das nach seinem Empfinden auch »Politik im besten Sinne«.

Und für ihn ein Hebel, mit Nachdruck zu vertreten, was ihm zunehmend wichtig wird. So wie seine lutherischen Kreise der Bitte um Vergebung von Schuld besonderes Gewicht beimessen, stellt er sich letztlich auch die Lösung säkularer Probleme vor. Etwa mit den Nachbarstaaten jenseits von Oder und Neiße einen Frieden anzustreben und dabei nicht vor eigener schmerzlicher Verzichtsleistung zurückzuschrecken, zählt für ihn zu den Essentials einer christdemokratischen Programmatik.

Was seine Arbeit in der CDU anbelangt, hält er sich andererseits erst noch bedeckt. Der Protestant macht keinen Hehl daraus, die Republik über den Umweg spektakulärer kirchlicher Initiativen beeinflussen zu wollen, doch fast schon demonstrativ egal ist ihm augenscheinlich das Innenleben seiner Union. Er habe nach seinem Aufnahmeantrag, rühmt er sich noch als Bundespräsident a. D., in den ersten anderthalb Jahrzehnten keine Parteiversammlungen besucht, geschweige denn für irgendein Amt kandidiert. Näher gekommen sei er der »bunten und breiten Volkspartei« als Prokurist bei Mannesmann im

Wesentlichen nur über die Behandlung betriebsnaher sozialer Probleme.

Was veranlasst ihn, seine Mitgliedschaft in der CDU derart zu relativieren? Liegt es in erster Linie daran, dass er »die Enge und Intensität von Beziehungen sehr bewusst steuert und deren Zweckhaftigkeit kontrolliert«, wie der Historiker Ulrich Völklein schreibt? Ein bisschen hochtrabend klingt es schon, wenn Weizsäcker zum Beispiel den Journalisten Jan Roß darüber belehrt, welche Bedeutung vor allem in der Außenpolitik »Überlieferung und Erfahrung« hätten: Das eine wie das andere könne man leider »nicht im Ortsverein« erwerben.

Anstatt in Hinterzimmern zu kungeln und einen in der Bundesrepublik bald erkennbaren Trend zur Parteienherrschaft zu stärken, sieht er die ungleich größere Chance, das Land »materiell und moralisch« wiederaufzurüsten, in der Pflege einer selbstbewussten »demokratischen Bürgergesellschaft«. Ein Konzept, das er zunächst in seiner evangelischen Laienbewegung zu erproben versucht. Auch dort vorerst noch betont verhalten, gelingt es ihm peu à peu, der Amtskirche öffentliche Foren abzutrotzen, die sich nicht bloß – wie bis dahin üblich – mit der religiösen Innerlichkeit zufriedengeben.

Im Zentrum steht dabei eine Deutschland- und Ostpolitik, die es immer öfter wagt, an Tabus zu rühren. Neben der Frage, wie ein Ausgleich mit den Staaten des Warschauer Paktes zu erreichen wäre, wird etwa die »Hallstein-Doktrin« diskutiert, die auf dem Alleinvertretungsanspruch Bonns beruht und sich zum Ziel gesetzt hat, die DDR in allen internationalen Beziehungen zu isolieren. Dass sich das erste sozial-liberale Bündnis von dieser Selbstfesselung 1969 befreit, ist nicht zuletzt den Vorarbeiten der Avantgardisten um Weizsäcker zu verdanken.

Erleichtert wird ihm seine Arbeit dadurch, dass die Kirchen für ihn in jenen Jahren »eine ganz einzigartige Rolle« spielen – was er sich geschickt zunutze zu machen versteht. Ehe sie nach dem Berliner Mauerbau die formale Trennung hinnehmen müssen, bilden protestantische und katholische Organisationen in Ost und West eine institutionelle Einheit, und selbst danach sind die Bande nicht völlig zerrissen. Für einen Mittler wie den verbindlichen Christdemokraten eine schwierige, aber zugleich höchst spannende Konstellation.

Wenig verwunderlich, wenn er sich so in wachsendem Maße seiner eigentlichen Leidenschaft zuwendet. Dass ihn die Mannesmann AG zum wirtschaftspolitischen Leiter ihres Konzerns ernennt, kommt da nicht von ungefähr, sondern ist der Lohn für ein über rein betriebliche Fragen deutlich hinausweisendes, gleichsam gesamtgesellschaftliches Engagement. Diese Bandbreite ermöglicht es ihm, sowohl bei den Spitzen der Gewerkschaften Anklang zu finden als auch der Arbeitgeberseite mit seinem marktorientierten Elan zu imponieren – Qualitäten, die im Wahljahr 1957 den Hauptgeschäftsführer des Bundesverbandes der Industrie auf den Plan rufen: Falls er bereit sei, in die FDP einzutreten, erhalte er ein Bonner Abgeordnetenmandat.

Natürlich lehnt der Freiherr, durchaus geschmeichelt, das leicht unappetitliche Angebot ab, und so gehen für ihn wie seine Familie aufwühlende Monate zu Ende. Anfang Januar ist der Onkel Viktor gestorben, der letzte Weizsäcker, der als junger Mann noch der wilhelminischen Epoche angehört hat, während in der nun bestimmenden Generation Carl Friedrich die Regie übernimmt. Spätestens nach der im April publizierten »Göttinger Erklärung« und dem anhaltenden Echo auf seine Lehrtätigkeit in Hamburg ist er der einstweilen unerreichbare Star der Familie.

Selbst wenn ihn der Bruder immer mal wieder »ein bisschen von oben herab« angesehen habe, sei man im Großen und Ganzen nie überkreuz gewesen, erinnert sich Richard an jene Zeit – und das trifft wohl zu. Wie nach dem Untergang des »Dritten Reiches«, als es darum ging, den Vater zu verteidigen, versucht man im Laufe der fünfziger Jahre eine ähnlich schwierige Aufgabe zu bewältigen. Die besteht ja nicht allein darin, den während der NS-Diktatur kompromittierten alten Eliten unter demokratischen Vorzeichen zu neuer Legitimation zu verhelfen – in der noch weitgehend indifferenten Nachkriegsgesellschaft möchten die beiden Weizsäckers zugleich zu den Meinungsführern gehören.

Bei den spätestens 1958 in der Bonner Republik herrschenden Verhältnissen ein ambitioniertes Projekt. Wer einer zu Zugeständnissen bereiten Friedensinitiative das Wort redet, hat es da schwer – und das umso mehr, als über Berlin das Damoklesschwert eines Ultimatums hängt, mit dem der Kreml den ehemaligen Alliierten abverlangt, der Umwandlung des westlichen Teils in eine »Freie Stadt« zuzustimmen. Und auf Kuba hält bald eine noch gefährlichere Konfrontation die Menschheit in Atem. Dass dort in letzter Sekunde ein in seinen Folgen unabsehbarer nuklearer Schlagabtausch vermieden werden kann, ist in erster Linie der Entschlossenheit John F. Kennedys zu verdanken.

Zwei Ereignisse, die im Kalten Krieg das Wasser auf die Mühlen derer zu lenken scheinen, die schon immer eine Politik der Stärke propagierten. Doch die beiden Weizsäckers bleiben im Großen und Ganzen bei ihrer Haltung. In existentiellen Krisen die Abwehrkräfte zu mobilisieren und gleichzeitig nach Wegen der Annäherung zu suchen, ist vor allem für den Jüngeren kein Widerspruch.

So lobt auch er den US-Präsidenten für sein Stehvermögen, aber fast noch mehr imponieren ihm die »geistigen Anstöße«, die er liefert. Wie der mutige Amerikaner mit der »ihm eigenen Verbindung von Dynamik und rationaler Berechenbarkeit« zu neuen Ufern strebt und sich dabei den Ratgebern aus der intellektuellen Elite der Vereinigten Staaten öffnet, findet der Deutsche schlicht »faszinierend«.

Kein Imperativ beeindruckt Richard von Weizsäcker deshalb mehr als der Wahlspruch, mit dem sich Kennedy nach dem Einzug ins Weiße Haus am 20. Januar 1961 an jeden einzelnen seiner Landsleute wendet: »Frage nicht, was Dein Land für Dich tun kann, frage, was Du für Dein Land tun kannst« – eine Losung, die der Altbundespräsident noch fast vier Jahrzehnte danach in seinen Memoiren zitiert und die wohl genauso gut von ihm stammen könnte. Denn besser, lässt er zumindest durchblicken, ist auch das über Generationen hinweg von seiner Dynastie gepflegte Selbstverständnis kaum in Worte zu fassen.

Andererseits steht der Jurist damals noch in Essen und Düsseldorf als Bankier dem Kreditinstitut Waldthausen vor – eine Funktion, die ihm zwar zu Wohlstand und in Finanzkreisen beträchtlichem Renommee verhilft, von der Verwirklichung seines gesellschaftspolitischen Anspruchs aber weit entfernt ist. Und das bleibt bis auf weiteres so. Beim Pharma-Riesen Boehringer in

Ingelheim, wo er zwischen 1962 und 1966 zum Mitglied der Geschäftsführung aufsteigt, geht es ebenfalls im Wesentlichen um unternehmerische Interessen.

Je weniger ihn diese Jobs ausfüllen, desto stärker engagiert er sich in seiner christlichen Glaubensgemeinschaft, die ja nicht zuletzt eine politische ist. Dort, wie einst etwa in Leipzig, für Freiheit und Menschenrechte zu demonstrieren, sagt ihm eher zu, als »immer tiefer in die private Wirtschaft einzutauchen«. Und so lässt sich Weizsäcker, von Thadden-Trieglaff unermüdlich beharkt, 1962 zunächst ins Leitungsgremium des Evangelischen Kirchentages wählen. Um zwei Jahre darauf zum Präsidenten gekürt zu werden.

Obschon noch Geschäftsführer in seinem Konzern, dem er bis Mitte 1966 hauptberuflich die Treue hält, stellt sich der Jurist nun sukzessive für weitere Ämter zur Verfügung: Als Synodaler und Mitglied des fünfzehnköpfigen Rats der EKD setzt er in deren »Kammer für öffentliche Verantwortung« wichtige Akzente und wirkt zudem im Exekutivkomitee des Weltkirchenrats mit.

Innerhalb weniger Jahre wird Weizsäcker so zum Multifunktionär eines internationalen Beziehungsgeflechts, das er Schritt für Schritt zu transformieren versucht. Insbesondere in seinem seit Martin Luther »gemischtkonfessionellen Heimatland« zwischen Protestanten und Katholiken zu vermitteln, ist ihm dabei nur bedingt aus religiösen Motiven ein Anliegen. Mehr noch hofft er als Mann der Ökumene, eine Annäherung aller Christen werde ihren zuweilen kleinkarierten Dogmenstreit in den Hintergrund drängen und es ihnen erlauben, sich stattdessen »Problemen im Diesseits« zuzuwenden.

Zur öffentlichen Figur – und damit dem Bruder nacheifernd – steigt er aber schon vor seiner Wahl zum Kirchentagspräsidenten auf. Im Sommer 1962 ermuntert ihn die für das Hamburger Wochenblatt »Die Zeit« arbeitende Leitende Redakteurin Marion Gräfin Dönhoff dazu, die bereits ein Jahr zuvor im »Tübinger Memorandum« skizzierten deutschland- und ostpolitischen Kernsätze fortzuschreiben, und der selbstbewusste Richard von Weizsäcker lässt sich nicht lange bitten. Mit einer Deutlichkeit, wie das weder im bürgerlichen noch im Lager der Opposition bis dahin jemand gewagt hat, wirbt er in einem ganzseitigen Artikel für einen grundlegenden Neuanfang.

Angelehnt an die Mahnung Kennedys, der dem Berliner Regierenden Bürgermeister Willy Brandt nach dem Mauerbau dringend empfohlen hatte, das Schicksal seiner Stadt auch ein bisschen selbst in die Hand zu nehmen, wirft der Autor nun der Bundesregierung Stagnation und Phantasielosigkeit vor. Sie verschanze sich hinter den immer gleichen, erwiesenermaßen untauglichen Parolen. Stattdessen fordert er unverblümt ein Konzept »langfristiger Evolutionen«, innerhalb derer sich die Teilung Deutschlands allein über die Aufhebung der Teilung Europas überwinden lasse.

Keine Kleinigkeit für ein Mitglied der noch immer dominierenden »Adenauer-Partei«, das zudem ohne Hausmacht auskommen muss. Aber die christliche Laienbewegung stärkt ihm den Rücken. Thadden-Trieglaff setzt seine Wahl zum Kirchentagsoberhaupt trotzdem durch, und schon im Jahr darauf meldet sich die in konservativen Kreisen eher unpopuläre »protestantische Mafia« unter maßgeblicher Beteiligung Weizsäckers mit einem weiteren, jetzt offiziellen Dokument zu Wort. In einer sogenannten Denkschrift appelliert die EKD an die Bereitschaft der Bonner Regierung und vor allem der Vertriebenen, einen Frieden mit dem polnischen Nachbarn selbst dann anzustreben, wenn dies den Verzicht auf die ehemaligen Ostgebiete voraussetze.

Dass fast zwei Jahrzehnte nach Kriegsende noch knapp die Hälfte aller Bundesdeutschen auf einem unumstößlichen »Recht auf Heimat« beharrt und all jene »Schuld- und Versöhnungsschwarmgeister«, die das in Frage zu stellen wagen, empört zur Ordnung ruft, kann den christdemokratischen Opponenten nicht verunsichern. Im Gegenteil: Dieses Papier, wird er im Rückblick seinem Biographen Hermann Rudolph verraten, sei für ihn der »entscheidende Schritt« gewesen, sich den lange gehegten Wunsch nach gesellschaftlicher Mitgestaltung endlich zu erfüllen – »da ist mein politisches Feuer entstanden«.

Doch im Grunde brennt das ja schon seit geraumer Zeit. Je weiter die beiden Staaten auf deutschem Boden mit zunehmender Bipolarität der Supermächte auseinanderdriften, desto schwieriger wird seine Arbeit für die EKD. Die darf sich unter dem zunehmenden Druck der SED deutlich weniger erlauben als vor dem 13. August 1961, hält aber zum Beispiel in ihrer »Kammer für Öffentliche Verantwortung« immer noch beachtliche Restbestände einer Zusammengehörigkeit aufrecht, die es so sonst nirgendwo mehr gibt.

Als hilfreich erweisen sich dabei die zahlreichen Besuche, die Richard von Weizsäcker mit dem Sozialdemokraten Erhard Eppler den Kirchenvertretern der DDR abstattet. Dass er von den Einreisebehörden öfter als Persona non grata abgewiesen wird, entmutigt ihn nicht. Wie auf wissenschaftlichem Gebiet der Bruder Carl Friedrich, der seit 1960 der »Leopoldina« in Halle angehört, jede Kontaktmöglichkeit nutzt, pflegt er im Herrschaftsbereich der Einheitssozialisten seine Verbindungen. Die führen nach eigenem Bekunden schließlich »ganz von selbst dazu«, dass er den Schwerpunkt seiner späteren Tätigkeit als Bundestagsabgeordneter auf die Deutschland- und Ostpolitik legt.

Darüber hinaus nutzt er die Evangelischen Kirchentage mehr und mehr als Bühne. Bereits im ersten Jahr nach seiner Wahl gelingt es ihm auf einem Konvent in Köln, die zuvor eher der Erbauung dienenden Treffen um einen intensiven Gedankenaustausch über gesellschaftliche Fragen zu bereichern, und die in der Domstadt versammelten 120 000 Gläubigen staunen. Das sei schon damals »eine Art Generalprobe« für das Amt des deutschen Staatsoberhaupts gewesen, frotzelt etwa Johannes Rau, der später selbst Bundespräsident wird.

Zu diesem Zeitpunkt ist das noch eine stark verfrühte Prognose, aber mit welcher Zielstrebigkeit sich Weizsäcker in jenem Sommer 1965 auf ein für ihn neues Terrain zubewegt, wissen Insider schon länger. Seit Monaten umgarnt ihn nämlich in Ingelheim ein nicht minder ehrgeiziger Jungstar namens Helmut Kohl, der im benachbarten Mainz der regierenden CDU als Fraktionschef vorsteht und auch um der eigenen Karriere willen für seine noch ziemlich rückständige Provinz nach politischen Talenten Ausschau hält.

Die Aussicht, einen Mann vom Range des Evangelischen Kirchentagspräsidenten zu gewinnen, ist dem unkonventionellen Katholiken jede Anstrengung wert, und er hat Erfolg. Nach beiderseits als ausgesprochen angenehm empfundenen Spaziergängen in heimischen Weinbergen gelingt es dem zehn Jahre jüngeren jovialen Pfälzer, den Aristokraten von sich und seinem Plan zu überzeugen, so dass sich alle Bedenken verflüchtigen. Schon bald ist man per Du – was sich Weizsäcker später leicht verwundert zum Vorwurf macht – und zieht an einem Strang.

Passé ist jedenfalls zumindest vorübergehend seine Distanz zur Partei. Bereitwillig lässt er sich von Kohl in dessen Kreisverband Ludwigshafen lotsen, um für die Bundestagswahlen als Kandidat anzutreten. Außerdem auf der Landesliste abgesichert, wäre ihm die sogenannte Ochsentour erspart geblieben, hätte nicht der plötzliche Herztod seines Konzernchefs Ernst Boehringer den Deal verhindert: Weizsäcker will die an ihrer Spitze verwaiste Firma jetzt nicht verlassen.

Der Sprung in die operative Politik, zu dem ihn mit zwei einfühlsamen persönlichen Briefen nun sogar der Ex-Kanzler Konrad Adenauer ermuntert, verzögert sich indessen bloß kurz. Bereits 1966 rückt der Quereinsteiger in den Bundesvorstand seiner CDU ein, und diese stets mit den höchsten Stimmzahlen verteidigte Position wird er beibehalten, bis man ihn 1984 zum Staatsoberhaupt kürt.

Gut anderthalb Jahrzehnte nach Kriegsende und der mit dem tiefen Sturz des Vaters einhergehenden traumatischen Erfahrung knüpfen die Söhne nun da an, wo sich die Familie seit Generationen hervorgetan hat. Ob auf den Feldern der Philosophie und Theologie, der Naturwissenschaften und Medizin bis zur Politik – kaum eine Debatte, in der nicht in irgendeinem Zusammenhang ihr Name auftaucht. Zwar kann sich Carl Friedrich von Weizsäcker nicht dazu durchringen, dem Beispiel des Bruders folgend in eine Partei einzutreten, aber aus seiner weltanschaulichen Standortbestimmung macht er keinen Hehl. Je stärker sich zu Beginn der sechziger Jahre in der Bundesrepublik ein grundlegender Wandel vollzieht, desto klarer bezieht er Stellung.

Dabei habe er »ein großes Bedürfnis nach Einsamkeit« gehabt, erzählt die Tochter Elisabeth und zeigt in ihrem Film, wie sich der Vater immer wieder in sein 1961 erworbenes Haus auf die Osttiroler Alm zurückzieht. Dort schreibt er an einem Holztisch am Waldrand an seinen zahllosen Büchern oder erfreut sich zu Ferienzeiten am Besuch der Enkel, für die er am offenen Feuer gerne Würstchen brät.

In der Öffentlichkeit muss sich Weizsäcker da seiner Vergangenheit wegen schon längst nicht mehr rechtfertigen. Die überwältigende Mehrheit der Bürger hat ihm abgenommen, dass ihn der Eifer, den er im »Dritten Reich« im Zusammenhang mit dem Atomforschungsprogramm an den Tag legte, am meisten reut, und so regt sich auch kaum noch jemand auf, als ihm 1963 der »Friedenspreis des Deutschen Buchhandels« zuerkannt wird. Im Jahr darauf spielt die FDP sogar mit dem Gedanken, dem »Physiker-Philosophen« die Kandidatur für das Amt des Bundespräsidenten schmackhaft zu machen.

Doch der nur flüchtig durchdachte Plan zerschlägt sich. Die Vorstellung, in der Bonner Villa Hammerschmidt im Wesentlichen auf die Erfüllung von Repräsentationspflichten reduziert zu sein, gefällt dem sendungsbewussten Freigeist nicht. Da will er denn doch lieber forschen und lehren und zumal in einer Zeit zunehmender internationaler Spannungen an möglichst intelligenten Konfliktlösungsmodellen arbeiten.

So wird Weizsäcker, wie ihn der Historiker Ulrich Völklein sieht, zwischen Physik, Philosophie und Politik zum interdiszip-

»Eine Art Generalprobe« für das Amt des deutschen Staatsoberhaupts? Vieles von dem, was ihm später zur Ehre gereicht, übt Richard von Weizsäcker – wie hier im Juli 1969 bei der Eröffnungsrede als Präsident des 14. Evangelischen Kirchentages im Stuttgarter Neckarstadion – in seiner christlichen Laienbewegung ein.

linären »Grenzgänger«. In einer Themenpalette, die sich stetig erweitert, greift er »Menschheitsfragen« von der Bevölkerungsexplosion über Bildungsprobleme bis zur hochbrisanten Ernährungslage auf – alles Stichworte, die in seinem damals noch überwiegend auf sich bezogenen Wirtschaftswunderland eine eher untergeordnete Rolle spielen.

Sein Hauptaugenmerk aber liegt nach wie vor auf der Außen-

und Sicherheitspolitik, die er nun um meist heftig debattierte spektakuläre Vorschläge bereichert. Die Nuklearstaaten bloß davor zu warnen, mit einem immer neuen, jedes Maß übersteigenden Vernichtungspotential an der Rüstungsspirale zu drehen, genügt ihm jedenfalls nicht mehr. Die Einsicht, bis auf weiteres mit der »Bombe« leben zu müssen, hat nach seiner Analyse die Notwendigkeit zur Folge, sich in Ost und West der wechselseitigen Abhängigkeit bewusst zu werden und konsequent nach Formen allmählicher Annäherung zu suchen.

Denn wie anders, fragt er sich, als durch eine auf ökonomischem Sektor enge Verflechtung der Machtblöcke ließe sich der »Kalte Krieg« sonst wohl eindämmen? Zu der Notwendigkeit, unter dem Dach der Völkergemeinschaft ein international belastbares Regelwerk zu installieren, gibt es nach seiner Überzeugung keine Alternative – eine Strategie, für die er als Erster den danach immer wieder gebrauchten Begriff »Weltinnenpolitik« verwendet.

Endlich der herrschenden Umstände Rechnung zu tragen, fordert der Wissenschaftler vor allem die eigenen Landsleute auf. Da die Konfrontation zwischen den von Moskau und Washington angeführten Militärbündnissen die Teilung Deutschlands entlang des »Eisernen Vorhangs« nur zementiert habe, müsse umso gründlicher nach neuen Wegen Ausschau gehalten werden. Auf den Gebieten jenseits von Oder und Neiße beharren zu wollen, sei dabei allein schon deshalb illusionär, weil sich dem selbst die Westmächte verweigerten.

Natürlich macht man sich so in der Bundesrepublik der frühen und mittleren sechziger Jahre, in der noch die Hoffnung auf einen Bankrott des realsozialistischen Systems überwiegt, nicht

»Konstanz und Kontinuität«: Zwar geht man nicht besonders zimperlich miteinander um, aber im Ernstfall bilden die meisten Weizsäckers aller Generationen eine verschworene Gemeinschaft – wie hier 1962 in ihrem Feriendomizil in Osttirol die vier Kinder Carl Friedrichs und Gundalenas. Von links: Carl Christian, Ernst Ulrich, Heinrich, Elisabeth.

nur Freunde. Auch Weizsäcker bekommt das zu spüren. Hardlinern wie Franz Josef Strauß oder den Spitzenfunktionären der Vertriebenenverbände geht der Adelsherr umso mehr gehörig auf die Nerven, als er bei aller Hartnäckigkeit in der Sache nie die Contenance verliert.

Zunehmend imponiert er dagegen jenen, die sich eine liberalere und weltoffene Gesellschaft wünschen. Obwohl er in einer an Leitfiguren noch armen Nachkriegsrepublik längst zum Establishment zählt und sich erklärtermaßen nicht als »Mann der Straße« versteht, gewinnt der jetzt als »Friedensforscher« auftretende Professor vor allem in Kreisen der unruhiger werdenden Jugend an Statur. Spätestens mit dem Buchhandelspreis, erinnert sich sein Kollege Michael Drieschner, wird ihm vollends das »amtliche Siegel eines deutschen Gewissens« verliehen – ein Prädikat, das ihn spürbar in seinem Selbstwertgefühl bestärkt. »Ich gebe zu«, stellt er einmal in seiner umfangreichen privaten Korrespondenz durchaus nicht unbescheiden fest, »dass ich manche Dinge vielleicht verhältnismäßig gut und eindrucksvoll formulieren kann«.

»Die Bombe« steht für ihn im Zentrum aller Überlegungen, doch ebenso besorgt mischt er sich in die Politik ein, wo sie nach seiner Auffassung in alte Fehler zurückzufallen droht. In Bonn sind das in den sechziger Jahren etwa die heftig befehdeten Notstandsgesetze – in seinen Augen gefährliche staatliche Vollmachten, weil sie der Exekutive gestatten, »praktisch die Demokratie aufzuheben«. Dass eine auf Dauer »nette Regierung« von solchen Befugnissen »keinen schlechten Gebrauch« machen würde, schreibt er bitter-ironisch an seinen Freund Otto Hahn, halte er für wenig wahrscheinlich.

Als ausgewiesener Anhänger Kants, dessen »Kritik der reinen Vernunft« ihm in seiner Hamburger Lehrtätigkeit wichtiger ist als alle anderen Texte, geht es Weizsäcker in erster Linie um Mündigkeit und Aufklärung. Da er selbst beide Maximen im »Dritten Reich« nach eigenem Eingeständnis einer »furchtbaren Klugheit« geopfert hat, mahnt er nun umso drängender einen grundlegenden Bewusstseinswandel an. Sein fortwährender Aufruf zur »Umkehr« – eine, wie der Theologe und Mathematiker Dieter Hattrup vermutet, für ihn auch »religiöse Kategorie« – gilt dabei gleichermaßen seiner physikalisch-philosophischen Welt wie der politisch noch zu oft trägen Allgemeinheit.

Denn wer, wenn nicht einer wie er sollte vor den entfesselten Naturgewalten warnen? Dass er ungeachtet aller in Farm Hall zunächst protokollierten Ausflüchte unter dem Drama von Hiroshima und Nagasaki leidet und sich längst zumindest eine gewisse Mittäterschaft anlastet, verleiht seinen Appellen schließlich die nötige Authentizität.

Doch es gibt auch den anderen Weizsäcker, der sich allzu gefühlige Auftritte versagt. Dem nuklearen Teufelszeug, nachdem es nun mal in der Welt ist, im Wesentlichen nur mit Fassungslosigkeit zu begegnen, widerstrebt seinem Realitätssinn. Er will nicht völlig ausschließen, dass ein atomares Patt das von ihm immer wieder befürchtete Inferno vielleicht tatsächlich noch bis zu einem »globalen Paradigmenwechsel« hinausschieben könnte.

Auf Forschung ganz zu verzichten, um unkalkulierbare Folgeschäden weitestgehend zu vermeiden, darf aus seiner Sicht jedenfalls keine Lösung sein. Wie der Gang der Geschichte beweise, gebe es leider weder ein »Verbergen« noch ein »Nicht-Finden von Resultaten«, weil sie dann eben von anderen gefunden würden, weshalb er auch über Jahre hinweg die zivile Nutzung der Kernkraft verteidigt. Dass technische Innovation darüber hinaus entscheidend dazu beiträgt, Armut und Not zu überwinden, ist für ihn schlicht »ein Faktum«.

So berufen sich eine Zeit lang gleich zwei gesellschaftspolitische Lager auf seine Expertise. Während ihn die mächtig rumorende, mehrheitlich linksorientierte Friedensbewegung zu einer ihrer Leitfiguren ernennt, schmücken sich die Befürworter von industriell betriebenen Atomreaktoren ihrerseits mit seinem Namen. Nach dem Empfinden des Physikers ist das kein Widerspruch, sondern Ausdruck einer Verantwortung, die sich bewusst von der reinen Gesinnungsethik unterscheidet – und so ähnlich denkt auch der Bruder.

Um seiner »wahren Bestimmung« ein Stück weit näher zu kommen, geht Richard von Weizsäcker, nachdem er in Ingelheim seinen Abschied aus der Privatwirtschaft genommen hat, zunächst als einfacher Rechtsanwalt nach Bonn. Zwar verdient er dort sehr viel weniger, kann aber dafür in Tuchfühlung mit Helmut Kohl umso leichter seine Karriere als Volksvertreter vorbereiten.

Er habe in dieser Phase »eine etwas merkwürdige Existenz geführt«, erzählt er später scheinbar ein bisschen verwundert über sich selbst und nennt sich kokett eine »ungewöhnliche Mischung aus allem Möglichen«. Zugleich ist er erkennbar stolz darauf, in den unterschiedlichsten Funktionen an der ja nicht unwichtigen ökonomischen Entwicklung der Republik beteiligt gewesen zu sein.

Und noch mehr hält sich der Bundestagsnovize zugute, in einer Zeit des Umbruchs seiner damals noch ziemlich starren Union keine billigen Angebote gemacht zu haben. Nach der EKD-Initiative von den nationalkonservativen Hardlinern der »Begriffsverwirrung« gescholten zu werden und in seiner christdemokratischen Fraktion künftig als Außenseiter zu gelten, erträgt er mit Fassung.

Als Protagonisten einer in der ersten Hälfte der sechziger Jahre erwachenden »Bürgergesellschaft« bilden die beiden Weizsäckers nun fast ein Tandem. Mit Ausnahme der heiß umkämpften Notstandsgesetze – denen Richard zustimmt – schöpfen die Brüder in ihrem Gestaltungsdrang immer auffälliger aus demselben Ideenfundus. Dass sie dabei auch Einfluss und Macht nicht verschmähen, ist mit den Worten Carl Friedrichs »eine unausweichliche Folge«.

Zwölftes Kapitel

»Geschmeidige Härte«: Der Geist und die Macht

Ein Bild, das Richard von Weizsäcker ein Leben lang im Gedächtnis haften bleibt: An einem Tag im November 1968 stimmt in Bonn die CDU darüber ab, welchem Kandidaten zur Wahl des Bundespräsidenten sie den Vorzug geben will, als sich Kurt Georg Kiesinger, zwischen ihm und dem Rivalen Gerhard Schröder stehend, »wie ein Ringrichter beim Boxkampf« aufführt. Vor laufenden Kameras reißt der Kanzler theatralisch den Arm des Siegers hoch, der leider nicht seiner ist.

Dass ihn der konservative Verteidigungsminister deutlich abgehängt hat, scheint dem Favoriten Kohls aber nur am Rande erwähnenswert. Auf eine eigene Mehrheit darf er damals ohnehin noch nicht hoffen – in seiner Rückschau geht es ihm vielmehr um eine Pointe, die ihm am Abend daheim »das Herz erwärmt«. Empört berichtet ihm da der achtjährige Sohn Fritz, mit welchen Gefühlen er die Szene im Fernsehen verfolgte und was jetzt unbedingt zu beachten sei.

Der Name des Mannes, der »den Vater geschlagen« habe, dürfe in seiner Anwesenheit nicht mehr in den Mund genommen werden, fordert der Filius kategorisch, und so geschieht es dann auch. Aufgehoben wird das Verdikt erst drei Jahre später, als der christdemokratische Bundestagsabgeordnete nun im Wettstreit um den verwaisten Fraktionsvorsitz seiner Union zwar dem Kollegen Karl Carstens unterliegt, aber der Konkurrent Gerhard Schröder dabei noch schlechter abschneidet als er.

Weizsäcker erzählt diese Episode gerne, weil sie aus seiner Sicht einer häufig beklagten Erfahrung widerspricht. Die These, nach der die aufreibende Tätigkeit des Volksvertreters zwangsläufig die »familiären Bande« lockere, will er damit belegen, habe sich in seinem Fall nie bestätigt. Während seine Frau und die Kinder von dem Arbeitsalltag in der Privatwirtschaft nie Notiz genommen hätten, sei er auf seinem Weg als Berufspolitiker stets äußerst »mitempfindend« begleitet worden.

So kann ihn der erste missglückte Versuch, gleichsam aus dem Stand in das höchste Staatsamt der Republik gehievt zu werden – eine Wahl, die im März 1969 der Sozialdemokrat Gustav Heinemann für sich entscheidet –, kaum verunsichern. Dass ihn der von Kohl vorgeschickte CDU-Generalsekretär Bruno Heck als Köder für die Freien Demokraten ausgeguckt und zum Spielball »der großen professionellen Matadore« zweckentfremdet hat, nimmt er ungerührt in Kauf.

Zumal er ja auch seinen Vorteil daraus zieht. Im Angesicht der unvermeidlichen Niederlage demonstrativ Flagge gezeigt zu haben und auf Anhieb überhaupt so weit gekommen zu sein, befördert ihn schon ein halbes Jahr später in den engeren Führungszirkel der Unionschristen. Erstmals im Parlament vertreten, avanciert der Seiteneinsteiger nach der Bundestagswahlniederlage im September 1969 zum »Deutschlandpolitischen Obmann« der CDU – bei der hauchdünnen Mehrheit, mit der das sozialliberale Bündnis unter dem Kanzler Willy Brandt gerade auf diesem Terrain eine grundlegende Wende herbeizuführen gedenkt, keine ganz unbedeutende Position.

Und Richard von Weizsäcker versteht die Konstellation zu nutzen. Spätestens seit der Studie der EKD mit der komplexen Materie bestens vertraut, wahrt er in einer Zeit des zunehmend angefeindeten »Wandels durch Annäherung« beim Spagat zwischen Parteiinteressen und eigener Überzeugung geschickt die Balance.

Ein Amateur erscheint da jedenfalls nicht auf der Bonner Bühne, sondern ein Mann, der weiß, was er will. Wie es ihm bereits als Kirchentagspräsident wichtig gewesen ist, seiner Glaubensgemeinschaft abzuverlangen, dass sie sich »mit der Welt auseinandersetzt«, hält er politisches Engagement für dringend geboten. Als Richtschnur gilt ihm der »Geist der Bergpredigt«. Um in ihm zu leben, bedarf der Mensch der Gnade Gottes und hat dabei auch selbst tätig zu werden.

Beim Ringen um eine Ostkonzeption, die auf Friedfertigkeit bedacht ist, sieht sich der bekennende Christ nach dem Machtwechsel vor allem als »Mittler zwischen den Fronten«. Zwar gesteht er den meisten seiner Parteifreunde zu, dass sie ihrerseits nach Wegen der Verständigung suchen, doch auf dem Feld der Diplomatie imponiert ihm vor allem die vom sozialliberalen Chefunterhändler Egon Bahr bewiesene »Meisterschaft«. Darüber hinaus schätzt er den immer wieder bekämpften Adlatus Willy Brandts, wie er noch Jahrzehnte später in seinen Memoiren unterstreicht, als vorbildlichen Patrioten.

Und dann natürlich der legendäre Kniefall des neuen Kanzlers vor dem Denkmal des Warschauer Ghettos! Für den Unionsobmann ist das ein schlicht »unvorstellbarer Augenblick«, der ihn wie kein zweites Ereignis aufwühlt. Lassen sich Anstand und Redlichkeit, fragt er sich, noch überzeugender unter Beweis stellen?

Aber der feinfühlige Aristokrat entpuppt sich zugleich als handfester Pragmatiker. Zwischen dem »unerhörten Vorgang«, der Willy Brandt im Herbst 1971 den Friedensnobelpreis einträgt, und einem weiteren geschichtsträchtigen Datum liegen nur knapp anderthalb Jahre. Da möchte der Oppositionsführer Rainer Barzel den Bundeskanzler, der über die Ostpolitik sogar in den eigenen Reihen zu straucheln droht, per konstruktivem Misstrauensvotum aus dem Amt heben – ein von der Verfassung gedeckter Putschversuch, dem Weizsäcker ungeachtet aller sachlichen Bedenken seinen Segen gibt.

Plausibel erklären kann er diese Entscheidung, die selbst von seinem Bruder scharf kritisiert wird, im Nachhinein nie, doch das scheint ihn wenig zu beschweren. Er habe eben »kein Verlangen nach einer einsamen Heldenrolle« verspürt, verteidigt sich Richard von Weizsäcker ungewohnt störrisch, um dann freilich nach dem Scheitern des Coups prompt zur alten Marschroute zurückzukehren. Dass seine Fraktion das Vertragswerk am Ende durch eine mehrheitliche Stimmenthaltung passieren lässt, ist in erster Linie sein Verdienst.

Immerhin steht er hinterher deutlich besser da als mit ihrem Wegducken die beiden Schwesterparteien. Während CDU und CSU im November 1972 bei vorgezogenen Bundestagswahlen ein Desaster erleben und danach noch ein volles Jahrzehnt zur Opposition verdammt sind, entwickelt sich der christdemokratische

Auf dem Weg zum Berufspolitiker von seiner Familie stets überaus »mitempfindend« begleitet: CDU-Vordenker Richard von Weizsäcker im Oktober 1968 mit Frau Marianne und den Kindern Fritz und Beatrice in ihrem Heim in Bonn.

Querkopf zu einer Führungsfigur. Endgültig erledigt hat sich, wie es sein Biograph Hermann Rudolph sieht, »der anfänglich verbreitete Irrtum, er sei gewissermaßen ein frommer Randsiedler der Politik, den man nicht so ganz ernst nehmen müsse«. Weizsäcker, adelt ihn der einflussreiche Bonner Kolumnist der »Frankfurter Allgemeinen Zeitung« Walter Henkels, besteche allein schon durch seine »noble Haltung, die ein guter Stall verleiht«.

Eine bisweilen aufreizende Selbstsicherheit trägt der Christdemokrat bereits vor sich her, seit er von Helmut Kohl in den Vorstand der CDU geholt worden ist. Sie hilft ihm nun, den zum Teil blindwütigen Attacken von nationalkonservativer Seite zu begegnen. Mit »geschmeidiger Härte«, so beobachtet es der »Zeit«-Autor Rolf Zundel, setzt er um, was ihm vor allem sein

Mitstreiter Klaus von Bismarck an Charaktermerkmalen bestätigt: Preußisch diszipliniert, personifiziere der gebürtige Schwabe vor allem »die Wertschätzung der Tugenden herber Strenge, des Pflichtbewusstseins und soldatischer Bewährung«.

Der Besitz von Macht darf nach seiner Auffassung zwar nie zum reinen Selbstzweck verkommen, ist zur Durchsetzung inhaltlicher Ziele aber unverzichtbar und eben oft nur mit harten Bandagen zu erlangen. Dass er ein »sehr viel größerer Taktiker« ist, als es seinem Image entspricht, erkennt schon bald der Parteifreund Walther Leisler Kiep, der ihm ansonsten nahesteht.

Andererseits liegt es vermutlich auch an diesem Beharren auf Eigenständigkeit, wenn er sich Mitte der sechziger Jahre über die in der Bundesrepublik heraufziehenden Turbulenzen weit weniger erregt als die meisten seiner Landsleute. Da möchte die akademisch gebildete Nachkriegsgeneration endlich von ihren Altvorderen wissen, was sie sich im Rückblick auf ihr Verhalten im »Dritten Reich« vorzuwerfen hätten – in vielen Fällen quälende Verhöre, die zumal an einem Clan wie dem der Weizsäckers nicht spurlos vorübergehen.

Doch die Debatten darüber reißen in seiner Familie offenbar keine tieferen Gräben auf. Souverän wird die studentische und danach sogenannte Außerparlamentarische Opposition vom späteren Bundespräsidenten im Großen und Ganzen mit Sympathie begleitet, und noch in seiner berühmten Rede zum 40. Jahrestag der Bonner Republik bescheinigt er den »Achtundsechzigern« gerne, was ihm der Mainstream ersichtlich verübelt: In der Auseinandersetzung mit der »braunen Vergangenheit« wie für den Beginn einer grundlegenden zivilisatorischen Erneuerung seien sie zweifellos wichtige »Wegbereiter« gewesen.

Signale liberaler Anerkennung, die er allerdings bei der zunehmenden Radikalisierung der Revolte wieder stark relativiert. So uneingeschränkt er den Frondeuren zubilligt, »die Fassaden einer überkommenen Privilegienordnung rasch zum Einsturz gebracht« zu haben, so sehr erschreckt ihn dann doch ihre auf »absurden antiautoritären Tribunalen« vorgeführte »Entschlossenheit zum Bruch mit jeglichem Tabu im menschlichen Bereich« – ein Empfinden, das sein Bruder teilt.

Carl Friedrich von Weizsäcker erlebt die Geburtsstunde des Rumors, der die Deutschen über Jahre hinweg beschäftigt, aus unmittelbarer Nähe. Mit dem bundesweit Aufsehen erregenden Slogan »Unter den Talaren – Muff von 1000 Jahren« demonstrieren im Herbst 1967 an seiner Uni Studenten gegen politisch selbstgefällige Professoren und vor allem für eine seit langem verschleppte Hochschulreform – eine Protestaktion, die dem Ordinarius durchaus einleuchtet. Sich derart bemerkbar zu machen, entspricht seinem Verständnis von einer entwickelten Bürgergesellschaft, der er zugesteht, ihre obrigkeitsstaatlichen Fesseln zu lockern und außerdem lässt man ihn zunächst ja in Ruhe.

Obschon natürlich auch er zum verhassten Establishment gehört, gilt der populäre Physiker-Philosoph im Hamburger Lehrkörper als einer der wenigen, die nicht nur in puncto Vergangenheitsbewältigung auf einen glaubwürdigen Läuterungsprozess verweisen können, sondern der Rebellion zunächst nach Kräften aufhelfen. Er habe den Linken, wird er später bestätigen, sowohl ein »offenes Gespräch« als auch Schutzmaßnahmen »gegen die Repressionen des herrschenden Systems« angeboten und zudem die üblichen »bürgerlichen Schockiertheiten über rüde Umgangsformen, sexuelle Libertinage und ähnliche Brüche mit der traditionellen Moral« leicht überwunden.

Doch dann sieht er sich plötzlich einer »planvollen Machtergreifung« ausgeliefert, die ihn zutiefst verletzt. Er erkennt, dass er für die Bewegung bloß so lange interessant gewesen ist, wie sie seiner bedurfte, und fühlt sich als »nützlicher Idiot« missbraucht.

Wenn der Professor danach nur noch »mit äußerster Selbstbeherrschung ruhig atmen kann«, hat das vermutlich aber auch andere Gründe. Seit dem Streit um die Produktion nuklearer Gefechtsfeldwaffen plagen ihn in immer kürzeren Intervallen schlimme Träume, die sich nicht selten zu panikartigen Attacken steigern und im August 1968 ihren vorläufigen Höhepunkt erreichen. Da gibt ihm der Einmarsch der Warschauer-Pakt-Staaten in die abtrünnige ČSSR spontan die Gewissheit ein, dass ein dritter Weltkrieg über kurz oder lang unvermeidlich sei.

Diese »Erstickungserlebnisse«, wie er solche Ängste zuweilen dramatisch beschreibt, bremsen dennoch selten seinen Elan. Je ausgeprägter bei ihm die Furcht vor einem globalen Desaster, desto stärker kniet sich der Friedensforscher in seine Arbeit hinein, die ihm nun zusehends über den Kopf zu wachsen droht. In seinem Sekretariat stapeln sich die Einladungen zu bedeutsamen Anlässen aller Art, denen er bei dem prall gefüllten Terminkalender nur noch zum Teil nachzukommen vermag.

Dabei treiben den Universalgelehrten ja nicht nur die ganz großen Fragen der Menschheit um. Das Weltgeschehen aus dem Blickwinkel des Anthropologen zu betrachten, schließt für ihn ein, sich ebenso den vergleichsweise profanen Alltagsproblemen zuzuwenden, wobei er dazu mit langen Aufsätzen oder Interviews meistens die Hamburger Wochenzeitung »Die Zeit« als Plattform nutzt.

Carl Friedrich von Weizsäcker – ein notorischer Kümmerer. Obwohl er zumindest auf den Feldern der Natur- und Geisteswissenschaften den oft nur schwer zu entschlüsselnden Code seiner Community nicht völlig abschütteln kann, ist er stets um Nachvollziehbarkeit bemüht und reichert seine Ausführungen häufig mit Anekdoten an. Auch wenn sie inhaltlich weit auseinanderliegen: Selbst Konrad Adenauer lobt ihn für seine unverbildete Sprache.

An erster Stelle steht für ihn dabei die Konfliktforschung, wie er sie im September 1967 anlässlich der 100-Jahr-Feier der Bodelschwinghschen Anstalten in Bethel umreißt. Friedlosigkeit, erklärt er dort, sei zuvörderst als »seelische Krankheit« zu verstehen – als Verweigerungshaltung gegenüber einer »verdrängten Wirklichkeit«, als geradezu neurotische Angst davor, der »Wahrheit« innezuwerden. Dieser Zwang bedürfe einer psychotherapeutisch begleiteten, in vielen Fällen aber auch vom Patienten selbst erreichbaren Auflösung und verspreche ihm dadurch Heilung.

Den einzelnen Menschen »zum Frieden zu befähigen«, um ihn damit aus seiner Verstrickung zu befreien, hatte so ähnlich schon der Mediziner Viktor von Weizsäcker zu seinen Hauptaufgaben gezählt – ein wohl eher utopisches Unterfangen, das der Neffe nun weiterverfolgt. Dazu dient ihm auch die kleine Denkfabrik, in der er – neben seiner Tätigkeit an der Uni – als Wortführer einer »Vereinigung Deutscher Wissenschaftler« über Maßnahmen zur Kriegsverhütung oder die Folgen einer globalen Bevölkerungsexplosion grübelt.

Aber Carl Friedrich von Weizsäcker will noch mehr. Inspiriert vom »geistigen Klima der sechziger Jahre«, schlägt er der in München residierenden Max-Planck-Gesellschaft den Aufbau eines Instituts vor, das die Lebensbedingungen in der technisch-wissenschaftlichen Welt interdisziplinär erkunden soll, und bringt sich dabei zielstrebig als Chef ins Gespräch. Einen besseren als ihn, der die Themen »Frieden und Zukunft mit dem Hintergrund der Politikberatung« ohne Scheuklappen zu behandeln verspricht, kann er schließlich nicht empfehlen.

Die Hürden sind jedoch höher als erwartet. Industrievertreter, die in der Max-Planck-Gesellschaft Mitspracherecht haben, schieben das Projekt misstrauisch vor sich her, weil sie in dem Gelehrten einen tendenziell linken Bedenkenträger sehen – doch der kann sich auch so über mangelnde Beschäftigung kaum beklagen. Trotz seiner Ämterfülle inzwischen noch Vorsitzender des Verwaltungsrates des Deutschen Entwicklungsdienstes, unternimmt er im Winter 1969 eine ausgedehnte Reise nach Indien, um sich dort in Vorträgen als weithin beachteter »moderner Physiker« zu präsentieren.

Fernöstliche Weisheit mit der in der westlichen Welt vorherrschenden Rationalität zu vereinen, hat ihn schon immer interessiert, aber jetzt wird ihm schwer Begreifliches zuteil. Am Grab des hinduistischen Gurus Sri Ramana Maharshi in Tiruvannamalei erlebt er eine spirituelle Erleuchtung, die ihm »Tränen der Seligkeit« in die Augen treibt.

In der Bundesrepublik überwiegt nach dem wundersamen Reisebericht, den er an die Presse gibt, die Skepsis. Soll das derselbe Mann sein, den noch kurz zuvor der Physiknobelpreisträger Hans A. Bethe in den höchsten Tönen gelobt hat? Für die

Entschlüsselung des Kohlenstoff-Stickstoff-Zyklus, der in den dreißiger Jahren zur Erklärung der Energieerzeugung in der Sonne von beiden gleichzeitig berechnet worden war, empört sich der in die USA ausgewanderte Kollege, stehe Carl Friedrich von Weizsäcker die Auszeichnung nicht weniger zu als ihm.

Und nun so ein Ausflug in die Sphäre des Mystischen, den der Forscher mit aufreizender Selbstverständlichkeit verteidigt. »Wir verstecken uns, wenn wir das Denkbare nicht denken«, hält er bei seiner Suche nach der Einheit der Natur den Kritikern entgegen und prophezeit: »Wir werden alle noch durch andere Tore gehen.«

Den Politiker Richard von Weizsäcker nehmen zu diesem Zeitpunkt bescheidenere Ziele in Beschlag. Er bewundert den Bruder und ähnelt ihm als Propagandist einer weltumspannenden Ökumene zumindest in seinen Glaubensgrundsätzen, konzentriert sich andererseits aber erst einmal auf das Nächstliegende. Nach seiner Wahl zum Bundestagsabgeordneten ist er zwar Profi genug zu akzeptieren, dass er auf seine Partei angewiesen ist, doch die dem Volksvertreter in der Verfassung garantierten Spielräume möglichst in seinem Sinne zu deuten, lässt er von Anfang an keine Gelegenheit aus. Sein Credo heißt, dem »Gesamtinteresse« dienen zu wollen.

In dem ersten großen Wendejahr 1969, in dem die Westdeutschen mit den Worten ihres Bundespräsidenten Gustav Heinemann »ein Stück Machtwechsel« erleben, ist das natürlich auch eine Frage der Definition. Welche Schlüsse soll er für sich daraus ziehen, wenn zum Beispiel der Kanzler Brandt seine Landsleute ermuntert, endlich »mehr Demokratie zu wagen« und zugleich den Gemeinsinn zu stärken, der in der »Adenauer-Republik« zusehends verkümmert ist?

Weizsäcker macht sich dazu seine eigenen Gedanken. Während der Bruder den angekündigten Wandel ausdrücklich begrüßt – und etwa locker zur Kenntnis nimmt, dass sein zweitgeborener Sohn Ernst Ulrich den damals in weiten Kreisen übel beleumundeten Jungsozialisten beitritt –, sieht der christdemokratische Parlamentarier die angeblich zunächst einmal dumpfen sechziger Jahre in deutlich milderem Licht. In seinen bei Hermann Rudolph zitierten Retrospektiven nennt er die These von einer »schlummernden«, in jener Dekade noch »nicht wirklich angenommenen Demokratie« schroff »ein Märchen«. Und ebenso abwegig erscheint ihm die verbreitete Lesart, nach der die Bundesrepublik erst unter den zupackenden sozialliberalen Reformkräften zu ihrer »wahren Gründung« bereit gewesen sei.

Aber immerhin: Ohne die außerparlamentarische Bewegung im Innern und eine konsequent auf Entspannung fixierte Bonner Koalition, glaubt er noch als Staatsoberhaupt, würden die Westdeutschen gewiss in einem anderen Land leben, und selbstverständlich will er auch seinen eigenen Anteil daran nicht kleinreden. Wie wichtig er etwa beim Streit um die Ostverträge aus Sicht der Regierungsparteien ist, bestätigt ihm schon bald nach seiner Wahl zum Abgeordneten einer der Chefstrategen der SPD, Horst Ehmke: Im Bemühen, die neue Politik in bürgerlich-konservativen Kreisen salonfähig zu machen, habe keiner so entschlossen wie er »als Transmissionsriemen« gewirkt.

Im Kern eine logische Folge seiner bisherigen Arbeit. Was Brandt und Co. durchzusetzen versuchen, weicht schließlich nur unwesentlich von dem vier Jahre zuvor publizierten EKD-Papier ab, das er als Kirchentagspräsident weiter verteidigt. Wenn der Kanzler nun von der Existenz zweier deutscher Staaten spricht, die trotzdem »füreinander nicht Ausland« sind, liegt er ganz auf seiner Linie.

Eine schwierige Gratwanderung, die Weizsäcker umso mehr Geschick abverlangt, als sich die Fronten mit Beginn der siebziger Jahre noch einmal verhärten. In der frustrierten Unionsfraktion, die den Machtverlust wie eh und je zum Betriebsunfall erklärt, gilt er als kaum einzuordnender Außenseiter – und nicht nur das: Als er dennoch Rainer Barzels mehrheitlich scharf verurteilten Umsturzversuch unterstützt, werden ihm selbst in seiner Familie kritische Fragen gestellt.

Doch Richard von Weizsäcker lässt sich von seinem Kurs nicht abbringen. Je vertrauter ihm die in Bonn vorherrschenden Usancen sind, desto selbstsicherer baut er auf seine Begabung und eine im politischen Getriebe seltene Lernbereitschaft, die ihn vor gröbsten Fehlern bewahrt. Bei den Parlamentsdebatten zählen seine rhetorisch weniger überschäumenden, dafür aber mit einer Fülle von Fakten gespickten Reden rasch zu den Highlights.

Mit immerhin schon fast fünfzig Jahren bekennt sich da endlich einer zu seinem »wahren Beruf« und übernimmt somit den Staffelstab von den Vorfahren. Wie als königlicher Ministerpräsident der Großvater und dessen im Nationalsozialismus zum Staatssekretär beförderter Sohn, denen er gleichermaßen ein außergewöhnliches diplomatisches Gespür attestiert, vertritt in einer noch unausgereiften Demokratie nun er den politischen Part. Dass ihm dabei ein den Vorgängern zumindest ebenbürtiges Talent in die Wiege gelegt worden ist, bleibt in der Bundeshauptstadt nicht lange verborgen.

Und er tut ja auch einiges dafür. Selbst in den hitzigsten Auseinandersetzungen auf alle Schmähungen verzichtend, entpuppt sich Weizsäcker als Volksvertreter besonderer Art. Vor allem im Ringen um die Grundsätze der Aussöhnung mit den Staaten des Warschauer Paktes – im westlichen Teil Deutschlands mittlerweile die zentrale Frage – scheint es ihm einzig und allein auf die Sache anzukommen. Persönliche Ambitionen haben sich unterzuordnen.

Im innerparteilichen Wettbewerb erweist sich der erfolgsgewohnte Bankier und Wirtschaftsmanager derweil als Realist. Wer sich Großem verschreibt, tritt ihm klar vor Augen, braucht Macht, und die strebt er knapp zwei Jahre nach seinem Einzug in den Bundestag mit einer Robustheit an, die kaum jemand für möglich gehalten hätte. Als Helmut Kohl, immerhin sein Entdecker, im Herbst 1971 nach dem CDU-Vorsitz greift, schlägt sich Richard von Weizsäcker kurz entschlossen auf die Seite des Rivalen Rainer Barzel. Der hat ihm in Aussicht gestellt, unter ihm zum geschäftsführenden Parteichef aufzurücken – ein ad hoc erfundener Posten, der in der Satzung nirgendwo vorgesehen ist, weshalb der leicht anrüchige Deal bald zu den Akten gelegt wird.

Dass der Einfall, ihn zu einer Art Super-Generalsekretär aufzubauen, allein schon an den Statuten scheitert, schadet dem ehrgeizigen christdemokratischen Modernisierer indessen wenig. Und nicht einmal sein missglückter Versuch, im darauffolgenden Jahr nach den für die Union katastrophalen Bundestagswahlen an die Spitze der Fraktion zu gelangen, wird ihm als Rückschlag ausgelegt. Während man bei anderen beobachten könne, wie sie

»Siege verlieren«, staunt ein in der Bundeshauptstadt akkreditierter Korrespondent, besitze der leise Aristokrat »die wundersame Gabe, Niederlagen zu gewinnen«.

Vermutlich hilft ihm dabei seine eigentliche Stärke. »Sich um Machterwerb zu bemühen, lohnt nur, wenn man eine Idee davon hat, was man mit ihr anfangen will«, schreibt der langjährige journalistische Begleiter Gunter Hofmann – und diese Prämisse kann der Jurist ja nicht nur auf seinem deutschland- und ostpolitischen Spezialgebiet für sich reklamieren. Genauso interessiert ihn die Programmarbeit der Union, die im Zuge der schleichenden Umwandlung zum reinen Kanzlerwahlverein vernachlässigt worden ist. Von Rainer Barzel bereits 1971 mit dem Vorsitz einer Grundsatzkommission betraut, beschäftigen ihn nun zunehmend gesellschaftlich relevante Themen.

So sitzen zu Beginn der siebziger Jahre gleich beide Weizsäckers an wichtigen Schalthebeln. Während der praktizierende Christdemokrat dazu ausersehen ist, seiner Volkspartei einen zeitgemäßen Orientierungsrahmen zu geben, erreicht der Bruder Carl Friedrich ebenfalls sein Ziel. Die Max-Planck-Gesellschaft stellt dem Gelehrten im bayerischen Starnberg das lange ersehnte, auf die Analyse von Zukunftsfragen aller Art ausgerichtete Institut zur Verfügung.

Dreizehntes Kapitel

»Lehrer der Nation«: Carl Friedrich und Richard, Brüder und Rivalen

Das erste Exemplar einer in seinem Hause verfertigten »Studie über Kriegsfolgen und Kriegsverhütung« lässt Carl Friedrich von Weizsäcker im März 1972 dem Kanzler zukommen. In einer Zeit, in der sich Willy Brandt immer massiver dem Vorwurf ausgesetzt sieht, seine Ostverträge gefährdeten die Bundesrepublik vor allem in militärischer Hinsicht, will er dem Bonner Regierungschef damit Argumentationshilfen an die Hand geben. Die Sorge der Gegner, stellt er fest, beruhe »auf einer illusionären Überschätzung der Sicherheit, die wir heute haben« – die von der Koalition verfolgte Deutschland- und Außenpolitik schreite vielmehr auf dem richtigen Wege voran.

Und als Brandt sogar seine eigene Mehrheit zu verlieren droht, legt der Institutsdirektor, von Amts wegen wohl eher zur Zurückhaltung verpflichtet, noch einmal nach. Zusammen mit gleichgesinnten Prominenten aus den unterschiedlichsten Bereichen wirbt er nun unmissverständlich für eine Ratifizierung der ausgehandelten Texte.

Kaum verwunderlich, wenn danach etwa der Soziologe Helmut Schelsky Anstoß daran nimmt. In der Frage, ob und inwieweit ein Wissenschaftler durch öffentliche Erklärungen Politik betreiben dürfe, ist sich die Gilde der Professoren schon in der kurzen Phase des Frankfurter Paulskirchen-Parlaments von 1848 uneinig gewesen, und so auch jetzt. Von dem stramm konservativen Vordenker heftig dafür gescholten, dass er sich mit seinem Bekenntnis zum »Lehrer der Nation« aufgeschwungen habe, keilt Weizsäcker zurück: Die nötige Sachkunde vorausgesetzt, sei es den Angehörigen der »akademischen Schicht« selbstverständlich erlaubt, »als Staatsbürger zu agieren«.

Den Vorwurf, nur geltungssüchtig daherzureden, mag er jedenfalls nicht auf sich sitzen lassen, und das sicher zu Recht. Wie er als Physiker stets darauf achtete, die Schachzüge der Nuklearstrategie gründlich genug zu erlernen, um mit jedem Experten auf Augenhöhe debattieren zu können, nimmt er, was Brandts Entspannungsinitiativen anbelangt, eine »ähnliche Sorgfalt« für sich in Anspruch.

Zugleich wehrt er Schelskys Kritik aber nicht in Bausch und Bogen ab. Wohl geht es ihm darum, seinen Wissenschaftskollegen »politische Selbsterziehung« und dann konsequenterweise öffentliche Einmischung anzuraten, aber im Grunde sind ihm solche Aktionen wesensfremd. Unter Hinweis auf seine »Gemütslage« lehnt er denn auch den Vorschlag, im Verein mit Heinrich Böll publikumswirksam für ein besseres Verständnis der Sowjetunion einzutreten – deren Machtstreben er spätestens nach dem Einmarsch in die ČSSR scharf verurteilt –, dankend ab.

Er wisse, dass das »eine im Kern irrationale Reaktion« sei, die es eines Tages zu überwinden gelte, schreibt er dem Schriftsteller, doch in diesem aufgewühlten 1972 verläuft ja ohnedies nur wenig nach Plan. Obwohl er seit 1957 beständig der SPD den

Rücken stärkt, ruft Weizsäcker bereits zu Beginn des Jahres vor den Landtagswahlen in Baden-Württemberg zur Stimmabgabe für die FDP auf – aus seiner Sicht eine Entscheidung contre cœur, aber unvermeidlich, um die Ostverträge zu retten. Und so befindet er sich auch im Herbst, als Brandt den größten von seiner Partei je erreichten Triumph feiert, in einem »gewissen Dilemma«.

»Politische Selbsterziehung« – keine ganz leichte Übung, die ihm allein schon deshalb einiges abverlangt, weil sie zuweilen weit von seinem eigentlichen Metier entfernt ist. Genau genommen sei seine »Vorstellung von Glück«, gesteht er immer wieder mal Freunden, »auf der Griesner Alm zu sitzen und über die Grundlagen der Physik nachzudenken«. Nichts schöner, als dort in den malerischen Tiroler Alpen zu ausgedehnten Wanderungen aufzubrechen – während ihm Frau Gundi oder wahlweise die betagte Mutter Marianne den Haushalt führt – und sich mit »Dingen« zu befassen, die ihm »persönlich die wichtigsten« sind.

Aber ist das tatsächlich so eindeutig? Weizsäckers Beteuerung, er habe nie nach Höherem gestrebt, als sein Leben der Forschung und Lehre zu widmen, trifft bis 1964 sicher zu. Da fragt ihn der Sozialdemokrat Helmut Schmidt im Auftrag seiner Partei, ob er sich für das Amt des Staatsoberhaupts interessiere, falls die Liberalen seine Nominierung mittragen sollten, und handelt sich unverzüglich eine Absage ein. Als Ordinarius an der Hamburger Uni seinen damals noch von Herzen geliebten Job aufzukündigen, kommt für den Philosophen nicht in Betracht.

Deutlich anders hört sich der Professor dann allerdings im Frühling 1974 an. Wie er seinem Freund Hellmut Becker, dem einstigen Anwalt des Vaters, verrät, hat ihm einige Monate zuvor

Bundespräsident Heinemann in einem Privatgespräch das »entschiedene Gefühl« gegeben, er könnte sein Nachfolger werden, und Weizsäcker teilt dem Vertrauten nun per Brief seine leicht kryptisch formulierte »etwaige Reaktion« darauf mit: Würden ihm »die Parteien (zunächst die Koalition)« den Zuschlag erteilen, nähme er die Kandidatur wohl an.

Denn »jenseits des Verdrängungshorizonts nicht nur der Tagespolitik, sondern auch der meisten politischen Theorien« in einer »langfristigen gedanklichen Anstrengung« Brücken zu schlagen, glaubt er nach vier Jahren in Starnberg geeignet zu sein. Aber die Bereitschaft erweist sich als voreilig. Dem Wunsch des damaligen Vizekanzlers und Außenministers Walter Scheel, zum ersten Mann in der Bonner Republik aufzurücken, kann sich das sozialliberale Bündnis schwerlich versagen.

Offen bleibt, ob Weizsäcker den Sprung in die Villa Hammerschmidt auch deshalb zumindest in Erwägung zieht, weil ihm die Arbeit an seinem Institut zunehmend zu schaffen macht. Einige Indizien sprechen dafür. Von Anfang an nimmt das mit knapp über zwanzig Wissenschaftlern und Doktoranden eher spärlich ausgestattete Denklabor im Oberbayerischen ein riesiges Themenspektrum in den Blick, das dann noch immer breiter wird. Von der Abschreckungsstrategie über die Zerstörung der Umwelt oder Krisen des Kapitalismus bis hin zu den Ursachen der Jugendrevolte – nahezu alles, was den öffentlichen Diskurs bestimmt, wird im Mühlberg-Schlößl analysiert.

Um sich nicht von vornherein von der aktuellen Zeitströmung abzukapseln, lockt Weizsäcker einige Mitarbeiter an den Starnberger See, die ihm in seinem Philosophischen Seminar in Hamburg aufgefallen sind und deren Selbstverständnis spürbar nach links tendiert. Wenn so die Sozialforschung bald den größten Raum einnimmt, liegt das aber auch daran, dass es dem Chef gelingt, als zweiten und gleichberechtigten Direktor den renommierten Neomarxisten Jürgen Habermas zu engagieren, der seine eigenen Kohorten um sich schart.

Obwohl die beiden Herren einander mit hohem Respekt begegnen, lassen sich Reibungsverluste kaum vermeiden. Über ideologisch bedingte Differenzen hinaus leidet das vom »Spiegel« so bezeichnete »faustische Projekt« unter einem Zwang zur Kooperation, der bis dahin noch weitgehend unerprobt ist. Die in mehrere Gruppen aufgegliederte Mannschaft soll sich mit den jeweils anstehenden Problemen interdisziplinär befassen – eine Methode, wie im Nachhinein der Physiker Michael Drieschner befindet, die dem einzelnen und auf seine eigene Karriere fixierten Mitarbeiter beträchtliche Selbstlosigkeit abfordert.

Zur Unzufriedenheit mag beitragen, dass sich Weizsäcker nur bedingt daran hält. Er publiziert, während in Starnberg eifersüchtig Rivalitäten geschürt werden, reihenweise viel beachtete Bücher – etwa »Die Einheit der Natur«, »Fragen zur Weltpolitik« oder »Wege in der Gefahr« – und versteht sich auch sonst zu profilieren. An der Universität München nebenbei Honorarprofessor, folgt er etwa dem Ruf des Bundespräsidenten ins Kuratorium der »Deutschen Gesellschaft für Friedens- und Konfliktforschung« und dient auf denselben Feldern dem Kanzler als Ratgeber.

Dem umtriebigen Workaholic macht die Ämterfülle offenbar ebenso wenig aus wie die gelegentlich aufflammende Kritik an seiner Mission. Im Institut mehr und mehr als »konservativ-liberaler Monarch rechts außen eingeordnet«, so der Paderborner

Dogmatiker Dieter Hattrup, nimmt ihn die Mehrheit im Senat der Max-Planck-Zentrale als »radikalen Linken« wahr, lässt ihn aber dennoch über ein volles Jahrzehnt gewähren.

In einer Phase zunehmender gesellschaftlicher Gegensätze, die die Bundesrepublik erschüttern und schließlich in den Terror der Baader-Meinhof-Bande münden, gilt der omnipräsente Professor mit der Aura eines Universalgelehrten vor allem als unbezweifelbar integer. Auch wenn man in naturwissenschaftlichen, philosophischen oder politischen bis hin zu religiösen Zusammenhängen nicht seiner Meinung ist, gestehen ihm die Kollegen generell eine Gutwilligkeit zu, die die meisten Differenzen einebnet.

Die Alma Mater in Tübingen zum Beispiel verleiht dem Lutheraner in Anerkennung seiner unermüdlichen Befassung mit der »Gottesfrage« auf dem Sektor der Physik den Titel eines Ehrendoktors der katholischen Theologie – für den Urenkel des Universitätskanzlers Carl Heinrich von Weizsäcker eine besondere Würdigung.

Wie einst der Ahnherr und neben ihm dessen jüngerer Bruder, der Historiker Julius Ludwig Friedrich, den Mächtigen mit ihrer analytischen Begabung als Souffleure dienten, ist es in der dritten Generation danach nun abermals ein Gespann, das sich in dieser Kunst erprobt. Zwar nimmt sich der Jurist Richard, sooft im privaten Kreis über die Wirkungskraft und Einflussmöglichkeiten eines vornehmlich »ethischen Denkens« gesprochen wird, am Anfang seiner politischen Laufbahn noch deutlich zurück, doch das ändert sich bald.

Dabei sieht es zunächst nur nach einer Verlegenheitslösung

aus. Weil er sonst nichts Angemessenes zu bieten hat, überträgt ihm der seit 1971 die CDU führende Rainer Barzel den Vorsitz in einem Ausschuss, der die lange vernachlässigte Programmatik seiner Partei modernisieren soll – auf den ersten Blick eher eine Spielwiese. Als die Union dann aber im Jahr darauf weiter denn je ins Hintertreffen gerät, gewinnt die Rückbesinnung auf Inhalte mehr und mehr an Bedeutung.

Eine neue Epoche bricht an, in der Richard von Weizsäcker mit seinem kleinen Team zu Papier bringt, was ihn in Ansätzen schon zu Zeiten seiner Tätigkeit bei der Mannesmann AG interessierte. Unter dem Rubrum »Freiheit, Gerechtigkeit und Solidarität« versucht er den zusehends erstarrten »Kanzlerwahlverein« auf einen Wertekatalog zu verpflichten, in dem sich die Christdemokraten zur »Brüderlichkeit in Selbstverantwortung« bekennen, und löst damit prompt einen Debattenschub aus, wie ihn seine Partei selten erlebt hat.

Wenn danach Generalsekretäre wie der vormalige Konzernmanager Kurt Biedenkopf oder Helmut Kohls Intimus Heiner Geißler der CDU Schritt für Schritt ein neues Profil geben, ist das nicht zuletzt dem Leiter der »Grundsatzkommission« zu verdanken. Der darf sich nach einem Zwischenbericht, den er 1973 auf dem Bundesparteitag in Hamburg vorträgt, fast schon als Star fühlen. Der Freiherr, umjubelt ihn etwa der rheinland-pfälzische Kultusminister Bernhard Vogel, habe seine Couleur »wieder das Denken gelehrt«.

Solche Elogen fallen ihm allerdings auch zur Last. Je offenkundiger dem inzwischen als Kirchentagspräsident zurückgetretenen Juristen im bürgerlich-liberalen Spektrum seiner Union der Ruf anhängt, in erster Linie für die sogenannten weichen

Themen zuständig zu sein, desto stärker grenzen sich die selbsternannten »Realisten« à la Franz Josef Strauß von ihm ab. Für die vermeintlichen »Moralpredigten« hat der Bayer nur Hohn und Spott übrig.

Doch die fleißig gestreuten Sottisen werden ihm ja längst nicht immer gerecht. Von den ostpolitischen Alleingängen abgesehen, steht Richard von Weizsäcker seiner Partei häufig sehr viel näher, als die Frondeure im konservativen Lager behaupten. Und er weiß auch, was er ihr zumuten kann. Als sich bei den Bundestagswahlen im Herbst 1976 der Kanzlerkandidat Kohl im Duell mit dem sozialliberalen Regierungschef Helmut Schmidt von der CSU zu einer Schlammschlacht unter der Alternative »Freiheit oder Sozialismus« hinreißen lässt, bleibt er auffällig einsilbig.

Denn bei allem Verständnis für die Notwenigkeit gesellschaftlicher Entwicklungsprozesse – »linke Systemveränderer«, die die Bundesrepublik angeblich neu erfinden wollen, sind ihm suspekt. Seiner wertkonservativen Grundhaltung folgend, hält er dabei sowohl die Öko- als auch die Friedensbewegung auf Distanz. Den heftig bekämpften Nato-Nachrüstungsbeschluss zu unterstützen, bereitet ihm jedenfalls keine Probleme, und im Dauerstreit um die zivile Nutzung der Kernenergie schlägt er sich ausdrücklich auf die Seite der Befürworter.

Weizsäckers Popularität, die vor allem außerhalb der CDU wächst, kann das aber nur wenig anhaben. Im Kampf der Weltanschauungen gilt der feinsinnige Aristokrat als löbliche Ausnahme – ein Erscheinungsbild, das er zuallererst seiner Disziplin verdankt. Was andere als Chaos beschreien, nennt der zum Berufspolitiker mutierte Anwalt meistens entspannt »eine höchst

In der Geschichte der Bundesrepublik ein einmaliger Vorgang: Mit Carl Friedrich und Richard von Weizsäcker bieten die im Bonner Parlament vertretenen Parteien gleich zwei Vertretern aus einer Familie das höchste Amt im Staate an.

lebendige Parteiendemokratie«. Und bei den Kontroversen im Bundestag gibt es kaum jemanden, dem es ähnlich unverdrossen allein um die Sache zu gehen scheint.

Eine Autorität gleichsam sui generis. Dass ihm dabei das in seinem Metier obligate Karrierestreben letztlich völlig egal gewesen sei, will der Unionschrist zwar nicht von sich behaupten, aber ein bisschen klingt es denn doch danach. Er habe schließlich Gelegenheit gehabt, sich hinreichend »im heiteren Ertragen von Wahlniederlagen zu üben«, erinnert sich das pensionierte Staatsoberhaupt noch in seinen Memoiren.

In Wahrheit steht kein Volksvertreter häufiger für politische Ämter und Funktionen zur Verfügung, als ab Mitte der sechziger bis in die frühen achtziger Jahre hinein der ehrgeizige

Richard von Weizsäcker. Noch bevor er ins Parlament einrückt, stellt sich der Quereinsteiger der ersten parteiinternen Kampfkandidatur um die Nachfolge des Bundespräsidenten Heinrich Lübke so selbstbewusst, wie er im Mai 1974 in einen zweiten, von vornherein aussichtslosen Anlauf gegen den sozialliberalen Bewerber Walter Scheel einwilligt.

Dazwischen springt er ein weiteres Mal zu kurz, als er versucht, dem Konkurrenten Karl Carstens die Führung in der Fraktion streitig zu machen – und sich danach mit einem der Stellvertreterposten begnügen muss –, doch das alles ficht ihn kaum an. Immerhin darf er sich als Leiter der Grundsatzkommission und in dieser Eigenschaft praktisch institutionell verankerter Vordenker Meriten erwerben, ein Job, der umso schwerer wiegt, als nun Helmut Kohl in der Union das Ruder übernimmt. Mag ihn gelegentlich das Pathos stören, mit dem der Pfälzer seine Ambitionen zum Ringen um eine »geistig-moralische Wende« verklärt, zu dieser Zeit fühlt er sich ihm noch eng verbunden.

Herbe Enttäuschungen kann ihm aber auch der neue starke Mann nicht ersparen. Wenngleich die bis dahin theoriefeindlichen Christdemokraten einsehen, dass ohne ein Mindestmaß an glaubwürdiger Erneuerung die Rückkehr an die Schalthebel der Macht schwerlich zu schaffen ist, wird sein Programm erst nach endlosem Gezeter und mit deutlichen Abstrichen verabschiedet – und der hartnäckig von ihm verfolgte Kurs einer Stabilisierung der bürgerlich-liberalen Mitte gerät im Herbst 1980 mit der Kanzlerkandidatur des bayerischen Prellbocks Franz Josef Strauß vollends ins Schlingern.

Noch schmerzlicher berührt Weizsäcker indessen ein Ereignis, das bereits vom Sommer 1975 datiert. Da versammeln sich

Mit der wundersamen Gabe gesegnet, »Niederlagen zu gewinnen«. Bei der Wahl zum Bundespräsidenten stellt sich der Christdemokrat Richard von Weizsäcker (hier mit Karl Carstens, Helmut Kohl und Franz Josef Strauß) 1974 gegen Walter Scheel sehenden Auges als chancenloser »Zählkandidat« zur Verfügung, festigt so aber weiter seinen Ruf.

in Helsinki die Staats- und Regierungschefs aus 35 Ländern, um auf einer Konferenz für Sicherheit und Zusammenarbeit in Europa (KSZE) die Schlussakte zu unterzeichnen – wie sich danach erweist, eine entscheidende Voraussetzung für das Aufleben von Freiheitsbewegungen im Herrschaftsbereich des Warschauer Paktes und aus der Perspektive des CDU-Vordenkers die einstweilige Krönung der Deutschland- und Ostpolitik.

Dass sich die Mehrheit seiner Fraktion selbst in diesem Fall gegen die Vereinbarung ausspricht, verschlägt ihm einige Tage lang schier den Atem. Zum ersten Mal fragt er sich ernsthaft, ob er nicht doch in der »falschen Partei« gelandet sei, erinnert sich dann aber an die Geschichte der SPD. Die habe sich schließlich, als Konrad Adenauer die Bindung der Bundesrepublik an den Westen durchpaukte, über ein glattes Jahrzehnt hinweg ebenso unbelehrbar quergelegt.

Während Richard von Weizsäcker also letztlich auf die Lernfähigkeit der Union baut – und ihr allen Rückschlägen zum Trotz die Stange hält –, speist sich das politische Engagement des Bruders vorwiegend aus einer phasenweise nur schwer zu beherrschenden Angst. So weit das Auge reicht, sieht er die Menschheit dem Abgrund entgegentaumeln, und das insbesondere in der zweiten Hälfte der siebziger Jahre. Denn mit »Helsinki« haben ja die beiden Supermächte ihren Konfrontationskurs nicht völlig korrigiert. Ungeachtet der dort erzielten Einigkeit über künftige Meinungs-, Informations- und Reisefreiheiten zieht die Sowjetunion auf militärischem Gebiet gewaltig die Zügel an und unterläuft mit Mittelstreckenraketen, die auf den Westen Europas gerichtet sind, das bis dahin einigermaßen austarierte nukleartechnische Gleichgewicht.

Ein Szenario, das namentlich Helmut Schmidt veranlasst, den sogenannten Nato-Doppelbeschluss durchzupauken, der nach der Weigerung Moskaus, die Bedrohung zurückzunehmen, zur Nachrüstung führt und eine in der Bundesrepublik spontan entstehende Friedensbewegung auf die Barrikaden treibt. Dass der Atomphysiker nach seiner traumatischen Erfahrung im »Dritten Reich« sowie der Katastrophe von Hiroshima und Nagasaki zu den entschiedenen Gegnern der angeblich unvermeidlichen Reaktion zählt, versteht sich von selbst.

Nur finden die Warnungen jenseits seiner Sympathisantenkreise kaum noch Gehör, und der streitbare Professor sieht sich zunehmend als einsamer Rufer in der Wüste. Zum dringend erforderlichen »Bewusstseinswandel«, so hat er es schon vorher leicht resigniert zu Papier gebracht, gehöre »ein tiefer Schreck«, dem man, wenn man ihn einmal gekriegt habe, »nicht mehr entlaufen« könne. Man meine oft, man müsse »die Menschen anbrüllen, damit sie aufwachen. Aber man weiß, dass sie den, der brüllt, für einen Narren halten.«

Aus der Verpflichtung, als Wissenschaftler die Verantwortung für die Ergebnisse seiner Arbeit zu tragen, mag sich der Physiker-Philosoph andererseits nicht entlassen. Deshalb konzentriert er sich nun umso mehr auf das Starnberger Projekt. Im achtundsechzigsten Lebensjahr stehend, will er bis zu seiner Emeritierung noch sicherstellen, dass die in der Bundesrepublik einzigartige Denkfabrik seine Zeit überdauert, aber die Max-Planck-Gesellschaft ist schon länger skeptisch und durchkreuzt die Pläne. Mit der Begründung, dass für eine Koryphäe wie ihn kein Ersatz zu finden sei, wird erst der von Weizsäcker geleitete Bereich und bald darauf, nachdem Habermas frustriert zurückgetreten ist, das ganze Haus kurzerhand geschlossen.

Und die Kritiker fühlen sich bestätigt. Zwar leugnet kaum jemand, dass das vielzitierte »Institut für unangenehme Fragestellungen« etwa auf den Feldern der Kriegsverhütung, des Nord-Süd-Konflikts oder der Umwelt beachtliche Expertisen verfasst hat, aber am Ende überwiegen die negativen Aspekte. Von Anfang an mit enormen Erwartungen befrachtet, sind sich die Gruppen mit ihrer jeweils eigenen politischen Standortbestimmung weitgehend fremd geblieben – ein für interdisziplinäre Zukunftsforschung erhebliches Manko.

Die Gefahr eines »engagierten Dilettantismus« habe eben nie ganz gebannt werden können, gibt Weizsäcker Jahre später zu – und dass zumindest ein bisschen von dem, was in Starnberg schiefgelaufen ist, auch auf sein Konto geht, sieht er nun ein. So zählt eine zur Korrektur offenkundiger Fehlentwicklungen unerlässliche Führungsqualität nicht gerade zu seinen Stärken. Als ihn Habermas im Sommer 1975 auf eine wachsende »personelle Verkrustung« im Team aufmerksam macht, hält sich der oft aushäusige Freigeist »quietistisch« zurück.

Die Salzburger Festspiele mit einer Eröffnungsrede zu bereichern, hat bereits zu dieser Zeit in seinem Terminkalender zunächst einmal Vorrang – und überhaupt: Die außerordentliche Spannbreite seiner Interessen lenkt ihn zwangsläufig immer wieder ab. Lieber setzt er sich dann etwa mit dem Philosophen Karl Popper über die »These der Falsifizierung« auseinander oder erläutert dem Theologen Hans Küng, weshalb aus seiner Sicht der »alte Gegensatz zwischen Kirche und Naturwissenschaft« in den gegenwärtigen Debatten kaum noch eine Rolle spielt.

Es sind aber nicht allein die häufig metaphysisch überhöhten Spezialthemen auf seinen Fachgebieten, die ihn beschäftigen. Schon als Hamburger Lehrstuhlinhaber widmet sich Carl Friedrich von Weizsäcker in akribischen Betrachtungen der Bildungsmisere oder den sozialpolitischen Versäumnissen der Bonner Republik, und fährt damit in seinen Starnberger Jahren fort. Ob es sich um den Terror im »Deutschen Herbst« handelt oder die zunehmend die Szene beherrschenden Aufmärsche der »Ökopax«-Bewegung – der geborene Opinion leader weicht nur selten einer Diskussion darüber aus.

Dass er andererseits nicht gewillt ist, jedem Ausdruck zivilen

Ungehorsams seinen Segen zu geben, zeigt sich beim Streit um die friedliche Nutzung der Kernenergie. Die hält er zur Förderung eines maßvollen wirtschaftlichen Wachstums auch in technischer Hinsicht für durchaus vertretbar. Bedenken kommen ihm erst, als er sich mit der Frage befasst, ob die Meiler und Entsorgungszentren auch im Fall militärischer Angriffe hinreichende Sicherheit garantieren.

Denn das ist ein Alptraum, der ihn seit langem quält. Immer wieder wird Weizsäcker von der Vorstellung heimgesucht, dass eines Tages »am hellen Horizont ein winziges Wölkchen auftaucht – der erste Atompilz des beginnenden dritten Weltkrieges« –, ein Schreckensbild, das ihn nicht ruhen lässt. Und so baut er sich, während in der Bundesrepublik der Kampf um die geplante Nato-Nachrüstung mehr und mehr aus den Fugen zu geraten droht, im Vorgarten seiner Villa im Starnberger Stadtteil Söcking kurz entschlossen einen Bunker.

Er habe »ein Zeichen« setzen wollen, vermutet im Nachhinein seine Tochter Elisabeth – aber welches? So richtig kann der Professor, der sich seit Jahrzehnten für einen zumindest einigermaßen praktikablen zivilen Bevölkerungsschutz stark macht, seine Aktion nie erklären, und das umso weniger, als er in einem offenen Brief selbst vom Worst Case ausgeht. Eventuell Überlebende eines atomaren Infernos, schreibt er, würden die Toten wahrscheinlich beneiden.

Dass er mit solchen oder ähnlichen Initiativen tatsächlich als »brüllender Narr« dastehen könnte, muss Weizsäcker dennoch nicht fürchten. Für die Mehrheit der Deutschen bleibt der eigenwillige Forscher, dem der konservative Historiker Michael Stürmer etwas hämisch das Etikett eines »Praeceptor Germaniae in nuclearis« verleiht, wie eh und je eine unbestrittene, insbesondere moralische Autorität.

Und so schätzt das offenkundig auch die Politik ein. Anfang Mai 1979 haben sich im Bonner Parlament die Machtverhältnisse so erheblich zugunsten der Opposition verschoben, dass das Staatsoberhaupt Walter Scheel von sich aus darauf verzichtet, eine zweite Amtszeit anzustreben. Um es dem hoch favorisierten christdemokratischen Bewerber Karl Carstens nicht zu leicht zu machen, sucht das sozialliberale Bündnis nun nach einem neuen, möglichst populären Aspiranten, und seine Wahl fällt auf Carl Friedrich von Weizsäcker.

Vermittler ist dabei der SPD-Vorsitzende Willy Brandt, der dem Friedensforscher immerhin eine Bedenkzeit abringt. Innerhalb von achtundvierzig Stunden soll sich der Physiker darüber klarwerden, ob er angesichts der nach seiner Überzeugung unvermeidlichen globalen Krisen dem Amt gewachsen sein könnte – und er hält sich tatsächlich für den richtigen Mann. Der ebenso ehrenvollen wie schwierigen Herausforderung, seine Sicht auf den Lauf der Welt in die Villa Hammerschmidt einzubringen, dürfe er sich sicher »nicht verweigern«.

Doch dann kommt die entscheidende Einschränkung. Zum Bundespräsidenten wolle er sich nur dann küren lassen, teilt er dem Emissär mit, wenn ihm die Kandidatur von einer Majorität der Wahlberechtigten »offen angetragen« werde und sich letztlich – was natürlich nicht möglich sei – alle Parteien hinter dieser Offerte versammelten.

Also lehnt er das Angebot dankend ab, und auch sein Bruder, der sich mehrmals auf dem Ticket der Union um das höchste

Staatsamt bemüht hat, ist längst aus dem Rennen. Bereits im Sommer 1978 von Helmut Kohl nach Berlin weggelobt, soll er sich in der bröckelnden SPD-Hochburg im Kampf um das Amt des Regierenden Bürgermeisters bewähren, eine gewiss reizvolle, bei der chronischen Zerstrittenheit der eigenen Partei allerdings auch außerordentlich komplizierte Aufgabe. Seit Jahrzehnten fristen die Christdemokraten an der Spree ein eher kümmerliches Dasein, und der Bundesvorsitzende, der in Bonn zusehends unter dem Druck der bayerischen Schwesterpartei steht, will sich etwas Luft verschaffen.

Weizsäcker in die geteilte ehemalige Hauptstadt zu beordern, macht allein schon deshalb Sinn, weil er als ausgewiesener Experte für Deutschland- und Ostpolitik gilt. Doch noch weit mehr geht es Kohl um eine strategisch wichtige Entscheidung. Den vor allem bei Franz Josef Strauß schwer in Misskredit geratenen Anwärter im Wettbewerb um die Nachfolge Walter Scheels elegant aus dem Verkehr zu ziehen, hat für ihn höchste Priorität.

Dass der Parteifreund das Spiel durchschaut, überrascht niemanden. Mit seiner Idee, beklagt er sich, habe sich der CDU-Chef eines möglicherweise lästig werdenden Problems in der üblichen Art entledigt, »nämlich auf personellen Verschiebebahnhöfen zielsicher zu rangieren«. In der Rückschau betrachtet, fügt er dann dankbar hinzu, sei das freilich sein Glück gewesen.

Immerhin darf Weizsäcker der Öffentlichkeit jetzt erstmals vorführen, was er in der Exekutive zu leisten vermag – und das ja nicht irgendwo. In Berlin, dem prägenden Ort seiner Kindheit, für neuen Schwung zu sorgen, empfinde er durchaus als »Lebenstraum«, bekundet der prominente West-Import in mehreren Interviews, fährt nach seinem zwischenzeitlichen Aufstieg zum

Vizepräsidenten des Bundestages aber vorsichtshalber zunächst noch zweigleisig.

Denn wie groß die Gefahr ist, ohne Rückversicherung an den Schwierigkeiten zu scheitern, zeigt sich im darauffolgenden Mai. Da gewinnt die CDU bei den Wahlen zum Abgeordnetenhaus nur so wenig dazu, dass die SPD ihre Position behaupten kann, und der christdemokratische Spitzenmann macht unverzüglich von seiner Bonner Option Gebrauch. Erst als man dem abtrünnigen Kandidaten ein Jahr später trotzdem einen zweiten Anlauf ermöglicht, gelingt ihm ein halber Durchbruch. Aus dem Parlament mittlerweile ausgeschieden, wird er Chef eines von der FDP geduldeten Minderheitssenats.

Richard von Weizsäcker tatsächlich am Ziel seiner Wünsche? Wie wohl nicht nur er sich an der Spree fühlt, sondern offenkundig auch die Familie den Karrieresprung genießt, berichtet der Bürgermeister später dem Biographen Martin Wein. Seine in Lindau lebende Mutter habe, um ihn im Blick zu behalten, »unentwegt Rundfunknachrichten« gehört und die Ehefrau Marianne im buchstäblichen Sinne des Wortes an seinem Erscheinungsbild mitgewirkt. Weil ihr ein vom Sender Freies Berlin verwendetes Foto ihres Mannes missfiel, sei sie in der Redaktion vorstellig geworden, um es höchstpersönlich auszutauschen.

Je fester er in der von Häuserkämpfen und Unruhen aller Art erschütterten Teilstadt verankert ist, desto mehr erfreut sich der moderate Christdemokrat einer ständig wachsenden Beliebtheit und verändert sich dabei auch selbst. Seine anfänglich noch spürbare Distanz weicht bald einem um Lockerheit bemühten Regierungsstil, der es den Insulanern ihrerseits erleichtert, den distinguierten Herrn im Schöneberger Rathaus burschikos »Richie« zu nennen.

Bahnbrechende Entscheidungen fallen in seiner insgesamt nur knapp drei Jahre dauernden Amtszeit zwar nicht, aber Weizsäcker, der in den letzten Monaten noch die Liberalen als Koalitionspartner gewinnt, verbessert im verfilzten und von Skandalen heimgesuchten Stadtstaat kontinuierlich das Klima. Dass er dem maroden Gemeinwesen mit seiner Integrationskraft guttut, wird ihm danach sogar sein einstweiliger Gegenspieler Hans-Jochen Vogel bestätigen.

Und dann natürlich die »große Politik«! Selbst nach dem Viermächte-Abkommen von 1971 haftet dem Status Berlins immer noch etwas Außergewöhnliches an, was dem Bürgermeister hohes Geschick abverlangt. Der trägt einerseits für die alltäglichen kommunalen Probleme Verantwortung, darf als Vorposten der freien Welt zugleich aber auch im Weißen Haus den US-Präsidenten beraten – eine vom ehrgeizigen Deutschland-Experten gerne angenommene Herausforderung. Auf einem im Ost-West-Konflikt »besonders empfindlichen Resonanzboden« Trittsicherheit zu beweisen, ist ihm jede Anstrengung wert.

Wie einst unter Ernst Reuter und Willy Brandt hat die eingepferchte Metropole also wieder einen Repräsentanten, der innerstädtisches Krisenmanagement mit eindrucksvoller globaler Reichweite verbindet und sich in Amerika oder Israel ebenso souverän bewegt, wie er daheim ohne Berührungsängste das knallharte DDR-Grenzregime zu mildern versucht. Als erster Regierungschef Westberlins trifft er deshalb im September 1983 den Generalsekretär der SED, Erich Honecker, um ihm wenigstens einige Übereinkünfte abzuringen. So gelingt es ihm etwa, die im Potsdamer Ortsteil Sacrow gelegene schwer beschädigte und nach der Wende zum Weltkulturerbe erhobene Heilandskirche mit »Westgeld« vor dem endgültigen Zerfall zu bewahren.

Verwunderlich ist es da nicht, wenn der im Stuttgarter Schloss geborene Schwabe zu dieser Zeit immer mal wieder von sich behauptet, endlich dort angekommen zu sein, wo er hingehöre. Maßgeblich dafür, dem Rat Helmut Kohls zu folgen, sei »vor allem das Herz« gewesen, »das dem Entschluss voranflog«.

Ähnlich zufrieden wie Anfang der achtziger Jahre Richard von Weizsäcker sein Leben in Berlin beschreibt, zeigt sich am Starnberger See Carl Friedrich. Inzwischen emeritiert, scheint ihn weder der Niedergang des Max-Planck-Instituts sonderlich zu kränken, noch trauert er der freiwillig vertanen Chance nach, im Wettbewerb um das höchste Staatsamt seinen Hut in den Ring geworfen zu haben. Sein persönliches Befinden könnte, teilt er Freunden und Kollegen mit, nicht besser sein: »Jetzt bin ich im Ruhestand – das heißt, ich darf arbeiten.«

Fleißig wie eh und je, meidet er öffentliche Auftritte zwar so weit wie möglich, produziert dafür aber umso unermüdlicher am heimischen Schreibtisch. Unter den Titeln »Der bedrohte Friede« und »Wahrnehmung der Neuzeit« kommen binnen kurzem zwei lebhaft diskutierte Bücher auf den Markt, in denen der Autor seine gesellschaftskritischen Betrachtungen weiter zuspitzt.

Vor allem aber kehrt er zu seiner Physik zurück. Naturgesetze philosophisch und meistens im Kontext religiöser Fragen zu durchdringen, bestimmt nun zusehends seinen wissenschaftlichen Alltag. Die Grundfigur des Weizsäcker'schen Denkens ist

Richard von Weizsäcker 1981 nach der Kür zum Regierenden Bürgermeister Berlins. Mit einundsechzig Jahren erstmals in der Exekutive dienend, fühlt sich das Gros der Bevölkerung in der geteilten ehemaligen Hauptstadt dem distinguierten Herrn im Schöneberger Rathaus bald eng verbunden. Man nennt ihn dort liebevoll-burschikos einfach »Richie«.

dabei der »Kreisgang« – ein sogenanntes Strukturprinzip, nach dem sich der Mensch in der begrenzten Zeitspanne, die ihm zur Verfügung steht, wie im Karussell bewegt und damit notwendigerweise immer wieder an den Ausgangspunkt gelangt. Jeder der neuen Umläufe findet dann allerdings auf einem jeweils höheren Erkenntnisniveau statt.

Wie sehr ihn darüber hinaus selbst noch im fortgeschrittenen Alter die Neugier auf fernöstliche Daseinserfahrungen beschäftigt, gesteht er im Frühjahr 1981 dem aus Österreich stammenden Mönch und Professor für Anthropologie, Swami Agehananda Bharati, vormals Leopold Fischer, dessen Publikationen ihn begeistern. So wie er, schreibt ihm Carl Friedrich von Weizsäcker, würde er gerne auch leben wollen, doch leider könne er ja kein Hindi und Sanskrit.

Mehrmals scheint er bei seinem Bedürfnis nach Kontemplation tatsächlich in Erwägung zu ziehen, etwa in ein japanisches Zen-Kloster einzutreten, bescheidet sich dann aber mit seiner ihm vertrauten Tiroler Alm oder der Lindauer »Halde«. Die ist inzwischen seiner Schwester Adelheid vererbt worden und dient dem ehemaligen Müllergeschlecht fast schon als eine Art Stammsitz. Bewirtschaftet wird das Gehöft im Übrigen von deren Tochter Apollonia, geborene Gräfin zu Eulenburg, und ihrem Mann Martin, dem Sohn Werner Heisenbergs – ein Ehepaar, das für sich verwirklicht hat, was Ende der dreißiger Jahre ihrer Mutter respektive seinem Vater noch verwehrt blieb.

Da kann der Physiker seinen Gedanken nachhängen, aber der Politik verschließt er sich deshalb nicht. Mit dem Ende der Ära Helmut Schmidts sind die Sozialdemokraten im Herbst 1982 in eine schwere Krise geraten, aus der nun der nachrückende Hoffnungsträger Hans-Jochen Vogel die Partei herauszuführen versucht. Wie drei Jahre zuvor Willy Brandt, bemüht er sich als künftiger Kanzlerkandidat unter anderem um den Beistand des populären Friedensforschers, und der willigt ein.

Danach beharken sich die beiden Weizsäckers vermutlich zum ersten Mal schriftlich. Spürbar verärgert, hält Richard dem Bruder vor, er verbaue sich mit seiner Bereitschaft die Möglichkeit zum Dialog mit der neuen Regierung, und beklagt sich zumindest unterschwellig, dass er dabei auch auf ihn keine Rücksicht nehme. Aber Carl Friedrich wehrt sich dagegen ungerührt mit einer Presseerklärung. Wer »in einem Fragenkreis, von dem unser aller Überleben abhängt«, ernstlich um Beratung

»Ich bin jetzt im Ruhestand – das heißt, ich darf arbeiten«: Carl Friedrich von Weizsäcker Ende 1980 nach seiner Emeritierung. Mit fortschreitendem Alter setzt der unermüdliche Workaholic immer eindringlicher auf einen vor allem christlich geprägten radikalen Pazifismus.

bitte, heißt es da kurz und bündig, werde selbstverständlich von ihm unterstützt.

Warum regt sich der Bürgermeister darüber so auf? Schließlich ist er an der Spree doch längst auf dem besten Wege, seinen angeblichen Lebenstraum mit allgemein anerkannten Leistungen zu untermauern, und muss sich in dieser Rolle nicht einmal vor dem neuen Kanzler fürchten. Was soll einem wie ihm, zumal er ja auch schon die sechzig überschritten hat, noch groß passieren, und womit rechnet er noch?

Doch dann sieht plötzlich alles ganz anders aus. Kaum hat sich die in vorgezogenen Bundestagswahlen bestätigte konservativ-liberale Koalition im März 1983 konstituiert, da zeichnet sich in Bonn ein gravierendes Personalproblem ab. Das Staatsoberhaupt Karl Carstens teilt ohne Vorwarnung mit, ihm fehle für eine zweite Amtsperiode die nötige Spannkraft, und heizt so prompt die unvermeidlichen Spekulationen an. Über Monate hinweg vergeht kein Tag, an dem in den Medien nicht alle nur denkbaren Nachfolgekandidaten zur Diskussion gestellt werden – und der Favorit heißt Richard von Weizsäcker.

Angesichts seiner Beteuerungen, der Einsatz für die ehemalige Hauptstadt, die immer noch unter der Teilung leide, sei ihm eine »Herzenssache«, müsste er solche Spekulationen eigentlich entschieden dementieren, doch er hüllt sich vielsagend in Schweigen. Einem Hickhack, der bis weit in den Herbst hinein die Gemüter erregt, begegnet er mit der immer gleichen Reaktion: Auf eine Frage, die ihm »von zuständiger Seite« – also letztlich dem Kanzler und CDU-Chef – noch gar nicht gestellt worden sei, werde er auch nicht antworten.

Ein Statement, das andererseits seine Präferenz durchscheinen lässt und zumindest im Freundeskreis niemanden überrascht. Zwar fühlt er sich in Berlin tatsächlich verankert, geht zugleich aber auch davon aus, die von ihm vertretene Deutschland- und Ostpolitik in der Bonner Villa Hammerschmidt noch besser verteidigen zu können – und überhaupt: Aus dem proto-

Wäre es allein nach Adelheid von Weizsäcker (1916 – 2004) gegangen, hätte sie wohl gerne den Nobelpreisträger Werner Heisenberg geheiratet, doch ihr Vater sperrt sich. Besser als der berühmte Physiker passt ihm der ostpreußische Botho-Ernst Graf zu Eulenburg ins Konzept, und die von klein auf um Harmonie bemühte Tochter schickt sich.

kollarisch höchsten Staatsamt trotz der verfassungsrechtlich stark beschnittenen Gestaltungsmacht mehr herauszuholen, als das bisher geschehen ist, traut er sich schon zu.

Kohl aber zögert noch, und das keineswegs allein aus schierer Bosheit. Wichtiger, als einem neuen Bundespräsidenten die Steigbügel zu halten, ist dem Strategen das Fundament seiner Union. In den Ländern die immer noch überwiegend sozialdemokratischen Regierungen zu Fall zu bringen, wie es dem Parteifreund erstmals nach Jahrzehnten in der geteilten Hauptstadt gelang, hat für ihn absoluten Vorrang. Den von allen gelobten Regierenden Bürgermeister dort einfach deshalb aus seiner Verantwortung zu entlassen, weil dem eine andere Aufgabe noch mehr zusagt, will gründlich bedacht werden.

Auch aus dem Blickwinkel Weizsäckers ist das eine im Prinzip nachvollziehbare Überlegung, die ihn in diesem Fall dennoch in Rage bringt. Immerhin habe ihn der Vorsitzende, als die Wahl zum Staatsoberhaupt anstand, zweimal selbst empfohlen, um ihn dann bei der dritten Gelegenheit den Interessen seines Konkurrenten Franz Josef Strauß zu opfern, beklagt er sich bitter vor seinen engsten Mitarbeitern und kündigt entschlossene »Abwehrbereitschaft« an: Abermals nur als »Spielball« herhalten zu müssen, möchte er unbedingt verhindern.

Und die Chancen, dem Kanzler die Stirn zu bieten, stehen ja gar nicht so schlecht. Gegen Kohls ausdrücklichen Willen rückt er zunächst einmal mit der höchsten Stimmzahl ins Parteipräsidium auf und liegt darüber hinaus bei den meisten Meinungsforschungsinstituten auch in der Präsidentschaftsfrage deutlich vorne. Als hilfreich erweist sich dabei, dass er in der Öffentlichkeit stets die Ruhe bewahrt und alle Attacken auf seinen ursprünglichen Entdecker und Förderer ebenso strikt vermeidet, wie er die zum Teil heftige Schelte an seinem angeblichen »Berlin-Verrat« pariert.

Die »Süddeutsche Zeitung« etwa registriert leicht spöttisch die »energische Zielstrebigkeit«, mit welcher der unbeirrbare Aspirant »das Amt auf sich zukommen« lasse – doch bis dahin verstreicht noch einige Zeit. Obschon sich Mitte September selbst die Führung der Sozialdemokraten einschaltet und öffentlich zusichert, bei einer Nominierung Weizsäckers keinen Gegenkandidaten zu benennen, schiebt der Kanzler die Personalie weiter vor sich her.

Schon damals sucht Helmut Kohl sein Heil im Aussitzen und baut darauf, dass dem »Freund Richard« eine Eskalation in eigener Sache peinlich ist – aber da täuscht er sich. Als er im Oktober die Nachricht lanciert, er habe sich nunmehr zugunsten des niedersächsischen Ministerpräsidenten Ernst Albrecht entschieden, platzt dem Freiherrn der Kragen. Auf der Ehrentribüne des Berliner Olympiastadions, wo sich die beiden am selben Abend zu einem Fußball-Länderspiel treffen, beobachtet sein Redenschreiber Friedbert Pflüger, wie der Chef dem seinerseits erregten Kanzler wutschnaubend ein Dementi abverlangt: Er lasse sich von ihm »nicht reinlegen«.

Den Knoten zerschlägt dann allerdings erst drei Wochen später ein Mann, der sich bis dahin gar nicht zu Wort gemeldet hat. An der Spitze seines Senats empfängt der Berliner Bürgermeister den bayerischen Premier Franz Josef Strauß mit absichtsvoll großem Gepränge zu einem »Antrittsbesuch«, der dem notorischen Intimfeind aus München schmeicheln soll, und das Kalkül geht auf. Nach einem Vier-Augen-Gespräch im Schöneberger Rathaus gefällt sich der Gast in der Pose des Königsmachers, indem er das Geschacher um die Präsidentschaft kurzerhand für beendet erklärt. Jedenfalls stünden er und seine CSU an der Seite Richard von Weizsäckers.

Und der sprichwörtliche pfälzische Männerfreund gibt kleinlaut bei. So schmerzlich der Verlust auch für die Stadt sei, kriegt der Kanzler vor Journalisten in Bonn die Kurve – nach längerem inneren Zwiespalt werde natürlich auch er den Kandidaten unterstützen. Der sei schon allein deshalb bestens für das höchste Amt im Staate qualifiziert, weil zu seinen hervorstechendsten Charaktermerkmalen die Fähigkeit zur »Grenzüberwindung und Grenzüberschreitung« gehöre, womit er das Volk in seiner Gesamtheit repräsentiere.

Der Rest ist dann Formsache. Mit 832 von 1040 Stimmen erzielt der sechste Präsident der Bundesrepublik am 23. Mai 1984 auf Anhieb ein Traumresultat, das in den frühen Fünfzigern sogar der legendäre Theodor Heuss erst bei seiner Wiederwahl knapp überbot. Zustande kommt das glanzvolle Ergebnis vor allem dadurch, dass ihm mehr als die Hälfte der Sozialdemokraten den Rücken stärkt. Für Weizsäcker beste Voraussetzungen, den in seiner Familie stets zur Selbstverpflichtung erhobenen »Dienst am Ganzen« anzutreten. »Wie geschaffen« sei er schließlich dazu, befindet nach seinem Triumph der Bruder Carl Friedrich.

Vierzehntes Kapitel

»Tag der Befreiung«: Der Bundespräsident setzt Maßstäbe

Als Richard von Weizsäcker am 1. Juli 1984 sein Amt antritt, stehen in der Bundesrepublik die Zeichen auf Sturm. Erst wenige Tage zuvor ist im Kampf um die 35-Stunden-Woche der mit Abstand kostspieligste Streik der Nachkriegsgeschichte zu Ende gegangen, aber noch mehr wühlt die Öffentlichkeit die seit längerem schwelende »Flick-Affäre« auf. Der Versuch, die zur »Pflege der Bonner Landschaft« heimlich gestreuten Parteispenden des Konzerns sogar mit einer Generalamnestie straffrei zu halten, steht im krassen Gegensatz zu der von Helmut Kohl lauthals verkündeten »geistig-moralischen Wende«.

Für den neuen Hausherrn in der Villa Hammerschmidt kein leichter Start. Erwartet wird von ihm, dass er sich um die zunehmend komplexe Integration der Gesellschaft kümmert, und nun solche Schlagzeilen! Nach einer Serie peinlicher Pannen wächst bereits im zweiten Jahr der konservativ-liberalen Bonner Koalition allerorten der Frust.

Doch den Präsidenten verunsichert das kaum. Mit jener zähen Entschlossenheit, die ihm geholfen hat, dem Kanzler die Kandidatur zum höchsten Staatsamt abzutrotzen, macht er die

Bundesbürger zunächst einmal mit seinem Selbstverständnis bekannt. So begrenzt die Kompetenzen, die ihm das Grundgesetz einräumt, letztlich sein mögen: Die Befugnis, die Regierung nicht einfach schalten und walten zu lassen, sondern sich »gegebenenfalls auch kritisch abweichend von der Exekutive zu äußern«, soll ihm niemand bestreiten.

Dabei verweist Weizsäcker vor allem auf Artikel 59, in dem ihm die Verfassung zugesteht, die Republik in ihren internationalen Angelegenheiten völkerrechtlich zu vertreten – für den Ost- und Deutschlandexperten ein Passus, der auffällig oft in seine Betrachtungen einfließt. Natürlich hat er zu akzeptieren, dass ihm unmittelbares politisches Handeln verwehrt bleibt, aber Spielräume auszuloten, um Entwicklungsprozesse in seinem Sinne zumindest »begleiten« zu können, reizt ihn von Anfang an.

Am besten gelingt ihm das mit einem Profi wie Hans-Dietrich Genscher. Der Außenminister und FDP-Chef gilt nach dem waghalsigen Bonner Wendemanöver in weiten Teilen der Bevölkerung zwar noch immer als »Verräter«, steht im Kern aber fest zu seiner Programmatik. Die im sozialliberalen Bündnis durchgesetzte und in konservativen Kreisen nach wie vor beargwöhnte Entspannungsstrategie soll um keinen Preis einem grundlegend veränderten Konzept weichen.

So sieht es auch der Präsident, der sich in der Rückschau auf seine Jahre in der Villa Hammerschmidt geradezu genüsslich einer mehr als fragwürdigen Einmischung rühmt. Er sei von Genscher jederzeit »lückenlos« informiert worden, und man habe darüber hinaus in festem Schulterschluss nach einer »ständig von neuem erprobten außenpolitischen Übereinstimmung« gesucht. Die Gefahr, dabei seine beschränkten Einflussmöglichkeiten über Gebühr zu strapazieren, scheint er jedenfalls bewusst in Kauf zu nehmen.

Denn entscheidend dafür, welche »spezifischen Schwerpunkte« in seinem Amt gesetzt werden, ist nach Richard von Weizsäckers Auffassung ohnedies »die Person« – und die weiß, was sie will. Um als protokollarisch erster Mann im Staate die nötige Kontinuität zu verbürgen, hört er sofort nach Dienstantritt in den wesentlichen Fragen erst einmal auf sich selber, beziehungsweise die Urteile jener, die ihn bestätigen.

Mit dem freidemokratischen Minister verbindet ihn seine Leidenschaft für die hohe Kunst der Diplomatie, die nach dem Sturz Helmut Schmidts vorübergehend an Klarheit und Kontur verliert. Obschon Kohl die außenpolitischen Grundsätze seines Vorgängers weitgehend unangetastet lassen möchte, bringt der in den frühen achtziger Jahren eskalierende Kalte Krieg nun seine innerparteilichen Gegner in die Offensive, denen der Kanzler ebenfalls Rechnung zu tragen hat. Umso mehr ärgern ihn die Einreden seines Präsidenten, wenn der etwa eine Rücksichtnahme auf die noch ziemlich fragilen Kontakte zwischen der Bundesrepublik und der DDR anmahnt.

Doch Richard von Weizsäcker versteift sich auf seine Position. Einerseits schätzt er die mit der Raketenaufrüstung Moskaus enorm verschärfte internationale Lage als ernst ein – weshalb ihm der von der Nato in Kraft gesetzte »Doppelbeschluss« zwingend geboten erscheint –, zugleich vernimmt er aber auch »das Knistern einer Veränderung im Gebälk des Ost-West-Konfliktes«. Mehr denn je, so seine Gewissheit, komme es darauf an, wie sich im Zentrum Europas die beiden Deutschlands ihre künftige Rolle in der Welt vorstellen.

Ohne in dieser Frage selbst tätig zu werden, könne man kaum erwarten, dass die vormaligen Siegermächte den Nachfolgestaaten des »Dritten Reiches« die dringend benötigten Mitspracherechte einräumen, warnt der neue Bundespräsident, dem die bereits abgeschlossenen Vertragswerke nicht ausreichen. Wer sich zum Beispiel um die Anerkennung der polnischen Westgrenze, die in seinen Augen zu den Säulen des Helsinki-Prozesses zählt, immer länger herumdrücke, gerate zwangsläufig ins Abseits.

Dazu gehört in erster Linie, sich auf angemessene Weise mit der Vergangenheit zu befassen – für Richard von Weizsäcker eine offenkundig noch unerledigte Aufgabe, der er sich am 8. Mai 1985, dem vierzigsten Jahrestag des Kriegsendes, stellt. Jubiläen dieser und ähnlicher Art haben vor ihm schon andere Staatsoberhäupter wie Theodor Heuss oder Gustav Heinemann zum Anlass genommen, den Deutschen den Spiegel vorzuhalten, doch erst jetzt wächst sich das Gedenken an die vielzitierte »Stunde Null« fast zum nationalen Ereignis aus.

Was sind die Gründe dafür, dass der sechste Präsident der Bundesrepublik, als er im Plenarsaal des Bonner Parlaments unpathetisch das Wort ergreift, ein sicher von niemandem erwartetes Echo hervorruft? Nach den knapp fünfundvierzig Minuten, die er benötigt, um den in Monaten sorgfältig geschliffenen Text vorzutragen, wird er nicht bloß in den meisten Medien und von der Mehrheit des eigenen Volkes überschwänglich gelobt, sondern auch im Ausland findet die Rede, die in dreizehn Sprachen übersetzt und mit nahezu zwei Millionen Exemplaren verbreitet wird, gewaltige Resonanz.

Im Zentrum steht dabei die Erkenntnis, der letzte Tag der

Neujahrsempfang 1985 in der Bonner Villa Hammerschmidt. Nachdem sich seit seiner Wahl zum Staatsoberhaupt in das Verhältnis zwischen Richard von Weizsäcker und Helmut Kohl immer mehr Misstöne eingeschlichen haben, ziehen sich der Bundespräsident und der Kanzler zu einem kurzen Vier-Augen-Gespräch zurück.

nationalsozialistischen Gewaltherrschaft sei »ein Tag der Befreiung« gewesen – eine, wie er sich eingesteht, »nicht eigentlich neue Einsicht«, die es um der Wahrheit willen aber immer wieder zu betonen gelte. Denn nur sie könne dazu beitragen, den zu beiden Seiten des Eisernen Vorhangs lebenden Deutschen ein »von keinem Sieger aufgezwungenes unverschleiertes Bild« von sich selbst und ihrer »Herkunft« zu verschaffen – aus seiner Sicht das »Fundament für unsere Zukunft«.

Welche Leiden viele seiner Landsleute auch und gerade nach der militärischen Kapitulation des nationalsozialistischen Zwangsregimes zu erdulden hatten, will er nicht unerwähnt lassen, doch wer glaube, das Kriegsende habe Flucht, Vertreibung und andere Schikanen verursacht, leugne die tatsächlichen historischen Abläufe und flüchte sich in eine Schutzbehauptung. Die wahren Ursachen dafür lägen eher im Anfang allen Übels. »Wir dürfen den 8. Mai 1945«, konstatiert er, »nicht vom 30. Januar 1933 trennen.«

Entschieden tritt der Präsident damit Erklärungsmustern entgegen, die noch zu Beginn der siebziger Jahre Täter- und Opferszenarien oft genug bis zur Unkenntlichkeit ineinander verwoben und die politisch erwachte nachgeborene Generation auf die Barrikaden trieben. Wäre das früher so gesagt worden, hätte es dieser Revolte gar nicht bedurft, wird später selbst einer der prominentesten »Streetfighter«, der grüne Außenminister Joschka Fischer, bestätigen.

Und der Redner geht an jenem denkwürdigen Tag im Mai 1985 ja noch einen schmerzlichen Schritt weiter. Dass danach die lange hartnäckig verschwiegene Judenverfolgung intensiver denn je zum Thema wird, hat im Wesentlichen mit ihm und den ungeschminkten Sätzen zu tun, die er dem Holocaust widmet. »Wer seine Augen und Ohren aufmachte, wer sich informieren wollte«, gibt er in dieser Deutlichkeit als erstes Staatsoberhaupt der Bundesrepublik zu Protokoll, »dem konnte nicht entgehen, dass Deportationszüge rollten.«

Eine »Sternstunde in der Geschichte der Bundesrepublik«, wie danach nicht nur der im Plenarsaal anwesende israelische Botschafter Jitzhak Ben-Ari schwärmt? Der Dichterfürst Heinrich Böll empfiehlt sogar, die von Weizsäcker mit seinem Schuldeingeständnis begründete und den Verbrechen im »Dritten Reich« endlich angemessene neue Erinnerungskultur möge als richtungweisend »in die Schulbücher eingehen«.

Aber es mischen sich auch kritische Stimmen in den Chor der Befürworter. Während sich der sozialdemokratische Altkanzler Helmut Schmidt darauf versteift, seine Landsleute hätten sich einer Aufarbeitung ihres Verhaltens zur Zeit der Nazi-Barbarei schon vielfach »mit deutscher Gründlichkeit« entledigt, nennt Franz Josef Strauß seinen Unionsfreund hämisch einen »Spezialgewissensträger«. Der sehe die »ewige Vergangenheitsbewältigung als gesellschaftliche Dauerbüßeraufgabe« an – für den nationalkonservativen Bayern ein Akt der Anmaßung.

Umstritten bleibt insbesondere, wie konsequent der ehemalige Regimentsadjutant dabei auch sich selbst und die Seinen mit einschließt. Vorgehalten wird dem Sohn des Spitzendiplomaten Ernst von Weizsäcker, er erwecke zum einen den Eindruck, dass sich das ganze, seiner Sinne mächtige Volk der grausamen Realität feige verschlossen habe, um andererseits dem gut unterrichteten Vater weitgehende Arglosigkeit zuzugestehen. Statt die »Last der Geschichte« zu schultern, sei es dem Bundespräsidenten vornehmlich darum zu tun gewesen, in der nach eigenem Bekunden »politischsten und zugleich persönlichsten« Einlassung seiner Amtszeit familiären Interessen zu dienen.

Doch solche Anwürfe bilden die Ausnahme. Nach Meinung der großen Mehrheit gelingt es dem Staatsoberhaupt, die vor allem auf internationalem Parkett immer mal wieder geäußerten Zweifel an der Ernsthaftigkeit der Deutschen im Umgang mit

Eine weltweit Aufsehen erregende Rede, die seinen Mythos begründet: Am 8. Mai 1985 befasst sich der Bundespräsident Richard von Weizsäcker vor dem Bonner Parlament mit dem vierzig Jahre zuvor besiegelten Ende des »Dritten Reiches« – für ihn ein »Tag der Befreiung«.

ihrer Vergangenheit zu zerstreuen – was schon viereinhalb Jahre danach auf die denkbar glücklichste Weise honoriert wird. Für Hans-Dietrich Genscher jedenfalls zählt nicht zuletzt jene Rede vom 8. Mai 1985 zu den »Faktoren, die den 9. November 1989 erst möglich machten«.

Weizsäckers Ansprache öffnet »überall Türen«, wie es sein engster Mitarbeiter Friedbert Pflüger aus nächster Nähe beobachtet, und sorgt auch im Inland für neue Impulse. Sie verstärkt den Zustrom von Asylsuchenden und setzt bei dem bald darauf ausbrechenden Historikerstreit um die Singularität des Holocaust entscheidende Akzente. Was den Völkermord an den Juden anbelangt, ist der Präsident zu keiner angeblich wissenschaftlich begründeten Relativierung bereit.

Darüber hinaus erzielt der Auftritt vor den Bonner Parlamentariern allein schon deshalb eine ungeahnte Wirkung, weil er mit einer reichlich missglückten Veranstaltung Helmut Kohls verglichen wird. Der hat sich drei Tage zuvor einfallen lassen, zum Gedenken an die Niederlage der Wehrmacht den US-Präsidenten Ronald Reagan auf einen Soldatenfriedhof bei Bitburg zu lotsen – eine Versöhnungsgeste über Gräbern, in denen auch Mitglieder der Waffen-SS liegen. In den Vereinigten Staaten weitet sich das eher peinliche Event rasch zum Skandal aus, und in der Bundesrepublik werden die ersten tiefgehenden Risse im Verhältnis Weizsäckers zum Bundeskanzler sichtbar.

Dass der regierende Christdemokrat insgeheim einen schleichenden Richtungswechsel betreibe, der die am rechten Rand der Gesellschaft praktizierte Schlussstrich-Mentalität befördere, kommt ihm so zwar nie über die Lippen, aber ein Zeichen setzt er dann doch. Ursprünglichen Überlegungen Kohls, das Jubiläum gewissermaßen in ausländischer Obhut als »eine Art Bündnis- und Siegesfeier« zu inszenieren, schiebt er energisch einen Riegel vor. »Wir Deutschen«, hält er dagegen, »begehen den Tag unter uns, und das ist notwendig.« Es sei dringend geboten, »unsere Maßstäbe allein zu finden«.

Und die Landsleute danken es ihm. In 35 000 an sein Büro gerichteten Briefen wird der Appell von den meisten als Aufruf zu überfälliger innerer Einkehr und politischer Selbsterziehung verstanden und dem Adressaten mit immer neuen Metaphern gehuldigt. Da mag sogar Franz Josef Strauß nicht länger zurückstehen, der den Kollegen einst gerne als »ökumenischen Weltbischof« verhöhnt hatte. Für die Mehrheit des Volkes, korrigiert er sich nun, sei mit dem einfühlsamen Aristokraten »die Idealvorstellung des Staatsoberhauptes erfüllt«.

Richard von Weizsäcker, ein von der Herkunft wie in der Summe seiner außerordentlichen Fähigkeiten »deutscher demokratischer Märchenkönig«? So fragt sich bereits nach wenigen Monaten etwa das Hamburger Nachrichtenmagazin »Der Spiegel«, um ihn dann ungewöhnlich ehrerbietig einen »Glücksfall« für die Republik zu nennen.

Elogen, die nicht nur auf seine inhaltliche Substanz abzielen, sondern die ganze Performance in den Blick nehmen. Binnen kurzem bringt es der Präsident fertig, die lediglich durch ein Gartentürchen vom Kanzleramt getrennte und über Jahrzehnte hinweg eher in dessen Windschatten liegende Villa Hammerschmidt zu einem zentralen Ort der Begegnung aufzuwerten. Dass die rein politische Richtlinienkompetenz weiter beim Nachbarn verbleibt, scheint ihn nicht sonderlich zu stören – in seinem Dienstsitz versammeln sich zunehmend Kreise, die vor allem im geistigen Bereich Orientierung versprechen.

Noch weit wichtiger, als sich in Akten zu vergraben, ist dem ersten Mann im Staate der unmittelbare Kontakt mit Menschen, die er nun immer häufiger in seine Residenz einlädt. Vertreter aller Parteien treffen dort in regelmäßigen Abständen auf Künstler, oder bedeutende Jubilare werden zu einem Mittagessen ins Haus des Präsidenten gebeten. Eine gewisse Berühmtheit erlangen alsbald in lockerer Atmosphäre stattfindende Gesellschaftsabende, bei denen sich unter die VIPs – und nicht selten zahlreich erschienenen Familienmitglieder – auch weniger prominente Gäste mischen.

Als Dreh- und Angelpunkt erweist sich dabei Weizsäckers Frau Marianne, die ihre Rolle in der Öffentlichkeit, wie der Pressesprecher Friedbert Pflüger schreibt, zunächst »mit durchaus zwiespältigen Gefühlen betrachtet«. Nach seiner Beobachtung weiß sie »zumeist genau, was sie will, immer jedoch, was sie nicht will«, und verhält sich entsprechend. Dass sich die First Lady der Republik einem Mindestmaß an karikativen Verpflichtungen schwerlich entziehen kann, ist ihr natürlich klar, doch in diesen Ehrenämtern vorwiegend als »präsidiale Klagemauer« oder gar »Sammelbüchse« für Spenden zu fungieren, lässt sich mit ihrem auf möglichst große Eigenständigkeit bedachten Ego kaum vereinbaren.

Da bleibt sie schon lieber bei dem, was sie in den ersten achtundzwanzig Jahren ihrer Ehe als »die Frau an seiner Seite« war: »Protokollgerecht« steht sie nun selbstverständlich hinter dem Präsidenten, aber das vor allem, wie sie leicht ironisch hinzufügt, weil sie ihm »den Rücken stärken« möchte – und er tut es ihr gleich, wenn es um ihr »Kerngeschäft« geht. Nach den Vorstellungen beider sind sie schließlich »ein Team«.

Und das Staatsoberhaupt fährt nicht schlecht damit. Obschon Richard von Weizsäcker deutlich mehr, als es manchmal aussieht, der Etikette verhaftet ist und in seinem Stab häufig elitär das angeblich unzureichende Reflexionsniveau der Mitarbeiter kritisiert, wirkt sein Führungsstil auf die Öffentlichkeit bewundernswert gelassen.

Als »Kind der Aufklärung« scheint er für die von allerlei Umbrüchen verunsicherten Deutschen der frühen Achtziger genau den Typus Politiker zu verkörpern, dem sie noch Vertrauen zu schenken bereit sind. Hatten vor seiner Wahl schon 71 Prozent der befragten Bundesbürger eine »gute Meinung« von ihm, steigt das Beliebtheitsbarometer nach einem Jahr im Amt unvermindert weiter. Der neue Bundespräsident, staunt sogar die Chefin des Allensbacher Demoskopie-Instituts, Elisabeth Noelle-Neumann, erinnere stark an ein »überbelichtetes Foto: Kein Schatten auf dieser Gestalt«.

Die Tugenden, für die man ihn rühme, notiert der »Spiegel«-Reporter Jürgen Leinemann, kämen halt sonst so nicht vor: »Nobel« sei er »und gütig, gebildet und würdig, geistvoll, einfühlsam und souverän. Dazu überparteilich, gottesfürchtig und weißhaarig« – ein Konglomerat ausnahmslos positiv besetzter Merkmale und Eigenschaften, die Richard von Weizsäcker allein schon deshalb leicht pikiert abwehrt, weil ihn solche Zuschreibungen zwangsläufig in einen noch schärferen Gegensatz zu Helmut Kohl bringen müssen. Je weiter der hinter seinen Tiraden von einer grundlegenden sittlichen und moralischen Erneuerung des Landes zurückbleibt, desto augenfälliger der

Unterschied zwischen ihm und dem zusehends angehimmelten Rivalen.

Schon einen Monat nach der heiß diskutierten Jubiläumsansprache vor dem Bonner Parlament folgt in Düsseldorf Weizsäckers zweite große Rede. Aus Anlass des 21. Evangelischen Kirchentages befasst sich das Staatsoberhaupt dort unter dem Rubrum »Die Deutschen und ihre Identität« ein weiteres Mal mit einem Thema, das dem christdemokratischen Kanzler nicht minder gut angestanden hätte.

Um »dem Begriff einen Inhalt zu geben, mit dem wir selbst und mit der Welt gern und in Frieden leben können«, macht er den Landsleuten Mut, ihre geschichtlichen Ursprünge zu akzeptieren. Deutsch zu sein sei »weder ein Mangel noch ein Verdienst«, sondern das Resultat gewichtiger Faktoren, die – vom Glauben über die kulturelle bis hin zur sozialen Entwicklung und jeweiligen politischen Lage der Nation – die Existenz jedes Einzelnen mitbestimmten. Andererseits bedeuteten sie aber auch »kein unentrinnbares Schicksal«. Sofern er sich diesen Prägungen nicht willenlos ausliefere, habe der Mensch sehr wohl die Kraft, seine Verhaltensmuster zu ändern: »Dafür ist er frei – dafür ist er verantwortlich.«

Ist es da ein Wunder, dass dem Präsidenten die wiederum hartnäckig vorgetragene Mahnung, der Vergangenheit »gerade dort nicht auszuweichen, wo sie schmerzt«, beträchtliche Zustimmung einbringt? Im ereignisreichen Jahr 1985 steht er jedenfalls, was die Popularität anbelangt, unter den Bonner Volksvertretern einsam an der Spitze.

Nach dem Urteil ihres Mannes trägt sie wesentlich dazu bei, die Bonner Villa Hammerschmidt für Menschen aus allen Gesellschaftsschichten »zu einem kultivierten Ort des Gesprächs zu machen«: Marianne von Kretschmann, 1932 in Essen geboren und von 1984 bis 1994 unprätentiös-selbstbewusste First Lady der Bundesrepublik.

Ein Jahr, das die Gebrüder Weizsäcker im Übrigen ziemlich unterschiedlich beurteilen. Während Richard Indizien dafür sieht, dass sich die Welt trotz aller Schwierigkeiten auf einen von ihm so bezeichneten »Schnittpunkt der Epochen« zubewegt, hält Carl Friedrich an seiner pessimistischen Einschätzung fest. Der von Helmut Schmidt eingefädelte Nato-Doppelbeschluss, den der Nachfolger im Kanzleramt zäh verteidigt, ist in seinen Augen bloß Ausdruck einer gescheiterten Militärstrategie, die auf immer neue Eskalationsstufen setzt. Dass der KPdSU-Generalsekretär Michail Gorbatschow, der inzwischen im Kreml regiert, bald darauf glaubwürdig nach Auswegen suchen wird, lässt sich zu diesem Zeitpunkt noch nicht erkennen.

Anstelle der 1983 im vierundneunzigsten Lebensjahr verstorbenen Mutter ist der älteste Sohn mittlerweile im Clan der Nestor. In der Abgeschiedenheit seines Hauses in Starnberg steigert er seinen ohnehin schon gewaltigen literarischen Output nicht nur mit akribischen gesellschaftspolitischen Analysen, sondern wendet sich auch wieder verstärkt seinen wissenschaftlichen Wurzeln zu. So entsteht zum Beispiel das philosophisch durchwirkte, 664 Seiten umfassende Opus vom »Aufbau der Physik«.

Es geht ihm dabei um nicht weniger als »das Eine, das Gute, die Wahrheit« und insbesondere um die Frage, wie sich Person und Natur zueinander verhalten – das »Problem des Subjekts«, das er anhand von Familienmitgliedern verdeutlicht. Da gab es einerseits die Mutter, die sich als lutherische Christin stets von der prinzipiellen Willensfreiheit des Menschen leiten ließ, und andererseits deren Bruder, den bekannten Maler und Bildhauer Fritz von Graevenitz, der dem »göttlichen Gesetz« folgend der Vorbestimmtheit jedweden Geschehens vertraute.

Der Neffe Carl Friedrich neigt da offenbar eher dem Onkel zu. Alles, was trennt, steht seiner Obsession entgegen, die Einheit der Welt nachzuweisen, weshalb er nicht zuletzt den cartesianischen Dualismus entschieden verwirft. Das berühmte *cogito ergo sum* – »Ich denke, also bin ich« –, dem zufolge Körper und Geist zwei verschiedene und damit unabhängig voneinander existierende Substanzen sind, scheint ihm so lediglich ein »schlauer Schwindel« zu sein.

Seinem Fachgebiet die Rolle einer »Zentraltheorie aller Naturwissenschaften« zumessen zu dürfen, sieht Weizsäcker spätestens seit der Entdeckung der Quantenmechanik als hinreichend begründet an – von fundamentaler Bedeutung auch, um mit ihr den Gang der Evolution, »die Phänomene des Lebens«, physikalisch begreifbar zu machen. Darwinistische Erklärungsmuster reichen ihm da nicht aus.

Im Übrigen möchte der emeritierte Professor der Mythologie ihren Raum lassen. Dass »ganz in der Tiefe« zwischen ihr und der Naturwissenschaft ein Zusammenhang bestehe, will er im Ernst weder behaupten noch rundum in Abrede stellen und verweist dabei auf die seit langem allgemein anerkannte Urknall-Theorie. Womöglich sei auch die so ein Mythos, der von späteren Generationen dahingehend enträtselt werde, dass sich die Menschen des 20. Jahrhunderts »die Wirklichkeit nicht anders als explosiv« vorzustellen vermochten.

Überzeitliche Themen, denen er seine Essays oder Vorträge widmet, aber dann holt ihn wieder die Gegenwart ein. Nach dem Machtwechsel in Bonn dem neuen sozialdemokratischen Kanzlerkandidaten Hans-Jochen Vogel die erbetene Beraterfunktion zuzusagen, hält er für ebenso selbstverständlich, wie er unaufgefordert den christdemokratischen Regierungschef ermahnt. Der nun unvermeidlich gewordene vorgezogene Bundestagswahlkampf dürfe keinesfalls mit einer »hochgefährlichen Polarisierung« in Sachen Rüstungsspirale geführt werden, schreibt er an Helmut Kohl.

Obwohl ihm der Rumor der Friedensbewegung zu denken gibt, schließt sich Weizsäcker immer eindeutiger ihrem Verlangen nach einer bedingungslosen »Null-Lösung« an. Als Hauptmotiv der Sowjets, die westeuropäischen Territorien mit modernisierten Atomraketen zu bedrohen, sieht er in erster Linie die Angst vor wachsender Einkreisung – für ihn ein »ähnliches Syndrom«, wie es das im deutschen Kaiserreich gab. Dem gelte es mit dem nötigen Augenmaß zu begegnen, anstatt hysterisch ein immer größeres Gewaltpotential dagegenzusetzen.

Da es dem Menschen nach seiner Wahrnehmung kaum noch gelingt, die »vorauseilende Technik« politisch und ethisch einzuhegen, sucht er nach zukunftsorientierten Alternativen. Solcher »Selbstentmannung« Einhalt zu gebieten, könne allenfalls gelingen, wenn es zu einem von Vernunft geleiteten »gesamtgesellschaftlichen Bewusstseinswandel« kommt.

Aber wie lässt sich der bewerkstelligen? Leidenschaftlich bekennt sich der Wissenschaftler im Sommer 1984 in einer Rede vor der Vollversammlung des Lutherischen Weltbundes in Budapest zum »radikalen Pazifismus«. Vom christlichen Standpunkt aus betrachtet, ist das für ihn die »einzig mögliche Option«. Und so setzt er sich im Jahr darauf bei einer Podiumsdiskussion auf dem Düsseldorfer Evangelischen Kirchentag – während sein Bruder gefühlvoll über die Identität der Deutschen spricht – an die Spitze einer bald internationalen Bewegung.

Die beschließt ein ökumenisches »Friedenskonzil«, ein Plan, an den sich Weizsäcker, wie der Philosoph Michael Drieschner beobachtet, in einer Intensität klammert, »als griffe ein Ertrinkender nach einem Strohhalm«. Dabei befeuert ihn insbesondere die Hoffnung, seine Glaubensgemeinschaft werde dazu in der Lage sein, der Bevölkerung »die Wahrheit über ihr selbstbereitetes Schicksal« nahezubringen und Wege zur Umkehr aufzuzeigen.

Eine etwas naive oder doch durchaus realistische Annahme? Was die moralische Kraft der christlichen Konfessionen auszurichten vermag, wird sich spätestens zur Zeit des großen Epochenbruchs erweisen. Dass sich zum Beispiel die Polen dem Würgegriff der sowjetischen Zwangsherrschaft entziehen können, verdanken die Widerständler von Solidarność nicht zuletzt dem Schulterschluss mit dem robusten Klerus. In der DDR wiederum ist es bald danach vor allem die Evangelische Kirche, die der Bürgerrechtsopposition ihre Tore öffnet.

Schwer zu sagen, ob Weizsäcker solche Tendenzen bereits in der Mitte der krisengeschüttelten achtziger Jahre antizipiert, doch sein Eifer spricht dafür. Hat er sich zuvor eher zerknirscht als »einsamen Rufer in der Wüste« empfunden, zieht er jetzt als unermüdlicher »Wanderprediger« durch die Lande. Den zunächst auf die Mitglieder christlicher Institutionen beschränkten Friedenskonvent preist er auch deshalb so unermüdlich an, weil er in dieser Veranstaltung lediglich den Startschuss zu einem noch höheren Ziel sieht. Das »geistig wichtigste Ereignis der nächsten hundert bis dreihundert Jahre«, da ist er sich sicher, werde das Aufeinandertreffen der Weltkulturen, »die Begegnung zwischen westlichem und östlichem Denken«, sein.

Bis auf weiteres schätzt er trotz der mittlerweile glaubwürdigen Entspannungsoffensive Gorbatschows die Gefahr einer zumindest begrenzten nuklearen Auseinandersetzung immer noch als erheblich ein, aber sich nur mit der Rolle der Kassandra zu begnügen, widerstrebt ihm. So hegt er mit der Nüchternheit des Naturwissenschaftlers selbst nach der Katastrophe von Tschernobyl die Vermutung, dass bei ständig verbesserter Technik Atomreaktoren im Normalbetrieb langfristig weniger Schaden anrichten als fossile Brennstoffe. Wenn er gleichwohl am Ende von der zivilen Nutzung der Kernenergie abrät, hat das mit den kaum zu bemessenden Risiken im Krieg oder bei Terroranschlägen zu tun.

Je älter er wird, desto mehr verliert der Physiker-Philosoph andererseits die Scheu, über seine Befürchtungen zu reden. Befasse er sich mit der Zukunft, verrät er auf einer Jahrestagung der Baseler Prognos-AG den versammelten Wirtschaftsforschern und Unternehmensberatern, erschreckten ihn seine Vorhersagen – doch »ohne den Schrecken denkt man einfach nicht über das nach, worüber man nachdenken muss«. Dass er sich in der Vergangenheit noch viel zu verhalten zu den entscheidenden Fragen der Menschheitsentwicklung geäußert habe, sei allein seiner Angst vor der »*self-fulfilling prophecy*« geschuldet.

Mit solcher Rücksichtnahme, die ihn gelegentlich sogar noch als Chef des Starnberger Max-Planck-Instituts hemmte, soll jetzt endgültig Schluss sein. Auch wenn sich betont pragmatische Geister verstärkt über seine vermeintliche Weltfremdheit mokieren, gilt er wie eh und je als moralisch-intellektuelle Ikone. Ausgeprägte Realpolitiker vom Schlage eines Henry Kissinger schätzen ihn als Gesprächspartner ebenso wie bei aller Gegensätzlichkeit der Atomphysiker Edward Teller oder im eigenen Land der Entspannungsstratege Egon Bahr.

Welche Schlüsse lassen sich daraus ziehen, dass ihm so unterschiedliche Zeitgenossen etwa in einer zu seinem siebzigsten Geburtstag aufgelegten Festschrift als Gratulanten die Ehre geben? Dass seine offensichtliche Integrationsfähigkeit auch als Signum von »Macht« verstanden werden könne, weist Carl Friedrich von Weizsäcker für sich wie im Übrigen den ganzen Clan höflich zurück. In seiner Familie sei das so jedenfalls nie empfunden worden.

Aber »Einfluss vielleicht, eine gewisse Bedeutung«, habe sie sicher schon erlangt, gesteht er in der ZDF-Serie »Zeugen des Jahrhunderts«, um sich dann in der für ihn typischen Detailverbissenheit mit dem Wesen wahrer Macht zu beschäftigen: Die treffe man, weil sie beträchtlicher Intelligenz bedürfe, nur sehr selten an, und wer sie denn besitze, werde sie bald wieder einbüßen, sofern er die in der hochkomplizierten Wirklichkeit herrschenden »Verhältnisse« nicht durchschaue.

Was immer er damit leicht kryptisch in eigener Sache zum Ausdruck bringen will – um ihn und die Seinen muss man sich Mitte der Achtziger kaum sorgen. Mit seinem Drang, nicht bloß Natur- und Geisteswissenschaften miteinander zu versöhnen, sondern zudem eine den Frieden rettende weltumspannende Konferenz zu organisieren, befindet sich der unermüdliche Universalgelehrte im Zenit seiner Schaffenskraft.

In der Summe seiner Bestrebungen auf allen nur denkbaren Gebieten sei der Vater »schlicht ein Titan« gewesen, wird sich noch lange nach seinem Tod der Sohn Ernst Ulrich vor ihm verneigen.

Weltweit geachteter interdisziplinärer »Grenzgänger« zwischen Physik, Philosophie und Politik: Friedensforscher Carl Friedrich von Weizsäcker in den 1980er Jahren.

Und der früher oft im Schatten des Älteren stehende »kleine Bruder« erfreut sich ähnlicher Resonanz. Nach seiner historischen Rede vom Mai nimmt Richard von Weizsäcker im Herbst 1985 die nächste große Hürde. Als erstes deutsches Staatsoberhaupt besucht er Israel – in Anbetracht der seltsamen Metapher von der »Gnade der späten Geburt«, mit der im Jahr zuvor der Kanzler Helmut Kohl in Jerusalem die Abgeordneten der

Knesset in Aufregung versetzt hatte, eine überaus schwierige Gratwanderung, die ihm aber bravourös gelingt.

Bisher sei er in seinem Land »geschätzt« worden, verabschiedet ihn der Präsident Chaim Herzog sichtlich bewegt, um den Gast aus Bonn dann mit einem in der Politik nicht gerade alltäglichen Satz zu adeln: »Nun haben wir Sie in unser Herz geschlossen.«

Fünfzehntes Kapitel

»Ein erschütterndes Geschenk«: Der Philosoph auf dem Thron

Von Theodor Heuss, dem populären Liberalen vielleicht abgesehen, haben die Westdeutschen keinem Bundespräsidenten schneller ihr Vertrauen geschenkt als Richard von Weizsäcker. Hielt man es in den vier Jahrzehnten davor für plausibel, dass das Amt in aller Regel die Person präge, scheint es dank seines Geschicks jetzt umgekehrt zu sein. Innerhalb kürzester Zeit gelingt es dem Aristokraten, sich den meisten Deutschen als oberster Repräsentant *aller* Bevölkerungsschichten zu empfehlen – bei seiner Herkunft ein etwas gewöhnungsbedürftiger Zustand, der aber offenbar nur die wenigsten stört.

Dabei achtet der Freigeist von Anfang an darauf, nicht als jedermanns Darling missverstanden zu werden. Spätestens seit seiner Arbeit in Berlin hat ihn neben der Fähigkeit, den Menschen im besten Sinne des Wortes als Bürgermeister zur Verfügung zu stehen, die Lust am Regieren und damit »Führen« gepackt. Und von diesem Anspruch macht er nun in der Villa Hammerschmidt Gebrauch. Mit den gesellschaftlich häufig an den Rand gedrängten Gruppen kommt er dort ebenso gut zurecht, wie er die Eliten vor eilfertig-unbedachten Anwürfen zu bewahren sucht.

Im Spannungsfeld zwischen »Unten und Oben« will sich Weizsäcker weder als »Volkserzieher« noch als »permanentes Aufklärungsorgan« hervortun, aber mitunter juckt es ihn denn doch. So lässt er es sich nicht nehmen, zum 200. Todestag Friedrichs des Großen den legendären Preußenkönig in seiner Widersprüchlichkeit zu porträtieren und zugleich das von ihm propagierte Staatsverständnis zu rühmen. »Ein bisschen mehr« vom Alten Fritz, befindet der Bundespräsident, wäre für die gegenwärtig lebenden Deutschen »gar nicht so schlecht«.

Möge ihn dafür tadeln, wer das unbedingt wolle! Vom ersten Tag an legt der im Grunde überparteiliche Christdemokrat Wert darauf, »Anstöße zu geben«, und akzeptiert dann ebenso unaufgeregt, wenn an ihm Anstoß genommen wird. Mit der Definition Max Webers ist für ihn politisches Handeln nicht nur ein mit Leidenschaft und Augenmaß betriebenes »starkes, langsames Bohren von harten Brettern«, es erfüllt in seinem Fall auch einen Auftrag, den ihm die Verfassung erteilt hat.

So setzt er die entscheidenden Akzente seiner insgesamt zehnjährigen Präsidentschaft nahezu ausnahmslos bereits in der ersten Amtsperiode. Noch mehr, als in der westdeutschen Gesellschaft die »konstante Mitte zu verkörpern«, interessieren den Sohn eines Spitzendiplomaten die komplexen auswärtigen Beziehungen seines Landes – und zu welcher Form er dabei auflaufen kann, zeigt sich im Sommer 1987, als er mit dem Segen Helmut Kohls in die Sowjetunion reist. Es gilt den Fauxpas des Kanzlers auszubügeln, der den eloquenten Kremlherrn Michail Gorbatschow mit Adolf Hitlers Propaganda-Chef Joseph Goebbels verglichen hatte, eine von zahllosen Politikern als töricht empfundene Provokation, die Weizsäcker nun behutsam zu entschärfen bemüht ist.

Aber nicht nur insoweit macht er eine gute Figur. In einem beiderseits hochimpulsiv geführten Gespräch besteht der Gast aus Bonn darauf, die seit Ende des Zweiten Weltkriegs ungeklärte »deutsche Frage« im Prinzip als »nach wie vor offen« anzuerkennen, und erzielt zumindest einen kleinen Anfangserfolg. Was vielleicht »in hundert Jahren« sei, pflichtet ihm der bis dahin eisern verschlossene Generalsekretär der KPdSU schmunzelnd bei, möge man getrost »der Geschichte überlassen«.

Das Eis ist jedenfalls gebrochen und der zu Hause wie auf internationalem Parkett sichere Richard von Weizsäcker abermals in aller Munde. In immer neuen, zum Teil auch leicht verkitschten Metaphern wird er in den heimischen Medien etwa zum »Bilderbuchpräsidenten« oder »Ersatzkönig« erhoben – und von manchen sogar als »Philosoph auf dem Thron« gepriesen.

Schon wenige Wochen danach schafft seine erfolgreiche Moskauer Mission immerhin die Voraussetzung dafür, dass in der Bundeshauptstadt der mehrmals aufgeschobene Arbeitsbesuch des DDR-Staatsratsvorsitzenden Erich Honecker stattfinden kann, den er ausdrücklich begrüßt. Anders als Helmut Kohl, der das Gipfeltreffen der beiden Regierungschefs eher als lästige Pflicht auf sich nimmt, geht es Weizsäcker um eine möglichst entspannte Atmosphäre. In einer, wie sich der Kanzler später noch in seinen Memoiren empört, »einzigartigen Entgleisung« ermuntert er den ungeliebten Realsozialisten im Park seiner Villa spontan zu einem vom Protokoll abweichenden gemeinsamen Spaziergang.

Dass es sich dabei um eine unangemessene Verbrüderungsgeste handelt, glaubt im Ernst wohl niemand und würde den wahren Motiven des Präsidenten auch kaum gerecht. Vielmehr baut er auf jene bereits im Rahmen der KSZE-Konferenz vereinbarten »Körbe« vertrauensbildender Maßnahmen. In einem Umwälzungsprozess, der sich im Ostblock auf atemberaubende Weise beschleunigt, dauert es gerade mal noch gut drei Jahre, bis es ihm als Staatsoberhaupt vergönnt ist, in Berlin die lange ersehnte Wiedervereinigung zu verkünden.

Natürlich sind es in einem wechselvollen politischen Leben seine mit Abstand größten Augenblicke, als Weizsäcker in der Nacht vom 2. auf den 3. Oktober 1990 zunächst vor dem Reichstag und danach beim Staatsakt in der Philharmonie den Schlusspunkt hinter ein viereinhalb Dekaden währendes deutsch-deutsches Trennungsdrama setzt. Für ihn wie für seine Familie sicher die denkbar höchste Auszeichnung – doch in welcher Amtseigenschaft darf er da überhaupt das Wort ergreifen? Gewählt und dann im März 1989 mit einem Rekordergebnis auf weitere fünf Jahre bestätigt haben ihn ja nur die dafür zuständigen Bundesversammlungen der Bonner Republik.

Eine Frage, die rein verfassungsrechtlich nicht ganz irrelevant ist, in diesen unvergleichlich turbulenten Wochen des »einig Vaterland« aber locker pragmatisch beantwortet wird. Schwerer als jeder juristische Aspekt wiegt im Falle Weizsäckers schlicht die normative Kraft des Faktischen. Die »Legitimierung als Präsident aller Deutschen«, schreibt der Biograph Hermann Rudolph, erwächst am Ende aus kaum etwas anderem als seinem »Ansehen im Westen wie im Osten«.

Dabei nimmt er sich sofort auffällig zurück. Bei aller Glückseligkeit, die auch ihn erfasst, soll der Freudentaumel nicht den Blick dafür trüben, was er auf Staat und Gesellschaft nun unweigerlich zukommen sieht. Im Gegensatz zum Kanzler, der mit

Ostkontakte zu pflegen, ist dem Entspannungspolitiker Richard von Weizsäcker besonders wichtig. 1987 nutzt er eine Reise in die Sowjetunion, um mit Frau Marianne und Tochter Beatrice, die zuvor an einer von jungen Russen bestrittenen Fernsehdiskussion teilgenommen hat, über den Moskauer Roten Platz zu schlendern.

seiner Metapher von den bald »blühenden Landschaften« hohe Erwartungen geweckt hat, betont der Parteifreund verstärkt die immer sichtbarer werdenden Probleme. In fast allen Statements geht es ihm deshalb zunächst einmal um die Grundbedingungen einer »inneren Einheit« der Nation.

Nicht weniger verhalten schätzt auch sein Bruder die komplexe Lage ein. Schon der Beschluss der Supermächte, die sich im Winter 1987 darauf verständigt haben, ihre Atomraketen mit einer Reichweite zwischen 500 und 5500 Kilometer zu verschrotten, konnte ihn kaum beruhigen – und selbst noch nach dem Fall der Mauer spricht er seltsam uninspiriert von »Vorgängen in der DDR«. Es sei zu wünschen, dass sich daraus »etwas Vernünftiges« entwickele.

Selbstverständlich liegt auch Carl Friedrich von Weizsäcker nach den zahllosen Besuchen im Osten der »Weg zur Freiheit« seiner Nation am Herzen – für ihn ein in jeder Hinsicht »erschütterndes Geschenk«, wie er im April 1990 in Vorträgen formuliert, das ihm andererseits »umwittert von fortlaufender großer Gefahr« erscheint. Ohne ein umfassendes und weit über das künftige Schicksal Deutschlands hinausreichendes universelles Erwachen werde sich nur wenig zum Guten wenden.

Ein bisschen schwingt dabei die Enttäuschung darüber mit, dass seine kurz zuvor in Seoul anberaumte »christliche Weltversammlung« zu eher bescheidenen Ergebnissen geführt hat. Statt den von ihm angemahnten globalen Bewusstseinswandel anzustoßen, sind dort die Vertreter einer »Konferenz für Gerechtigkeit, Frieden und die Bewahrung der Schöpfung« einigermaßen verzagt auseinandergegangen. Angesichts der Fülle der anstehenden Fragen sei das Treffen leider »kein Glückserlebnis« gewesen, wird der Philosoph danach kleinlaut einräumen, um dann aber doch auf dem »konziliaren Prozess« zu beharren.

Etwas naiv, wenn er unbeirrbar an einer gemeinsam zu beschließenden Erklärung festhält, die die Menschheit »nicht überhören« könne? Sein Traum, einer Demonstration »kollektiver

Vernunft« zum Durchbruch zu verhelfen, die alle Grenzen überwindet, und damit am Ende vielleicht sogar dem »Weltstaat« näherzukommen, den er schon als kleiner Junge herbeiphantasiert hat, wird sich jedenfalls nie erfüllen.

Richard von Weizsäcker begnügt sich dagegen strikt mit dem Nächstliegenden. Nach dem Wunder vom 9. November verstreicht in den knapp elf Monaten, die ihm bis zum Vollzug der deutschen Einheit bleiben, kaum ein Tag, an dem er sich nicht bis ins Detail am Gelingen der Mammutaufgabe beteiligt. Im anfänglich überbordenden Freudentaumel zählt er zu den wenigen Bonner Spitzenpolitikern, die angesichts der jählings implodierten DDR vor allzu schnellen Festlegungen warnen. Dass etwa mit dem Bonmot des SPD-Chefs Willy Brandt nun »zusammenwächst, was zusammengehört«, entspricht auch seinem sehnlichsten Wunsch, aber den versucht er zu zügeln. Solange noch niemand zu sagen vermag, welche Konsequenzen die unerwartete friedliche Revolution nach sich zieht, will er die Landsleute in Ost und West davor bewahren, im Eiltempo »zusammenzuwuchern«.

Ein Appell, den der Präsident selbst dann öfter wiederholt, als es Helmut Kohl und Außenminister Hans-Dietrich Genscher geschafft haben, den Siegermächten die Vereinigung der beiden Staaten abzuhandeln. Sosehr ihn der Coup begeistert, lässt er doch weiterhin keine Gelegenheit aus, sich zum Anwalt der viereinhalb Jahrzehnte unter einem Zwangsregime leidenden Deutschen zu ernennen. Mit dem Gewicht seiner stetig gewachsenen Autorität darauf zu achten, dass die nicht vollends untergepflügt werden, hält er auf dieser Etappe des sogenannten Beitrittsprozesses für seine vornehmste Pflicht.

Kaum überraschend, dass sich der inzwischen in aller Welt bestaunte Einheitskanzler, von solchen Extratouren provoziert fühlt. Als Weizsäcker dann noch im Mai 1990 nach Polen aufbricht und die von Kohl mehrfach hinausgeschobene Anerkennung der Oder-Neiße-Grenze als »in der Substanz unwiderruflich geklärt« bezeichnet, ist der Bruch zwischen den beiden vormals engen Gefährten endgültig vollzogen. Für den Regierungschef sind die Umtriebe des außenpolitisch ambitionierten Staatsoberhaupts schlichtweg eine von der Verfassung nicht mehr gedeckte unzulässige Einmischung in sein Geschäft.

Eine wohl nachvollziehbare Reaktion. Seit der Nacht des Mauerfalls setzt sich der Bundespräsident vornehmlich in Kreisen der Christdemokraten dem Verdacht aus, seine Einwände entsprängen zum Teil auch rein persönlichen Motiven – und tatsächlich: Lag er in den Jahren vor der Wende in allen Meinungsumfragen weit vor dem biederen Kanzler, scheint er nun, da dieser als zupackender Macher wahrgenommen wird, in dessen Schatten zu geraten und sich mit seiner vermeintlich unproduktiven Nörgelei Schritt für Schritt ins Abseits zu manövrieren.

Was immer da an Rivalität und gekränkter Eitelkeit mitspielen mag – dass Weizsäckers mitunter verblüffend schroff formulierte Bedenken auch in der Sache einen harten Kern in sich tragen, lässt sich bald kaum mehr bestreiten. Schon kurz nachdem die von den vier Siegermächten beglaubigten Verträge zwischen Bonn und der einverleibten DDR unter Dach und Fach sind, werden im vereinigten Deutschland die ersten Misstöne laut. Während der SPD-Chef Oskar Lafontaine den Zusammenschluss als hoffnungslos unterfinanziert anprangert, lehnen Kohl und die Seinen eine Steuererhöhung rundweg ab.

Aus der Sicht des Bundespräsidenten ist das ein »schweres materielles und menschliches Versäumnis«. In der Frühphase des gesamtdeutschen Aufbruchs, insistiert er als Elder Statesman noch zehn Jahre später in seinen »Erinnerungen«, sei die große Mehrheit der Landsleute im Westen durchaus »zu wirklichen Opfern bereit« gewesen, doch vor allem aus machtstrategischem Kalkül gnädig verschont worden: »Der Gemeinsinn war ja da, aber er wurde nicht abgerufen.«

Immerhin wagt der Bundespräsident damals unverdrossen das Äußerste: Um dem historischen Ereignis gerecht zu werden, regt er an, nach dem Muster des 1952 verabschiedeten Lastenausgleichsgesetzes, das seinerzeit den Flüchtlingen und Heimatvertriebenen zugutekam, ein zweites zu verkünden. Aber Kohl schlägt sich auf die Seite der Marktökonomen, die ihn in der Auffassung bestärken, die Kosten der Einheit seien bei anhaltend stabilem Investitionsklima aus Wachstumsgewinnen zu erwirtschaften.

Im Übrigen rumort in dem Kanzler die Frage, ob sich der von Hause aus bürgerlich-liberale Freiherr nicht längst zu »den Anderen« zählt. Wäre der sonst wohl auf die Idee gekommen, schon wenige Wochen nach dem 9. November in der Villa Hammerschmidt einen Kreis prominenter Politstrategen mit ausgeprägt eigenem Kopf um sich zu scharen? Neben dem Deutschland-Spezialisten Henry Kissinger hatte sich da immerhin auch Helmut Schmidt angesagt, dessen kurz zuvor in der »Zeit« publizierter und an Winston Churchills »Blut-Schweiß-und-Tränen-Rede« erinnernder Beitrag zur Lage der Nation den ebenfalls anwesen-

Die alte – und bald neue – Hauptstadt der Deutschen im Rausch der Freiheit. Am Tag nach dem Fall der Mauer mischt sich der ehemalige Regierende Bürgermeister Richard von Weizsäcker am 10. November 1989 auf dem Berliner Kurfürstendamm unter die jubelnden Passanten.

den Carl Friedrich von Weizsäcker schwer beeindruckt. Er erhebt ihn begeistert in den Rang einer »Regierungserklärung«.

Das Staatsoberhaupt widersetzt sich zu dieser Zeit noch dem Mainstream und nimmt damit in Kauf, einen Teil seiner Popularität einzubüßen – doch das gilt in den ersten Monaten der Wende lediglich für die sogenannte Alt-BRD. Das Gros der Ostdeutschen hingegen, die von ihren Erwartungen anfänglich wie berauscht sind, zählt ihn bereits im Mai 1990 zu denen, die im Westen am meisten für sie tun: In einer Umfrage landet der Präsident nur knapp hinter Hans-Dietrich Genscher, aber deutlich vor Kohl auf dem zweiten Platz.

Und er lässt sich auch weiterhin nicht beirren. Weil nun fest mit einem Zusammenschluss der beiden Staaten gerechnet werden kann, meldet sich der kurz darauf zum Ehrenbürger Berlins ernannte Weizsäcker in einer besonders brisanten Angelegenheit zu Wort. Wie er selbst einräumt, geht er ohne Vorwarnung »bis an die Grenze« der Kompetenz seines Amtes und plädiert in der leidigen Hauptstadtfrage zum Ärger der parteiübergreifenden Bonn-Fraktion für einen Umzug. Das habe man schließlich immer gewollt.

Der gebürtige Schwabe und »halbe Preuße« setzt sich auch deshalb so ein, weil er keinen Ort für geeigneter hält, die jüngere deutsche Geschichte von der schmerzlichen Spaltung des Landes bis zu seiner glücklichen »Einswerdung« in all ihren Facetten abzubilden – und außerdem: Hatte er als Regierender Bürgermeister nicht etwas voreilig hinausposaunt, er werde die Belange der leidgeprüften Stadt zu seiner »Lebensaufgabe« machen? Dieses Versprechen versucht der Bundespräsident nun einzulösen, indem er als erstes Verfassungsorgan seinen Dienstsitz an die Spree verlegt.

Während die Regierung und das Parlament dazu noch Jahre benötigen, wechselt Weizsäcker bereits im Januar 1994 nach Berlin – eine Entscheidung, die nur konsequent ist. Kaum ein anderer Politiker von Rang hat sich bis dahin ähnlich unnachgiebig um eine möglichst faire Verschiebung der Gewichte zwischen West und Ost bemüht wie der Bundespräsident mit seinen beharrlichen Interventionen.

Übertreibt er den Wunsch nach Brückenschlag und Versöhnung, wenn es etwa um Praktiken in der ehemaligen DDR geht, die im deutschen Rechtsstaat für Empörung sorgen? Bezeichnend ist seine Parteinahme zugunsten des ersten brandenburgischen Regierungschefs Manfred Stolpe, dem nach der Wende

Verrat vorgeworfen wird. Den Verdacht, dass der ehemalige Konsistorialpräsident zu DDR-Zeiten vorwiegend mit der Stasi zusammengearbeitet habe, statt sich als Mittelsmann der Evangelischen Kirche Ost um menschliche Erleichterungen zu kümmern, rückt Richard von Weizsäcker in die Nähe von Hetze.

In diesem wie in zahlreichen anderen Fällen rät er dringend zur Zurückhaltung. Wem das Glück zuteilgeworden sei, unter ungleich besseren Bedingungen zu leben, möge mehr zu verstehen lernen, als sich selbstgerecht zum Scharfrichter aufzuschwingen. Und das gilt aus seiner Warte nicht nur für die Vergangenheit. Noch als Staatsoberhaupt a. D. nimmt er zum Beispiel Anstoß an der von seiner Partei inszenierten »Rote-Socken-Kampagne« gegen die PDS. Die Nachfolgeorganisation der SED kritisch zu hinterfragen, dürfe nicht dazu führen, ihre Vergangenheit als »Wahlkampfkeule« zu nutzen.

Darüber hinaus scheinen ihm solche Attacken die im Westen vorherrschende Oberflächlichkeit zu belegen. Nach seiner Beobachtung interessiert dort kaum, welche auch persönlich einschneidende Zäsur der jähe Umsturz für die meisten ehemaligen DDR-Bürger bedeutet – und das mit Folgen: Trotz der inzwischen beachtlichen materiellen Transferleistungen würden der historische Ursprung und die Entwicklung des dahingegangenen Arbeiter- und Bauernstaates nur höchst unzureichend »als gemeinsam zu schulterndes Erbe« begriffen.

Noch mehr macht ihm zu schaffen, was schon kurz nach der Vereinigung in beiden Teilen Deutschlands geschieht. Unvermittelt geraten da Orte wie Hoyerswerda und Rostock-Lichtenhagen oder Solingen und Mölln mit Angriffen auf Asylbewerberheime und Häuser, in denen Ausländer leben, in die Schlagzeilen. Dass

Zwei strategisch auf einer Linie liegende Ost- und Deutschlandpolitiker, die sich über alle Parteigrenzen hinweg auch sonst mit großem Respekt begegnen: Bundespräsident Richard von Weizsäcker bei einer munteren Unterhaltung mit SPD-Chef Willy Brandt, den er dafür bewundert, »versteinertes Unrecht« aufgebrochen zu haben.

dabei ein entfesselter Mob nicht einmal vor Mord zurückschreckt, nennt er im Nachhinein die bitterste Erfahrung seiner Amtszeit. Er versucht ein Zeichen zu setzen, indem er als Trauerredner auftritt oder Protestaktionen begleitet, während sich der Kanzler solcher Anteilnahme strikt verweigert. Für dessen Geschmack ist das »Beileidstourismus«.

Seinen Ruf, der politisch ambitionierteste Präsident der Nachkriegsgeschichte zu sein, untermauert Weizsäcker dann im Frühsommer 1992. Als erstes Staatsoberhaupt lässt er sich darauf ein, den für das Wochenblatt »Die Zeit« arbeitenden Journalisten Gunter Hofmann und Werner A. Perger zu einem außergewöhnlichen Projekt – einem Gesprächsbuch zur »Lage der Nation« –

zur Verfügung zu stehen, um sich dabei weit aus dem Fenster zu lehnen. Ein glatter Verstoß, wie sich der christsoziale »Bayern-Kurier« erregt, »gegen die guten Sitten«.

»Dergleichen gab es noch nie«, staunt in einem Leitartikel die »Frankfurter Allgemeine Zeitung« – und das trifft auch zu: Neben dem deutschen Vereinigungsprozess, den er einer kritischen Betrachtung unterzieht, knöpft sich der Christdemokrat insbesondere die »Parteiendemokratie« vor. Sie sei auf Abwege geraten, indem sie sich – »machtversessen« im Wettbewerb um den Wahlsieg und »machtvergessen« bei der Wahrnehmung der inhaltlichen Führungsaufgabe – immer stärker von ihrer Grundidee entfernt habe. Der Amts- und Mandatsträger hierzulande sei »weder ein Fachmann noch ein Dilettant, sondern ein Generalist mit dem Spezialwissen, wie man politische Gegner bekämpft«.

Was treibt ihn, derart vom Leder zu ziehen? Seit dem Historikerstreit Mitte der achtziger Jahre hat es eine ähnlich aufwühlende öffentliche Debatte nicht mehr gegeben und schon gar keine vergleichbar geschlossene Abwehrfront der betroffenen Kaste. Über alle Parteigrenzen hinweg sind sich selbst Politiker wie die vormaligen Kanzlerkandidaten Johannes Rau oder Rainer Barzel, aber auch Wissenschaftler und Publizisten darin einig, der Präsident habe mit seiner Philippika wenig verantwortungsbewusst über die Stränge geschlagen.

Zu einer anderen Erkenntnis kommt dagegen der Psychoanalytiker Horst-Eberhard Richter. Weizsäckers »ungehörige Wahrheiten«, gibt er zu bedenken, entsprängen vielmehr der Sorge, »der Macht fehle zur Zeit die Herausforderung durch den Geist«, der zu resignieren scheine. Deshalb übernehme der erste Mann

Nach der Wiedervereinigung Deutschlands gilt Richard von Weizsäckers Engagement in erster Linie der nur schwer zu verwirklichenden »inneren Einheit«. Von Polizisten geschützt, verurteilt der Bundespräsident am 8. November 1992 auf einer Großdemonstration in Berlin den zunehmenden Rassismus. Im Vordergrund vor dem Podium: Bischof Martin Kruse, Antje Vollmer und Richard Schröder.

im Staate »für einen Moment selbst die Rolle, die er von den Intellektuellen vernachlässigt sieht«.

Ein Befund, der ihm sicher gefällt. Zur Elite im Lande gezählt zu werden, entspricht von jeher dem Streben seiner Dynastie, und darüber hinaus trifft er mit seiner »Politikerbeschimpfung«, die sogar von notorischen Querdenkern wie Hans Magnus Enzensberger zurückgewiesen wird, offenkundig einen Nerv. Soll sich empören, wer will, und im Übrigen zu Recht darauf verweisen, dass der Kritiker seinen Aufstieg ja selbst dem heftig gescholtenen System verdankt – fast 90 Prozent der von Demoskopen befragten Bundesbürger stimmen dem harschen Urteil zu.

Der Präsident auf dem Gipfelpunkt seines Ansehens. Unangefochten übersteht er im Herbst jenes Jahres auch eine vom Nachrichtenmagazin »Der Spiegel« publizierte »unselige Geschichte«, in der sich der Ingelheimer Pharmakonzern C. H. Boehringer dafür entschuldigt, den USA zum Einsatz im Vietnam-Krieg tonnenweise dioxinhaltiges Entlaubungsgift verkauft zu haben. Natürlich möchte das Blatt herausfinden, in welcher Form Weizsäcker, damals immerhin Mitglied der Geschäftsleitung, in den sogenannten Agent-Orange-Skandal involviert gewesen sei, kommt mit seinen Recherchen aber nicht voran.

»Mit großer Betroffenheit« habe er erst sehr viel später davon erfahren, zieht sich das zumindest unter dem Verdacht der Mitwisserschaft stehende Staatsoberhaupt leicht gekränkt aus der Affäre – ein befremdlich kurz gefasstes Statement, das die Zweifel kaum zu zerstreuen vermag. Doch den meisten Medien wie vor allem der überwältigenden Mehrheit der Bevölkerung scheint das zu genügen. Wenige Wochen nach dem Tod Willy Brandts soll auf einen der letzten verbliebenen charismatischen Politiker der Bundesrepublik möglichst kein Schatten fallen.

Und Weizsäcker geht zügig weiter in die Offensive. Nach dem leidenschaftlichen Plädoyer zugunsten Berlins als künftigem Zentrum der wichtigsten deutschen Verfassungsorgane drückt er ab Frühling 1993 gewaltig aufs Tempo. Bis zum Ende des Jahres will er nicht nur die Voraussetzungen dafür schaffen, mit dem Kern seines Teams an die Spree übersiedeln zu können, um im Schloss Bellevue zu residieren. In einer Villa, die sich die Familie in Dahlem ausgeguckt hat, findet er dort schon im Januar 1994 auch privat ein neues Zuhause.

In diesen letzten fünf Monaten seiner Amtszeit ist es ihm vor allem ein Anliegen, das Renommee einer nun immer öfter so

Täuscht der Eindruck – oder spiegeln sich die Differenzen zwischen dem Bundespräsidenten und Bundeskanzler nicht auch zunehmend in ihren Gesichtern? Helmut Kohl und Richard von Weizsäcker mit Frau Marianne im Juni 1992.

genannten »Berliner Republik« in den Nachbarländern zu stabilisieren. Dazu gehören die engen Beziehungen, die er seit längerem zu Polen und Tschechien unterhält, und im Vatikan will sich auch der Papst persönlich von ihm verabschieden. Von Václav Havel über Lech Wałęsa und François Mitterrand bis hin zu den gekrönten Häuptern Beatrix und Elisabeth II. – die Würdenträger der Welt wollen dem Patrioten und Kosmopoliten die Ehre erweisen.

Im Garten von Schloss Bellevue, wo er bereits zum Neujahrsempfang geladen hat, tummelt sich jetzt im Juni 1994 die von ihm und seiner Frau Marianne bestens betreute Bürgergesellschaft – ziviles Gegenbild zum Großen Zapfenstreich, mit dem man das Staatsoberhaupt im Park der Bonner Villa Hammerschmidt feiert. Danach geht ein Politiker in den Ruhestand, dem der Spitzendiplomat Andreas Meyer-Landrut das denkbar schönste Prädikat verleiht: Der Präsident sei im Bewusstsein der Begrenztheit seines Wissens ein unablässig fragender Mensch und mithin »halber Sokrates« gewesen.

In diesem Monat deutet sich für den inzwischen zweiundachtzigjährigen Carl Friedrich von Weizsäcker das Ende einer besonders liebgewonnenen Gewohnheit an. Man werde sich nun wohl leider nicht mehr sehen können, schreibt er dem vier Jahre älteren Amerikaner Edward Teller, mit dem er zum Beispiel lange über den im Weltraum zu stationierenden Abwehrschirm gegen Interkontinental-Raketen gestritten hat, der 1983 von Ronald Reagan angekündigt worden war. Weitere Besuchsreisen in die Vereinigten Staaten sind ihm mittlerweile zu beschwerlich; an ihre Stelle soll jetzt notgedrungen der schriftliche Dialog treten.

Doch anstatt darüber zu jammern, was die Natur dem Menschen zumutet, legt der deutsche Freund auch gleich engagiert mit einem neuen schwierigen Thema los. Mehr als sich immer wieder über Atomtechniken die Köpfe heiß zu reden, interessiert ihn der von Teller leicht herablassend behandelte *»environmentalism«*, eine vernunftgesteuerte Haltung zu Fragen der Umwelt. Dass die fortdauernde CO_2-Produktion zu einer fundamentalen Klimaveränderung beitragen werde, erscheint ihm schon damals unvermeidlich.

Sooft es sich machen lässt, schart das Staatsoberhaupt Richard von Weizsäcker, wie hier im Frühjahr 1990, seine Familie um sich. Links der zweite Sohn Andreas, dessen Mutter Marianne und die Schwiegertochter Gabriele; rechts von ihm deren Mann Robert mit dem Kind Viktoria auf dem Arm; daneben die Präsidententochter Beatrice sowie liegend der jüngste Sohn Fritz und Sophie, die älteste Enkelin.

Auch wenn sich der »konziliale Prozess der Kirchen« seit dem Kongress in Seoul eher dahinschleppt, von Müdigkeit keine Spur. Zwar haben Vordenker seines Zuschnitts nach dem unverhofften Crash der Sowjetunion – und dem etwa von Francis Fukuyama verkündeten »Ende der Geschichte« – nicht gerade Hochkonjunktur, aber Weizsäcker bleibt bei seiner Sicht. Im Verein mit dem katholischen Theologen Hans Küng hält er daran fest, dass die Menschheit nur werde überleben können, wenn sie ein die Grenzen überschreitendes »Projekt Weltethos« in Angriff nähme.

Er habe »Physik studiert aus philosophischem Interesse und

Philosophie betrieben als Konsequenz des Nachdenkens über Physik«, während sich sein Hang zum Politischen »allein aus Pflichterfüllung« ergebe, definiert der Gelehrte seinen Standpunkt, und der scheint sich im Alter noch zu verfestigen. So schreibt etwa der Kollege Bernulf Kanitschneider über sein letztes großes Werk, das 1992 erschienene und 1184 Seiten starke Opus »Zeit und Wissen«, dieses Buch bedürfe eigentlich einer ganzen Schar von Rezensenten. Denn wer könne schon »legitimerweise eine Abhandlung beurteilen, die Wahrscheinlichkeitstheorie, Anthropologie, Kunst, Religion und alle Epochen der Philosophiegeschichte umfasst«?

Doch dass man ihn auf seinen vielfältigen Fachgebieten zusehends als ausschweifenden Kreuz-und-Querdenker empfindet, tut der anhaltenden Wirkung, die er als Person des öffentlichen Lebens erzielt, keinen Abbruch. Und er selbst nutzt dazu jede Plattform. Als im Herbst 1995 die Atommacht Frankreich weltweiter Proteste zum Trotz auf dem Mururoa- und Fangataufa-Atoll Kernwaffenversuche unternimmt, wendet sich Weizsäcker in einem gleichzeitig vom Hamburger »Stern« publizierten Brief an den Staatspräsidenten Jacques Chirac, um ihm bei allem Respekt ins Gewissen zu reden.

Je schneller die Jahre dahingehen, desto häufiger holt ihn »die Bombe« ein. Immer wieder beschäftigt er sich dabei in einer auffällig mäandernden Korrespondenz mit seiner Rolle in Hitlers »Uranverein« und den Fragen von Schuld und Sühne. Dass er sich Vorwürfe macht, soll durchaus bekannt werden, aber er vermeidet es, ein endgültiges Urteil über sein und das Handeln seiner Mitstreiter zu fällen. Im Leben ist halt manches rätselhaft, so etwa das von ihm aus nächster Nähe beobachtete legendäre Tref-

Ende eines Jahrzehnts als Staatsoberhaupt »im Schnittpunkt der Epochen«. Richard von Weizsäcker mit Frau Marianne am 1. Juli 1994, dem Tag der Amtsübergabe an den Nachfolger Roman Herzog, vor seiner Villa in Berlin.

fen seines Ziehvaters Werner Heisenberg mit Niels Bohr in Kopenhagen, das im Mai 1998 der britische Dramatiker Michael Frayn als Glanzstück unterschiedlichster Deutungsversuche auf die Bühne bringt. Sichtlich angetan, bedankt sich Weizsäcker persönlich bei ihm.

Wie sehr er im September 1941 mit seiner Plutonium-Patentschrift bereits selbst involviert ist, ahnt zu jener Zeit, in der die Unterlagen noch unentdeckt in Moskauer Archiven liegen, niemand, und der als Friedensapostel verehrte Wissenschaftler kann sich am Starnberger See ungestört in sein Alterswerk vertiefen. Über die Jahrtausendwende hinaus nehmen ihn da wieder die Suche nach der Einheit der Natur und in diesem Zusammenhang vor allem der unstillbare Drang gefangen, die Atomphysik auf die Quantentheorie von sogenannten Ur-Alternativen zurückzuführen.

Ebenso intensiv beschäftigt sich Carl Friedrich von Weizsäcker in seinem »Kreisgang« aber auch mit der Philosophie und Theologie. Angesichts der weltweiten Fülle von Lehrmeinungen erscheint ihm die Vorstellung einigermaßen absurd, dass ausgerechnet er »in die einzig wahre Religion hineingeboren« worden sein sollte. Vielmehr sind für ihn die unterschiedlichsten Glaubensrichtungen »auf der höchsten Stufe zutiefst verwandt« – ein Bekenntnis zur Universalität, das er etwa mit dem Dalai Lama teilt, dem er wiederholt begegnet.

Stiller wird es um ihn erst, als im Sommer 2000 nach dreiundsechzig Jahren einer zumindest vorübergehend gefährdeten Beziehung seine Frau Gundalena stirbt. Ohne sie, hat er gelegentlich anklingen lassen, wäre weder die berufliche Karriere so möglich gewesen noch sein heftig ins Schlingern geratenes Privatleben ausbalanciert worden. Dass die unehelich geborene Dorothea in der Familie bald einen Platz einnimmt, als sei es die eigene Tochter, ist im Wesentlichen ihr zu verdanken.

Darüber hinaus fordert das hohe Alter seinen Tribut. Seit längerem leidet Weizsäcker an den Folgen einer Demenz, die ihn womöglich auch bereits verstummen lassen, als im Februar 2002 brisante Dokumente in Umlauf kommen. Aus alten Briefen von Niels Bohr, die dessen Sohn Aage bisher unter Verschluss gehalten hat, erfährt die Öffentlichkeit nun, wie der dänische Nobelpreisträger höchstpersönlich das geheimnisumwitterte Kopenhagener Treffen verstand. Keine Rede könne davon sein, dass sich die beiden Deutschen lediglich bemüht hätten, ihn für den Plan eines international vereinbarten Verzichts auf Atomwaffen zu gewinnen.

Der immer zurückgezogener arbeitende, mittlerweile neunzigjährige Physiker versucht stattdessen in Söcking sein Erbe zu ordnen. Solange es ihm die schwere Krankheit erlaubt, schreibt er an seinem »Q-Manuskript«, einem gewaltigen Opus über die Rätsel der Quantenmechanik, das am Ende aber Fragment bleibt. Den großen Wunsch, mit einer »Ur-Theorie« vielleicht doch noch zu der ersehnten »Weltformel« vorzustoßen, kann sich der leidenschaftliche Naturforscher allein schon deshalb nicht erfüllen, weil er letztlich im Widerspruch zum Kern seiner geisteswissenschaftlichen Maxime steht: Philosophie – die Kunst des unermüdlichen »Weiterfragens« – kennt keinen Abschluss.

So geht er im fünfundneunzigsten Lebensjahr leise dahin. Erst stellt er das Sprechen ein und dann das geliebte Lesen und verbringt die Zeit bis zu seinem Tod am 28. April 2007, so erzählt es seine Tochter Elisabeth in ihrem Film über den Vater, »in einer Art gnädigem Vergessen«.

Der Bruder Richard ist da auch schon siebenundachtzig – doch nach seinem Abschied vom Amt des Staatsoberhaupts um einiges distanzierter am Weltgeschehen teilzunehmen, sieht sich der Homo politicus außerstande. Weil ihm nun kein Beraterkreis mehr zur Verfügung steht, mit dem er vorher die tägliche Lage erörtert hat, deckt der Pensionär den Bedarf an Informationen, indem er seiner Frau aus den wichtigsten Zeitungen vorliest und dabei ein über das andere Mal ins Staunen gerät. So findet er zum Beispiel in den Leitartikeln der gewöhnlich gut unterrichteten »Herald Tribune« häufiger konzeptionelle Gedanken als »in den Äußerungen unserer parteipolitischen Machtzentren«.

Ein Satz, den er wie beiläufig, aber nicht ohne Absicht so formuliert. Mit Unschuldsmiene ein bisschen zu sticheln, ist sich Weizsäcker schon als Präsident nie zu schade gewesen, und in gleicher Weise nimmt das jetzt der Elder Statesman für sich in Anspruch. Soll ihm keiner das Privileg bestreiten, den aus seiner Perspektive zusehends selbstgefälligen Regierenden in der Hauptstadt auf die Finger zu schauen – und wenn es ihm denn geboten erscheint, auch von sich hören zu lassen.

Und das umso deutlicher, als zum Ende seiner doppelten Amtsperiode die letzten, mit dem atemberaubenden Tempo der Wiedervereinigung einhergehenden Illusionen verfliegen. Auf dem Territorium des ehemaligen SED-Staats dominiert die nach der Wende aus der Taufe gehobene Treuhand-Anstalt, die zum Entsetzen der Menschen im Osten die größtenteils maroden Volkseigenen Betriebe zerschlägt, während der kurz zuvor noch in aller Welt bewunderte Einheitskanzler Helmut Kohl im Herbst 1994 gar um seine Wiederwahl bangt.

Es müsse »ein Ruck« durch das lahmende Land gehen, fordert der inzwischen im Berliner Schloss Bellevue residierende Bundespräsident Roman Herzog und bringt damit in eher holzschnittartigen Worten zum Ausdruck, was der Vorgänger sehr viel facettenreicher von allen Seiten beleuchtet. Dabei setzt er sich in erster Linie für die übervorteilten DDR-Deutschen ein, die schließlich »die unvergleichlich schwereren Kriegsfolgelasten« zu tragen gehabt hätten.

Selbstverständlich ist ihm bewusst, dass er sich so in die Tagespolitik einmischt wie vorher in der Bonner Republik kein anderer höchster Staatsdiener, doch das ficht ihn nicht an. »Präsident«, gibt er unbekümmert zu Protokoll, sei man halt nur begrenzt, »aber a. D. ein Leben lang« – und in seinem Fall sind das noch stolze einundzwanzig Jahre, die er bis weit in seine Neunziger hinein souverän nach eigener Maßgabe gestaltet. Ob in seinem kleinen Büro, das er nach der Pensionierung gegenüber dem Pergamon-Museum bezieht, oder im Dachstübchen seiner Villa in Dahlem: Was immer sich Richard von Weizsäcker an öffentlichen Äußerungen erlaubt, findet regelmäßig starke Beachtung.

Eine »dritte Amtszeit« – so die »Süddeutsche Zeitung« –, die es jedenfalls in sich hat. Dem Gemeinwohl »dienstverpflichtet«, wie sein Biograph Hermann Rudolph schreibt, nimmt der Pensionär vor allem im Ausland jede sich bietende Gelegenheit wahr, um dem wiedervereinigten und zumal in Osteuropa noch mit Argwohn betrachteten »neuen Deutschland« in der Völkergemeinschaft die Türen zu öffnen. Dabei gilt das Hauptaugenmerk den Polen und Tschechen, deren Freiheitskämpfer Tadeusz Mazowiecki und Václav Havel zu seinen Freunden werden.

Was er immer noch leisten kann, macht sich im fernen New York sogar die UNO zunutze. Auf Bitten des Generalsekretärs Boutros Boutros-Ghali steigt Weizsäcker zu einem der Vorsitzenden einer Kommission auf, die sich zum Ziel gesetzt hat, den Sicherheitsrat der Weltorganisation zu reformieren, aber dann letztlich am Veto der USA scheitert. In anderen internationalen Gremien, denen er angehört, geht es um die Europäische Union und einen Balkan-Board.

Zwar bleibt die Verwirklichung kluger Vorschläge überwiegend in Ansätzen stecken, was aber wenig an seiner Reputation ändert. Schier unüberschaubar ist daheim die Zahl seiner Auftritte als Festredner oder Diskussionsteilnehmer und obendrein – wie im Mai 2000 – als Chefgutachter eines vom Verteidigungsministerium ins Auge gefassten tiefgreifenden Strukturwandels der Bundeswehr. Der Vater, wird sich später sein Sohn Fritz amüsieren, sei im Grunde mit einem Fahrrad vergleichbar: »Wenn es nicht fährt, fällt es um.«

Und dennoch achtet der Senior sorgfältig darauf, dass sein Profil vor lauter Aktivitäten nicht zerfließt. Wie er als Präsident, wenn ihm etwas wirklich auf der Seele lag, keine Konfrontation scheute, befreit sich der Privatier nun umso mehr von allen Zwängen. Mögen sich die Parteigranden darüber auch das Maul zerreißen – an seiner Kritik am »System, das die von der Demokratie angebotenen Mittel zur Erringung und Bewahrung der Macht auf eine bisher nie gekannte Perfektion getrieben hat«, hält er unbeirrbar fest.

Kaum ein Problem für ihn, wäre damit bloß Kohl gemeint, aber Richard von Weizsäckers beinahe schon allergische Reaktion auf die zunehmende Verselbstständigung des Politikbetriebs reicht offenbar darüber hinaus. Egal, zu welcher Couleur sich die von ihm attackierten Volksvertreter bekennen: Mit einem deutlichen Hang zu filigraner Sacharbeit, bei der sich Eliten nach dem Muster der etwa im britischen Commonwealth eingesetzten Royal Commissions weitestgehend unabhängig ihren Aufgaben widmen können, vermisst er im bundesdeutschen Gezerre von Exekutive und Legislative häufig schlicht das Niveau.

Da erscheint es fast zwangsläufig, wenn er sich so Schritt für Schritt dem zweiten großen Elder Statesman im ausgehenden 20. Jahrhundert annähert. Die offenkundige Hochachtung, die er zu dessen Lebzeiten dem Sozialdemokraten Willy Brandt entgegenbrachte, überträgt er jetzt mehr und mehr auf Helmut Schmidt, den er im Rückblick ehrerbietig als »idealtypischen Regierungschef« bezeichnet, und der umschmeichelte Altkanzler revanchiert sich. Für ihn ist der ehemalige »Präsident par excellence« ein »moralischer Wegweiser«.

Dem Vorsitzenden der CDU geht das Gebaren seines Widersachers und vor allem das Tête-à-Tête der beiden Polit-Pensionäre derart auf die Nerven, dass es im Sommer 1997 zu einem bizarren Streit kommt. Nach einer Bemerkung Kohls, der zufolge »dieser Herr« ja ohnehin »nicht mehr zu uns« gehöre, wird Weizsäcker kurzerhand aus der Mitgliederkartei entfernt – mit der offiziellen Begründung, er habe seit längerem keine Beiträge mehr gezahlt. Erst als sich in einer Blitzumfrage der überwiegende Teil der Bevölkerung auf die Seite des einstigen Staatsoberhaupts schlägt und den kleinkarierten Racheakt mit Spott kommentiert, gesteht ihm der Kanzler zerknirscht einen »Sonderstatus« zu.

So bleibt der Inhaber des Parteibuchs 1576 aus Berlin-Neukölln seinen Christdemokraten zum Nulltarif erhalten und darf die während der Zeit seines Bundespräsidentenamts ausgesetzte Mitgliedschaft »auf Dauer« ruhen lassen. »Phantastisch, wunderbar« findet er das, deckt sich der in keiner Satzung vorgesehene Kompromiss doch mit seinem in Jahren gewachsenen Selbstverständnis: Ein Staatsoberhaupt – auch wenn es nur noch »a. D.« ist – schuldet dem Volk Unabhängigkeit.

Zugleich hält es der Verfechter einer aufgeklärten »Bürgergesellschaft« für dringend geboten, dann, wenn er Missstände zu erkennen glaubt, die Stimme zu erheben, und von diesem Recht macht er immer öfter Gebrauch. Früher als nahezu alle anderen Politiker in seiner Union definiert er die Bundesrepublik bereits vor der Jahrtausendwende als »Einwanderungsland«, und er bremst die Erregung, als sich im Berliner Abgeordnetenhaus SPD und PDS auf ein erstes rot-rotes Regierungsbündnis einigen.

Berührungsängste sind Weizsäcker augenscheinlich so fremd, wie ihm der nach seinem Empfinden unangemessene Eifer suspekt ist, sämtliche vom DDR-Regime angeordneten Willkürmaßnahmen strafrechtlich zu verfolgen. Zwar widerstrebt es ihm, einen Schlussstrich unter die immer neuen Stasi-Enthüllungen zu ziehen und die Vergangenheit einfach abzuhaken, aber mehr interessiert ihn die von einer Fülle voreiliger Versprechen überlagerte Gegenwart.

Dass er nicht bei jeder Form von Verstrickung in den Chor der Kläger einfällt, mag zumindest unterschwellig auch mit der Erinnerung an den Vater zu tun haben. So verteidigt er etwa Günter Grass, als der Dichter in einem Interview bekennt, er sei noch in den letzten Wochen des Zweiten Weltkriegs in die Waffen-SS eingetreten – ein Vorgang, der angesichts der Rigidität, mit der er sich bis dahin immer wieder zum nationalen Gewissen der Deutschen stilisiert hatte, den Mainstream gewaltig empört. Doch der Alt-Bundespräsident legt sich quer. Der vom Nobelpreisträger stets gesuchte Ausgleich mit dem polnischen Nachbarn wiegt für ihn allemal schwerer.

Irrtümer, zumal wenn aus ihnen inzwischen Lehren gezogen worden sind, will er allein schon deshalb mit Augenmaß behandelt wissen, weil sie ihm in seinem christlichen Weltbild als unvermeidlich erscheinen. Darüber hinaus kann er sich nur so eine gedeihliche Zukunft vorstellen, und da baut er trotz der Probleme, die sich in den neunziger Jahren in beiden Teilen des Landes zuspitzen, letztlich auf Vernunft. Anders als sein von Untergangsphantasien gepeinigter Bruder Carl Friedrich ist Richard von Weizsäcker im Prinzip Optimist.

Welche Genugtuung in ihm dabei 1998 das Ende der Ära Kohl auslöst, lässt sich andererseits bloß vermuten. Natürlich darf er dem Machtwechsel nicht öffentlich applaudieren, aber die in der Schlussphase ihrer ersten Legislaturperiode außenpolitisch wichtigste Kurskorrektur der nun regierenden Rot-Grün-Koalition – Gerhard Schröders Entscheidung, dem Krieg der Amerikaner im Irak die Unterstützung zu verweigern – wird von ihm ausdrücklich begrüßt. In klarer Distanz zu Angela Merkel, die mittlerweile der CDU vorsteht, ist der bekennende Transatlantiker davon überzeugt, dass à la longue allein eine ihrer Grundsätze bewusste Bundesrepublik gute Verbindungen zu den USA gewährleiste.

Dazu braucht sie aber ein möglichst reißfestes Bezugssystem auf dem Kontinent – im Spektrum der diffizilen Herausforderungen, denen sich Richard von Weizsäcker bis ins Greisenalter hinein verpflichtet fühlt, seine eigentliche Obsession. Was immer er den Deutschen schon in den Jahrzehnten vor der Wiedervereinigung gepredigt hat und danach noch dringlicher ans Herz legt, gipfelt für ihn in dieser auf der Skala seiner Prioritäten wichtigsten Frage: »Ohne Europa«, beharrt er in regelmäßigen Abständen, sei »alles nur Stückwerk«.

So bleibt er der Öffentlichkeit auch nach dem gleich zweifach unrühmlichen Abgang seines Intimfeindes aus Oggersheim erhalten. Verständlich, dass ihn der Schwarze-Kassen-Skandal, der ab 1999 die Republik erschüttert und auf das Schönste seine früher erhobenen Vorwürfe bestätigt, zu der Anregung ermuntert, die Amtszeit des Kanzlers künftig zu begrenzen. Schließlich kann es kaum einen treffenderen Beleg für die von ihm angeprangerte »Machtversessenheit und Machtvergessenheit« geben.

Doch immer noch draufzuschlagen, wenn einer schon am Boden liegt, ist nicht sein Stil – und überhaupt: das politische Ende des ewigen Widersachers entspannt ihn auch. Leicht belustigt zitiert er den Befund des britischen Publizisten Timothy Garton Ash, Kohl und er seien an der Spitze der europäischen Staaten »eines der effektivsten Doppel« gewesen, um sich dann zumindest ein bisschen selbst zu dementieren: Nicht in allem habe man auf dem Weg zur inneren Vereinigung so danebengelegen wie von ihm beklagt. Unentschuldbar ist für Weizsäcker indessen der den einstigen DDR-Bürgern oktroyierte Verzicht darauf, über das Grundgesetz gemeinsam abstimmen zu dürfen.

Je mehr er in die Jahre kommt, desto größer wird sein Themen-Kreis. Über die Deutschland-, Ost- und Europapolitik hinaus beschäftigen ihn immer öfter die von den Industriestaaten vernachlässigten Regionen Afrikas und Asiens, ein Nord-Süd-Konflikt, der ihm ebenso zu schaffen macht, wie ihm die Zerstörung der »Schöpfung« zunehmend Angst einflößt. Im Duktus der »Grünen«, die er schon vorher auffällig nachsichtig behandelt hat, hadert der Elder Statesman nun mit den »Wirtschaftsmächten« und ihrer in ökologischen Schicksalsfragen fatalen Gleichgültigkeit.

Wieder einmal lobt ihn Helmut Schmidt für den »Weitwinkel-Überblick«, aber nicht minder interessiert Weizsäcker, was vor seiner Haustür geschieht. Nach Berlin »heimgekehrt«, wo der Kunst- und Musikliebhaber insbesondere die immer reichlicher vorhandenen kulturellen Angebote genießt, bringt er sich gerne als Sinnstifter ein. Als etwa im Frühling 2009 ein Volksentscheid verhindert, dass in den Schulen der Religionsunterricht zum Pflichtfach erhoben wird, und sich der Regierende Bürgermeister Klaus Wowereit ersichtlich darüber freut, weist ihn der Altbundespräsident rüde zurecht: Statt den Streit auf diese Weise noch anzuheizen, möge er die Stadt lieber befrieden.

»Brückenbau« heißt das Schlüsselwort seiner späten Botschaften, und wie sehr sich davon die überwältigende Mehrheit der Landsleute angesprochen fühlt, zeigt sich nie deutlicher als aus Anlass seines neunzigsten Geburtstags. Wenngleich er seit immerhin sechzehn Jahren im Ruhestand lebt, ergehen sich die Medien in einem wahren Schwall an Elogen, und selbst der mit Lobeshymnen eher sparsame Hamburger »Spiegel« erklärt ihn kurzerhand zum »Mythos«. Richard von Weizsäcker – nach Meinung des Magazins eine Identifikationsfigur für alle, »die von einer Harmonie zwischen Macht und Moral träumen«.

Dennoch kann ihn seine Familie bloß mit Mühe davon abhalten, der Redaktion einen geharnischten Leserbrief zu schreiben. Den Ruheständler ergrimmt die Deutung, sein Clan habe sich in den unterschiedlichsten politischen Systemen der vergangenen anderthalb Jahrhunderte zumindest insoweit arrangiert, dass er »stets oben schwamm«, und das gelte hauptsächlich für den im »Dritten Reich« unter dem nationalsozialistischen Regime dienenden Staatssekretär.

Den Vater vehement zu verteidigen, wird der Bundespräsident a. D. bis zu seinem Lebensende nicht müde, wohingegen er sonst, was ihn persönlich bewegt, meistens mit sich ausmacht – wie etwa im März 2010. Da gerät sein zwei Jahre zuvor an Lymphdrüsenkrebs verstorbener Sohn Andreas, der in den Sechzigern die inzwischen von einem Missbrauchsskandal erschütterte Heppenheimer Odenwaldschule besuchte, in die Schlagzeilen, und die Eltern, die man der Mitwisserschaft verdächtigt, dementieren dies in der denkbar knappsten Form: Weder er noch seine Frau, lässt sich Richard von Weizsäcker nach längerem Schweigen herbei, hätten von den Vorgängen »Kenntnisse gehabt«.

Sind die beiden wirklich so ahnungslos, wenn doch selbst die verwitwete Schwiegertochter Sabrina einräumt, ihr Mann habe sich zwar nicht zu den Opfern gezählt, aber durchaus Bescheid gewusst? Ist der Sohn ganz der Vater, von dem seine Frau sagt, er habe stets »allergisch darauf reagiert, etwas zu Markte tragen zu sollen«?

Auch miteinander möglichst diskret umzugehen, scheint der Familie tatsächlich wichtig zu sein, wobei der Selbstzucht des pensionierten Staatsoberhaupts offenbar zustattenkommt, dass er die Entfaltung von Seele und Geist mit einer nie versiegenden Lust an körperlicher Fitness verbindet. In der Jugend der Leichtathletik wie dem Tennis und Hockey zugetan, ertüchtigt sich Richard von Weizsäcker im Alter nahezu täglich in Berliner Schwimmbecken oder noch lieber in einem der zahllosen die Hauptstadt umgebenden Naturseen. Dreiundachtzig ist er bereits, als er sich zum zehnten Mal das »Deutsche Sportabzeichen« ans Revers heften darf, und solange die Kräfte reichen, mag er auch noch Jahre später die »Glücksgefühle« nicht missen, die sich für ihn verlässlich im Wasser einstellen.

Robust bewahrt er sich die »Neugier auf die Welt« selbst dann noch, als ein schwerer Sturz den Altersprozess beschleunigt. Erst zwei Monate vor seinem Tod am 31. Januar 2015 gibt er mit dem Vorsitz des »Bergedorfer Gesprächskreises«, einer parteiübergreifend hochrangigen Versammlung internationaler Politiker und anderer Experten, das letzte seiner Ehrenämter auf – ein fast schon geschäftsmäßig nüchterner Abschied, der den Anwesenden unter die Haut geht.

Rollstuhl an Rollstuhl mit Helmut Schmidt, sitzt das stark abgemagerte vormalige Staatsoberhaupt da im Kaisersaal des Hamburger Rathauses und hört schweigend Außenminister Frank-Walter Steinmeier zu, der ihm in wenigen Worten bescheinigt, dass er nachhaltig »das Selbstbildnis der Republik« geprägt habe. Auf die Frage eines Reporters, ob er sich nun vollständig aus dem öffentlichen Leben zurückzuziehen gedenke, mimt Richard von Weizsäcker, indem er in bewährter Manier knochentrocken an seine fortgeschrittenen Jahre erinnert, einen Moment lang den Erstaunten: »Ja sicher, was erwarten Sie?«

So entschläft er »friedlich im Kreise seiner Familie«, wie die engsten Angehörigen in gewohnter Kürze den wichtigsten Nachrichtenagenturen mitteilen – und der Rest ist Privatsache. Über ihre Trauer zu reden, benötigt die Witwe einige Zeit, aber auch dann werden die Anflüge von Trübsinn bald verdrängt. Zu klagen, nachdem sie immerhin mehr als sechs Jahrzehnte an der Seite eines Mannes ihr Leben gestalten durfte, dem so viele Menschen von Herzen zugetan waren, will sich die ehemalige First Lady erst gar nicht erlauben. Stattdessen erinnert sie sich lieber daran, wie ihr vom Papst über den Kaiser von Japan bis hin zum Dalai Lama die »Großen der Welt« kondolierten.

Um in ihren Dankschreiben der Etikette zu genügen, habe sie vorsichtshalber im Bundespräsidialamt angerufen und die Beamten gebeten, die jeweils protokollgerechten Anreden herauszufinden.

Sechzehntes Kapitel

»Wir sind zunächst einmal wir«: Die nächste Generation

In die Fußstapfen zweier Hochleistungsträger vom Range der Brüder Carl Friedrich und Richard von Weizsäcker zu treten, ist keine ganz leichte Übung – zumal für die unmittelbar nachfolgende Generation. Aber auch sie legt sich mächtig ins Zeug. Die zwischen 1938 und 1960 geborenen, in beiden Familien jeweils vier Geschwister erwerben in ihren Berufen ausnahmslos akademische Grade.

Während die Töchter Bertha Elisabeth und Marianne Beatrice in Geschichts- bzw. Rechtswissenschaften promovieren, wird den Söhnen des Physiker-Philosophen, Carl Christian, Ernst Ulrich und Heinrich Wolfgang, auf den Feldern der Nationalökonomie, der Biologie und der Mathematik ebenso der Professorentitel verliehen wie den beiden Abkömmlingen des Bruders, Robert Klaus und Fritz Eckhart, in der Volkswirtschaftslehre und der »Inneren Medizin«.

Nur einer scheint einen anderen Weg zu gehen. Zum Missvergnügen der Eltern macht Andreas, ein weiterer Sohn Richard von Weizsäckers, zwar in der damals noch unbescholtenen Heppenheimer Odenwaldschule das Abitur, begnügt sich im

Übrigen aber mit einer Handwerkerlehre. Zum Bau- und Möbelschreiner ausgebildet, verdient er sein erstes Geld als Bühnenausstatter beim Westdeutschen Rundfunk in Köln.

Doch bald entdeckt auch er, was in Wahrheit in ihm steckt. Nach einem Studium der Bildhauerei sind es vor allem die filigranen und in der Fachwelt als ungemein phantasievoll gepriesenen Objekte aus Papier und allerlei Recycling-Materialien, die ihm eine standesgemäße Karriere ermöglichen. Bevor er mit knapp zweiundfünfzig Jahren durch eine Krebserkrankung aus dem Leben gerissen wird, kann er sich an der Kunstakademie in München ebenfalls habilitieren.

Viel Aufhebens machen die Nachfahren eines Müllergeschlechts von diesen insgesamt beachtlichen Belegen ihrer Leistungsbereitschaft allerdings nicht. »Das Geistige« habe in seiner Community eben »die entscheidende Rolle gespielt«, weiß Fritz, der Jüngste der neuen Generation, der als Chefarzt an der Berliner Schlosspark-Klinik arbeitet. Eine Entwicklung, will er damit wohl ausdrücken, die einem gleichsam durch Fähigkeit offensteht, ist man sich letztlich auch schuldig.

Und das umso mehr, als ja allein schon der Name dafür zu bürgen scheint. Ein Weizsäcker zu sein, heißt angesichts des kontinuierlichen Aufstiegs der Ahnen, dem in der zweiten Hälfte des 20. Jahrhunderts Carl Friedrich und Richard zum vorläufigen Höhepunkt verhelfen, dass man tunlichst Erfolg zu haben hat.

Zur Elite im Land – eine Zuschreibung, die nach ihrem Empfinden leicht zu Missverständnissen einlädt – möchte die Großfamilie dennoch bloß ungern gezählt werden. Zutreffender findet sie unisono, wie sich etwa die Witwe des ehemaligen Staatsoberhaupts und einstige First Lady mit ihrem Anhang verortet: Natürlich sei man der »upper class« zugehörig, aber dort stets »down to earth« geblieben.

Zwischen Oben und Unten zu vermitteln, bemüht sich in Sonderheit der Naturwissenschaftler Ernst Ulrich von Weizsäcker. Obschon seit seiner frühen Jugend an den Folgen einer Kinderlähmung leidend, scheut der langjährige Co-Präsident des Club of Rome nicht nur keine Strapazen, um die Menschheit vor dem ökologischen Kollaps zu warnen, sondern verlangt sich zudem eine kraftraubende Parteilaufbahn ab. Als SPD-Bundestagsabgeordneter gewinnt er 2002 im Reichenviertel Stuttgart-Süd sogar das Direktmandat und ist, wie er sich selbst leicht kokett bezeichnet, das einzige wirklich »rote Schaf im Gehege«.

Auf der Suche nach einer politischen Heimat benötigt dagegen sein Bruder, der in Bonn lebende Nationalökonom Carl Christian, gleich mehrere Anläufe. Ursprünglich der Union nahe stehend, bringt auch er zu Zeiten Willy Brandts und Helmut Schmidts seine allseits geschätzte Expertise zunächst bei den Sozialdemokraten ein und stößt dann kurzerhand zu den Liberalen, die er unter anderem bis 2011 als Mitglied der Programmkommission berät.

Zwei weltanschaulich deutlich auseinanderdriftende Biographien, die die Bandbreite der mittlerweile selbst betagten ersten Nachfolgegeneration am ehesten verkörpern. Während der Biologe noch mit neunundsiebzig auf Krücken die Podien von Konferenzsälen erklimmt, um dort vehement für eine globale »Green Economy« zu werben, bekennt sich der um anderthalb Jahre ältere Volkswirt ebenso entschieden zu den Lenkungsmöglichkeiten des Marktes und baut auf den Einsatz »sauberer Kohle«.

Der Carl Christian sei eben in mancherlei Hinsicht ein »Steinkonservativer«, stichelt Ernst Ulrich, aber das wird ihm verziehen. Ungeachtet aller Meinungsverschiedenheiten in Sachfragen, die man bisweilen lebhaft austrägt, hält er ihn im Kern für einen »originellen, unabhängigen Denker und echten Freiheitlichen«.

Ein Lob, das nicht bloß so dahingesagt ist. Die Bereitschaft, dem jeweils anderen in der debattierfreudigen Familie größtmögliche Autarkie zuzugestehen und ihm auch im Konfliktfall stets die besten Absichten zu unterstellen, gehört genauso zum Selbstverständnis der Weizsäckers wie die gemeinsame Zurückweisung aller Kritik, die von außen kommt. Was immer da gegen ihn oder die Seinen vorgebracht werde: »Wir sind zunächst einmal wir«, sagt Ernst Ulrichs Vetter Fritz, der sich ebenfalls der FDP angeschlossen hat.

Je ausgeprägter mit seinen Worten »das Eigenständige«, desto wirkungsvoller die Teilnahme am öffentlichen Diskurs, bei dem sich insbesondere die ins Journalistenfach gewechselte Schwester hervortut. In der nach ihrer Analyse weitgehend erstarrten Bundesrepublik den »unbequemen Einmischern« den Rücken stärkend, legt sich Beatrice in einem von ihrem Bruder angeregten Buch gleich mit der ganzen politischen Klasse an und reibt sich dabei sogar am Grundgesetz – für sie ein »Provisorium«. Um dem Staat und seinen schließlich vom Volk gewählten Repräsentanten Beine zu machen, ruft sie die »Zivilgesellschaft« auf, endlich von ihren Bürgerrechten Gebrauch zu machen und in Zukunft »mehr direkte Demokratie« zu wagen.

Als das Opus im Winter 2009 erscheint, ist der Vater fast neunzig und sieht sich Nachfragen ausgesetzt: Hätte er lieber gesehen, der streckenweise etwas naiv und herablassend formulierte Text wäre in dieser Art besser nicht geschrieben worden – oder hat er mit seiner Parteien-Distanz, die er ja nie verheimlicht, die Autorin gar dazu ermuntert? Doch der Ex-Präsident hält sich strikt heraus und nimmt die Polemik, wie sich der Sohn Fritz erinnert, intern »total entspannt« zur Kenntnis.

Denn das ist den Weizsäckers offenbar wichtig. Einerseits können sich aus den alten und während der NS-Diktatur zum Teil schwer kompromittierten Leistungseliten nur wenige auf einen vergleichbar glaubwürdigen und vielfach öffentlich bekundeten Läuterungsprozess berufen, aber sie verstehen sich andererseits auch zäh zu behaupten. So hat, wer in gesellschaftlichen Fragen tonangebend sein möchte, nach ihrer Philosophie zuerst einmal den familiären Kreis zu schließen.

Dafür geht man dort nicht besonders zimperlich miteinander um. Über ihren Clan werde nirgendwo mehr als in den eigenen Reihen »gelästert«, verrät die Historikerin Elisabeth Raiser – was indessen nie den in wirklichen Ernstfällen engen Zusammenhalt gefährdet. So spendet sie, obwohl man längere Zeit kaum Kontakt hatte, ihrem schwer erkrankten Bruder Heinrich Wolfgang, der an der Technischen Universität Kaiserslautern Mathematik lehrt, spontan eine Niere, und ihr Cousin Fritz bringt sich auf seine Weise ein. Weil er hofft, den bereits seit Ende der siebziger Jahre gegen den Krebs ankämpfenden Andreas vielleicht retten zu können, studiert er kurz entschlossen Medizin.

Solange die unmittelbaren Nachfahren des Staatssekretärs Ernst von Weizsäcker – die Geschwister Carl Friedrich, Adelheid und Richard – noch leben, ist bei vielen, vorwiegend den Aktualitäten zugewandten Gesprächen aber auch immer wieder die dunkle Vergangenheit gegenwärtig. Die mittlerweile selbst erwachsene zweite und dritte Generation macht dabei aus ihrer Kritik an dem im »Dritten Reich« gestrauchelten Altvorderen keinen Hehl und zieht sich damit den Zorn der jeweiligen Eltern zu, die ihn ihrerseits verteidigen.

»Wie unerbittlich die jetzt Vierzig- bis Fünfzigjährigen, die selbst nie einer ähnlichen Gefahr ausgesetzt worden sind, über diesen Mann herfallen, schmerzt mich«, beklagt sich etwa die Präsidenten-Witwe – und genauso hätten das bis zu ihrem Ende sowohl ihr Mann als auch dessen Bruder und Schwester empfunden.

Anders steht dagegen noch heute Carl Friedrich von Weizsäckers Enkel Georg der ewige Disput um Hitlers Chefdiplomaten vor Augen. Auch ohne überhaupt bedrängt zu werden, sagt der 1973 geborene Professor für Volkswirtschaftslehre, habe der Großvater bei nahezu jeder sich bietenden Gelegenheit zu schier endlosen Monologen angesetzt, um die Schuld des eigenen Vaters unter allen nur erdenklichen Aspekten zu relativieren – für ihn ein »offenkundiger Rechtfertigungszwang«.

Wahrscheinlich kein Trauma mehr, aber nach wie vor ein Thema sind selbst noch im siebten Jahrzehnt der Bundesrepublik die Aktivitäten prominenter Familienmitglieder, die sich von Ernst über Viktor bis hin zu Carl Friedrich in Nazi-Deutschland auf gefährlich vermintes Terrain wagten. Was immer da vielleicht rund um die Atombombe, die Juden-Deportationen oder in Sachen Euthanasieverdacht neu zu bewerten sei – es müsse selbstverständlich »alles glasklar geklärt« werden, fordert zum Beispiel der jüngste Sohn des ehemaligen Staatsoberhauptes.

Bis dahin fühlt sich der Mediziner mit seinen Ahnen allerdings »komplett im Reinen«. Weder will er sich zum »Chefankläger oder Strafverteidiger« aufblähen, noch trifft ihn der häufig verbreitete Vorwurf, seine Familie habe sich praktisch in jedem Gesellschaftssystem bewährt. Anstatt ihr geschmeidige Anpassungsbereitschaft vorzuhalten, möge man eher ihre in vielen Bereichen hohe Kompetenz anerkennen, und für »solche Leute« gebe es eben »immer Verwendung«.

Eine aufreizend unangefochten anmutende Einschätzung, der nicht einmal der Sozialdemokrat Ernst Ulrich widerspricht. Zahlreiche USA-Reisen haben den international eng vernetzten Forscher darüber belehrt, »dass die Weizsäckers nach der im angelsächsischen Raum gültigen Geschichtsschreibung vom Teufel sind«, was ihm angeblich ziemlich egal ist. Mit irgendwelchen Historikern über das Erscheinungsbild der Seinen zu diskutieren, hat er schlicht »keine Lust«.

Und ebenso lapidar hält sich auch die Präsidentenwitwe die vermeintlich üble Nachrede vom Hals: Wer sich etwa bei »Wikipedia« über ihren Clan zu informieren versuche, müsse notgedrungen den Eindruck gewinnen, er habe es »ausnahmslos mit Verbrechern zu tun« – so voreingenommen und eigentlich skandalös sei der Eintrag formuliert. Doch dagegen mit juristischen Mitteln vorzugehen, bewirke nach aller Erfahrung ja nur, sich erst recht in die Nesseln zu setzen.

Nein, natürlich ist es der Familie nicht völlig gleichgültig, wie man über sie denkt, aber ein bisschen von oben herab reagiert sie zuweilen schon. Sogar noch im 21. Jahrhundert mit »komplexen Vorgängen« aus ferner Vergangenheit konfrontiert zu werden, ärgert vor allem die auf Carl Friedrich und Richard folgende Generation. Schließlich sind es ja gerade auch ihre Väter gewesen, wehrt man sich, die in der Bundesrepublik nach dem Krieg einer freiheitlich-demokratischen und bürgerlich-liberalen Grundordnung den Weg geebnet haben.

Leicht unwohl fühlt sich bei solchen und ähnlichen Überlegungen dagegen vor allem der Volkswirtschaftler Georg Weizsäcker. Dass sich nach seiner Wahrnehmung zumindest einige im »Klüngel« unter Bezug auf ihre Entwicklungsgeschichte notorisch für »etwas Besseres« halten, ist ihm »zutiefst suspekt«. Obschon er die meisten persönlich durchaus mag, lehnt er den immer noch auf Sonderrechte pochenden Adel als ein »längst überfälliges Auslaufmodell« generell ab, weshalb er in seinem Namen das »von« kurzerhand gestrichen hat.

Im alltäglichen Leben auf jedweden aristokratischen Dekor zu verzichten, ist anderen offenbar ebenfalls ein Bedürfnis. Mit ihrem Ehemann, dem Neurobiologen Martin Heisenberg, begnügt sich etwa die Nichte des ehemaligen Staatsoberhaupts Apollonia Gräfin zu Eulenburg im Wesentlichen damit, die Lindauer »Halde« zu bewirtschaften, und drängt sich auch sonst nicht ins Rampenlicht. Statt ihre Herkunft ins Spiel zu bringen, unterstützt sie, ihrer in Jahrzehnten gewachsenen Bodenständigkeit entsprechend, lokale Bürgerinitiativen.

Ohnehin scheint sich im Wandel der Zeiten ein dem Standesbewusstsein der »Öhringer Linie« eher zuwiderlaufender Trend durchzusetzen. Vor allem seit er einen Bundespräsidenten und einen weit über die Grenzen des Landes hinaus bekannten Universalgelehrten hervorgebracht hat, fühlt sich der innere Zirkel auf seinen Familientagen zuweilen sogar etwas unwohl: Entfernte Verwandte, deren Vorfahren im 19. Jahrhundert etwa in die

USA ausgewandert sind, erinnern sich nun verstärkt ihrer deutschen Ursprünge, und ein bisschen, heißt es pikiert, staune man schon, wer sich da »um sechs Ecken herum« auf gemeinsame Wurzeln berufe.

Zu den immer noch reichlich vorhandenen klugen Geistern gesellten sich jetzt zunehmend auch »einfache Köpfe«, bestätigt der für die Vorbereitung der traditionellen Zusammenkünfte zuständige Schwabe Volkhardt Weizsäcker – eine »neue Aufmischung«, die ihm ersichtlich gefällt. Dass die Treffen an Niveau einbüßen könnten, befürchtet weder er noch die nach der Wende überwiegend in Berlin ansässige jüngere Garde. Die will einfach, wie der Organisator lobend hinzufügt, einen »rundum normalen Verein« etablieren, und so soll demnächst sogar ein Meeting im amerikanischen Buffalo stattfinden.

Gleichwohl gibt es zwischen der Generation der beiden prominentesten Öhringer und ihren mittlerweile mehr als sechzig Kindern, Enkeln und Urenkeln offenbar keinen wirklich ernsthaften Dissens. Nach bewährtem Muster fühlen sich die Nachgeborenen einem der wichtigsten Leitsätze ihres Clans kaum minder verpflichtet als die Väter und Vorväter, die im öffentlichen wie im privaten Leben auf »Konstanz und Kontinuität« setzten. Egal, ob man sich in der freien Wirtschaft oder im Staatsdienst verdingt – oder wie etwa Johannes, der Sohn Carl Christians, als Musiker von sich reden macht: Wofür auch immer man sich entscheidet, hat gefälligst zu gelingen.

Was die politische Grundeinstellung anbelangt, spielt der Bezug auf den ehemaligen Bundespräsidenten nicht von ungefähr eine herausragende Rolle. »In einer Dauerdiskussion«, verrät die Nichte Apollonia Heisenberg, befasse sich ihre Familie seit langem mit dem Problem, auf welche Weise sich in gesellschaftlichen Fragen »Engagement mit Unparteilichkeit« vereinbaren lasse – eine Kunst, die ja in erster Linie der Onkel Richard meisterlich beherrscht habe. So wie er sich trotz seiner CDU-Mitgliedschaft zugleich wertkonservativem wie linksliberalem Ideengut zugewandt zeigte und vornehmlich an dem orientierte, was ihm vernünftig erschien, positioniert sich nun die Mehrzahl seiner Nachfahren.

Etwas unschlüssiger reagiert die Familie allenfalls auf das Erbe Carl Friedrich von Weizsäckers. Elf Jahre nach seinem Tod ist der Nachlass des Physikers und Philosophen nicht einmal in Ansätzen gesichtet und wohl auch in Zukunft kaum zu ordnen. Das gilt insbesondere für die letzte große Arbeit, ein unvollendetes, mehr als tausend Seiten umfassendes Manuskript, in dem er sich mit der Quantenmechanik und, darin eingebettet, seiner »Ur-Theorie« beschäftigt. An der Grenze des gerade noch Sagbaren sucht er dabei die von ihm ein Leben lang vertretene These von der »Einheit der Natur« zu untermauern.

So bedeutend seine Forschung in jungen Jahren, die mit der Entdeckung der Bindungsenergie atomarer Kerne bereits früh ihren Höhepunkt erreichte, so umstritten oder nur noch wenig beachtet das Spätwerk – doch darüber sieht man hinweg. Umso schwerer wiegt seine »Gesinnung«, mit der er als christlicher Pazifist und Verfechter zivilen Ungehorsams eine mit Augenmaß betriebene Widerstandskultur propagierte.

Was ihn sonst noch im Inneren bewegt haben könnte, behandeln die Nachkommen mit verhaltenem Respekt. Als der für fernöstliche Weisheiten empfängliche Gelehrte etwa von seinem spektakulären Aschram-Besuch zurückkehrt, um vor der Presse zu enthüllen, er habe in einem Moment der Erleuchtung »die Wahrheit« gesehen, erwartet der skeptische Ernst Ulrich, dass ihm der Vater mehr erzählt. Aber der schweigt, und sein Sohn findet das ganz in Ordnung.

Wie entschlossen man die Privatsphäre nicht nur gegenüber der Öffentlichkeit zu schützen weiß, sondern Diskretion auch als hohes Gut innerfamiliärer Verständigung wahrt, erlebt die TV-Journalistin Sandra Maischberger, während sie den neunzigjährigen Richard von Weizsäcker porträtiert. Ihr Einblicke in seine Gefühlswelt zu gestatten, erscheint dem sichtlich irritierten Staatsoberhaupt a. D. schon deshalb wenig angebracht, weil er solche Gespräche auch daheim nie führt.

Noch deutlicher wird in einem Interview mit der »Frankfurter Rundschau« die Tochter Beatrice. Auf die Frage, wie intensiv sie mit ihrem Vater, der ja immerhin eine Zeitlang dem Evangelischen Kirchentag als Präsident vorstand, über Gott rede, hält sie sich ebenso bedeckt: Vermutlich, lautet die knappe Antwort, sei sie in ihren Reihen »diejenige, die mit dem Thema am meisten anfangen« könne – »ob er aber gläubig ist, weiß ich nicht«.

Mit Emotionen gehe man jedenfalls meistens bedacht um, bestätigt auch Richard von Weizsäckers ältester Sohn Robert Klaus, als er in einer Fernsehsendung anlässlich der Kandidatur seines Vaters zum Amt des Berliner Regierenden Bürgermeisters gefragt wird, ob er stolz auf dessen Karriere sei. »Höchstens im Geheimen, ein wenig«, gesteht der Professor für Volkswirtschaftslehre – und schränkt dann selbst noch diesen betont distanzierten Halbsatz ein: Das möge freilich bitte nicht so verstanden werden, »dass man sich jetzt an die Brust klopft«.

Natürlich halten die Nachgeborenen ihre berühmten Ahnen

in Ehren, indem sie vor allem deren Bereitschaft loben, neben den Sonnenseiten einer wechselvollen Familiengeschichte oft genug schonungslos die eher abgründigen Momente in den Blick gerückt zu haben. Übermäßig nostalgisch sind ihre Rückblicke dabei aber selten. Was ihre Leistungsfähigkeit anbelangt, finden sie sich im Übrigen auch nicht so schlecht.

Ganz gleich, ob im Politischen oder in anderen gesellschaftlichen Bereichen: »Der Gestaltungswille«, bekräftigt der Präsidentensohn Fritz Eckhart, sei ungebrochen. Und er lädt zu einem »Gedankenexperiment« ein. »Gesetzt den Fall«, sagt er, man könnte den von seiner Generation durchlebten Zeitraum etwa mit dem des Vaters austauschen – »die Heutigen wären früher genauso erfolgreich gewesen«.

Also nur keine Verklärung der Vergangenheit! Schließlich wachsen unter den Gegenwärtigen mindestens zwei neue Stars heran, die zu den schönsten Hoffnungen Anlass geben. Den einen, Carl Friedrich von Weizsäckers Enkel Georg, der als Lehrstuhlinhaber für »Mikroökonomische Theorie und ihre Anwendungen« an der Berliner Humboldt-Universität arbeitet, zählt die »Süddeutsche Zeitung« schon jetzt zu den Forschern der Bundesrepublik, »auf die es ankommen« werde.

Ähnlich chancenreich schätzen politische Insider den Sozialdemokraten Jakob von Weizsäcker ein. Bis Januar 2019 für die thüringische SPD im Europaparlament, gilt der undogmatische Ideengeber mittlerweile als so profiliert, dass ihn der Finanzminister und Vizekanzler Olaf Scholz zum Chef seiner Grundsatzabteilung ernannt hat – auch das eine zu Höherem geeignete Schlüsselposition.

Ein bisschen scheint sich das Tätigkeitsfeld allerdings verlagert zu haben. Nicht überholt, aber doch weitgehend in den Hintergrund getreten sind für die Familie die philosophischen Wegweisungen Platons und Kants oder mehr noch die vermeintlich letzten Wahrheiten im Religiösen, mit denen sich, nach Auffassung seines Sohnes Ernst Ulrich, einst Carl Friedrich der »Welterklärungsarroganz seiner Zunft« entgegenstemmte. Priorität hat stattdessen, nach Antworten auf offene Fragen zu suchen, die eher im Diesseitigen liegen.

»Neugier und Lernfähigkeit«, sagt die Gräfin zu Eulenburg, seien nach ihrem Empfinden die hervorstechendsten Eigenschaften einer optimistisch der Zukunft zugewandten Sippe – ein Befund, den ihr Cousin Fritz Eckhart unterstreicht. Keine andere Innovation begeistert den Internisten seit längerem so wie der Fortschritt, den die Menschheit auf dem Sektor der »Künstlichen Intelligenz« macht.

Dem will er unbedingt zum Durchbruch verhelfen – und wenn er denn dabei seinen Job verlöre.

Anhang

Bibliographie

Benzinger, Olaf: *Das Carl Friedrich von Weizsäcker Lesebuch*, München 1992.

Conze, Eckart / Frei, Norbert (u. a.): *Das Amt und die Vergangenheit. Deutsche Diplomaten im Dritten Reich und in der Bundesrepublik*, München 2010.

Dönhoff, Marion Gräfin: *Um der Ehre willen. Erinnerungen an die Freunde vom 20. Juli*, Berlin 1994.

Döscher, Hans-Jürgen: *SS und Auswärtiges Amt im Dritten Reich. Diplomatie im Schatten der Endlösung*, Frankfurt a. M./Berlin 1991.

Drieschner, Michael: *Carl Friedrich von Weizsäcker. Zur Einführung*, Hamburg 1992.

Filmer, Werner / Schwan, Heribert: *Richard von Weizsäcker*, Düsseldorf 1994.

Genscher, Hans-Dietrich: *Erinnerungen*, Berlin 1995.

Görnitz, Thomas: *Carl Friedrich von Weizsäcker. Ein Denker an der Schwelle zum neuen Jahrtausend*, Freiburg / Basel / Wien 1992.

Hattrup, Dieter: *Carl Friedrich von Weizsäcker. Physiker und Philosoph*, Darmstadt 2004.

Hill, Leonidas E.: *Die Weizsäcker-Papiere 1900 bis 1932 und 1933 bis 1950*, Frankfurt a. M./Berlin/Wien 1967 und 1974.

Hoffmann, Dieter: *Operation Epsilon. Die Farm-Hall-Protokolle oder die Angst der Alliierten vor der deutschen Atombombe*, Berlin 1993.

Hofmann, Gunter: *Richard von Weizsäcker. Ein deutsches Leben*, München 2010.

Hofmann, Gunter/Werner A. Perger (Hrsg.): *Die Kontroverse. Weizsäckers Parteienkritik in der Diskussion*, Frankfurt a. M. 1992.

Kohl, Helmut: *Erinnerungen 1930 – 1982, München 2004.*

Kohl, Helmut: *Erinnerungen 1982 – 1990, München 2005.*

Lau, Thomas: *Deutsche Familien. Historische Portraits von Bismarck bis Weizsäcker*, München 2005.

Nayhauß, Mainhardt Graf von: *Zwischen Gehorsam und Gewissen. Richard von Weizsäcker und das Infanterieregiment 9*, Bergisch Gladbach 1994.

Pflüger, Friedbert: *Richard von Weizsäcker. Ein Portrait aus der Nähe*, Stuttgart 1990.

Raulff, Ulrich: *Kreis ohne Meister. Stefan Georges Nachleben*, München 2009.

Reinhardt, Volker (Hrsg.): *Deutsche Familien*, München 2010.

Rudolph, Hermann: *Richard von Weizsäcker*, Berlin 2010.

Schirach, Richard von: *Die Nacht der Physiker. Heisenberg, Hahn, Weizsäcker und die deutsche Bombe*, Berlin 2013.

Völklein, Ulrich: *Die Weizsäckers. Macht und Moral – Porträt einer deutschen Familie*, München 2004.

Wein, Martin: *Die Weizsäckers. Geschichte einer deutschen Familie*, Stuttgart 1988.

Weizsäcker, Andreas von: *Werkmonografie und Werkverzeichnis*, Nürnberg 2014.

Weizsäcker, Beatrice von: *Warum ich mich nicht für Politik interessiere*, Bergisch Gladbach 2009.

Weizsäcker, Beatrice von: *Ist da jemand? Gott und meine Zweifel*, München/Zürich 2012.

Weizsäcker, Carl Friedrich von: Nachdruck der ZDF-Sendereihe *Zeugen des Jahrhunderts*, Gespräch mit Peter Koslowski, Berlin 1999.

Weizsäcker, Carl Friedrich von: *Der Garten des Menschlichen. Beiträge zur geschichtlichen Anthropologie*, München/Wien 1977.

Weizsäcker, Carl Friedrich von: *Die Einheit der Natur*. München/Wien 1974.

Weizsäcker, Carl Friedrich von: *Lieber Freund! Lieber Gegner! Briefe aus fünf Jahrzehnten*, München/Wien 2002.

Weizsäcker, Ernst von: *Erinnerungen* (Hrsg. Richard von Weizsäcker), München/Leipzig/Freiburg i. Br. 1950.

Weizsäcker, Ernst von: *Aus seinen Gefängnisbriefen 1947 – 1950*, Stuttgart 1951.

Weizsäcker, Richard von: *Vier Zeiten. Erinnerungen*, Berlin 1997.

Weizsäcker, Richard von: *Der Weg zur Einheit*, München 2009.

Weizsäcker, Richard von (im Gespräch mit Jan Roß): *Was für eine Welt wollen wir?* Berlin 2005.

Weizsäcker, Richard von: *Im Gespräch mit Gunter Hofmann und Werner A. Perger*, Frankfurt a. M. 1992.

Weizsäcker, Viktor von: *Begegnungen und Entscheidungen*, Stuttgart 1949.

Weizsäcker, Viktor von: *Geist und Psyche*, München 1964.

Weizsäcker, Viktor von: *Am Anfang schuf Gott Himmel und Erde*, Göttingen 1954.

Weizsäcker, Viktor von: *Gestalt und Zeit*, Halle/Saale 1942.

Weizsäcker, Viktor von: *Menschenführung*, Göttingen 1955.

Personenregister

Bildnachweis

akg-images: 385 (J. W. Schiwy)
Archiv der Friedrich-Ebert-Stiftung: 323 (J.H. Darchinger)
Deutsches Literaturarchiv Marbach: 91, 98, 104 (Nachlass Viktor von Weizsäcker), 122 (Marianne Lesser)
Heilbronner Stimme: 29
Interfoto: 281 (Archiv Friedrich)
Landesmedienzentrum Baden-Württemberg: 42, 57, 65
Robert Lebeck: 356
Leipzig Universitätsarchiv: 115
picture-alliance: 19 (dpa/Norbert Försterling), 303, 347 (dpa/Peter Popp), 350 (dpa/Heinrich Sanden)
Privatarchiv Richard von Weizsäcker: 156, 187, 369
Public domain: 50, 63
Elisabeth Raiser, Weizsäcker Familienarchiv: 143, 295
Helmut R. Schulze: 153, 244, 247, 293, 339, 374, 377, 383
Süddeutsche Zeitung Photo: 135 (Teutopress), 155 (Scherl), 228 (Sammlung Megele), 325 (AP), 337 (Brigitte Friedrich), 363 (Ingrid von Kruse)
Der Tagesspiegel: 379 (Thilo Rückers)

ullstein bild: 108, 179, 224, 335 (dpa), 231 (Imagno/Votava), 381 (vario images)

Württembergische Landesbibliothek Stuttgart, Grafische Sammlungen: 45

Eine der großen Persönlichkeiten der jüngeren deutschen Geschichte zieht Bilanz: Richard von Weizsäcker hat Maßstäbe gesetzt, er ist zu einer geistig-moralischen Instanz geworden. Ein außergewöhnliches Memoirenbuch – und zugleich eine beeindruckende Geschichte des zwanzigsten Jahrhunderts.

»Vier Zeiten« ist ein bewegender, sehr persönlicher Bericht über ein deutsches Schicksal in diesem Jahrhundert.
Hans-Dietrich Genscher

www.pantheon-verlag.de

Stammbaum der Familie Weizsäcker
(Öhringer Linie)

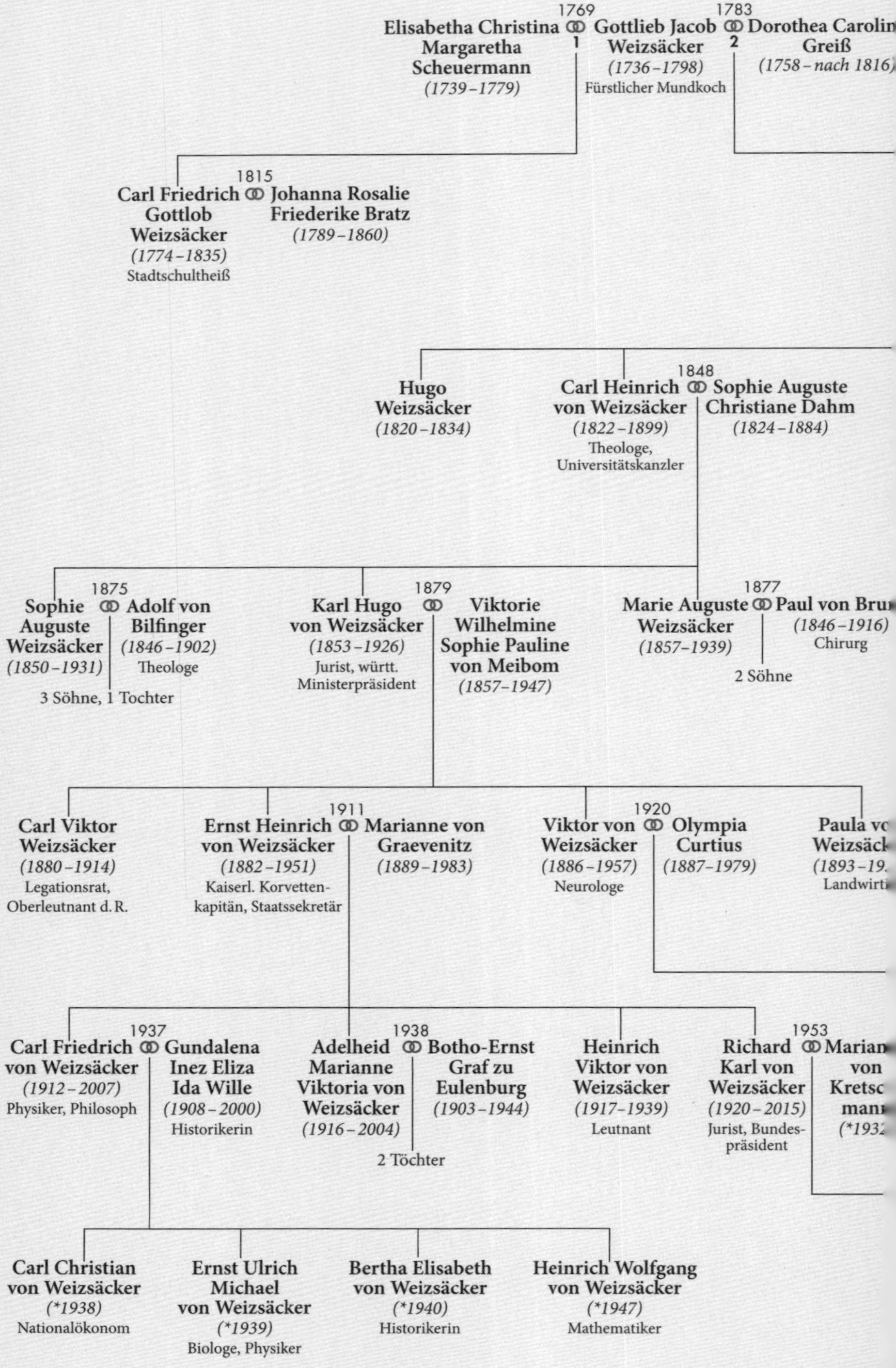